FURIOUS LOVE
ELIZABETH TAYLOR, RICHARD BURTON, AND THE MARRIAGE OF THE CENTURY
伊丽莎白·泰勒 & 理查德·伯顿的世纪婚姻

烈 爱

（美） 萨姆·卡什纳（Sam Kashner）
南希·勋伯格（Nancy Schoenberger）著

檀秋文 译

众说《烈爱》

"一部永远值得尊敬的传记,一部新闻般真实的传记……本书的突破在于努力将这两位大明星还原成普通人……像读莎士比亚戏剧那样读这本书吧。"

——《今日美国》

"一部笔调轻松、叙述翔实的作品,描述了这对好莱坞传奇夫妻的生活和他们所处的时代……书中不乏活泼俏皮的趣闻轶事。"

——《华尔街日报》

"一部光芒四射的传记,像奥林匹亚史诗般迷人……读起来好似斯科特·菲茨杰拉德的《夜色温柔》……两位作者相映生辉,并使本书成为一个配合默契的完美范例……本书既有对婚姻中迁就和争吵的有趣陈述,也有对这对职业夫妻形象的生动描写。"

——《费城问询报》

"卡什纳和勋伯格看到了泰勒自传中未发表的部分,更为重要的是,他们还看到了伯顿历年来写给泰勒的四十封情书。本书中摘录的情书写得非常精彩;时而俏皮,时而优雅,时而心碎,还有发自内心的真情流露……《烈爱》中写得最好的部分是描绘泰勒和伯顿工作时的情形,以及书中所引的他们关于表演、电影和舞台的交谈。"

——《洛杉矶时报》

"这是一本汪洋恣肆、充满喜感的书……两位作者具有敏锐的洞察力……书中干货很多……一本不错的沙滩读物。"

——《纽约时报书评》

"我对《烈爱》完全是一见倾心……从根本上说,《烈爱》对这一'当时最臭名昭著、最广为人知、最闻名遐迩、最受人诋毁的爱情事件'那无法形容的影响力的陈述完全令人信服,与此同时,书中还以有力的笔触描绘了两位明星由于过度狂热的激情和心理创伤所带来的痴迷和痛苦。"

——《波士顿环球报》

"比布拉德·皮特和安吉丽娜·朱莉更早以前,伊丽莎白·泰勒和理查德·伯顿的罗曼史就已震惊了全世界。在《烈爱》里,萨姆·卡什纳和南希·勋伯格给好莱坞这段疾风暴雨般波澜起伏的爱情提供了生动的历史性见解。每一页都引人入胜。毫无疑问这会是一本畅销书。"

——道格拉斯·布林克利,美国历史学家、作家

"本书令人激动,写得非常好。节奏很快,但是包含的信息量非常大。《烈爱》是一本好书。"

——帕特里夏·博斯沃思,《马龙·白兰度》的作者

前　言

"我点燃了烈火却又将它扑灭，为此，我受到了上帝永久的惩罚。那烈火，当然就是你。"

——理查德·伯顿

"当我还是一个小女孩的时候，我就相信我是一个被命运安排好的孩子，如果这是真的，理查德·伯顿无疑就是我的宿命。"

——伊丽莎白·泰勒

当几年前应《时代》周刊（*Time*）之邀挑选出史上五个最伟大的爱情故事时，出生于得克萨斯的八卦专栏作家利兹·史密斯（Liz Smith）甚至想都不用想就知道谁的将排在第一位。当然是伯顿夫妇的。理查德·伯顿（Richard Burton）和伊丽莎白·泰勒（Elizabeth Taylor）"是我能想到的广为人知的爱情故事中最动人的一例"。伯顿夫妇的爱情、林德伯格（Lindbergh）婴儿的绑架案①以及肯尼迪被暗杀都是我们这个时代最重大的事件。无论何时人们说"某某是个大明星"，我都会说："他们被梵蒂冈宣判有罪过吗？"

他们历经十三年的爱情传奇是当时最臭名昭著、最广为人知、最闻名

---

① 美国著名飞行员林德伯格是第一个飞越大西洋的人。1932年3月1日晚，绑匪从他位于新泽西的豪宅中绑走了他二十个月大的儿子，并索赎金5万美元。案件轰动全美。尽管付出了赎金，十一天后，小林德伯格的尸体还是在离家不远的灌木丛中被发现。两年后，警方发现纽约木匠豪普曼有重大嫌疑。豪普曼是一名非法移民，犯有前科，并且还有若干不利证据指向他。经过十一小时的讨论，陪审团得出了一致结论：罪名成立。豪普曼始终拒绝认罪，上诉被驳回后，1936年4月被送上了电椅。——译者注

遐迩，同时也是最被人诋毁的爱情事件。实际上，他们十年的婚姻——随后又离婚、复婚，最终离婚——通常被媒体称为"世纪婚姻"。就在三十年前，温莎公爵（Duke of Windsor）开始了他的那段著名婚姻，放弃英国王位娶了美国巴尔的摩的离异女子沃丽斯·辛普森（Wallis Simpson）。虽然整个国家都在哭泣，但是温莎公爵夫妇仍然继续统治着一个由名流、贵族、趋炎附势者、锦衣玉食者组成的影子帝国，在游艇上、舞池中、赌场里以及富豪家中和酒店里打发着时间。在二十世纪六十年代和七十年代，伯顿夫妇是如此著名，以至于只有温莎公爵夫妇能与他们的公众地位比肩，他们也是仅有的另一对能体会一度被社会所抛弃的感受的夫妻，他们为他们的选择付出高昂的代价，并且在生命中的剩余时间都过着孤独的奢华生活。但是名声扫地的伯顿夫妇以自己的方式，通过卓越的天赋、努力的工作、敢做敢当的性格以及迷人的魅力赢回了美国公众的心。专栏作家史密斯说："表面上看，伊丽莎白·泰勒傲慢自大。她穿着卡普里裤①、画着'埃及艳后'的眼影、戴着方头巾出去散步，与伯顿一起去当地的任意一家餐馆开怀畅饮。她的粗俗、傲慢和阔绰，都是能够吸引公众关注的部分。上帝啊，他们的爱情故事里无所不包。"

他们同样向我们展示了现代名人所必须面对的生活：无处不在的狗仔队、持续的媒体曝光、个人隐私被公开。简言之，他们为我们带来了"利兹和迪克"（Liz and Dick）——他们非常厌恶这种小报的简称，但是这个称呼代表着他们那太受关注的生活中所有奢侈和荒谬之处。

实际上，你可能会说他们有两个婚姻：被大众媒体大肆宣传的"利兹和迪克"的婚姻，以及理查德和伊丽莎白的私人婚姻。"利兹和迪克"的婚姻往往淹没了私人婚姻，"绑架"了私人婚姻，并且最终摧毁了私人婚姻。游艇，著名港口（蒙特卡洛、波托菲诺），世界各地的大饭店，传说中的珠宝，位于伦敦、格施塔德②、塞利尼和巴亚尔塔港③的住所，与罗斯柴尔德夫

---

① 即俗称的七分裤。——译者注
② 瑞士旅游胜地，是欧洲王室及电影明星们光顾的高级休闲地。——译者注
③ 墨西哥哈利斯科州太平洋沿岸的一座旅游城市，位于美洲第二大海湾班德拉斯湾，有热带丛林、河流和瀑布，年均温度为27℃。——译者注

妇（Rothschilds）、阿里·奥纳西斯（Ari Onassis）、南斯拉夫的铁托将军（General Tito），当然还有温莎公爵夫妇过往甚密——他们实际上是好莱坞的王室。但是像任何夫妻一样，他们在文化剧变的二十世纪六十年代必须解决孩子们的成长问题——群居村[①]、家庭口角、在两人的事业之间取得平衡（即使他们的事业是拍摄一些二十世纪六十年代最著名的电影）——简言之，就是两个在一起生活的人的真实婚姻。

如果说伯顿最初与伊丽莎白结婚动机不纯，那么他很快就发现自己被她完全迷住了。他发现伊丽莎白是他曾爱过或发生过关系的所有威尔士女性的化身：从把他抚养长大的圣洁的姐姐到黑头发的威尔士妓女，他当时还是庞什迪分和塔尔伯特港的一个小混混。直到婚后，伯顿仍然给泰勒写情书："我渴望看见你，以燃亮我的双眼。伊丽莎白，当然，你从不曾意识到自己拥有多么令人难以置信的美丽，拥有多么特别又带点危险的可爱，那是多么不可思议。你那从半睡半醒的慵懒而缠绵的身体里隆起的乳房，深邃的眼睛，还有那丰满的嘴唇。"

对伊丽莎白来说，这是一次刻骨铭心的婚姻。当同意跟我们分享伯顿在他们婚姻的最后几年写给她的情书时，她想让我们知道理查德·伯顿在她心中占据的位置，今后也将一直占据着。她在给我们的信中写道：

> 无论在何种意义上……也无论他做过的每一件事，理查德都是非常优秀的。他在舞台上是优秀的、在电影里是优秀的、做爱的时候是优秀的……至少对我来说是这样。他是最体贴、最有趣、最慈祥的父亲。我所有的孩子都很崇拜他。细心、充满爱——这就是理查德。我们之间联系的纽带一直持续到他生命中的最后一刻。我们知道，对我们来说，无论怎样他都绝对与我们同在。在我心里，我总是相信我们将会第三次结婚，也将是最后一次……

[①] 二十世纪六十年代嬉皮士文化蔚成风气，群居村的形成是一些年轻人反抗社会、抗拒传统的行为之一。1967年，美国马萨诸塞州一个名叫麦克·梅特利的16岁中学生离家出走，周游全国。1968年，他回到家乡莱顿城，与七名辍学的大中学生一起建立起最初的群居村"莱顿公社"。随后，群居活动在欧美等地兴起，一直持续到二十世纪七十年代末八十年代初。——译者注

从在罗马的那段时光开始，我们就疯狂、热烈地相爱了。我们度过了更多的美好时光，但还远远不够。

在理查德给伊丽莎白写的将近四十封情书中，或许最重要的一封就是他58岁那年——1984年8月5日突然去世之前写的那封简短的情书。他在瑞士塞利尼家中阁楼的书房里写了这封情书，这所房子是他与第四任妻子萨莉·海伊·伯顿（Sally Hay Burton）共同拥有的，而这也将是他给伊丽莎白写的最后一封情书。他不久前刚刚拍完迈克尔·雷德福（Michael Radford）改编自乔治·奥威尔（George Orwell）的小说《一九八四》的同名电影——片名也暗喻了伯顿的死期——他在影片中的表演虽然短暂但非常有力。他的合作者——英国演员约翰·赫特（John Hurt）跟理查德和萨莉一起住了一段时间，但是理查德成功地悄悄躲开了他们，自己钻进书房，给远在洛杉矶贝尔艾尔家中的伊丽莎白写信，他那私人图书馆中的数千册珍贵藏书环绕在他周围——这些书是伊丽莎白给他的礼物。

但是当伊丽莎白收到信的时候，理查德·伯顿已经去世了。他上床睡觉时头痛欲裂，当天晚上的某个时间突发脑溢血。由于担心伊丽莎白的出现会引发混乱，再加上无论她到哪儿都有狗仔队尾随其后，伯顿的遗孀禁止伊丽莎白出席在塞利尼举行的伯顿的葬礼。这封情书将是伊丽莎白对他们在一起的总共十三年时光最珍贵的回忆，那是他们共同经历的旋风般轰轰烈烈的爱情。

情书里写了些什么呢？

目 录
Contents

众说《烈爱》 1

前 言 3

第一章　丑　闻 1

第二章　一代情侣 33

第三章　郎心似铁 57

第四章　不再结婚 83

第五章　重获认可 101

第六章　谁害怕伊丽莎白·泰勒？ 123

第七章　婚后感情 143

第八章　"浮士德"的诱惑 169

第九章　转折的一年 191

第十章　多事之秋 213

第十一章　"戒指和鲸骨撑裙" 233

第十二章　过气的巨星 253

第十三章　"蓝胡子"事件 277

第十四章 缘尽情未了	301
第十五章 离婚与复婚	325
第十六章 "利兹和迪克"	351
尾　声	377

致　谢	387
理查德·伯顿的两首诗	390
尾　注	394
参考文献	421
译后记	426
出版后记	429

第一章 丑 闻

"我不想成为他的下一个猎物。"
——伊丽莎白·泰勒

"我怎么知道这个女人这么有名？"
——理查德·伯顿

理查德·伯顿第一次看见伊丽莎白·泰勒的时候，他差点笑出声来。

1953年，伯顿已经被伦敦戏剧界视为约翰·吉尔古德爵士（Sir John Gielgud）[1]和劳伦斯·奥利弗爵士（Sir Laurence Olivier）[2]的伟大接班人，但他却转向电影领域，为二十世纪福克斯公司拍了三部电影——《断肠花》（*My Cousin Rachel*）、《圣袍千秋》（*The Robe*）、《沙漠之鼠》（*The Desert Rats*）。理查德·伯顿携他的威尔士妻子希比尔（Sybil）一

---

[1] 约翰·吉尔古德（1904—2000），英国著名表演艺术家，既是英国古典戏剧最伟大的演员，同时也是现代戏剧的先锋，与劳伦斯·奥立佛、拉尔夫·理查逊一起被誉为"英国剧坛三雄"。他是少数几位获过美国娱乐界四大奖项——电影奥斯卡奖、电视艾美奖、戏剧托尼奖和音乐格莱美奖的演员之一。1953年，为了表彰吉尔古德对英国戏剧的巨大贡献，英国女王伊丽莎白二世授予他爵士称号。——译者注

[2] 劳伦斯·奥利弗（1907—1989），英国戏剧演员、好莱坞电影演员、导演和制片。他总共获得过11次奥斯卡金像奖提名，诠释过莎士比亚作品中的所有重要角色，被公认为二十世纪最伟大的莎士比亚戏剧演员。——译者注

举冲到好莱坞。他被认为是一个不可抗拒的情人,一个非常善于讲故事的人,一个皮肤粗糙、举止粗鲁的威尔士男人,一个酒量很大的人,他后来常常以此在他的好莱坞妻子们①面前炫耀。在斯图尔特·格兰杰(Stewart Granger)和简·西蒙丝(Jean Simmons)在贝尔艾尔镇的家中举办的派对上,28岁的伯顿超水平发挥,喝了很多酒、讲了很多故事。这是伯顿第一次来到加利福尼亚州,并且也是他第一次造访"一栋豪宅",在那里,他迫不及待地寻找着泳池周围皮肤晒成古铜色的美女们,那是他所见过的最大的游泳池。当冰块扔进玻璃杯,叮当作响的一瞬间,炎热的沙漠空气忽然冷却了,一杯又一杯红玛丽鸡尾酒和冰啤酒令派对的气氛良好。"那简直是难以置信的一年。"伯顿后来将这些写进了他那直抒胸臆且生动有趣的日记里,他的日记可被视为一本自传。他回忆道:"拍了三部大片、与伯吉②一起喝酒、跟嘉宝调情……"

> 我正享受着这一小小的社交聚会,但是后来,坐在泳池对面的一个女孩儿放下手中的书,摘下墨镜看了我一眼。她的美如此超凡,以至于我差点笑出声来……毫无疑问,她如此迷人……如此丰满。她是神秘的天赐之作。总之,她的美让人窒息,不仅如此,她还完全忽视了我的存在。

好吧,不是"完全"。当时,她冷冷地看了这个男人一眼,认为他看上去神气活现、粗俗不堪。她对这些全都不能接受。除此之外,她当年还迈入了第二段婚姻,嫁给了格兰杰夫妇的好友、英国演员迈克尔·威尔丁(Michael Wilding)。(在伊丽莎白这边,她记忆中跟伯顿第一次见面是在她和迈克尔位于好莱坞的家中;在她的记忆里,当时她只有19岁。)但是我们可以说,伯顿已经迷上她了。伯顿后来谈起他第一眼见到21岁的伊丽莎白·泰勒时说,她是"我见过的最矜持、最美丽、最冷淡、最孤傲、最难

---

① 由于伊丽莎白·泰勒和理查德·伯顿有过两次婚姻,因此伯顿有时会用复数"妻子们"称呼泰勒,在本书中多次出现。——译者注

② 即亨弗莱·鲍嘉。——译者注

以接近的女人……她仅仅是闷闷不乐吗？我想不是的。在她那美丽的脸庞上看不到任何闷闷不乐的痕迹。她的胸部预示了大灾难的来临，它们将使帝国崩塌……"它们也将让伯顿崩塌。

从那之后，时隔九年，伯顿才再次见到泰勒。

1962年，他们在《埃及艳后》(*Cleopatra*)的片场重逢——在经过漫长且开销巨大的拖延之后，剧组又花费巨资从伦敦的松林制片厂转场至罗马的电影城，二十世纪福克斯公司的负责人、制片人、导演、编剧以及演员均慢吞吞地来到这里——此时的伊丽莎白·泰勒和理查德·伯顿都有了丰富的人生阅历。伊丽莎白已经熬过了童星时代，适应了身为童星要面对的各种合理以及不合理的要求。为了逃避山雨欲来的第二次世界大战，伊丽莎白·泰勒（和她的小马）告别了在英国乡村汉普斯特德（Hampstead）的童年，跟随疼爱她的父母来到洛杉矶定居。泰勒被她那雄心勃勃的母亲萨拉·泰勒（Sara Taylor）推进了电影圈，萨拉·泰勒曾是一名舞台剧演员。在少不更事的10岁时，凭借在米高梅公司（MGM）出品的《灵犬莱西》(*Lassie Come Home*, 1943）以及次年的《玉女神驹》(*National Velvet*, 1944）中演的小配角，伊丽莎白发现自己出名了。（伊丽莎白一直很喜欢小动物，特别是马。从3岁开始，她就可以骑上没戴马鞍的马。）她很早就意识到自己不可思议的美貌和早熟的成人面孔的价值，但她却对自己的美丽漫不经心，并且几乎没有个人的虚荣心。伊丽莎白学会了如何应付一切：大惊小怪的服装师、化妆师、发型师以及电影公司的宣传人员，不断的阿谀奉承，经常的权力斗争以及时高时低的人气。她逐渐习惯了这些，进而要求助理们也能做到紧守口风。[她有个更漂亮的哥哥霍华德·泰勒（Howard Taylor），他根本不想像妹妹一样当演员。在15岁时，霍华德·泰勒被迫去环球公司为一部西部片中的牛仔角色试镜。为了确保不被选上，他在试镜前一天给自己剃了一个光头。]伊丽莎白获得的奖赏——名声、金钱、关注度，可以跟片场的小动物们玩耍——与她为此付出的代价相抵消：忍受她母亲、导演，还有米高梅公司粗暴的头儿路易斯·B·梅耶（Louis B. Mayer）对她的严格控制，完全没有隐私和自由可言。她回忆道："我完全被监视着，甚至不能自己一个人去浴室。"她被告知应该如何注视别人、如何说话、如何走路、如何站立甚至如何呼吸。但是通过所有这些，伊丽莎白也对权力有所了解：谁掌握着权力、如何获得权力、如何保有权力。有一次，路易斯·B·梅耶在盛怒之下骂了伊丽莎白的母亲，此时，11岁的伊丽莎白回击道："你和你那该死的公司都可以去死了！"之后她拒绝道歉。然而，令人惊奇的是，梅耶并没有当场解雇她。事实上，就在那个时候，一位天后横空出世。

当伊丽莎白与伯顿第二次相遇时，她正处在她最美的年纪，当时看上去要比实际年龄29岁更成熟。她当时已经经历了三次婚姻，并且还当了一次寡妇。她第一次的短暂婚姻是18岁那年嫁给了嗜赌成性的、希尔顿酒店的继承人小康拉德·尼科尔森·希尔顿（Conrad Nicholson Hilton Jr.）。这段婚姻从一开始就是米高梅公司安排的一场灾难。尼科尔森不在牌桌上赌博时就会打她。伊丽莎白后来声称，当她怀孕数月时，小希尔顿甚至踢她的肚子，导致她流产。米高梅公司曾经劝说她嫁给这个英俊潇洒但声名狼藉的花花公子，以配合《岳父大人》（Father of the Bride）的宣传。那是米高梅公司1950年出品的影片，伊丽莎白在片中饰演年轻的新娘子，而斯宾塞·屈赛（Spencer Tracy）饰演她的父亲。萨拉·泰勒赞同米高梅公司的计划，她知道这将有助于她的女儿踏上巨星之路，不管怎么说，她都希望伊丽莎白嫁给有钱人。

伊丽莎白后来承认："当我遇到小希尔顿的时候，结婚就是水到渠成的事。我被他的迷人外表和谈吐气质所倾倒，在只有结婚才能获得自由、极度渴望摆脱父母和片厂控制而独立生活的想法驱使下，我对可能存在的问题睁一只眼闭一只眼，欢天喜地地踏上了红地毯。"在米高梅公司的一手策划下，在大量影迷的见证下，这场被大肆宣传的婚礼达到了预期效果：《岳父大人》获得了巨大成功。然而这段婚姻仅仅维持了六个月。

1952年2月1日，以精神虐待为由，这段短暂的婚姻宣告结束。尼科尔森把自己的种种不良行为归咎于他忽然发现自己陷入了金鱼般失去自由的生活。当大批记者和摄影师涌入他们的酒店套房时——这是经常发生的事情——一位摄影师将镜头对准伊丽莎白，冲着新郎高声喊着："喂，哥们儿，让开，我要拍照。"这对一个不成熟且又任性的花花公子而言太难以忍受了。他父亲康拉德·希尔顿同意这一观点："他们根本没有任何机会过普通人的生活……伊丽莎白是一个公主，她无法过正常人的生活，她身边的人也会受到影响……如果她只是梅西百货的一个女店员，而不是一个电影明星的话……"

1962年，当伊丽莎白戴上了"尼罗河女王"的王冠时，她已经是三个孩子的母亲了。她的两个儿子迈克尔·威尔丁和克里斯托弗·威尔丁，是她与第二任丈夫迈克尔·威尔丁所生。威尔丁是一位很有绅士风度的英国演员，与伊丽莎白结婚时，他的年龄已经接近她父亲了。虽然这又是一桩由米高梅公司推动的婚姻，目的是消除伊丽莎白与尼科尔森的短暂婚姻所带来的不良影响，但是伊丽莎白此前已经被威尔丁所吸引，他看起来可以给她带来稳定感，能保护她。

伊丽莎白的第三任丈夫迈克尔·托德（Mike Todd）是白手起家的典范：出生于一个贫穷的犹太家庭，没有受过正统教育。在成为一名独立电影制片人之前，他靠当小商小贩和做建筑生意谋生。迈克尔将自己的宣传技巧用在制作一部题材一直以来都很受欢迎的影片《环游世界八十天》（*Around the World in 80 Days*，1956年版）上。他的成功部分靠卖弄口才、部分靠阴谋诡计、部分靠天赋。在电影杂志上，他被吹捧为"伊丽莎白一生的挚爱"。伊丽莎白迷上了托德的大男子主义气概和极强的个性。他与迈克尔·威尔丁截然相反，也跟伊丽莎白那性格温和的做艺术品兼古董经销商的父亲弗朗西斯·泰勒（Francis Taylor）完全不同。

为托德操刀剧本的是讽刺作家S. J. 佩雷尔曼（S.J.Perelman），他对这个身材不高的大亨印象并不太好。他在1955年写给妻子劳拉的信中说："托德正在实现他的传奇人生。他从原本的自我中疏离而出并且很欣赏他为自己创造的拿破仑形象……在制作《战争与和平》（*War and Peace*）和《托斯卡尼尼的生活》（*The Life of Toscanini*）的同时发行《俄克拉荷马》（*Oklahoma!*），还要筹备《环游世界八十天》，与十六个不同的女人上床，昨天从伦敦飞回来，今天就飞往拉斯维加斯，明天还要去巴黎。"他超乎寻常的阳刚气和对事业全身心的投入也正是伊丽莎白想要的。在发现自己的生活被其他人——她母亲和米高梅公司——控制了之后，伊丽莎白觉得托德的招摇和力量能保护她。并且，作为一名独立电影制片人，托德可以帮助伊丽莎白摆脱米高梅公司，获得自由。在托德身边，伊丽莎白就可以告诉所有人，让他们都见鬼去吧。

托德的生活就是无所顾忌的炒作以及送给伊丽莎白贵重礼物，其中有一枚27克拉的耀眼钻戒。毫无疑问，托德的殷勤令伊丽莎白目不暇接。他有时也会粗暴对待伊丽莎白。尽管曾被尼基·希尔顿毒打，但是伊丽莎白却承认她很享受被男人粗暴对待——甚至有时会主动挑逗他这么做——因为在传统观念里，这意味着他对自己充满激情。伊丽莎白需要一个更粗野、更有男子气概并且比她自己占有欲更强的男人。她曾经尝试过引导威尔丁对自己呼来喝去，但是他始终做不到。

在嫁给威尔丁的第三个年头的一天清晨，伊丽莎白从威尔丁手中一把夺过填字游戏，还挑衅地说："过来，打我啊！为什么不动手！"但是威尔丁依然无动于衷，很绅士，也可以说太消极。他们婚姻中最大的问题不仅仅是缘于两人的年龄差距，还因为威尔丁曾是英国名噪一时的浪漫轻喜剧的男主角，但他在好莱坞的事业却好像油尽灯枯一般，实质上是伊丽莎白在养家。但是伊丽莎白是个传统的女孩儿，她想做二十世纪五十年代的理想女性。她的美貌符合这一要求，但是她的经济地位和居高临下的个性却不允许她这样做。她天生注定要支配别人，她所需要的是男人中的男人，而迈克尔·托德正是她所需要的。

不幸的是，伊丽莎白的幸福太短暂了。1958年3月22日，托德乘坐"利兹"号私人飞机前往东海岸进行短暂的宣传之旅，此时他们结婚仅有十三个月，女儿伊丽莎白·弗朗西斯·托德（Elizabeth Frances Todd）——即丽莎——刚刚八个月。伊丽莎白本打算陪同前往，但是102度[①]的高烧让她不得不留在家里。"利兹"号在内华达州的沙漠上空遭遇暴风雨，机翼结冰、引擎失灵，飞机在剧烈爆炸中坠毁。托德、驾驶员、副驾驶，以及为

[①] 美国和其他一些英语国家多使用华氏度，华氏度=32+1.8×摄氏度。102度约为38.9摄氏度。——译者注

托德写传记的作家阿特·科恩（Art Cohn）都在事故中丧生。当伊丽莎白得知这一消息时悲痛欲绝。她积郁成疾，拒绝进食，米高梅公司担心她无法演完影片《朱门巧妇》（Cat on a Hot Tin Roof）中的玛姬一角。该片改编自田纳西·威廉斯（Tennessee Williams）的戏剧，由保罗·纽曼（Paul Newman）和伯尔·艾弗斯（Burl Ives）共同出演。但她还是回来坚持工作，在导演理查德·布鲁克斯（Richard Brooks）的劝导下恢复了健康。也许是工作人员的关心以及完成拍摄的需要让伊丽莎白恢复了理智，这也拯救了她的生活。

托德去世后不久，伊丽莎白就从托德的生前好友、歌手艾迪·费舍尔（Eddie Fisher）身上找到了安慰，麻烦的是，他当时是黛比·雷诺兹（Debbie Reynolds）的丈夫。费舍尔夫妇曾被视为"美国甜心"，他们的婚姻破裂使整个国家都感到震惊。雷诺兹可爱的洋娃娃形象与她那倔强的性格十分不符。[奥斯卡·黎凡特（Oscar Levant）[①]曾经打趣地说："她像铸铁厂一般令人神往。"]她现在则是被丈夫抛弃的妻子，是另一个女人的受害者。1959年5月12日，在媒体的强烈抗议和质疑中，在托德死后第十四个月，伊丽莎白与艾迪·费舍尔闪电结婚了。

为什么他们如此迅速地结婚？很可能是因为伊丽莎白根本不知道独自一人应该怎么生活，从童年时起，总是有一群电影公司的阿谀奉承者围绕在她身边。正如传记作家理查德·梅里曼（Richard Meryman）——他在1964年与泰勒合作完成了回忆录《伊丽莎白·泰勒》（Elizabeth Taylor）——曾经指出的，与费舍尔结婚是她记住迈克·托德的一种方式。作为托德的至交好友（费舍尔给他的儿子取名托德），费舍尔是一个最轻量级的替代品，但只是一个替代品，除了在卧室里以外。多个渠道的消息（包括费舍尔自己）均表明，他是一个精力旺盛且情欲高涨的情人，经常与他那美丽的新娘一天做爱三四次。与葛丽泰·嘉宝和玛琳·黛德丽（Marlene Dietrich）等明星不同，伊丽莎白是一个真正的性爱女神——她非常喜爱性爱，她喜欢那能引起激情的欲望，她喜欢被满足，她喜欢被人关注，她喜欢兴奋以及危险带来的刺激。（从3岁那年学会骑马并从马背上跳下开始，

---

① 美国著名钢琴家、作曲家。——译者注

她就一直被危险所吸引。)正如费舍尔后来描述他们的关系时说的:"伊丽莎白对男人的爱跟男人对她的爱一样,并且她从来都不避讳这一点。"

伊丽莎白因为破坏黛比·雷诺兹与艾迪·费舍尔的婚姻而广受诋毁,即使三位当事人非常清楚,此事引发的矛盾早已完全平息(如果事实上曾经有矛盾的话)。费舍尔后来也承认他与雷诺兹的婚姻基本上是由电影公司安排的,根本不是因爱情而结合。雷诺兹的邻家女孩形象与她现实生活中的刚强个性形成了鲜明反差。她曾经在伊丽莎白和迈克尔·托德的婚礼上担任伴娘。在婚礼前一天,她还充满深情地帮新娘子洗头。现在,毫不奇怪,雷诺兹与电影公司的宣传机器一起将伊丽莎白描绘成"家庭破坏者"。在电影公司宣传部门的坚持下,她甚至还在毛衣上别着尿布别针出现在记者面前(据说她曾问过:"尿布别针是什么?")。美国人毫无疑问会站在雷诺兹一边,当然,没人知道她与艾迪·费舍尔的婚姻曾经是好莱坞电影公司精心安排的,正如伊丽莎白与尼基·希尔顿的婚姻一样,她与迈克尔·威尔丁的婚姻也可能如此。在这场丑闻闹得最凶的时候,艾迪·费舍尔曾经在一周之内收到七千封咒骂他的信。伊丽莎白被骂成"妓女"、"蛇蝎妇人"、"无耻荡妇"。一家报纸的大标题上赫然写道《嗜血寡妇利兹咬上了艾迪》(*Blood Thirsty Widow Liz Vampires Eddie*),全国各地的教堂都在谴责她。当八卦说教专家赫达·霍珀(Hedda Hopper)也参与进来时,伊丽莎白毫不客气地回了一句著名的话:"迈克尔死了,但是我还活着!"(模仿她在《朱门巧妇》中饰演的玛姬那慷慨激昂的话语)。事实上是霍珀带头谴责了伊丽莎白的行为,她认为这是不道德的——具有讽刺意味的是,在把伊丽莎白捧成童星的过程中,霍珀曾经发挥了至关重要的作用。

伊丽莎白与费舍尔的这桩丑闻持续时间很长,直到1965年仍被提及。当时,在肯尼迪总统被暗杀后,受肯尼迪家族的委托,威廉·曼彻斯特(William Manchester)撰写了《总统之死》(*The Death of a President*)一书,但最终,杰奎琳·肯尼迪(Jacqueline Kennedy)认为书中描写了太多的个人隐私。她就该书的出版与作者和出版者在媒体上打起了口水仗。杰奎琳出现在《时尚先生》杂志(*Esquire*)的封面上,旁边引用了她的话:"任何跟我作对的人都将看起来像只老鼠——除非我跟艾迪·费舍尔一起私奔……"

费舍尔与黛比·雷诺兹的婚姻是否有爱情已无关紧要。他与伊丽莎白的婚姻第一次给伊丽莎白带来了负面影响。有人甚至猜测，这件事甚至使她失去了凭借《朱门巧妇》摘取奥斯卡奖的机会。她在片中那痛苦的、令人动容的表演是发自内心深处的悲痛。

　　费舍尔在卡茨基尔的度假胜地的格罗斯辛哥出道，成为一名流行歌手，并且很快地以一曲《噢，我的爸爸！》（Oh My Pa-Pa）成为美国《公告牌》杂志（Billboard）上的风云人物。作为一名受欢迎的唱片歌手，他凭借全国广播公司（NBC）的一档每周综艺节目《可乐时间》（Coke Time，以赞助商的名字命名）达到了其事业的巅峰。除了破坏婚姻的负面影响之外，费舍尔在流行乐坛的地位很快就被如猫王（Elvis Presley）和巴迪·霍利（Buddy Holly）这样的摇滚歌星所取代。费舍尔的职业生涯再也没能重回巅峰，但是这些似乎并没有对他造成什么影响——他疯狂地、不可遏制地，并且危险地爱上了悲痛中的伊丽莎白。尝试紧跟托德的脚步让他兴奋不已，托德具有费舍尔渴望拥有的一切——有权威、性格开朗、阳刚气十足。贝弗利山的查森餐厅的一名服务员回忆道，当托德夫妇与费舍尔夫妇一起共进晚餐时，费舍尔点的食物总是跟托德一样。"如果托德点了三四分熟的牛排，那么费舍尔也会点同样的牛排。如果托德希望牛排稍嫩一点儿，费舍尔也一样……费舍尔吃饭的风格也跟托德一样，都很快。"哎呀，虽然托德和费舍尔都有相似的家庭背景（他们都出生在城市的犹太工人阶级家庭）和雄心壮志（费舍尔希望跟托德一样成为一个制片人），但事实证明，费舍尔还是无法成为迈克尔·托德。实际上没有人能取代托德——那个身材矮小的强壮的制作人嗓门更大、出手更阔气、更有激情、更像一个骗子，比伊丽莎白见过的所有人都更难缠。

　　当时伊丽莎白下榻于罗马阿皮亚古道上一栋有十四个房间的别墅，带着三个孩子、一大堆助理和几只宠物。在那里，她在为角色做着准备，为此她得到了创纪录的100万美元片酬（外加可观的超支费用和利润抽成）。对她而言，大概很明显，艾迪并不是她所需要的丈夫。在成功压倒路易斯·B·梅耶并学会如何对付像托德那样有权势的男人之后，她最想要的是能供她呼来喝去的人。虽然费舍尔的歌手生涯陷入停滞，但他仍然在二十世纪福克斯公司领取一份当制片人的薪水，其实他只是一个勤杂工，任务是确保伊丽莎白能准时出现。他想自己拍片，并让伊丽莎白担当主角的愿望并没有实现。因此他并没有放弃，跟在伊丽莎白的几条宠物狗后面收拾房间，逐渐成为"伊丽莎白·泰勒先生"。

自从学会了我行我素、放纵对生活的巨大胃口——美食、爱情、性爱、珠宝、喝酒、被人关注、寻刺激、找乐子——之后，凡是伊丽莎白想要的，没有人能对她说不，或者至少能勇敢地面对她，又或者至少能压压她的气势，抑或至少能配得上她那拉伯雷式的生活之趣。费舍尔一样都做不到。

但是，伊丽莎白很快就发现，理查德·伯顿能做到。

二十世纪福克斯公司新任命的矮小干练的制片人沃尔特·万格（Walter Wanger）被时任老板斯派罗斯·斯库拉斯（Spyros Skouras）指派监制《埃及艳后》。斯库拉斯相信，重新翻拍这部1917年由蒂达·芭拉（Theda Bara）主演的无声电影能给公司带来急需的收入，二十世纪福克斯公司已经衰落不堪。万格是一位成功的制片人，曾成功打造了六十多部电影，最著名的有1948年的《圣女贞德》（*Joan of Arc*），以及1958年由苏珊·海沃德（Suan Hayward）主演的催泪弹影片《我要活下去》（*I Want to Live!*）。虽然万格的私生活出了一点问题［他曾因枪击演员经纪人詹宁斯·朗（Jennings Lang）而受罚，因为他发现詹宁斯·朗与他的妻子琼·贝内特（Joan Bennett）有一腿］，但是他仍然能胜任这份工作。在原来的无声电影剧本中加入一些对话，邀请一些能吸引眼球的明星加盟，盈利200万美元，这些能有多难啊？

当克莉奥佩特拉的首要人选伊丽莎白要求100万美元片酬时，二十世纪福克斯公司原本打算拍一部中等预算影片的美梦破灭了——伊丽莎白提出如此要求是因为她实际上并不想演这部电影。她当时的片酬是12.5万美元（考虑到通货膨胀因素，这相当于今天的90万美元）。斯库拉斯出离愤怒了，让万格用苏珊·海沃德来代替伊丽莎白。但是当时，伊丽莎白已经开始对这部影片产生了浓厚兴趣，当万格告诉她片方不会按照她的要价支付片酬时，伊丽莎白已经进入了谈判状态，起初是哭诉，之后又态度强硬。最终，伊丽莎白甚至获得了待遇更优厚的合同——基本片酬100万美元，每周3000美元的生活津贴,如果拍片计划被延误,则每延误一周需要支付伊丽莎白5万美元,并且还包括影片总利润10%的分红。除此之外,伊丽莎白还坚持用迈克尔·托德发明的托德-AO宽银幕系统拍摄,而这又让她获得了更大的利益,因为作为托德的遗孀,她继承了该系统的一切权利。她从自己的第三任丈夫那里学到了很多东西——比如如何狮子大开口,并通过相应手段达到目的。二十世纪福克斯公司答应了伊丽莎白的要求。她还要求拥有导演决定权。公司也同意了。彼得·芬奇(Peter Finch)是恺撒的扮演者。他曾经和伊丽莎白在《象宫鸳劫》(*Elephant Walk*)中合作过,伊丽莎白在这部热带丛林剧中取代费雯·丽(Vivien Leigh)成为女主角。刚刚凭借《宾虚》(*Ben Hur*)出道的斯蒂芬·博伊德(Stephen Boyd)当时是饰演马克·安东尼的人选。之后,万格做出了一个奇怪的选择,让鲁宾·马莫利安(Rouben Mamoulian)执导这部史诗巨作——之所以说这一决定很奇怪,是因为鲁宾虽然拍过很多成功之作,并被誉为"女性导演"——但是他此前从未拍过史诗大片。于是,这部史诗作品就要开拍了。

为了避税,伊丽莎白坚持在国外拍摄。二十世纪福克斯公司本希望在罗马拍摄,然而,当影片计划开拍时,恰逢1960年夏季奥运会将在这座永恒之城举办,因此,罗马没有足够的酒店供演员和工作人员居住。[顺便提一句,在1960年的奥运会上,获得轻量级拳击比赛金牌的是有着古罗马式名字的美国年轻拳手卡修斯·克雷(Cassius Clay)。几年后,他改名为穆罕默德·阿里(Muhammad Ali)。]然而,斯库拉斯发现可以在伦敦郊外的松林制片厂拍摄——不仅仅是因为那里有设备精良的摄影棚,还因为,如果他们雇佣英国的群众演员、服装师、发型师、工作人员和建筑工人,就能够得到一笔资金支持。因此,松林制片厂被整体改造成了罗马和亚历山大港的模样。然而,将英格兰变成罗马的尝试注定会失败。

大规模的布景工作开始实施,奢华的服装和道具被制造出来,数以万计的临时演员也被召集起来。然而,有两件事情是斯库拉斯、万格和马莫利安始料未及的:英国糟糕的天气和一直困扰伊丽莎白·泰勒的健康问题。几乎持续不断的雨水、大风,以及阴沉沉的天气不仅使得拍摄不得不推迟,还会侵蚀布景,需要不断重新修补。伊丽莎白与艾迪·费舍尔住在伦敦高级奢华的多切斯特酒店里，她患上了支气管炎，缺席了数周拍摄。这迫使拍摄工作实际上处于停滞状态，而群众演员、演员和全体工作人员的薪水还要照常支付。当万格仍然在努力试图把阴雨不断、寒气逼人的场景转变成阳光明媚的罗马城时，伊丽莎白的支气管炎已经发展成了肺炎，病情十分严重，致使其陷入昏迷，不得不被紧急送往伦敦诊所进行抢救。为了保住性命，她在那里接受了一次著名的气管切开手术。这次手术给她留下了一道伤疤，在饰演"尼罗河女王"时，特写镜头中清晰可见。但这却是一道无法想象的幸运之疤：她相信，正是因为这道伤疤，使她凭借在《青楼艳妓》(BUtterfield 8)中饰演的格洛里亚·旺德劳斯在角逐奥斯卡最佳女主角时获得了很多同情票。该片拍于1960年，而她当时并不太愿意演。[伊丽莎白在本届奥斯卡奖上的竞争对手雪莉·麦克雷恩（Shirley Maclaine）哀叹："我输给了一次气管切开手术。"] 全世界都在焦急地等待着伊丽莎白从那几乎致命的疾病中康复——有一家新闻通讯社甚至宣称她已经死亡——在伊丽莎白破坏费舍尔夫妇的婚姻之后，全世界各大媒体的头版头条终于不再在负面消息上对她纠缠不休。伊丽莎白很早就学会了如何充分利用她那频繁的、引人注目的疾病和意外事故。有时，这是她所能找到的唯一方式，使她能暂时从米高梅公司的无情压榨中得到喘息；有时，在面对批评时，这是为其赢得同情的万无一失的法宝。

当她恢复健康时，之前为《埃及艳后》搭的所有布景都被拆卸下来运到了罗马，那是其应在的地方。最终，真正的罗马终于代替了搭出来的"罗马"，那里温暖的阳光也能促使伊丽莎白更快恢复。

但是麻烦依然存在。彼得·芬奇和伊丽莎白都不喜欢由西德尼·巴其曼（Sydney Buchman）、本·赫特（Ben Hecht）和拉纳尔德·麦克杜格尔（Ranald MacDougall）改写的剧本。马莫利安也表示赞同，要求重写剧本，否则他就会退出。但是影片的拍摄进程已经被拖延，并且严重超出预算。伊丽莎白的肺炎和气管切开手术使得拍摄工作陷于停顿，片方每天需要为此支付10万美元。该片只完成了10分钟的镜头，但是预算却已经增加至3500万美元。令马莫利安吃惊的是，万格和斯库拉斯接受了他的辞职。伊丽莎白行使了合同中的导演决定权条款，要求乔治·斯蒂文斯（George

Stevens）或约瑟夫·曼凯维奇（Joseph Mankiewicz）代替马莫利安执导该片。乔治·斯蒂文斯执导的《郎心似铁》(*A Place in the Sun*) 让伊丽莎白光芒四射［《巨人传》(*Giant*) 一度让她热泪盈眶］。约瑟夫·曼凯维奇两年前执导过泰勒主演的《夏日痴魂》(*Suddenly, Last Summer*)。伊丽莎白深知找到合适的导演有多么重要，而她在斯蒂文斯和曼凯维奇的执导下又是多么如鱼得水。斯蒂文斯无法抽身。曼凯维奇在接到电话时，正在他的朋友、演员休姆·克罗宁（Hume Cronyn）的私人小岛上度假。与马莫利安一样，曼凯维奇也是一位受人尊敬的导演，但他同样也跟马莫利安一样，此前从未拍过史诗巨片。

克罗宁的意见是什么呢？"别拍。"

作为一个才华横溢的编剧兼导演，曼凯维奇曾获得四座奥斯卡奖，而且是凭借自编自导的《三妻艳史》(*A Letter to Three Wives*) 和《彗星美人》(*All About Eve*) 接连获奖；他跟马莫利安一样也有"女性导演"的美名，因此，二十世纪福克斯公司认为他能和伊丽莎白合作愉快。除了生病及遭遇意外的可能，伊丽莎白的合同上还规定自己在生理周期也要休息。她经常迟到，得过流感、传染病、支气管炎，别人感冒她也会被传染。有一次，伊丽莎白在参加一场完工派对时，不小心踩到电线上，引发了一场大火，自己也受伤了。曼凯维奇已经跟诸如《彗星美人》中的贝蒂·戴维斯（Bette Davis）以及《夏日痴魂》中的凯瑟琳·赫本（Katharine Hepburn）等性感女神合作过。他对"女演员们"十分着迷，将她们视为（或许有一点点嫉妒）神经质的、不可思议的生物，并且他正在就这一话题写一本永远不会完成的巨著。二十世纪福克斯公司用300万美元巨款（相当于今天的2100多万美元）——比他漫长且辉煌的职业生涯中所挣的钱加起来还要多——来诱使曼凯维奇接手，并且许诺帮他推掉已接手的片约，因此曼凯维奇答应肩负起这个重担，安排他的朋友休姆·克罗宁饰演克莉奥佩特拉的导师索西琴尼。

曼凯维奇将证明其对伊丽莎白将产生很大的影响，后者此后称曼凯维奇是她最喜欢的导演。他对女人的看法让伊丽莎白再次感到自己的生活中缺少某种阴柔气质。曼凯维奇是一位矮小敦实、叼着烟斗的智者，他为自己对人类心灵的理解感到骄傲，并且以在开拍前对剧本进行心理分析而闻名。他在《彗星美人》中为贝蒂·戴维斯所写的台词用在伊丽莎白身上会很恰当:"我可以追求事业或者照顾家庭,但我不能二者兼顾。"兴高采烈、心满意足的女人们会服侍她们的男人(而且也被男人养着)。几乎每结一次婚,伊丽莎白都会公开宣称她在生活中的主要角色就是当"迈克尔·威尔丁太太"或"迈克尔·托德太太"或"艾迪·费舍尔太太"。这在艾森豪威尔时代能赢得好评,但这也是她对"平凡"生活的真正渴望。有一次,她难得抱怨起了自己的电影明星身份:"为什么他们不让我像苏西·史密斯(Suzy Smith)那样长大,住在郊外,丈夫每天8点10分起床,有三个可爱的胖娃娃呢?"当然,她肯定会讨厌这样的生活。那太平淡了!

他们的命运在某些方面存在交集。曼凯维奇原本计划与迈克尔·托德一起搭乘"利兹"号,进行他那最后一次致命的飞行,但是他的弟妹萨拉·曼凯维奇(Sara Mankiewicz)有一种不祥的预感,警告他不要去,于是他坐了另一趟航班。当他看到自己的死亡通知书时吓得浑身战栗,人们误以为他也在"利兹"号上。曼凯维奇活了下来,接受了执导《埃及艳后》的邀约,并且决定不让斯蒂芬·博伊德演马克·安东尼,而这一决定将改变伊丽莎白的人生。这部电影也改变了曼凯维奇自己的人生:五年之后,他的职业生涯辉煌不再。虽然有很少一些值得称道的电影,像《足迹》(acclaimed),但在他生命中的最后二十年里,乔·曼凯维奇再也没有执导过其他影片。他把这一切归咎于伊丽莎白和理查德。

曼凯维奇用雷克斯·哈里森(Rex Harrison)代替了彼得·芬奇(后者现在全身心地投入到另外一部电影中),在执导《幽灵与未亡人》(The Ghost and Mrs. Muir)一片时曼凯维奇曾跟他合作愉快。为了让理查德·伯顿代替斯蒂芬·博伊德,二十世纪福克斯公司不得不向艾伦·杰伊·勒纳(Alan Jay Lerner)和弗雷德里克·洛伊(Frederick Loewe)支付5万美元买断伯顿的合同,使他得以不用再在百老汇戏剧《卡米洛》(Camelot)里饰演亚瑟王。除此之外,公司还向伯顿提供了一份25万美元(今天的170万美元)片酬的合同,外加超期费用和附加费用,例如他和家人的交通费,以及每周1000美元,这笔钱在二十世纪福克斯公司账上显示为"小开支"。公司还给他和希比尔以及他们的两个女儿提供了一栋别墅居住,负担了别墅工作人员的费用。伯顿在《卡米洛》中的搭档罗迪·麦克道尔（Roddy McDowall）也跟他们住在同一栋别墅里。他同时也是伊丽莎白的儿时伙伴，一起演过《灵犬莱西》。当然，所有这些支出使得制片预算进一步膨胀。

伯顿一直对他的片酬很在意，觉得自己早期为了征服好莱坞所作的努力已经被搞得一团糟（虽然他在此前演的两部好莱坞电影《圣袍千秋》和《断肠花》中表现得相当好），于是决定抓住这次机会。在将近一年的漫长巡演中，他已经厌倦了日复一日地在《卡米洛》中饰演亚瑟王，即使他对该角色很着迷，即使那被他戏称为"伯顿酒吧"的化妆室里始终觥筹交错。1961年9月16日，他最后一晚饰演亚瑟王。当时，所有人都已经知道了他离开这出戏剧的原因。他最后的演出获得了巨大成功，观众起立欢呼。朱莉·安德鲁斯（Julie Andrews，她饰演格尼维尔王后）把伯顿一个人留在舞台上，以使他可以尽情享受观众滔滔不绝的赞美。大家都心照不宣地承认，这个人演得很棒，即便他来自一个甚至都不知道该如何正确念出名字的威尔士煤矿小镇。观众们很珍惜有理查德的最后一晚，品味他那国王般的一举一动。这使得伯顿很难放弃——在全场观众面前表演的吸引力以及他们给予的高度评价，夜复一夜为争取这些而奋斗，并最终赢得这一切。

当舞台灯光全部打开，最后一位观众也已经离开国王剧院后，伯顿发现自己置身于一个告别派对当中。参加聚会的人当中有编剧莫斯·哈特（Moss Hart），他曾执导过该剧，但在开演十天后突发心脏病。哈特把伯顿叫到身边，提醒他："我求你不要浪费自己绝佳的天赋。你该知道，你拥有足够的天赋，能成为本世纪最伟大的舞台剧演员之一。"但现在，电影再一次向他发出召唤。对伯顿来说，电影能给他带来真正的名声和财富。

伯顿通常不喜欢诸如《圣袍千秋》和《埃及艳后》这样需要他穿宽松长袍和束腰外衣的史诗片。他发现光着大腿或穿着紧身衣昂首阔步走来走去很没有男子气概，这也是他在两年之后要穿街头服装演百老汇戏剧《哈姆雷特》（Hamlet）的一个原因。但是在《埃及艳后》中，曼凯维奇让伯顿穿上最短的那种士兵服——这件百褶裙能展示他肌肉发达的大腿，掩不住他的阳刚之气。曼凯维奇对伯顿印象深刻,他过人的智慧、诙谐的言词以及充满深情的阳刚之气同样吸引着男人和女人。结过两次婚的曼凯维奇和伯顿一样,喜欢跟他合作过的女演员传绯闻［还有一些他没合作过的,如年轻的朱迪·加兰（Judy Garland）］,但是他也被伯顿迷住了。后来,他向媒体开玩笑说,跟伯顿有绯闻的是他,而不是伊丽莎白。

伯顿浑身上下洋溢出巨大的活力,但是过去的一些经历让他感到羞耻。据说当他在等级森严的英国戏剧界一步步走红时,曾屈服于约翰·吉尔古德爵士和劳伦斯·奥利弗爵士的追求。他后来告诉迪克·卡维特（Dick Cavett）和英国广播公司（BBC）的迈克尔·帕金森（Michael Parkinson）等访谈节目主持人,自己曾经"尝试过同性恋行为"但"没有成功"。他最后得出一个结论:来自矿区的男人不会和其他男人发生性关系。在煤矿工人、橄榄球运动员以及世界级酒徒所在的粗犷的男人世界里,你就能够拥有阳刚之气,并且在别的男人看来也理所应当具备这一点。所以,年轻时期的这些遭遇困扰着伯顿,刺激着他四处风流。

如果斯库拉斯和万格认为曼凯维奇能阻止不断攀升的成本而让这部影片处于一个平稳的局面,那他们就错了。在曼凯维奇手中,这部电影继续失控。首先,他同意伊丽莎白的看法,认为剧本需要进行重大修改,并且他认为自己是唯一能胜任这项任务的人。所以他白天拍片,晚上写剧本。为了能同时进行导演和重写剧本的工作,他开始依赖每天注射两次安非他命来坚持,由臭名昭著的马克斯·雅各布森（Max Jacobson）,即"兴奋剂医生"给他注射。他有很高的雄心壮志:希望自己写的这个杂乱无章的、风格混合的剧本能与萧伯纳和莎士比亚的作品相媲美。实际上,在语言的美感方面,他有时很接近这一目标了,但是整部剧本是如此庞大——长达327页——他还要同时指挥如此庞大的演员和工作人员阵容,因此不可能使之完全成形,这项工作也严重损害了他的健康。他的大儿子克里斯·曼凯维奇（Chris Mankiewicz）也参与了这部影片的制作,担心他父亲可能会得心脏病。这种激动不安的状态使他得了皮肤病,手指流血,必须戴着剪辑师用的白色棉手套,而他滥用安非他命还导致了一个常见的结果:铺张浮夸。

关于这部电影的所有东西——布景、化妆室、道具、群众演员、剧本——都占了很大的成本。整部影片都患上了"巨人症"。这部电影最终花费三年时间才完成，高达4400万美元的惊人成本，接近于今天的3亿美元，其被认为是史上第三昂贵的电影。并且，曼凯维奇在拍摄进行中逐字改写剧本，因此他实际上是在拍他的剧本初稿——没有时间进行仔细打磨，也没有分镜头剧本供拍摄用。这样，他们被迫按剧本顺序拍摄所有内容。这一过程成本高昂，自始至终都要给所有演员支付薪水。差不多所有糟糕的事情都赶上了。伊丽莎白在1964年的回忆录中回顾了拍这部电影时所付出的艰苦努力，称其为"一场噩梦"。但是，至少对她来说，爱上理查德·伯顿稍微给了她一点补偿。

1953年，当伊丽莎白在斯图尔特·格兰杰的好莱坞派对上第一次遇到伯顿时，并不喜欢他——他话太多、"相当自负"，她对他也"冷眼相待"。因此，她准备在《埃及艳后》的片场也对他冷眼相向，发誓不会成为伯顿的下一个猎物。

1962年1月22日，他们在片场再次相见，各自穿着戏服、化好装。甚至在见这个臭名昭著的威尔士男人之前，伊丽莎白就已经提高了警惕。她非常了解他在戏剧界的声望，他第一天就能记住他自己甚至是搭档的所有台词。她认为伯顿不仅仅是"一个电影明星，还是一位名副其实的演员"。泰勒非常了解自己在表演上的局限性，米高梅公司没有给她上过表演课。她就是那种所谓的"天才"，并且她最伟大的天赋是一种未知的特质，能从镜头中跳出来，直接钻进观众的内心。

伊丽莎白也知道伯顿传奇般的征服史——他跟许多女主角都上过床，包括克莱尔·布鲁姆（Claire Bloom）和年仅17岁的苏珊·斯特拉斯堡（Susan Strasberg）那样的黑发美女，而他仍然与他那刚毅忠诚的威尔士妻子希比尔·伯顿保持着婚姻关系，宣称永不会抛弃她。同样堪称传奇的还有他的金嗓子，他的亲切和蔼，他对诗歌、语言、莎士比亚戏剧和烈酒的喜爱。他活力四射的性感能让整个房间都热起来。他的脸因为荷尔蒙分泌过剩而长了痘疮，这一毛病自从伯顿在庞什迪分贫穷的少年时代开始就一直在折磨着他，但是，尽管如此，他仍然有着一种温情脉脉的、满面愁容的美。他身上混合了泥土和空气的气息；据伯顿的同乡埃姆林·威廉姆斯（Emlyn Williams）所说，他看起来像"一位拳击诗人"。剧作家兼演员出身的威廉姆斯很早就对伯顿感兴趣，帮助他参演了《德鲁伊的休息》(The Druid's Rest)，开启了他的戏剧生涯，还让他在《多尔温的最后时光》(The Last Days of Dolwyn)中演了一个年轻的情郎，从而开启了他的电影生涯。

因此，当他们在《埃及艳后》的超大片场第一次看见对方时，理查德穿着超短束腰上衣，伊丽莎白的眼睛画着浓重的埃及眼影、穿着艾琳·莎拉夫（Irene sharaff）设计的令人惊艳的礼服，"他们支支吾吾了半天"。伯顿这位伟大的引诱者，一开始试图忽视她，接着又挤到伊丽莎白身边愚蠢地说："有没有人跟你说过你是一个非常漂亮的女孩儿？"正如伊丽莎白在其自传中讲述的，她不相信开场白会这么蹩脚。她"迫不及待地回到化妆室，女孩子们都在那里，她告诉她们，'哎呀，不好'（Oy gevalt），"她喜欢用从托德和费舍尔那里学来的意第绪语，"这里有一个从威尔士来的大情人、大才子、大知识分子，却说出那样的话。"实际上这是一个巧妙的开场白——在一个所有人都迎合伊丽莎白·泰勒的世界里，理查德·伯顿表现出他愿意拿她开玩笑。

另外，伯顿还看了一眼她过于成熟的美貌，嘴边溜出一句"你太胖了"。事实上，当他看到伊丽莎白"如此超凡脱俗"时，非常震惊，以至于想煞煞她的威风。除了她过于强大的气场，更让伯顿印象深刻的是，伊丽莎白的片酬比他自己那已经相当可观的收入还要多四倍，而且她已经拥有了伯顿至今梦寐以求的东西——电影明星的地位。他对艾迪·费舍尔徘徊在片场也很蔑视。一个朋友跟伯顿开玩笑说，费舍尔在伊丽莎白的助理中仅仅排在第三位，位于发型师亚历山大（Alexandre de Paris）①和经纪人库尔特·弗林斯（Kurt Frings）之后。伯顿已经卷入了跟伊丽莎白·泰勒和她那对她百依百顺的丈夫之间的荒唐行为中，还想表现得泰然自若。

---

① 原名Louis Alexandre Raimon，1922年生于法国圣特鲁佩斯，因其从1952年起就工作生活于巴黎，故得名Alexandre de Paris。其首创艺术发髻概念，曾为伊丽莎白·泰勒、温莎公爵夫人、格蕾丝·凯利、索菲亚·罗兰等名人做形象顾问。1971年，其在巴黎创立了发饰奢侈品牌Alexandre de Paris。为简便起见，本书中将统一译成"亚历山大"。——译者注

但他忧心不已。当他们再次见面时，一切都改变了。

他们在一起工作的第一天，伯顿在彻夜狂欢之后显得很难受。伊丽莎白记得："他从头到脚都有点儿颤抖，满脸都是因喝酒而起的痤疮。他要了一杯咖啡，想让他那颤抖的拳头舒缓一下，我不得不帮他把咖啡送到嘴边，而这恰恰使我喜欢上了他。我想：'噢，他真的只是个人……如此脆弱、可爱、颤巍巍的、可怕地傻笑，以至于我用心'cwtch'着他——这在威尔士语中是'拥抱'的意思'。"当伯顿念对白时，又进一步打开了伊丽莎白的心房。她回忆道："如果这是一场计划好的全局性战役的话，恺撒也无法计划得更好。"

不过在艾迪·费舍尔那可以理解的带有偏见的看法中，他们最初一起出现在镜头中时平淡无奇。伊丽莎白拍裸体沐浴的戏时，费舍尔出现在片场。（在银幕上只能瞥见大腿。伊丽莎白是老派的好莱坞演员，不会露得太多。）伊丽莎白迟到了三个小时，后面跟着一群化妆师和发型师。费舍尔呡了一口伊丽莎白手中的可乐瓶，结果发现那是白兰地。他挨着曼凯维奇坐下来。

他说："乔，这里发生了什么事？"

"艾迪，她完全不知道自己正在做什么。"

在看完最初的几场戏后，费舍尔为伯顿和伊丽莎白之间不同的表演风格所震惊。他觉得："伯顿的声音大而浑厚，而伊丽莎白的声音小而尖细，他们一起配戏是荒唐的。"

伯顿本人一开始也对伊丽莎白明显缺乏表演技巧的表现感到困惑。"她只是什么都不做。"他向曼凯维奇抱怨道。直到这位大烟枪导演将他带到一边，让他看看泰勒在银幕上的冲击力。这下让他惊叹不已。接受过走位、发音和表演训练的伯顿也被伊丽莎白那完全静止的表演所吸引。后来他说自己从伊丽莎白那里学到了一个重要的电影表演技巧：如何在冰冷的摄影机镜头前淡化他戏剧式的夸张表演。从那时起，伯顿意识到了电影中的视觉/场面元素是怎样胜过戏剧中的文字/语言元素的。在伊丽莎白的影响下，伯顿在《埃及艳后》的摄影棚中实现了从舞台表演向银幕表演的转变。之后，当他们的关系在盛名和出轨的重压下开始变得步履蹒跚时，伊丽莎白会让他想起这件事。

如果说最开始吸引伊丽莎白的是伯顿的脆弱，那么还有一个更深层次的原因。事实是，伊丽莎白自己也喜欢喝酒，尽管酒量跟伯顿不在同一水平线上。费舍尔在他们位于阿皮亚古道上的豪华别墅里亲眼看见，早上，伊丽莎白喝下第一杯酒，接着午饭时又喝了几杯葡萄酒，"谁知道她在其他时间还会喝多少？而且正如我所发现的，她不是只在家里才喝酒"。她喜爱红玛丽鸡尾酒，并且习惯随身携带一箱伏特加、奎宁水和番茄汁去拍片。他们每周的酒水账单多达700美元（大约相当于今天的4900美元）。费舍尔曾经是一个严重的酗酒者，但是在那些日子里他没有喝酒，而且在照顾伊丽莎白期间，他还往酒里掺水，试图让伊丽莎白减少酒精的摄取量。自从伊丽莎白在多切斯特酒店患上差点让她丧命的肺病开始，一直到气管切开手术后的恢复期，费舍尔一直在照顾她，从未离开过。现在他试图监督她的酒精摄入量，但这可不是伊丽莎白想要"报名参加"的。

费舍尔后来回忆道："有时候在跟伯顿拍完当天的戏份后，我想她开始把我视为监狱看守了。我正在破坏她的兴致。她不需要我监视她吃药、饮酒，晚上也不需要我伺候她就寝。"而现在，伊丽莎白将会和这个相当迷人的威尔士男人演爱情戏，他是一个因喝酒而变得脆弱的堕落天使，对酒精的需要转变成了对生活的极度渴求。在这方面，以及其他方面，伯顿让费舍尔——他后来被当作"勤杂工"打发掉——望尘莫及。

至于伯顿，据报道，他只把泰勒当作通常的征服对象之一。他希望和所有跟他搭档的女主角上床。（一个明显的例外是朱莉·安德鲁斯，她在《卡米洛》中饰演亚瑟王的王后，伯顿始终没能得手。）至少这是二十世纪福克斯公司的宣传人员杰克·布罗德斯基（Jack Brodsky）和内森·魏斯（Nathan Weiss）在他们按时间顺序编成的《〈埃及艳后〉相关资料》（*The Cleopatra Papers*）一书中所写的。他们暗示，伯顿对伊丽莎白印象最深的是她的明星地位——她的百万美元片酬、她那有十四个房间的别墅、用轮船运来的她最喜欢的食物、从洛杉矶的查森餐厅空运来的辣椒。他认为，与伊丽莎白的绯闻可能会提升他自己在电影界的地位——如果没有野心，那他就一事无成——但是伯顿无意跟她坠入爱河。布罗德斯基和魏斯在谈到伯顿时提到他曾说:"我必须再一次穿上盔甲去和'乳神'演对手戏。"这点故作勇敢之态暗示出伯顿对接下来发生的事情毫无准备。

在婚姻的保护下,伯顿觉得他能够四处寻欢作乐并随时脱身,不可能陷入其中。希比尔是一个明智、风趣、聪明的女人,她让伯顿能继续过着威尔士式的生活。伯顿和克莱尔·布鲁姆的绯闻始于他们俩二十多岁在老维克剧院因出色演绎莎士比亚作品而崭露头角之时,这可能是最接近于威胁到他的婚姻的一次绯闻。但是伯顿需要希比尔,以及她给他带来的稳定生活。尽管希比尔早生华发,使她有时候看起来更像是伯顿的母亲而不是他的妻子,但伯顿还是很爱她,以他特有的方式。伯顿非常爱他们5岁的女儿凯特和仍在蹒跚学步的杰西卡,后者看起来需要特殊照顾。

并且,还有一个基本事实:威尔士男人不会抛弃他们的家庭。

但是人们开始注意到伯顿和伊丽莎白演对手戏时发出的热度和擦出的火花。伯顿后来宣称,当看到伊丽莎白在一群侍女的服侍下光着身子洗澡,像美人鱼一样懒洋洋地躺着时,突然一下爱上了她。片中,他们在克莉奥佩特拉的闺房里互相表白爱意之后,第一次深情接吻。伯顿发现自己在她面前不能自拔,几乎被迷住了。他们重复了好几次同样的情景,每一个吻都绵长不绝。最后,曼凯维奇大喊:"停!"但是他们仍在继续。曼凯维奇又问了一次:"你俩介意我喊'停'吗?"接着又问:"该吃午饭了,你们有兴趣吗?"

伯顿根本没机会逃开。

不仅仅是伊丽莎白·泰勒用咒语迷惑了理查德·伯顿,还有克莉奥佩特拉,她的统治源于君权神授,来自埃及女神伊西斯。在第一个跟恺撒在一起的爱情场景中,克莉奥佩特拉透露:"我就是伊西斯,我就是尼罗河,受千万信仰于此的人爱戴。"泰勒已经与克莉奥佩特拉取得了共鸣。她觉得"迈克尔·托德……之于她,就像尤利乌斯·恺撒之于克莉奥佩特拉"。现在,马克·安东尼——伯顿——将取代他的位置。

曼凯维奇给克莉奥佩特拉和安东尼写了很多情意绵绵的台词——理查德对这些美妙的话语尤其没有抵抗力。安东尼坦承:"从我第一眼看见你头戴金冠、坐在狮身人面像上进入罗马时起……我就妒忌恺撒……因为你而妒忌他。"后来,当他们的帝国濒临崩溃时,克莉奥佩特拉向安东尼哭诉:"我等了这么长时间,却突然得知这样的噩耗。没有你,我都不想活在这个世界上了。"安东尼答道:"所有我想爱的、想抓住的、想拥有的、想成为的,现在都在这儿,在我身边。"

当他们首场爱情戏最终结束时,据报道,伯顿要了一杯啤酒,而伊丽莎白则若无其事地把假发递给身边的人然后走开了。伯顿的化妆室是他用来招待演员和工作人员的"伯顿酒吧",他和一群演员、作家以及崇拜他的女性共进午餐。突然,他隔着空旷的摄影棚喊伊丽莎白一起来吃饭。

伊丽莎白转过身笑了笑。她走进伯顿那拥挤的化妆室。伯顿弯下腰在她耳边小声讲了一个荤段子,她脸颊绯红、高兴地笑了起来。除此之外,他很快就忽视了伊丽莎白。后来,当他们返回摄影棚时,他把导演椅拉过来,让伊丽莎白坐在他旁边,而在剩余的整个拍摄过程中,那把椅子一直在那里。

伯顿依然保持着警惕——起初他身边还有一位女友帕特·汤德尔(Pat Tunder),她是纽约科帕卡巴纳夜总会的一名舞女,伯顿在《卡米洛》巡演时与之相识,还曾带着她一起去了罗马。但是泰勒已经发现,尽管艾迪对她关爱有加,照顾得无微不至,但是他仍不能取代迈克尔·托德的地位。她已经驯服了艾迪,因此他对伊丽莎白来说了无新意。他配不上她那与日俱增的辉煌的明星地位。伯顿看起来像一个更年轻、更高大、更潇洒的托德:方形的面庞、宽阔的肩膀、粗糙的皮肤、工人阶级的出身、纯粹的阳刚气,这对费舍尔来说更是雪上加霜。

伊丽莎白早期电影中的御用化妆师罗恩·伯克利(Ron Berkeley)观察道:"伊丽莎白不习惯有主见的男人。哦,他们也许会暂时装模作样,但是他们差不多最终都会敬重地表达爱意,赞美她的美貌。只有一个人能凭借纯粹的人格魅力征服她。当她遇到理查德·伯顿时,对伊丽莎白来说,肯定是好像又重新发现了一个迈克尔·托德一般。"从伯顿出现在《埃及艳后》摄影棚的那一刻起,费舍尔就成为了历史。他只是还不知道罢了。

也许,费舍尔应该有所提防。他后来在提到伯顿时写道:"即使他没有毁掉我的婚姻,我也不喜欢他。"他宣称,最开始他和伊丽莎白还曾在背地里拿伯顿开玩笑，取笑他的粗鲁言行和不修边幅。"我认为他是一个傲慢的糊涂虫。伊丽莎白和我……把他跟米高梅公司著名的歌舞片制片人阿瑟·弗里德（Arthur Freed）作比较，有人说他的指尖能够长出兰花。"

费舍尔和伊丽莎白正在办理收养一个九个月大的德国女婴的手续，他肯定为此而感到放心。这名女婴的父母无法负担一系列手术的费用，以矫正她那严重的髋关节畸形。伊丽莎白的心已经扑在了这个贫困的婴儿身上，她和费舍尔将其改名为玛丽亚〔以女演员玛丽亚·雪儿（Maria Schell）的名字命名，正是她为他们找到了这个孩子〕。在剖腹产生下丽莎·托德后，伊丽莎白已经不能或者也不愿意再生孩子了，那次剖腹产手术差一点让孩子送命。伊丽莎白早就渴望要一个孩子来维系她和费舍尔的婚姻。但是等到要签订收养书的时候，费舍尔和伊丽莎白的婚姻已经进入倒计时了。

有几次，希比尔陪伯顿去了阿皮亚古道上那栋巨大的别墅，福克斯公司租下它供伊丽莎白和她的随行人员居住。这座粉红色大理石建筑设施完备，有游泳池、数亩松树林、两名男管家和三名女仆。随行人员包括夫妇俩的两名秘书和伊丽莎白的三个孩子，十条狗和四只猫。路易斯·B·梅耶的前秘书迪克·汉利（Dick Hanley）现在是伊丽莎白的大总管，他跟他的同伴被安排在附近一栋公寓里。在罗马，泰勒过着与克莉奥佩特拉一样奢华的生活，坚持所有的床每天都要换床单。每顿饭，服务员们都要摆起全套餐具——盛白酒、红酒、香槟酒和水的杯子各一个。当吃得不这么铺张时，她就让汉利把她最喜欢的红辣椒从查森餐厅空运过来。在家中举行宴会时，餐桌上的摆设在色彩上要与伊丽莎白的礼服相搭配。（毫无疑问，要有紫罗兰的色调，与她那多变的蓝紫色眼睛相配。）费舍尔看着他妻子喝酒，在她喝了五杯之后，吩咐仆人不要再给她拿酒。但是伯顿第一次在别墅里跟夫妇俩吃饭时，他偷偷地给泰勒的酒杯里倒满了酒。伊丽莎白当时想的是："我崇拜这个男人。"不管有没有曼凯维奇写的台词，她都知道自己爱上了他。

为了庆祝收养玛丽亚即将大功告成，他们在别墅里举行了一场新年派对。当费舍尔看到伊丽莎白和伯顿坐在一个小沙发上窃窃私语并笑个不停时，他大感惊讶。费舍尔觉得受到了冷落，为了吸引伊丽莎白的注意，开始坐在钢琴旁边弹边唱，但是伊丽莎白只是瞪了他一眼，接着费舍尔就离开了房间。

伊丽莎白和理查德第一次做爱很可能是在伯顿的化妆室里。后来，他们偷偷利用下午时间在迪克·汉利的公寓里做爱。对伯顿来说，这一开始只是一个刺激的征服游戏，很快就成了对伊丽莎白深深的依恋，接着又成了一种莫名的渴望。他过去曾是一个有名的色鬼，有一串女人——仅有一位妻子——然而在伊丽莎白身上，他找到了一个性欲与其相当的女人。后来，伯顿在情书中倾诉了对伊丽莎白的感情，形容自己是多么"贪恋你的味道、你的乳头、你神圣的小肚脐、你圆圆的肚子、你大腿内侧细腻柔软的肌肤、你婴儿般的臀部、你凑过来的嘴唇，以及当你跟你的威尔士种马一起情欲高涨时，眼睛里闪现出来的半敌视的目光……"关于他们的绯闻开始在片场甚嚣尘上，最后传到了费舍尔那里。他问伊丽莎白："告诉我事实。你和伯顿之间是不是发生了什么？"

"是的。"

伊丽莎白只是不能撒谎——不能对她自己，也不能对艾迪。真相写在她脸上——她爱上了理查德·伯顿。伊丽莎白一直都是一个不说谎的人。

与伯顿一样，费舍尔对发生在他身上的事无法释怀。他一度离开罗马去伊丽莎白在格施塔德买的小屋抚平创伤。回到罗马后，他心情严重抑郁，整天都穿着睡袍、喝着伏特加在别墅四周徘徊，想弄明白究竟发生了什么。1962年3月，在别墅里的一次令人难堪的晚餐中，已经喝得醉醺醺的伯顿直接要求伊丽莎白在艾迪·费舍尔面前宣布她所爱之人的名字。

他用他那最完美的戏剧声线吼道："伊丽莎白，你爱谁？你爱的究竟是谁？"

她看着这两个男人，然后对伯顿说："你。"

伯顿接着拿起一个银色相框，里面是一张迈克尔·托德、伊丽莎白和他们的女儿丽莎的合影，走到了费舍尔面前。伯顿指着照片中的迈克尔·托德，大喊："他根本不知道怎么对待她！你也不知道如何对待她！这张该死的照片为什么在这里？"他继续大发雷霆——所有这些都被艾迪·费舍尔牢牢记住，并写进了他的两本回忆录——直到伊丽莎白流着泪跑出了别墅。这两个男人留在了空荡荡的房间里，继续边喝白兰地边大动肝火。费舍尔写道："大多数时间是伯顿在说。奉承我、侮辱我、设下小陷阱，上一秒钟还彬彬有礼、充满歉意，下一秒就变得粗鲁蛮横、恶意中伤。"

遭遇伯顿让费舍尔变得气馁。他在伯顿一家租住的别墅里找到希比尔，把自己的疑虑告诉了她。后来沃尔特·万格向制片人兼经纪人爱德华·海曼（Edward Heyman）透露："跟所有绯闻中被戴绿帽子的男人一样，艾迪打破了基本原则。他跟伯顿的妻子通了电话。"希比尔承认她几周之前就已经得知他们的绯闻了。费舍尔问她将如何处理这一局面，她回答说："自从理查德和我结婚后，他就一直绯闻不断，但是他总是会回到我身边。他跟伊丽莎白的事已经结束了。"

"希比尔，事情并没有结束。他们一直在见面。"费舍尔告诉她。然而，希比尔拒绝相信这一点。费舍尔离开了，钦佩希比尔拒不承认的能力。但是她并不像自己表现出来的那样乐观。据报道，在跟费舍尔见面不久之后，她突然冲进摄影棚大吵大闹，使得拍摄足足停工了一天，增加了10万美元成本。

费舍尔打算去佛罗伦萨旅行，来躲避这场混乱。在佛罗伦萨，他往他跟伊丽莎白住的别墅打电话，但接电话的是理查德。

艾迪·费舍尔问理查德·伯顿："你在那儿干什么？你在我家里干什么？"

伯顿答道："你觉得我在干什么？我在跟你老婆上床。"

曼凯维奇也意识到发生了什么，并对此十分留心，他向万格透露说："伊丽莎白和伯顿并不仅仅是在演安东尼和克莉奥佩特拉！"二十世纪福克斯公司的宣传人员，如杰克·布罗德斯基等，试图平息有关此事的谣言，但是太晚了。在电影城外露宿的大批摄影记者听到了风声，给这部电影又增添了一丝混乱。他们追踪着这对情人，在纳沃纳广场的特雷·斯卡里尼餐厅外猛拍一气，甚至他们暂时躲到伊丽莎白在格施塔德的小屋时，记者们也紧追不舍。无论这对情人何时来到时尚的威内托大街，身后总是跟着疯狂按快门的摄影记者，渴望把他们拍的照片卖给报纸或杂志。他们持续的围攻赋予了费德里科·费里尼（Federico Fellini）灵感，他当时正在罗马街头拍《甜蜜的生活》(La Dolce Vita); 他把电影中的一个记者叫做帕帕拉佐(Paparazzo)①, 意思是"嗡嗡的昆虫"。这个称呼沿用至今。

万格见识到了这些狗仔队是多么"难以置信地有耐心且消息灵通", 这些年轻的意大利男人们坐在踏板车上或低矮的跑车里, 肩上挎着禄来照相机。甚至在签署将这栋宏伟的别墅提供给泰勒—费舍尔一家居住的合同之前, 狗仔队就已经得知了消息, 别墅里有两个游泳池, 他们爬到其中一个游泳池旁边的树上。他们看起来无处不在, 某一天会把自己伪装成牧师大胆地敲他们的大门, 有时候会从树上跳下来抓拍理查德或伊丽莎白或艾迪·费舍尔受到惊吓的样子, 他们的眼睛则被突如其来的闪光灯闪得看不见东西。伊丽莎白相信:"似乎所有在罗马给理查德或我工作的人, 都因把他们的故事卖给媒体而发了财。一个理查德雇来照顾孩子的女人最后证明是个冒牌的意大利伯爵夫人, 而且她在美国卖掉了她的故事。"

他们俩的确曾经尝试互相保持距离。伊丽莎白无法忍受再经历一次被高度曝光的离婚, 也无法忍受全世界的非难, 因此, 有时他们一起出现在片场, 不过彼此很少说话。但是持续的时间并不长。他们最快乐的时光是成功避开众人几天, 藏身于他们在圣托斯特凡诺港秘密租住的一栋粉红色外墙的别墅里。她总是很珍惜那些可以做平凡女人的难得时光:"我们会在那里度周末。我做烧烤。那里有一个劣质的旧淋浴喷头, 床单总是湿漉漉的。我们很爱那里——绝对爱极了。"有一次, 他们的消失让已身处困境的导演像打了兴奋剂一样狂乱不安。在伯顿现身之前, 导演开始在各家医院里四处寻找, 而伯顿假装毫不知情。接着, 伊丽莎白突然出现, 轻轻拍了下曼凯维奇的背。他怒火冲天地——但是如释重负——欢迎他们回到片场。

2月, 布罗德斯基和曼凯维奇把伯顿叫到一边, 恳求他恢复理智, 但是对伯顿来说, 真正的压力来自于希比尔, 她正在收拾行李准备去纽约。伯顿无法面对失去家庭的损失, 他——陷入了深深的内疚中, 同时也被自己对伊丽莎白的强烈感情吓坏了——告诉伊丽莎白他绝不会离开希比尔

---

① 意大利文的本义是一种特大号的蚊子, 喜欢围着人转, 发出嗡嗡的声音。该词后进入英语中, 叫做Paparazzi, 被人们用来称呼那些专挖名人隐私的摄影记者。Paparazzi最开始的中文译名是"拍拍垃圾", 后来被香港人形象地翻译成"狗仔"。——译者注

（同样，他也不会放弃他的女友帕特·汤德尔）。伊丽莎白不习惯被拒绝，她极度震惊。1962年2月17日，她服下了过量安眠药，被紧急送往萨维托·穆迪国际医院进行抢救。

当时万格和曼凯维奇到伊丽莎白的别墅吃午饭，发现伊丽莎白由一位科恩大夫（Dr. Coen）在照料。万格觉得她的脸色看起来异常苍白。吃完饭后，她吐露了自己对伤害希比尔感到多么难过。她说："我感到糟糕透顶。希比尔是一位非常了不起的女性。"万格试图安慰她，跟她谈论逆生活潮流而动是多么不易。伊丽莎白说："你这么说很有趣，理查德叫我'大海'。"接着她上床睡觉，穿着一件浅灰色的迪奥牌的睡衣，声称自己筋疲力尽。几分钟后，万格去看她时，被告知她吃了一些安眠药。当时，她的一个助理打电话叫来救护车，接着伊丽莎白试图自杀的消息就传到了媒体那里。

万格试图将这件事轻描淡写，要求布罗德斯基和魏斯编出一个食物中毒的故事，以转移一直以来伴随这部命运多舛的影片的不良影响。万格将此事归咎于他们在别墅共进午餐时吃的"一听牛肉罐头"，以及此后伊丽莎白吃的一把帮助自己入睡的速可眠胶囊。他们的掩饰似乎起了作用，但是它无关紧要：几天之后，伯顿与泰勒的绯闻又重新开始了。

4月，希比尔从纽约飞回罗马，再一次对伯顿施压。当理查德得知他的妻子即将来到罗马的消息时，他和伊丽莎白为了躲避狗仔队已经一大早就从罗马开着一辆小型双座菲亚特汽车赶往海滨的藏身之处。这是个复活节的周末，他们来到的这座海滨小城冷冷清清。他们很喜欢一家小咖啡馆里的拿铁咖啡和干邑，但是，当他们漫步进这家小咖啡馆时，田园诗般的周末很快就成为一个噩梦。咖啡馆里除了一只熟睡的狗、一个无聊的服务生和几个无所事事的顾客外再无其他。对他们这对遭到全世界追逐的情侣来说，这里似乎是一个完美的天堂。但不凑巧的是，其中一个顾客实际上是当地一家报社的记者，他去那里报道一位荷兰王室成员的到访。他很快认出了这两位世界上最有名的人。他们喝完干邑，开车回到了那栋能看到地中海壮美景色的与世隔绝的"半成品"别墅里。他们冲浪、做爱、攀爬岩石，犹如世上任何一对开心地互相陪伴的恋人一样。

突然，他们环顾四周，发现狗仔队已经找到了他们，并且正躲在灌木丛中以及岩石间。那个记者把理查德和伊丽莎白的下落通知了各大媒体。他们逃回小别墅，被困在那里，什么事情都干不了，只能喝酒、玩金罗米牌①，等着狗仔队离开。

伯顿后来在日记中回忆了那个周末：

> 我们喝酒喝到麻木、痴呆的程度。我们无法出门。我们并没有结婚……我们尝试着读书。我们失败了。我们无法出门。我们不顾一切地做爱。我们玩金罗米牌。伊丽莎白总是赢，奇怪的是，危机就来自这个无聊的游戏。由于某些原因——有谁知道或者记得这场导致这一危机的谈话呢——伊丽莎白说她准备为我自杀。我说，说起来容易，但是没有哪个女人会为我而自杀，等等。出乎意料的是，伊丽莎白站在我面前，手里拿着一瓶或者一盒安眠药，说她会这样做。我说，来吧，或者类似意思的话，于是，她抓了一把药，津津有味地吞了下去，一点都不含糊。

伯顿起初并不相信她吞的是安眠药——他认为伊丽莎白可能只是吃了一把维他命C。但是当她睡着的时候，伯顿怎么都叫不醒她。那时他才意识到伊丽莎白并不是在演戏。他把伊丽莎白拖进车里，风驰电掣般开回罗马。在罗马，伊丽莎白第二次在萨维托·穆迪国际医院接受了洗胃。然后伯顿溜回了他的别墅。具有讽刺意味的是，这栋别墅名为"美丽的寂寞"。紧接着他就飞往巴黎拍摄达里尔·扎努克（Darryl Zanuck）执导的二战史诗片《最长的一天》(*The Longest Day*)。

万格仍然希望能消除关于这一绯闻的谣言，他警告伯顿离远点儿。关于此事，万格后来写道："我想伯顿最终开始理解了跟伊丽莎白在一起的后果。当记者在巴黎追踪他时，他抱怨说：'这真他妈的像赫鲁晓夫（Khrushchev）。我之前也有绯闻——我怎么知道这个女人这么有名？'"

当伊丽莎白再次出院时，脸上很青肿，好几天都无法拍片。有报道

---

① 一种两人玩的纸牌游戏。——译者注

暗示伊丽莎白是因鼻子出血住院，这是由于菲亚特突然急刹车将伊丽莎白甩向前方造成的。鉴于万格总是否认一切，因此伯顿的日记很可能就成了最可靠的解释。多年之后，伊丽莎白充满悔恨地承认了这次试图自杀的行为，声称当时"我是一个非常脆弱的女孩"，对所做的一切感到非常痛苦，不愿再次体验她在破坏艾迪·费舍尔的婚姻之后所受到的那种公开羞辱，而且同样不愿——也不能——放弃理查德。她后来说："每个人的不幸都已无退路可走。"

与此同时，费舍尔对此事极力否认。为了迫使费舍尔最终承认，好莱坞最主要的两个八卦专栏作家之一卢埃拉·帕森斯（Louella Parsons）专门为此写了一个专栏，并且《洛杉矶先锋观察家报》（*Los Angeles Herald Examiner*）打出了诸如《轻松胜出的男演员终结了利兹、艾迪的婚姻》（*Row Over Actor Ends Liz, Eddie Marriage*）这样的标题。事到如今，艾迪·费舍尔肯定已经知道他的婚姻结束了。

费舍尔后来承认："在她出轨之前我就已经知道了，伊丽莎白不顾一切地需要刺激，我们的关系已经成了一段稳定的婚姻。安逸的生活对她来说并不够。她沉迷于刺激、争斗、虚荣以及破坏之中。没有什么能让她放弃在伯顿身上所找到的东西。"

虽然如此，费舍尔和泰勒继续否认这些谣言（《利兹、艾迪否认分手》）。费舍尔感到心碎，觉得受到了羞辱。他飞往纽约，来到一直为他提供毒品的雅各布森医生的诊所。为了让漫天纷飞的谣言平息下来，费舍尔同意作为神秘嘉宾参加大受欢迎的竞赛节目《明星猜猜看》（*What's My Line*），表面上是帮二十世纪福克斯公司宣传受《埃及艳后》启发而生产出来的化妆品。这于事无补。八卦专栏作家多萝西·基尔加伦（Dorothy Kilgallen）是该节目的固定成员，已经写了一个故事来诅咒这则绯闻。费舍尔兴奋地预测"伊丽莎白·泰勒·费舍尔"将凭借她在《埃及艳后》中的角色赢得奥斯卡奖，这更增加了他的羞辱感。"我不知所措。"他后来写道，被伊丽莎白的背叛搞得身心交瘁。他由于摄入了过量的伏特加和安非他命住进了纽约一家小型私人医院。传闻持续发酵，宣称他被关在了一间精神病病房里，因此，他出院后就召开了一个新闻发布会，表示自己并没有被关在精神病病房里。

在注射了一针冰毒后,他漫步到位于第五大道皮埃尔大酒店的蓝宝石厅召开新闻发布会,在那儿,记者几乎都快爬到房梁上了。这是他最后一次努力让公众相信他的婚姻仍然完好。他甚至要求伊丽莎白从罗马打电话来跟媒体说两句,让媒体相信她仍然希望否认关于他们离婚的谣言。但事实并非如此。

费舍尔被叫到酒店经理的办公室,在那儿,伊丽莎白发布了一则消息——记者们也在电话边听着——她不会再参与他们那虚构的婚姻。一切都结束了。他跟伊丽莎白没有和解,媒体的标题是:《艾迪·费舍尔被甩了》(*Eddie Fisher Dumped*)。

在内心深处,费舍尔一直都很清楚伯顿拥有伊丽莎白想要的:"绝妙的声音、关于表演的知识以及教她如何表演的能力。我还相信她将他的缺点、他的酗酒、他的痛苦,以及能导致暴力的怒火错误地当成了自立和自信的表现。她认为他是个英雄。"在深深的绝望之中,费舍尔曾经买了一把枪,表面上说是为了保护家庭,因为他们收到了无数封恐吓信。几年之后,伊丽莎白才揭露了一些回忆录中删去的事情,因为她觉得这些事都太伤感情。其中之一就是,一天晚上,她在别墅里醒来,发现艾迪正在看着她,拿枪指着她的头。她听到他说:"别担心,伊丽莎白。我不会杀你。你太美了。"

当时她迅速逃走了,把孩子们叫到一起,把他们带到了迪克·汉利的住处,再也没回去。

他们的离婚案件由著名律师路易斯·乃塞尔(Louis Nizer)经办,但是处理他们的财产分割花费了好几年时间——格施塔德的小屋、他们的豪车、伊丽莎白的珠宝、他们的公司。与此同时,费舍尔多次出现在夜总会,想凭借歌曲《再见,罗马》(*Arrivederci, Roma*)开始新的事业,以挽救他的职业生涯。他后来和南非舞蹈家朱丽叶·普罗斯(Juliet Prowse)一起在纽约的冬园剧院登台演出,后者在舞台上饰演克莉奥佩特拉,高唱"我是克莉奥佩特拉,尼罗河欲女"。但是费舍尔一度辉煌的职业生涯,与他一度辉煌的婚姻一样,一去不复返了。这位曾经红透半边天的歌手将会作为伊丽莎白·泰勒的第四任丈夫而被公众记住,位于托德和伯顿之间。

然而，他们在一起的时间虽短，但还是很开心的。

6月中旬，二十世纪福克斯公司将演员和工作人员转场到位于意大利南部那不勒斯湾的伊斯基亚拍摄"亚克兴之战"。理查德和伊丽莎白乘坐直升机抵达，他们一到那里就租了一艘游艇。当然，他们又被狗仔队团团围住。狗仔队从小船上用长焦镜头对准了他们俩，那些小船都能组成一只小规模舰队了。一位叫帕特·莫兰（Pat Morin）的摄影记者拍到了一张非常有名的照片，他们俩在游艇船头接吻。这张照片登在意大利报纸《今天》（*Oggi*）上，传遍了全世界：伊丽莎白穿着一件有条纹的连体泳衣，黑发散落在耀眼的白色游艇上；理查德躺在她身边亲吻她，两包香烟（其中一包是万宝路）放在他们的脚边。在人们的眼皮子底下，他们彼此全身心投入地吻着。

这张颗粒粗糙的黑白照片为媒体的侵入性宣传开创了一个预料不到的全新世界。戴安娜王妃和多迪·法耶兹（Dodi Fayed）的照片，以及约克公爵夫人萨拉·弗格森（Sarah Ferguson）让男友为其舔脚趾的照片，都与之如出一辙。

"丑闻"——伯顿的术语——诞生了。

第二章 一代情侣

"我极度无助……"
——理查德·伯顿

"在旅游淡季,格施塔德是一个人迹罕至的地方。"
——伊丽莎白·泰勒

伊丽莎白和理查德巨大的激情开创了一个新的领域:前所未有的大规模名人效应。突然,他们的形象——通常穿着克莉奥佩特拉和马克·安东尼的服装——出现在无数报纸和杂志的封面上。"伯顿—泰勒"的桃色新闻是如此著名,以至于连杰奎琳·肯尼迪都问公关人员沃伦·考恩(Warren Cowan):"沃伦,你认为伊丽莎白·泰勒会嫁给理查德·伯顿吗?"一位编年史家写道:"他们已经脱离娱乐新闻,进入到严肃新闻范畴了。他们的绯闻被与肯尼迪、赫鲁晓夫和古巴导弹的新闻放在一起。"卢埃拉·帕森斯认为,大量的报道"有可能杀死他们"。

大批相关书籍迅速写成并出版,例如由娱乐作家塞·莱丝(Cy Rice)写的《穿貂皮大衣的"埃及艳后"》(*Cleopatra in Mink*),露丝·沃特伯里(Ruth Waterbury)写的《理查德·伯顿,他的隐私故事》(*Richard Burton, His Intimate Story*),甚至连沃尔特·万格也加入进来,出版了他的拍片日志《与"埃及艳后"在一起的日子》(*My Life with Cleopatra*)("第一次！由我们这个时代最具话题性的一部影片的制片人本人所写的、完全真实的幕后故事！"）万格在书中写道："我再次尝试让伊丽莎白发表声明，以回应她一直以来所受到的来自新闻界的责难。《巴黎竞赛画报》（*Paris Match*）、《生活》杂志（*Life*）、《世界新闻报》（*News of the World*），《法兰西晚报》（*France Soir*）以及许多其他欧洲报纸正在猛烈抨击她。"他还指出："狗仔队，也就是费里尼的电影《甜蜜的生活》中出色刻画的那群放荡不羁的摄影师。自从我们来到罗马后，狗仔队已经成了我们的祸根。"

《时代报》（*Il Tempo*）、《洛杉矶时报》（*Los Angles Times*）、《先锋观察家报》（*Herald Examiner*）、《好莱坞报道》（*Hollywood Reporter*），以及《综艺》杂志（*Variety*）全都加入了进来，梵蒂冈也一样，其刊登读者来信的周刊《主日观察家报》（*Osservatore della Domenica*）谴责伊丽莎白·泰勒"四处留情"，并且怀疑伊丽莎白·泰勒和"她的第四任丈夫"是否适合收养德国婴儿玛丽亚。在美国，一位来自佐治亚州的女众议员爱丽丝·费尔克洛思·布里奇（Iris Faircloth Blitch）呼吁国会"以不受欢迎为由，让泰勒小姐和伯顿先生无法重新回到美国"。来自纽约和北卡罗来纳州的国会众议员也为此展开激烈争论，将全国的"道德滑坡"归咎于"泰勒—伯顿"的私通。

万格害怕这种糟糕的舆论会毁掉《埃及艳后》，导致观众抵制这部影片。他派出九名便衣警察阻止狗仔队潜入片场。但是"利兹和迪克"已经受够了。他们告诉制片人，他们已经"厌倦了被狗仔队追逐"，准备扭转形势。因此，一天晚上，伯顿和泰勒——她潇洒地穿了一件豹皮外套，戴了一顶钟形女帽——手挽手沿着威内托大街闲逛。此时，狗仔队欣喜若狂。他们公开亲吻，炫耀他们之间的恋情，让周围人的狂热情绪持续发酵。在威内托大街的一家夜店里，他们见到了好友迈克·尼科尔斯（Mike Nichols），他当时因为跟伊莲·梅（Elaine May）合演的系列讽刺喜剧而出名。

《迈克·尼科尔斯和伊莲·梅之夜》（*An Evening with Mike Nichols and Elaine May*）紧挨着伯顿的《卡米洛》在百老汇上演，而且尼科尔斯跟理查德和伊丽莎白的关系都很好。［尽管他和模特苏西·帕克（Suzy Parker）

一起出现在理查德·阿维顿（Richard Avedon）拍摄的一系列拿伯顿和泰勒的恶名开玩笑的照片上，但事实上，尼科尔斯正和伊丽莎白开始一段漫长而有意义的友谊，这将改变他职业生涯的轨迹。]

在新闻媒介的大肆攻击中，她的另一个密友是罗迪·麦克道尔，他在《埃及艳后》中饰演了一个重要配角——屋大维，是罗马三人统治集团中诡计多端的一个，他最终击败了安东尼。他在伊丽莎白的生活中也是一个重要配角——他跟蒙哥马利·克利夫特（Montgomery Clift）和罗克·哈德森（Rock Hudson）一样，也是一位同性恋演员，是伊丽莎白最亲密的朋友中能够依靠且信赖的。她对同性恋朋友的完全接受和喜爱之情极大地超越了她的时代。在那年夏末，当麦克道尔回到纽约，给克利夫特讲述这段"丑闻"来取悦他时，克利夫特感到很吃惊："这真是蠢透了。贝西·梅（Bessie Mae，他给伊丽莎白起的昵称）现在是这个世界上最著名的女人了！"他相信伯顿是这可耻的头条新闻背后的推动力，他解释说："理查德不惜一切代价想出名。"

但是伊丽莎白比理查德更能应付媒体和狗仔队——她几乎是天生有此能力，而且她从托德那里了解到了一直出现在公众视线中的重要性。对伯顿来说不是这样，他对隐私仍抱有一种书生气的想法。虽然他经常沉浸在戏剧观众的吹捧之中，但是他仍然不习惯公众的这种持续关注。首先，它使人兴奋。费舍尔指出："在几周内，伯顿已经由一名备受尊敬的英国演员转变为世界级的名人——而且他喜欢这样。突然间，他无法走在街上而不被人认出……"费舍尔在数年后写道，"他那时还不明白的是，当名声能给他带来便利的时候，他就无法摆脱了。"

在经历过跟"郁郁寡欢、脾气暴躁、最终施用家庭暴力的"尼基·希尔顿，"温柔善良的迈克尔·威尔丁"（"对他来说，我更像是他妹妹"）和迈克尔·托德（"我崇拜他，但是我们一起只度过了不可思议的两年"）的婚姻之后，跟伯顿在一起对泰勒来说更像是一场意外。她后来说："理查德和我产生了一种难以置信的化学反应，我们永远爱着彼此。"她最喜欢的时光是他们偷偷溜到罗马城外的藏身之处。"即使有狗仔队躲在树上或是听到他们爬上屋顶的声音，即使所有这一切都发生，我们还是会做爱、玩拼字游戏，为对方拼出顽皮的话，游戏永远不会结束。当你有兴趣玩拼字游戏时，那就是爱情，宝贝儿。"

挺过这一切之后，伊丽莎白获胜了。那曾是一场赌博。十三年前，英格丽·褒曼（Ingrid Bergman）离开丈夫彼得·林德斯特罗姆（Peter Lindstrom），与意大利导演罗伯托·罗西里尼（Roberto Rossellini）私奔（褒曼跟他有一个私生女），也因此毁掉了自己的职业生涯。她被好莱坞的八卦专家们穷追不舍，被参议院谴责。但是此前，伊丽莎白已经经历过所有这些事，仅仅两年前，在"费舍尔—泰勒—雷诺兹"的丑闻事件中，公众还站在黛比·雷诺兹一边。如果有什么不同的话，那就是这一恶名在继续为伊丽莎白不可阻挡的、炙手可热的职业生涯煽风点火。即使有狗仔队露宿在别墅和电影城外，她会在意什么呢？伊丽莎白已经习惯了拥挤的人群——在迈克尔·托德的葬礼上，她精神崩溃，在墓前痛哭，上万名粉丝盯着她看。

确实，正是迈克尔·托德自己——这名顶级艺人，带着伊丽莎白一起参加了关于《环游世界八十天》的一系列无穷无尽的、大张旗鼓的首映式——向伊丽莎白展示了宣传的革命性力量。她已经得到了大师的真传：根本没有不良影响这回事。人们的非难只不过是其关注度的最新表现形式，而她能很好地应付公众的注意力。如果说她曾经怀疑公众将不再爱她，并且带着道德上的义愤离她而去，在拍摄《埃及艳后》中克莉奥佩特拉进入罗马城那声势浩大的场景时，她找到了答案。

在这一壮观场景中，克莉奥佩特拉身穿一件价值6500美元的纯金长袍，坐在一个巨大的金色狮身人面像顶上，由无数努比亚奴隶拉着通过罗马城门进入了这座城市，前面是由扭动着腰肢的舞者、弓箭手、骑手所组成的先遣队。伊丽莎白后来承认她也被这一场景惊呆了。鉴于有关二人恋情的负面报道的狂潮，她向曼凯维奇吐露："被拉着穿过围观的人群——独自待在上面——谁知道呢？他们将嘲笑我、向我扔石头。"导演已经收到了匿名炸弹威胁，对此高度重视，在拍摄现场的临时演员中安排了身着长袍的侦探。伊丽莎白在现场保持着克制，这是她勇气的证明。

然后，惊人的事发生了。六千名临时演员组成的人群——罗马人演罗马人——本应该在她进入罗马时,欢呼雀跃地高喊:"克莉奥佩特拉!克莉奥佩特拉!"

相反,他们喊的是:"利兹,利兹!Baci,baci!(吻!)"

她热泪盈眶。拍完这一场景后,她感谢了这些临时演员——他们代表了所有罗马人——对她的爱和支持。

1962年7月底,《埃及艳后》历经十个月的拍摄工作完成了。

伊丽莎白回忆道:"拍完最后一个场景后,有一种奇怪得令人伤心的疼痛感,空荡荡的感觉——但是又有巨大的解脱感。它终于结束了。拍那部电影就像生了一场大病——很难恢复的一场病。"电影城的布景被拆除。9月,伊丽莎白带着四个孩子住进了瑞士的别墅中,将她的父母安置在附近一家酒店里。理查德和家人一起回到了他和希比尔在塞利尼购置的别墅,位于日内瓦湖西侧,目的是为了规避英国的高税赋。

也许是为了方便起见,伊丽莎白在格施塔德的阿里尔小木屋位于日内瓦湖的另一侧,只需要一个小时的车程。四个月来,这对情侣试图熄灭他们在罗马点燃并猛烈燃烧的爱火。伊丽莎白后来解释说:"我们试图远离对方。我们太清楚我们在一起对他人所造成的伤害了。但是要想避开你的命运是件多么困难的事啊!当你沉浸在这般的爱情和情欲之中时,你只会用双手紧紧抓住它以安然渡过暴风雨。"

伊丽莎白无法亲自告诉理查德,就给他写了一封十分苦恼的信,承认他们的恋情造成了很多痛苦,"让太多人不开心",他们应该分手。她也决定开始离婚程序,以结束她和艾迪·费舍尔的婚姻。

她的30岁生日,在伊丽莎白回忆中,那是"我生命中最痛苦的一天"。当艾迪送给她一对黄钻吊坠耳环、一枚胸针、一个与之相搭配的戒指时,她已经知道一切都结束了。她回忆道:"它就像一个十足的惊喜,但是你知道吗?当时我一直在找理查德送的东西。我感到很痛苦,我感谢艾迪,但是所有我想要的是理查德的某个东西。他甚至连一束花都没有送我。"后来,他们分手几个月后,费舍尔给她一张这些珠宝的账单。伊丽莎白回忆称:"我肯定埋单了。"现在她正试图远离理查德。

伯顿也不高兴。他想念伊丽莎白,而且他或许也同样怀念世界关注的目光。他最终打破了两人之间被迫的沉默，给伊丽莎白打电话，承认自己很关心她，并且正安排两人在西庸城堡——那是日内瓦湖畔一座十二世纪的古堡——见面。伊丽莎白同意了。

即使伊丽莎白跟孩子们一起住在格施塔德，她的父母弗朗西斯和萨拉就住在附近，但是自从经历了跟尼基·希尔顿的第一段不明智的婚姻之后，伊丽莎白的生活中还没缺过男人。她很孤独。她后来在自传中写道："我在别墅里快憋死了，试图通过各种疯狂的举动在孩子们面前隐藏这种感觉。"她的孩子似乎跟她一样想念伯顿。伊丽莎白后来指出："当艾迪走后，孩子们甚至连他要去哪儿都不问。"她把一切都归功于小儿子克里斯托弗，当他透露"昨天晚上我向上帝祈祷你能和理查德结婚"时，他帮助伊丽莎白下定了决心。

于是伯顿从他的别墅出发，独自开车向东行驶，与此同时，伊丽莎白的父母则开车送她前往。令人吃惊的是，萨拉·泰勒居然赞成这一安排；作为伊丽莎白在米高梅公司崛起的推动者，为有利于她的职业生涯，伊丽莎白此前的婚姻都需要她的批准。但是，她担心"丑闻"的恶劣影响可能会毁掉多年来所有的艰辛努力。事实显示伊丽莎白坚持自己的想法，为此不惜一切代价，并最终从母亲手中夺回了对她的职业生涯和生活的掌控力。

伊丽莎白回忆道："确切地说，理查德和我同时到达。他车子的顶棚放了下来。他被晒得黝黑，头发剪得很短，自从拍完《埃及艳后》之后，我就没见过他。他看起来有点紧张，并不开心，但是又气度非凡。"伊丽莎白突然变得害羞起来，艰难地从车上下来。萨拉趴在她耳边低声说："宝贝儿，玩得开心点儿。"父亲弗朗西斯吻了她的脸颊。

伊丽莎白说："哦，他是不是看起来很棒！我都不知道该怎么办了！我有点害怕。"

理查德缓缓走到他们的车边，有点难为情地打了声招呼。在伊丽莎白记忆中，泰勒夫妇几乎是把她推出了汽车。她和理查德同时脱口而出："你看起来太不可思议了！"他们在彼此的脸上轻轻吻了一下，接着在湖边的一家餐厅享受了一顿安静的午餐。

没有大惊小怪的新闻记者和狗仔队炫目的闪光灯，伊丽莎白和理查德坐在户外的一张餐桌旁,但是却发现他们陷入了一种尴尬的沉默中。突然,他们发现自己并没有那么深地了解彼此——或许,公众疯狂的关注将他们的注意力从对彼此的体贴入微中分散开来了。甚至连随口就能背出很多诗的伯顿也发现自己令人吃惊地说不出话来。但是最后,他们开始找到能聊的东西——他们的孩子、他们已拍完的电影、日内瓦湖的美景。现在,伊丽莎白的父母已经离开,伯顿开车送她回家。他们分手时并没有吻对方,但是同意将会再见面。假使伊丽莎白真的打算跟费舍尔和好——这其实决不可能——她也会改变自己的想法。现在她知道她有多么想要理查德。火焰仍然在燃烧,尽管伯顿继续公开宣称他并不打算离开自己的妻子。

他有很充分的理由和希比尔待在一起。有报道称,当理查德和伊丽莎白一起待在格施塔德时,希比尔曾试图自杀——对希比尔这样现实和理智的人来说这很令人吃惊。但是希比尔的整个世界已经被动摇了。除了伯顿的背叛,他们最小的女儿杰西卡被一些医生诊断为"严重智障",被另一些医生诊断可能患有自闭症,有终生待在医院的可能性。这是难以承受之重。伯顿在夏末得知了杰西卡的状况,给他已经受伤的心灵又平添了一层内疚。虽然仍然和他的家人一起待在塞利尼,但他仍然渴望跟伊丽莎白在一起。

他们每隔几个星期就会见面,只是单纯地吃饭。伊丽莎白最终得出结论:无论如何,她都要跟伯顿在一起——她不再执著于婚姻,不再坚持要伯顿离开希比尔。她后来写道:"我是如此爱理查德,以至于第一次,这是一种无私的爱情。我不想嫁给理查德,因为我不想他不开心。我不想希比尔不开心。只要每隔一段时间能在电话里跟他聊天我就心满意足了。"

然而,他们很快就有机会在伦敦再聚首了。他们将在那儿一起拍第二部电影《一代情侣》(The V.I.P.s),可以再续前缘。

即使万格、斯库拉斯和扎努克担心"丑闻"会对票房造成不良影响,另一个制片人则敏锐地意识到,自英格丽·褒曼被驱逐出好莱坞之后,一个全新的时代已经开启了,而且他已经着手充分发掘当年这桩最大的性丑闻的价值。制片人阿纳托利·德·格伦瓦尔德(Anatole de Grunwald)出生于俄国,十四年前拍了埃姆林·威廉姆斯的《多尔温的最后时光》,该片展示了伯顿青年时期的风采。像之前的威廉姆斯一样,当德·格伦瓦尔德看到剧本时,就知道这是一部好作品。

剧本由英国著名剧作家泰伦斯·拉提根（Terence Rattigan）[《鸳鸯谱》（Separate Tables）、《文斯洛男孩》（The Winslow Boy）的编剧]操刀,讲述了一群在浓雾中被滞留在希斯罗机场的贵宾的故事,德·格伦瓦尔德让伯顿和泰勒担当主角,甚至在《埃及艳后》杀青之前该片就已经开始拍摄。

首先,理查德松了一口气。他本打算利用跟伊丽莎白的恋情来提升他在好莱坞地位,现在却担心这反而会让他无人问津——他已经连续几个月都没有接到工作邀请了。德·格伦瓦尔德最初打算请索菲亚·罗兰（Sophia Loren）和伯顿演对手戏,但是伊丽莎白绝不接受。尽管他们仍然在仔细考虑如果生活在一起将要面临的后果——艾迪·费舍尔现在已经永久出局,但是伯顿仍然不愿放弃自己的婚姻,而且希比尔似乎仍然确信伯顿总有一天会厌烦伊丽莎白,回到她身边——但是伊丽莎白渐渐想清楚了,理查德和自己很可能会沿着默片时代的玛丽·璧克馥（Mary Pickford）和道格拉斯·范朋克（Douglas Fairbanks）以及戏剧领域的巴里摩尔夫妇（the Barrymores）和鲁特夫妇（the Lunts）的道路,成为电影界一对全新的、强有力的搭档。她盛气凌人地宣布:"让索菲亚待在罗马!"因此,尽管事实上,没有保险公司为她糟糕的健康状况投保（气管切开手术对她来说是致命一击）,但是德·格伦瓦尔德还是和她签约了。作为米高梅公司的制片人,随着格伦瓦尔德大笔一挥,伊丽莎白又回到了老东家,她职业生涯的大部分时间实际上都归其所有。但是情况即将发生变化。

泰勒是一个精明的女商人,曾从路易斯·B·梅耶、迈克尔·托德和她母亲那里学到了不少,现在已经成立了自己的公司——泰勒制作公司。该公司以50万美元的价格将伊丽莎白租借给米高梅公司,在拍摄期间,米高梅公司每周还要另外支付给她5万美元,外加每日津贴。这部电影预算为330万美元,最终支付给伯顿50万美元——比所有其他演员的工资总和还要多30万美元。伯顿曾经担心"丑闻"会毁掉他的职业生涯,现在他看到他的片酬比《埃及艳后》时翻了一番（正如艾迪·费舍尔所预言的那样）。伊丽莎白把孩子们留在瑞士的寄宿学校中,自己则到伦敦与理查德会合。

他们将饰演航运巨头保罗·安德罗斯和他即将出轨的宝贝娇妻弗朗西斯·安德罗斯。在他们滞留希斯罗机场的二十四小时里,伊丽莎白/弗朗西斯差一点就跟她那吃软饭的情人[路易斯·乔丹(Louis Jourdan)饰演]私奔了。当伯顿和泰勒同意担任主角后,拉提根就着手根据他们的"丑闻"来改编剧本。《一代情侣》是他们真实生活的电影版,这次还会重点突出伊丽莎白·泰勒对珠宝的嗜好。在电影中,我们会首次看到他们俩乘坐私人直升飞机,像神一样从天而降。在乘坐劳斯莱斯汽车去机场的路上,理查德/保罗送给伊丽莎白/弗朗西斯一个精致的钻石手镯。伯顿已经满足了泰勒对爱人的一个基本要求:愿意且有能力送给她昂贵的珠宝。她早就已经学会了如何从她的导演和制片人那儿获得礼物,就像是臣民向王室进贡一样。女王将要接受贡品了。伊丽莎白已经成为了历史上第一个片酬百万美元的女演员,她是最像王室成员的美国人。她已经习惯了别人的顺从。甚至连她的名字都跟女王一样。她对珠宝——尤其是钻石——的喜爱将成为贯穿她一生的主题,并在《伊丽莎白·泰勒,我与珠宝的爱恋》(*Elizabeth Taylor, My Love Affair with Jewelry*)一书中被进一步神化。这本咖啡桌读物①中的大量照片都是关于她那些最著名的珠宝及其摆放的环境的。伊丽莎白早期生活的记录者之一,传记作家布伦达·马多克斯(Brenda Maddox)推测,伊丽莎白被钻石吸引,是因为她需要通过钻石来转移崇拜者对她的注意力。她对珠宝的嗜好不输安迪·沃霍尔(Andy Warhol),后者相信女性之所以比男性长寿,是因为她们佩戴钻石的缘故。因为晶体具有加强和保护生命力的神秘力量。也许他有一定道理:尽管伊丽莎白的健康状况很糟糕,但是迄今为止,她比她七个丈夫中的四个都活得更久。②

在罗马,除了在片场与理查德坠入爱河,伊丽莎白的少数乐趣之一就是在孔多蒂大街上发现了意大利珠宝品牌宝格丽的"可爱的小店"。她后来回忆道:"我常常在下午去找吉亚尼·宝格丽(Gianni Bulgari)。我们坐

---

① 此类图书多供浏览,开本大,插图丰富,较昂贵。——译者注
② 其实应为五位,小康拉德·尼科尔森、希尔顿、迈克尔·威尔丁、迈克尔·托德和理查德·伯顿分别于1969年2月5日、1979年7月8日、1958年3月22日和1984年8月5日去世。在本书完成后,艾迪·费舍尔于2010年9月22日去世。——译者注

在被他称作'钱屋'的房间里谈天说地。"一天,当他们成功避开狗仔队后,理查德对伊丽莎白说:"我想给你买个礼物!"之后他们就去了宝格丽的密室,理查德说自己想买一个礼物,但不超过10万美元。吉亚尼给他们看了一副非常可爱但是很小的耳环。理查德和伊丽莎白交换了一下眼神——现在,他了解了她的品味。他告诉宝格丽:"再看看别的。"

傍晚时分,他们带着一款绝佳的镶有祖母绿宝石和钻石的项链离开了,这条项链带有一个吊坠,可以拆下来当胸针戴。吊坠周围的每颗钻石都有10克拉重。这个项链的价钱远远超过了10万美元,但是伊丽莎白向理查德指出,这个可拆分的项链"真是以一件的价格买了两件"。后来她(倒不如说是理查德)用一只与之相配的镶有祖母绿宝石和钻石的戒指、一对吊坠耳环和一个漂亮的手镯凑成了一套——宝格丽将这套首饰称为"弗拉基米尔大公夫人套件"①。

后来,伊丽莎白就是否能将这个胸针戴在纪梵希设计的服装上这个问题,跟《一代情侣》的导演安东尼·阿斯奎斯(Anthony Asquith)发生了一点小争执。制片人德·格伦瓦尔德已经接受伊丽莎白·泰勒没有保险的事实,现在他不得不为这一昂贵的珠宝投保。然而,导演反应很快,他说服了伊丽莎白制作一个复制品供拍摄使用。

伯顿和泰勒拍完《埃及艳后》后,真正的权力之争开始了。达里尔·F·扎努克被该片的巨大成本吓坏了,这笔钱迫使斯库拉斯将二十世纪福克斯公司260英亩的露天片场卖给房地产开发商威廉·齐肯多夫(William Zeckendorf,他将这片广阔的土地变成了今天的世纪城),作为二十世纪福克斯公司的创始人,扎努克紧急插手以免其倒闭。在一次股权收购中,他赶走斯库拉斯,重新执掌该公司,并借机解雇了《埃及艳后》的制片人沃尔特·万格。在被不光彩地炒掉后,万格再也没有制作过其他影片了。接着,扎努克把注意力转移到了曼凯维奇身上。

拍完的胶片总长二十六个小时,曼凯维奇原计划同时推出两部电影:

---

① 这些首饰上的部分绿宝石原本属于俄国的弗拉基米尔大公夫人,所以整套首饰也称为"弗拉基米尔大公夫人套件"。——译者注

《恺撒与克莉奥佩特拉》（*Caesar and Cleopatra*）以及《安东尼与克莉奥佩特拉》（*Antony and Cleopatra*），而且他已经着手剪辑这两部史诗片。然而，扎努克不喜欢这个想法。首先，世界范围内有关泰勒与伯顿恋情的报道将对票房有何影响还不清楚。为了对冲前任的赌注，并尽可能地挽回损失，扎努克又炒掉了曼凯维奇，自己亲自剪辑。当曼凯维奇还在与《埃及艳后》引发的无数灾难斗争时，扎努克已经顺利监制了《最长的一天》，把理查德·伯顿从罗马请来。扎努克接过最终剪辑权，剪出了一部长达四小时的史诗，中间还有中场休息。包括发行成本在内，该片最终的成本为6200万美元（今天的4.34亿美元），是当时成本最高的一部好莱坞电影。最后剪辑出的影片放映时间略超过四个小时，使其成为有史以来放映时间最长的一部电影。它不仅仅是最长的电影，还是最重的电影：每套洗印出的《埃及艳后》拷贝都重达600磅①。即使是宣传资料袋都重达10多磅。最后，当所有该说的都说了，该做的都做了之后，万格起诉二十世纪福克斯公司违反合同，而公司则起诉伊丽莎白和理查德，宣称关于他们"可耻的行为"的负面报道已经伤害了这部电影的价值，要求赔偿5万美元。他们俩则发起反诉，最终这场官司不了了之。

曼凯维奇非常伤心。该片被从他手中夺走并被大幅度删减，他感到自己拍得最好的一些场面被牺牲掉了，最终的成品——尽管也有壮观的时刻，例如克莉奥佩特拉进入罗马城的宏伟场景——缺少凝聚力。伊丽莎白也觉得这个删减版对理查德造成了损害，他演得最好的一些场景没被观众看见。最终的影片没有表现出一个逐渐屈服于自己缺点的强悍人物的形象，伊丽莎白抱怨道："他们做了大幅度删减，以至于自始至终人们看到的都是他酩酊大醉或大喊大叫的样子，你永远都不知道是什么导致了那样的性格。他看起来只像一个醉鬼。"

在曼凯维奇一生中，这件事一直令他难以释怀，并最终使他成为了一位相当痛苦的隐士，隐居在纽约贝德福德一栋豪华乡村别墅里排遣心中的郁闷。直到生命最后的时刻，他都在因为自己几十年前拍的电影而反复地

---

① 1磅约为453.59克。——译者注

被请去参加各种电影节，并接受各种荣誉。此后几年间，尽管无论何时，只要谈起曼凯维奇，伊丽莎白都很客气，但是她非常清楚曼凯维奇将他职业生涯的没落归咎于她和伯顿的"放纵"。

在跟德·格伦瓦尔德签约，并摆脱了《埃及艳后》艰难的拍摄任务之后，1962年12月一个寒冷的早晨，伯顿和泰勒抵达伦敦。在罗马就已围绕他们俩的大肆报道仍在继续，但是现在骚扰他们的主要是情绪激动的粉丝。他们在维多利亚车站被团团围住，分别坐上不同的汽车逃离现场（伊丽莎白坐上了一辆蓝色捷豹，理查德则坐上了一辆蓝色客货两用轿车）。当他们到达位于公园大道的多切斯特酒店后，他们住进了相互毗邻的复式套房，酒店大堂里挤满了记者和摄影师。（从童星时代开始，伊丽莎白就一直下榻于豪华的多切斯特酒店。对她来说，那儿就是她的家。）其他加盟该片的演员，如罗德·泰勒（Rod Taylor）、琳达·克里斯蒂安（Linda Christian），甚至奥逊·威尔斯（Orson Welles），他们在入住酒店时几乎全都被媒体忽视了。媒体继续云集在伯顿和泰勒周围。

伯顿仍然保持着和希比尔的婚姻关系，他苦苦思索着自己进退两难的处境。毫无疑问，他为伊丽莎白神魂颠倒。以征服开始的关系却迅速变成了一种痴迷——伊丽莎白的身体对他来说是一个奇迹，世界第八大奇迹。他沉迷于她的性感。伊丽莎白同样沉迷于理查德的身体——他粗糙的皮肤、他热烈的情感、他的蓝绿色眼睛、他的声音、他的味道，他"傲慢的头发"，所有这些都让她感官愉悦。伊丽莎白后来回忆道："想象一下，当你做爱的时候，理查德的声音就在你耳边，它能赶走一切烦恼、悲伤，所有的一切都会融化。"她发现理查德是"一个性感得难以置信的男人。我很高兴他是一个知道如何取悦女人的男人。就像不可能不爱上理查德一样，对他不忠也不可能的"。总而言之，他们会在任何可能的地方做爱——在船上、在更衣室里，有一次在一艘双体帆船上，还有一次在一个摄影师的工作室里。伯顿在那方面很了不起。酒精看起来并没有减少他作为一个情人的热情和天赋，至少在他们著名的恋情开始时是如此。

伊丽莎白已经在短时间内迅速给伯顿带来了更大的名气、更多的机会和财富。他们在一起时眼花缭乱的生活让伯顿有点飘飘然，对一个曾动辄有可能下到威尔士矿井里的人来说，这似乎是不真实的。伯顿非常钦佩的劳伦斯·奥利弗爵士此前曾给他发来一封电报，要求他"想清楚——你是想成为一位伟大的演员还是仅仅想成为一个家喻户晓的人物？"对此，伯顿做出了一个著名的回答："二者都要。"现在，好像二者皆在他掌握之中。但是，为了成就自己的野心，他会牺牲希比尔和两个年幼可爱的女儿凯特和杰西卡吗？

事实证明他会，尽管用他的朋友、演员罗伯特·哈迪（Robert Hardy）的话说："这给他留下了无法治愈的创伤。"

1949年，伯顿在《多尔温的最后时光》的片场遇见了希比尔·威廉姆斯，这部埃姆林·威廉姆斯执导的影片讲述了威尔士村民面临着土地被买断、被迫搬迁到英格兰的威胁，目的是通过让他们的山谷被水淹没，进而将饮用水引入伦敦。与1983年的影片《南方英雄》（Local Hero）一样，该片的核心也面临着一个道德困境：为了得到大城市里的现代化公寓和一笔很少的钱，这些威尔士村民是否应该放弃他们的山谷、他们的生活方式、他们数世纪以来的古老家园以及他们与生俱来的权利？伯顿饰演一个诚实的年轻村民，为了给一位英国地主的女儿留下深刻印象，他不顾一切地提高自己的英文水平。[当伯顿还是里奇·詹金斯（Rich Jenkins）时他已经爱上了英文，也爱上了英文为他这个威尔士穷小子带来的机会。他每天花八个小时，通过背诵莎士比亚戏剧中的大量诗歌和演讲来练习自己的发音。]在片中，在伊迪丝·埃文斯夫人（Dame Edith Evans）饰演的养母的领导下，村民们抵制住唾手可得的金钱诱惑，坚守着他们心爱的山谷，直到一场意外的谋杀决定了他们的命运。伯顿在片中令人心碎——他饰演的是一个充满希望与理想主义的富有诗意的阳刚气十足的年轻人，喜欢对着风吟诵英语诗歌，爱上了一个比自己社会阶层高的女人，然而他的正确行为却造成了错误的结果。

希比尔作为临时演员演了一位威尔士农村女孩。尽管希比尔并不漂亮，但却聪明活泼。罗伯特·哈迪在BBC的长篇改编剧《芸芸众生》（*All Creatures Great and Small*）中饰演暴躁的齐格弗里德而让自己本已成就卓著的舞台和电影生涯更上一层楼，他凭借在《哈利·波特》（*Harry Porter*）

系列电影中饰演康奈利·福吉而被新一代影迷所熟知。他了解并欣赏希比尔:"她来自山谷,但是她哥哥是位非常精明的律师。无论是从家庭条件还是所处阶层来讲,他们都在'詹金斯家族'之上。"她父亲曾是伯顿的父亲和兄弟们所在矿区的一位官员。她19岁时嫁给了23岁的伯顿,并且由于她是威尔士人,因此无论伯顿在伦敦戏剧界平步青云时,还是在大获成功的好莱坞之旅中,她都让他过着威尔士式的生活。伯顿的大家族都喜欢希比尔,尤其是伯顿非常崇拜的大哥艾法·詹金斯(Ifor Jenkins)。事实上,所有了解希比尔的人都很喜欢她,尽管伯顿四处留情(包括与克莱尔·布鲁姆之间的风流韵事),但是伯顿和希比尔看起来仍然忠于彼此。哈迪回忆道:"他们的婚姻真让人羡慕。"他过去常常去他们俩在汉普斯特德的家中做客。

希比尔爱慕伯顿,但是她肯定知道伯顿常常跟别的女人打情骂俏。希比尔允许他和各式各样的女演员有露水情缘,只要他最终回到她身边就行。这并不是她有自讨苦吃的必要。她很现实。在那个男人能吃喝玩乐、主宰一切并不受限制的时代,伯顿的名气、吸引力和天赋都非同凡响。一定程度的愚蠢行为是可以忍受的——甚至是被人期望的——只要男人能养活全家,留在妻子和孩子身边就行。这就是威尔士人——而且不仅仅是威尔士人——的行为法则。并且一度很管用。

现在伯顿对这个明摆着的决定焦虑不安。哈迪回忆道:"人们只是希望伯顿能回到希比尔身边,然而逐渐明了的是,他根本不会回去,情况更糟了。"伯顿惊人的酒量似乎又加倍了。

伯顿抵达伦敦两周后,希比尔带着两个女儿来到了汉普斯特德的别墅里,并邀请了伯顿敬爱的哥哥艾法和他的妻子格温跟他们待在一起。希比尔确信她的登徒子丈夫会厌倦他的新情人,一如他对此前的情人那样,再次回归家庭。因此,伯顿一度陷入两个家庭中:拍《一代情侣》时,他和伊丽莎白在多切斯特酒店下榻的复式套房;而当伊丽莎白在别的地方无法抽身时,他就会偷偷溜回汉普斯特德的别墅。当不需要去片场时,白天他通常会待在汉普斯特德,但是晚上却和伊丽莎白一起度过。

偶尔,希比尔会出现在《一代情侣》的片场,让每个人都激动紧张一番。

后来拍出《豪门怪杰》(The Ruling Class)、《双生杀手》(The Krays)和《染血罗密欧》(Romeo Is Bleeding)等广受好评的影片的匈牙利导演彼得·梅达克(Peter Medak)时年25岁,是《一代情侣》的助理导演。他回忆道,伯顿能够头一天"跟希比尔一起买衣服,第二天却又突然和伊丽莎白在一起。我不知道他是怎么办到的。希比尔会说:'不,你不能穿那条裤子——它看起来不太合适。'接着伊丽莎白就会现身,取消订单"。也许看起来很滑稽——这两个女人试图根据自己的品味来打扮她们的男人——这让所有人都印象深刻。伯顿称他在这种时候"不省人事",但是事实更有戏剧性。艾法——伯顿最欣赏他的阳刚之气和好脾气——对伯顿因为自己的丑闻让希比尔在众人面前难堪而大发雷霆。艾法在汉普斯特德的别墅里陪伴希比尔,兄弟俩一度发现他们在相互对骂,隔着别墅白色大门上的投信口大喊大叫。

伯顿灰心丧气地回到伦敦,很快就把自己灌得神志不清。作为他的老朋友兼威尔士同乡,演员斯坦利·贝克(Stanley Baker)发现他失去了知觉,给他灌了三大壶纯咖啡才使他苏醒过来。伯顿最小的弟弟格雷厄姆·詹金斯(Graham Jenkins)从《一代情侣》开始就经常在影片中充当他的替身,他担心伯顿几近彻底崩溃,喝下的酒精足以自杀。

从希比尔的角度来说,她对丈夫的痛苦并不是无动于衷,并且她还陪着伯顿参加了斯坦利·贝克夫妇举办的一场私人晚宴。整个晚上,伊丽莎白不断打电话到贝克家来骚扰,干扰他们的晚餐,并且提醒伯顿她身体不舒服。在谈及伯顿时,贝克说:"他满面愁容。"更让伯顿难以承受的是,他的整个家族都不赞成他和伊丽莎白在一起,因为他们都喜欢希比尔。

格雷厄姆回忆道:"全家人都因为这次的丑闻而不快,他被责令回到威尔士面对家人。我们是威尔士浸信会[①]成员。在我们的字典中没有离婚这个词。"但是伯顿拒绝了,声称《一代情侣》的拍摄日程使他无法抽身。就是此时,格雷厄姆做了伯顿的替身,开始了他偶尔给伯顿做替身的生涯:

[①] 又称浸礼会,基督教新教主要流派之一。十七世纪上半叶产生于英国以及在荷兰的英国流亡者中。反对给儿童行洗礼,主张教徒成年后方可受洗,且受洗者须全身浸入水中,称为"浸礼",故名。——译者注

"我们俩看起来很像,除了他是5英尺10.5英寸[①],而我是5英尺8.5英寸以外。我出现在几个远景镜头中,甚至我妻子希拉里都无法在电影中区分出我们俩。"

艾法试图说服伯顿,他对家庭负有义务和责任。在伯顿心中,艾法是最接近父亲的人,代替了他那软弱无能的、整天沉迷于威士忌中的父亲,但是一旦伯顿下定决心跟希比尔离婚娶伊丽莎白,甚至连艾法都无法说服他。格雷厄姆回忆道:"如果连艾法都不能让他回心转意,那么就没人可以了。但是我认为,如果可以的话,他会同时娶这两个女人。"不用说,他不可以。

因此,伊丽莎白让理查德去汉普斯特德向希比尔提出离婚。然而,当他走到希比尔的门前时,他所有的决心都软化了。希比尔问他是不是打算留下来,他回答说:"是的。"在当时他很可能真是这么想的。跟希比尔在一起时,他发誓要陪着她。跟伊丽莎白在一起时——噢,她就是一股不可阻挡的力量、一股自然的力量、一阵狂风。一旦她下定决心,任何东西、任何人都无法抵挡。当伯顿第一次把伊丽莎白介绍给罗伯特·哈迪时,尽管他感情上站在希比尔这边,但仍能感觉到伊丽莎白的巨大魅力和能量。哈迪回忆道:"她以最好的状态出现,令人印象深刻。她眼睛的颜色足以让圣徒变成恶魔,而且我也并不认为理查德是个圣徒。"

现在,伯顿喝的酒比以前更多了——中午前喝红玛丽鸡尾酒,午餐时喝纯伏特加。正如伯顿的一位传记作者观察到的:"酒量惊人,但是,因为某些原因使他当时躲过了医生的法眼,他看起来像走在酒精炉里但仍安然无恙。他的身体将他扔过来的所有东西照单全收。"他并不是唯一这样的人。梅达克相信:"喝酒对他们俩来说都是个问题。我记得有一次,伊丽莎白在化妆室,坐在一张化妆椅上,正喝着一杯水。她说:'你能给我倒满吗?'我正要往里面倒水,她说:'不,我不是要倒水,而是倒伏特加。'"

不过当时片场几乎所有人都喝酒。毕竟,虽然那时是1963年,但是社会氛围实质上仍停留在二十世纪五十年代,在对酒精和香烟的接受上

[①] 1英尺约为30.48厘米,合12英寸。——译者注

相对良性，只是成年人的爱好罢了。事实上，喝酒是一种性格标签，当然是阳刚气概的表现。与健康饮食的跟风者、卫道士、矫情的人、讨好卖乖的人，或比所有这些更糟糕的如讨厌鬼之类的人一样，滴酒不沾的人会被人翻白眼。

伊丽莎白会陪着理查德穿梭在伦敦的酒吧间，伯顿将伊丽莎白介绍给他在戏剧界和橄榄球界的好友——那些还搭理他的人，像他在牛津大学的朋友们，包括哈迪和作家泰伦斯·拉提根，罗伯特·鲍特（Robert Bolt）[他写了《良相佐国》（A Man for All Seasons）]，以及才华出众的记者约翰·摩根（John Morgan）。伊丽莎白让伯顿仍过着"威尔士时间"，自己全身心扑在伯顿身上，一如希比尔所做的那样。她非常好地适应了伯顿的世界，让他印象深刻。她喝酒、口吐脏字、唱下流的打油诗，不亚于他们中间的任何人。这样做总能赢得他们的支持。

而且她也会在伯顿身边的人面前自嘲。在剧院里的一次长时间的讨论中，她安静地坐着。最后，她做了一个夸张的姿态，把头一甩，慷慨陈词："我对戏剧一无所知，但是我也不需要懂。我是明星。"

高大魁梧的澳大利亚男演员罗德·泰勒在《一代情侣》中饰演一位澳洲商人，那是一个拖拉机公司的老板，他写了一张空头支票使他的公司免于被恶意收购。他在H. G. 威尔斯（H.G Wells）的《时空大挪移》（The Time Machine）和阿尔弗雷德·希区柯克（Alfred Hitchcock）的《群鸟》（The Birds）中的角色最为人熟知。他回忆道："片场每一个人都很渴。这不像在好莱坞吃午饭、喝冰茶。我的意思是，公司里的酒吧总是被人挤得满满的。如果手边没有一瓶酒，你肯定不能吃完饭……当然，迪基［伯顿的朋友和家人称呼他时五花八门：迪克、迪基、里克，以及伊丽莎白叫的更庄重的名字——理查德］可能会说，'喝杯白兰地吧。'当时才是上午10点半。而这似乎对每个人来说都相当平常。"梅达克记得，伯顿吃完午饭回到片场时已经酩酊大醉。他会斥责阿斯奎斯，问他说："这他妈的在拍什么？太荒谬了！"出身上流社会的阿斯奎斯很有绅士风度，不愿与人发生冲突，但在这种情况下也明显崩溃了。梅达克回忆道："他非常瘦弱，当伯顿冲他大喊大叫时，他很难为情，直到最终走开。他什么都做不了，因为这个家伙完全醉得不省人事。所以阿斯奎斯决定用几乎什么都不说的方式来处理这种情况,只要他能让(伯顿和泰勒)出现在镜头前说着自己的台词就行。伯顿并不总是那样,只是在喝醉的时候才如此。我们都知道,在午饭后——要当心!"

伊丽莎白欣赏理查德发酒疯,只要可能她就会鼓励他这么做,这并不利于保持片场的平静。她喜欢激情和刺激。她在周围人的阿谀奉承中长大,需要激烈的对抗来提振精气神。这让她感到自己有活力。她曾经说:"理查德大发脾气,他真正乐在其中。这也是一种享受。我们之间的争吵是令人愉快的尖叫比赛,而且理查德非常像一个即将爆炸的小型原子弹。"无论在场内还是场外,他们之间都会爆发争吵。

已经出局的艾迪·费舍尔在回忆录中写道:"我认为伯顿对伊丽莎白的影响甚至超过了迈克尔·托德对她的影响。她和迈克尔的关系是兽性的——她从未见过像他那样的男人。这是一个伟大的恋情。迈克尔非常聪明、精于盘算、身强力壮,占有欲也很强。但是伯顿远远超过他。伯顿是疯狂的。作为一名演员以及作为一个女人,她都需要他的认可。而理查德通过一种欲语还休的态度,使得伊丽莎白不顾一切地需要他。"在这件事上,费舍尔是对的。伊丽莎白承认:"迈克尔(托德)有点像疯子,而且理查德也是这样。我真的相信,我只对有点儿疯狂的男人满意。"

理查德和伊丽莎白似乎特别喜欢当着别人的面互相打斗,而且他们喜欢相互辱骂。伯顿喜欢称伊丽莎白为"我的犹太小妓女"(她为了嫁给迈克尔·托德而皈依了犹太教);伊丽莎白则通过嘲笑他的麻子皮肤而更胜一筹。罗德·泰勒相信:"我认为他们曾经为虚构的荣耀打架。对他们而言,这是前戏。"他们有时会通过互相赠送奢侈的礼物来和解,包括伊丽莎白在索斯比拍卖行以25.7万美元(以今天的美元来算,值180万美元)购得的一幅梵高的作品。她亲自将其拖进多切斯特酒店的电梯,踢掉鞋子,把钉子钉进墙里,把画挂在伯顿阁楼的壁炉上面。

伊丽莎白非常自豪自己的酒量能赶上理查德——甚至能把他喝倒。她确实是一个男人般的女人,而且她能把喝酒、打嗝、口吐脏字这些事玩得像他们一样棒。对她来说,这是一剂重要的解毒剂,有利于消除惊人的美貌和在温室中成长给她带来的不利影响，让她成为一个真正的人，变得有血有肉。

尽管她喝了很多伏特加，尽管她喜欢吃东西，并且很容易发胖，但是在银幕上，她仍然光彩照人。正如他们所说的，摄影机都崇拜她。梅达克相信："没有人能比当时的她更美丽，或者能成为比她更大牌的电影明星。当我早上6点看见她时（她常常此时前来化妆），我就经常在想，她化妆的关键是什么？她在一些服装的衬托下美得摄人魂魄。她穿着裘皮大衣、戴着裘皮帽时更是无与伦比。"即使如此，梅达克回忆说："所有东西都被不可思议地点燃了，并且永远持续下去。这就是为什么我们从不拍那么多镜头的原因。我们的摄影师杰克·希尔德亚德（Jack Hildyard）非常棒，他拍伊丽莎白的方法也很棒。他肯定爱上了这个女人。但是我记得，尽管如此，她的体重还是忽胖忽瘦。上一周她还是胖乎乎的，下一周就瘦下来了。你在电影中可以依稀看出来。"

最终，在松林制片厂——那里建了一个希斯罗机场全新的、现代化的5号航站楼的巨型复制品，包括其中巨大的楼梯和现代装饰——拍了五个星期之后，伯顿下定了决心。1月，他向希比尔提出离婚，她同意了。

他决心与名誉之神——或恶名之神——共命运。然而，这似乎并没有让他安心。在电影中，在他那如拳击手兼诗人一般的脸上，痛苦清晰可见。

他在后来的场景中那充满恶意的眼神也可能是他在伦敦被一些流氓殴打的结果。那是一个星期六，他和艾法·詹金斯偷偷溜到加的夫[①]去看一场橄榄球比赛。当回到伦敦的帕丁顿车站时，他遇到了暴徒的突然袭击。他后来写道："我被抓得失去了平衡，感到双脚失去了控制。我感觉非常无助……躺在雪里不能动弹……他们不停地踢我。"那些暴徒差点儿把他的眼睛从眼眶中打出来，并打伤了他的脖子和后背。一名出租车司机救了他，但是他拒绝被送去医院。袭击他的暴徒可能并没有认出他是个演员，但是出租车司机在送他回多切斯特酒店的途中问："我们是在拍电影吗？"在那一刻，生活和虚构再次融为一体。

---

① 威尔士首府和最大城市。——编者注

伯顿不得不连续几天都戴着眼罩,而且颈部受的伤在多年后也一直折磨着他。让梅达克很感兴趣的是伯顿联系了臭名昭著的克莱(Kray)兄弟——他们是东伦敦残酷的孪生黑帮分子——要他们寻找袭击者。他们连续几天潜伏在片场周围,对整个拍摄过程非常感兴趣。他们是否找到了伯顿的袭击者不得而知,但是梅达克对此印象深刻,并于1990年拍摄了一部关于这对双胞胎兄弟的著名影片《双生杀手》。

1963年4月,《生活》杂志正式给他们俩做了专题报道,名为《〈埃及艳后〉,有史以来最受关注的影片》(*Cleopatra, Most Talked About Movie Ever Made*),与之相配的是一张巨大的二人封面照片,伯顿在照相机前静坐,黑色背景映衬着泰勒夸张的侧面轮廓。神化的过程完成了。伊丽莎白赢得了她向媒体和狗仔队求爱的危险游戏,而这两者是她最需要的,必须用双手紧紧抓住。伯顿的传记作者梅尔文·布拉格(Melvyn Bragg)反思道:"伯顿和泰勒公开的私情似乎在说:'我们彼此相爱,我们知道我们毁掉了各自的婚姻、瓦解了各自的家庭,但是爱情是你需要的全部,也是你完全不会计较的。而且我们丝毫不会隐瞒这一点。再者,我们也不在乎。'"

1963年6月11日,《埃及艳后》最终上映,但专业刊物和《纽约时报》(*New York Times*)对其褒贬不一,尽管布伦丹·吉尔(Brendan Gill)在为《纽约客》(*New Yorker*)写的文章中称赞了该片壮观的场面。他的评论实际上是写给伊丽莎白·泰勒的一封热情洋溢的情书,称她:

> 与其说是个演员,倒不如说是一个伟大的自然奇观,像尼亚加拉瀑布或阿尔卑斯山一样。导演根据她当下的状况来执导是正确的——她是那个时代最著名的女人,而且很可能是所有时代最著名的女人……从床上到浴室,从恺撒大帝到马克·安东尼,她掌控着一切。她不是一个已死去的古老女王的化身,而是——毫不夸张地说——一个活的洋娃娃,如此性感、如此谦逊,以至于真的克莉奥佩特拉在看到她时,很可能会马上死去,不是死于毒蛇,而是死于嫉妒。

一些评论者发出不屑的咆哮。朱迪斯·克利斯特（Judith Crist）在《先驱论坛报》(*Herald Tribune*)上奚落道："罪恶之山已经生出耗子了。"《时代》周刊抱怨道："当（伊丽莎白）将克莉奥佩特拉演成一个政治动物时，她的尖叫声就像是街区聚会上政客跟屁虫的老婆。"但是在所有这些谴责中，最强烈的反馈来自伊丽莎白·泰勒自己。她在伦敦的首映式上看到这部电影时，立马冲回多切斯特酒店的套房呕吐了起来。

　　但是观众们喜欢这部电影。他们在售票处周围排队等着看这部电影，并且，事实上，它在国内创造了1570万美元票房——尽管仍不足以盈利，但仍是1963年最卖座的影片。三年多之后，1966年，美国广播公司（ABC）付给福克斯公司500万美元（现在的3500万美元）以购买该片的电视播放权。在该片拍完四十八年后，《埃及艳后》的地位不断上升。回想起来，在该片豪华的拍摄过程中，有许多可圈可点之处，如它充满激情的表演、丰富的台词和野心勃勃的叙事。这是一次真正的感官盛宴，并且，"伯顿—泰勒"的恋情给关于该故事的各种相互交织的版本（普林尼[①]的、苏埃托尼乌斯[②]的、莎士比亚的、萧伯纳的、曼凯维奇的）又增添了一层文化历史意味。尽管雷克斯·哈里森饰演的恺撒沉着自信、诡计多端，但是你仍然无法把目光从伯顿和泰勒身上移开。他们的爱情之火郁积在心头，最终被点燃；他们致命的美貌注入了自身造成的悲剧中。他们确实是爆发的彗星。

　　伊丽莎白的一些传记作者已经注意到她的电影经常以一种怪异的方式反映出她当前的私生活状况，这模糊了现实与虚幻之间的界限。她确实在米高梅公司学会了如何选择反映她生活状态的剧本，但是她也被她正饰演的各种角色的强烈的虚构性彻底支配。她凭借电影中的角色为生活提供方向、增光添彩，这是一种反向作用。曼凯维奇发现了这一点。他评论说："她与其他大多数明星是相反的……对她来说，生活就是一种表演。"传记作家布拉格观察到，当曼凯维奇在夙夜不寐地写剧本时，"丑闻"则在他周围全面爆发，他"很精明地试着去驾驭它，有人指责他故意写了一些含糊

[①] 古罗马史学家。——编者注
[②] 古罗马史学家。——编者注

其辞的台词"。当听到安东尼与屋大维的妹妹结婚后,克莉奥佩特拉剪碎了安东尼的衣服,此时伊丽莎白表现出的愤怒经常被认为是现实生活与影片的虚构相交汇之时:有人听到伊丽莎白大叫"希比尔",而且在盛怒中意外地割伤了自己。

曼凯维奇谈起片中命运多舛的英雄时说:"他们是不同凡响的人。"但他可能同时也是在描述伯顿和泰勒。"他们生活在不同寻常的背景下……我本打算把重点放在前景,即片中人物最终毁灭了自己,或者说被自己毁灭,因为事实证明他们终究还是普通人。"

如果说曼凯维奇当时正将他们的故事写进剧本——无论是有意还是无意的——那么他可能不知道,《埃及艳后》多么惊人地预示了伊丽莎白和伯顿那始于罗马摄影棚的长达十三年的爱情。片中包含了一切,就像一张蓝图一样:他们不可遏制的欲望升华成了爱情。当安东尼充满嫉妒地取代了恺撒并从克莉奥佩特拉脖子上扯掉恺撒的金币项链时,他问:"黑暗中你呼喊的是他的名字吗?"(理查德对伊丽莎白在别墅中放了许多迈克尔·托德的照片愤愤不平,他将托德——而不是艾迪·费舍尔——视为真正的对手。他同时注意到,伊丽莎白手指上仍然戴着托德的结婚戒指。该戒指在飞机失事现场被找到,已经被烧得发黑变形。那是对托德的一个纪念。)克莉奥佩特拉富丽堂皇的宫殿在伯顿和泰勒充斥着游艇、珠宝、皮草、助理、香槟酒和鱼子酱、五星级酒店,以及梵高、马蒂斯[①]和毕沙罗的画作的奢华生活面前黯然失色。当安东尼和克莉奥佩特拉密谋统治三分之一的罗马帝国时,伯顿和泰勒已经成立了一家电影公司,利用他们的"恶名"大赚一笔,并使他们一度成为好莱坞皇族。在电影中安东尼是一个有着酒味芳香的男人;当他的世界崩塌时,他通过不断喝酒来浇灭自己的绝望之情。伯顿也是如此。当克莉奥佩特拉责备他,并给了他一耳光时,安东尼将她打倒在地。而伊丽莎白对这种"阿帕契舞蹈"[②]已经习以为常。

实际上,曼凯维奇确实以伯顿为原型创造了安东尼的角色。作为其演

---

① 法国画家,野兽派的创始人。——编者注
② 一种十分激烈的双人舞。——译者注

过的最伟大角色的原型，伯顿所要承受的是：体现出自我怜悯的绝望。导演认为安东尼实际上是软弱的，是一个"总生活在恺撒阴影里的男人——直到上了克莉奥佩特拉的床"。在《生活》杂志的一个采访中，曼凯维奇将安东尼描述为"外表阳刚气十足，一直受到有无上权力的父亲般的恺撒的威胁。一开始，他爱上克莉奥佩特拉，就像儿子爱上父亲的情妇那样的深感内疚和害怕。"伯顿欣然接受了对安东尼的这一看法，他对英国剧评家肯尼斯·泰南（Kenneth Tynan）解释说，导演/编剧已经塑造了一个"不停为自己没能成为伟人找借口的形象……充满愤怒和挫败感，但是有时候所有这些都表现为没有任何特殊意味的精彩话语。"

在灾难性的亚克兴之战中，安东尼抛弃了他的士兵去追随克莉奥佩特拉的船，他抛弃的是他的羞耻心。当他和克莉奥佩特拉被屋大维打败，残余部队最终弃他而去时，安东尼找不到人杀死他，好让他死得有尊严。他哭喊着："这难道就是最终的抛弃吗？这是我自己造成的！这难道就是我毕生追求的吗？能给我个痛快吗？"

无论是艺术上还是生活中，伯顿会经常觉得是他自己造成了最终的抛弃："这是我自己造成的。"

或许曼凯维奇能感觉到他们之间的巨大激情和伯顿身上的自责倾向会伤害他自己。一度，当安东尼在亚克兴之战前愚蠢地把他最亲密的军官打发掉时，克莉奥佩特拉意识到，某种命中注定的事要发生了。

"安东尼，发生了什么事？"她问他。

他答道："我吗？都是为了你。"

当理查德下定决心跟伊丽莎白在一起后，他再次看到凯特和杰西卡时已是两年之后。他曾经心爱的希比尔此后永远都没跟他说过话，再也没有，直到他生命的尽头。

第三章 郎心似铁

"我父亲从来不说自己喝醉了。他说过他是一个酒量很大的人。"
——理查德·伯顿

"自从10岁以后,我就成为了一个没有隐私的童星。"
——伊丽莎白·泰勒

伊丽莎白·泰勒出生在一个中上阶层的家庭,有宠爱她的父母和她所崇拜的哥哥,她生长在汉普斯特德的一处庄园中,还有自己的小马,什么都不缺。父亲弗朗西斯·泰勒原本来自堪萨斯州的阿肯色城,生性腼腆、衣冠楚楚,对油画具有很高的鉴赏力。他来英国是为他富有的叔叔霍华德·杨(Howard Young)购买古典大师们的画作,他叔叔是一名艺术品商人。正是杨带领弗朗西斯进入了这一行当,他在将弗朗西斯送出国前,把他安排在自己在纽约的一所画廊里锻炼。后来,弗朗西斯·泰勒在伦敦的老邦德街开了自己的画廊。弗朗西斯和萨拉的两个孩子——霍华德和伊丽莎白也因此成了出生在英国的美国人。

泰勒一家之所以能暂时生活得很好——有些人说远远好过他们的实际收入——部分是由于别人的慷慨。霍华德·杨一直在关照着他的侄子(和他自己的既得利益)。萨拉和弗朗西斯被邀请住进位于肯特郡的一处庄园里的宽敞的十六世纪乡间别墅内,这座庄园属于一个叫维克托·卡扎莱特（Victor Cazalet）的富有的艺术品收藏家，他也是一名受人欢迎的保守党国会议员。此人曾经从弗朗西斯手里买过画。卡扎莱特和萨拉还都是基督教科学派①的忠实信徒。

伊丽莎白过着一种童话般的生活，5岁的时候就拥有了自己的小马，还被送去一所芭蕾舞学校学习，伊丽莎白女王和她的妹妹玛格丽特公主曾在这所学校学习过芭蕾舞。她不仅被父母呵护着，卡扎莱特也对她宠爱有加。有传闻称卡扎莱特对泰勒一家慷慨有加是因为他与萨拉有婚外情，但另有传闻称这位单身国会议员是与弗朗西斯有一腿。这些桥段都给伊丽莎白的童年经历增添了一些不真实的色彩。

伊丽莎白后来在谈及早年生活时写道："我童年最快乐的生活是在英格兰，因为我可以骑马——特别是我学会了不用马鞍骑马……"但是，在第二次世界大战爆发，泰勒举家移居洛杉矶后，伊丽莎白离开了她钟爱的小马，在英国甜蜜的梦幻般的生活将被另外一种梦幻般的生活所替代——充满了胜利的喜悦，但并不甜蜜。她回忆道："我从来不关心我是否是个演员，尤其是当我还是个小小孩的时候。我第一次演戏时，就好像是在跟狗和马一起玩一样。骑马给了我一种自由和放纵的体验，因为当我还是个小孩子的时候，就被父母和制片厂看得非常紧，于是，只有当我骑在马上的时候，才可以做任何我想做的事情。骑马可以让我从别人告诉我要做什么、什么时候做、怎么做的生活中摆脱出来。"

从某种程度上来说，正是一匹马改变了伊丽莎白非凡的一生。萨拉·泰勒意识到米高梅公司出品的《玉女神驹》中的薇薇·布朗是为她那漂亮的11岁女儿量身打造的角色。伊丽莎白似乎是为这一角色而生的：薇薇·布朗是一位喜爱马的英国小女孩，她训练着她的马，一心想赢得全国越野障碍赛马大赛的冠军。最终，她假扮成男孩儿参赛，赢得了胜利。在母亲的灌输下，伊丽莎白逐渐觉得"薇薇·布朗就是我自己"。她开始用各种马的雕塑来装饰自己的卧室，并渴望饰演薇薇·布朗。唯一的问题是伊丽莎白个子不高，看上去更像是一个一年级小学生，而不是一个已经11岁的孩

---

① 以信仰疗法为其特色的基督教派。——译者注

子。据说，伊丽莎白对制片人潘德洛·S·伯曼（Pandro S. Berman）说："我会长高的，我会为了这个角色长高的。"在母亲的鼓励和强烈的信念的帮助下，她们俩一起祈祷伊丽莎白能迅速长高。为了让伊丽莎白长高3英寸，萨拉不停地让她吃农民的早餐——烤薄饼、煎鸡蛋、熏肉，另加一壶新鲜牛奶。令人惊讶的是，这些努力确实见效了（幸好伊丽莎白的腰围没有长3英寸），但是，这也让她的贪吃一发不可收拾，在以后的岁月里，这会对她的小身板造成极大伤害。萨拉·泰勒将伊丽莎白身高的猛长归功于两点——她们的祷告和伊丽莎白令人惊讶的毅力。她们俩都相信是伊丽莎白让自己长高了3英寸。这使得伊丽莎白开始相信，她可以最终掌握自己的命运，如果她非常想得到某个东西，她就能想办法得到。

很小的时候，伊丽莎白就体会到拍电影是一项很辛苦、能使人筋疲力尽的工作。她后来说："在我一生中，拍《玉女神驹》花的精力比其他任何一部电影都要多。"她花了大量时间去骑一匹名字叫做"查尔斯王"的烈马，它是影片中薇薇·布朗的坐骑。弗朗西斯·泰勒自始至终都很少发表意见，虽然他坚决反对米高梅公司出于角色需要，为了把牙套放进伊丽莎白嘴里而拔掉她的两颗乳牙，用假牙代替。这些伊丽莎白都熬了过来，但是，当她拒绝为角色需要而将一头柔软光亮的长发剪短时，她得到了弗朗西斯的支持。

《玉女神驹》1945年1月上映时获得了巨大成功，也让年仅12岁的伊丽莎白·泰勒成了明星。这部影片也给她带来了一笔对一个孩子而言相当可观的薪水——在她母亲的讨价还价下——3万美元，外加1.5万美元奖金（相当于今天45万美元的购买力）。但是，对于伊丽莎白来说，更重要的是，该片为她带来了一匹马。她问伯曼自己是否可以拥有"查尔斯王"，米高梅公司决定将这匹马作为礼物送给她。（不过如果制片厂需要，她要同意借出这匹马。）从那以后，每当一部影片结束拍摄时，伊丽莎白就会期待——甚至是要求——制片人和导演送给她一些昂贵的、意义非凡的礼物，而她也常常能够得到这些礼物。

但是萨拉的严格束缚令伊丽莎白不胜其烦。她崇拜她的母亲，而且两人非常亲密，但是她最终还是不得不对这种亲密关系进行反抗。《玉女神驹》里伊丽莎白的替身玛格丽特·凯莉（Margaret Kelly）回忆到，她每次听到萨拉·泰勒大喊"哦，伊丽莎白，亲爱的，来吧！"时都会起鸡皮疙瘩，伊丽莎白也会温顺地回答："来了，亲爱的妈妈。"

伊丽莎白和理查德成长经历的差异带着一种奇怪的悖论：出身上流社会的伊丽莎白以演粗俗角色为乐，喜欢爆粗口、喜欢赢得打嗝比赛，她和搭档罗克·哈德森（Rock Hudson）在《巨人传》的片场十分沉迷于此。然而理查德，一个贫穷的矿工之子，却自视高贵。他一生中扮演了莎士比亚作品中的所有主要角色——哈尔王子、亨利五世、奥赛罗、伊阿古、哈姆雷特、彼特鲁乔——他被认为是藐视一切背信弃义的罗马人的高贵罗马勇士科利奥兰纳斯。他后来对肯尼斯·泰南说："我是威尔士矿工的儿子，人们会觉得我会非常高兴演大地之子——农民的角色，但是事实上，我更乐于演王子和国王……当我扮演工人阶级的角色时，我从来都不会真正感到舒服。"

另外一个对比是：伊丽莎白跟她父母在一起的时间很长。（实际上，萨拉·泰勒去世时已经90多岁了。）理查德则实际上几乎是个孤儿，由姐姐塞西莉亚·詹姆斯（Cecilia James）抚养长大，后来受到菲利普·伯顿（Philip Burton）的照顾——他是一名威尔士教师、剧作家，他让理查德跟自己姓伯顿。当理查德·伯顿在1957年得知父亲去世的消息时，从他嘴里蹦出来的第一句话竟然是："哪个父亲？"的确，伯顿至少可以对外宣称失去了两位父亲。

他的第一个父亲，当然也就是他的生父，是一个酒量很大的矿工，名叫理查德·詹金斯（Richard Jenkins），又名狄克·詹金斯（Dic Jenkins），被他的七个儿子和四个女儿称作"Dadi Ni"，这些孩子是——汤姆、艾法、塞西莉亚、威尔、大卫、凡尔登（名字来源于第一次世界大战中的那场著名战役）、希尔达、凯瑟琳、伊迪丝、理查德和格雷厄姆。伯顿原名理查德·沃尔特·詹金斯，跟他父亲同名，家人称呼他为"里奇"。理查德于1925年11月10日出生于南威尔士的庞什迪分，那是一个以采矿业和冶炼业为主的小镇。他在十三个兄弟姐妹中排行第十二（其中两个女孩在幼年时夭折）。他的母亲伊迪丝·托马斯（Edith Thomas）16岁就嫁给了詹金斯，以自己的心血和劳作把一大帮孩子拉扯长大，帮人洗衣服，自制自销糖果和不含酒精的啤酒，确保孩子们能吃好，自己还经常前往教堂。除了理查德最小的弟弟格雷厄姆外，其他所有兄弟都要在矿井里进行长时间的辛苦劳作。正如理查德的姐姐希尔达·詹金斯·欧文斯回忆的："狄克和伊迪丝在1901年至1927年间一共生下了七个男孩。他们像母亲一样个子很高，又像父亲那样结实强壮，前面的五个男孩跟他们的前辈们一样都下到矿井里去工作了。"

罗伯特·哈迪认识伯顿的几个兄弟姐妹，他称詹金斯一家都很"出色。他们中的每一个人都有着非凡的能力，那是一种古老的尊严。终生都是一名矿工的大哥托马斯身上非常真实地体现出这一点。他的脸上长满了蓝色的小斑点，是兄弟姐妹中最绅士、最高贵的人，很有魅力、很好相处"。然而他们很难对付。希尔达回忆道："要避免跟詹金斯的儿子们作对。"理查德自己必须在六个兄弟中赢得一片天地。他们有时候会一起走到当地一座桥的最高处，其高度令人恐惧，庞什迪分正是因这座桥得名的。伯顿回忆道："尽管我非常害怕，但是我还是做到了。毕竟，我要证明自己是詹金斯家族的合格一员。"

狄克·詹金斯经常从早上6点30分工作到晚上7点30分，一周工作六天，这意味着他只有在星期天可以看到阳光。伯顿的哥哥凡尔登在一次煤矿事故中失去了一只脚。除了长时间在矿井下工作，以及二十世纪二十年代到三十年代经历的极端贫穷之外，他们还面临着营养不良和肺结核病的双重威胁。庞什迪分的意思是"横跨两江渡口的大桥"，但是当地只有极少数的人能穿过这些河流去外面更广大的世界。[与伯顿同时期及他之后的年代中，走出去的威尔士人包括诗人狄兰·托马斯（Dylan Thomas）、剧作家埃姆林·威廉姆斯（Emlyn Williams）、流行歌手汤姆·琼斯（Tom Jones）、演员斯坦利·贝克、托马斯·欧文·琼斯（Thomas Owen Jones）和安东尼·霍普金斯（Anthony Hopkins）。]这个有着大约两千人的威尔士山谷主要有三类场所：煤矿、酒吧和教堂。在每个发薪日，当地的女人们总是习惯性地爬到矿山顶上，等着男人们从矿井中出现。这样，她们就能从男人手中抢下工资，以免他们去当地的酒吧把钱都花在喝酒上。

尽管如此，理查德——还有希尔达以及格雷厄姆——回顾他们早年的贫困生活时，仍然认为自己很快乐。格雷厄姆·詹金斯在回忆录《我的哥哥理查德·伯顿》（*Richard Burton, My Brother*）中写道："艰难度日的是我们的父母，而不是我们。我们食物充足并且能吃得津津有味。我们主要的食物是新鲜的鱼，每周能吃一次大餐，星期六我们还吃鸟蛤和熔岩面包——那是一大乐事。"事实上，伯顿对食物的要求从来都不高，也从来没有忘记熔岩面包和一道名为"siencyn"的菜的味道。熔岩面包是一道威尔士特色菜，将煮熟的海藻像"一块牛粪"那样倒进盘子里。"siencyn"是一道"美味的浓粥"，由炸面包、熏肉、奶酪做成，上面再倒上加了糖的茶。也许格雷厄姆在回忆中加入了太多的欢乐时光，其实正如另外一位编年史家所说的，伊迪丝·詹金斯常常"把两个鸡蛋淋在十四片面包上"给家人吃，"尤其是这些面包快要发霉的时候"。在威尔士黏糊糊的空气中，面包经常发霉。家里所有的食物都要就着加了糖的热茶吃下去。

在格雷厄姆回忆中，他父亲的酒量并不比其他矿工更大，而且在他喝酒的时候，既不凶也不打人。在其他人的回忆中，他们的父亲胃口很大，一个跟詹金斯一家一起在庞什迪分长大的矿工回忆道："狄克是一个非常温柔的人，从不伤人，但是他喝起酒来非常恐怖。虽然他身材矮小，只有5英尺2英寸，但是喝酒相当厉害！"这个村庄里到处都是小酒吧，诸如"手中鸟"、"橡树之心"、"野猪头"、"矿工之臂"、"英国雄狮"。那些酒吧里的"酒又多又便宜……在这个村子里只有两种生活方式。你要么去教堂，要么去酒吧。大部分矿工都会去酒吧，并且女人们也很理解他们，因为矿工的工作如同在地狱中一般。"

虽然仅仅5英尺2英寸高，但詹金斯仍然坚韧地过着艰难的生活。他充满自尊、辛勤劳动、非常聪明，满肚子都是故事，走路昂首阔步。由于在一次煤矿火灾中被烧伤，他不得不在家中由两个女儿照料。希尔达记得他把橄榄油抹在烧伤的胳膊上，然后将胳膊缠满绷带跟身体绑在一起，这样他根本就不能使用胳膊了——但是，这样并不能阻止他去酒吧。在酒吧里，他把一品脱苦啤酒直接倒进嘴里。一天晚上，在从酒吧回家的路上，他被一个仇家狠狠打了一顿，牙被打掉了，又被扔到一堵墙后面，直到第二天早上才被人发现。尽管如此,他还是活了下来。他像一块煤一样又黑又硬,在当地的酒吧里津津有味地重复着自己的故事,一直到八十多岁。

詹金斯对理查德的职业选择并不满意。是的,能出名、能挣钱都很不错,但是穿着戏服走来走去、化着妆、被女人欺负也很不错吗?又或者是由于詹金斯看到理查德闯出名声时并没有用自己原来的姓,而是用了别人的姓便心生嫉恨?

伊迪丝·詹金斯在生下最小的儿子格雷厄姆之后的第二年去世,年仅44岁。虽然理查德当时只有2岁,但他仍然宣称对他母亲记得很清楚。詹金斯将两个小儿子——格雷厄姆和理查德,一个婴儿和一个刚开始学走路的孩子——交给他们年长的已经结婚的兄姐抚养。格雷厄姆由汤姆和妻子凯西抚养,理查德则被交给了21岁的姐姐塞西莉亚。塞西莉亚已经结婚,住在塔尔伯特港附近。理查德在她的照顾下茁壮成长。

塞西莉亚是个有着一双绿眼睛和一头乌发的美貌动人的年轻女子,家里人都叫她希丝。对伯顿来说,她则是一个完美女性的典范。在伯顿的自传体短篇小说《圣诞故事》(*A Christmas Story*)里,他这样描绘他的姐姐:"不寻常的女人——但是对于我来说,任何女人都比不上她,我姐姐不比任何人差。"

> 当我母亲去世时,她,我的姐姐,就成了我的母亲……我为她感到无比自豪。我在她绿眼睛、黑头发、吉卜赛式的美丽的照耀下焕发光彩。她在工作时放声高歌,声音是如此纯净,以至于当地的男人们都说,她的每一颗牙齿中都有个铃铛,那是上帝赐予的礼物……她的天真达到了近似圣洁的程度,还经常为了别人的不幸哭泣。她觉得除她自己外的所有人都很悲惨。我曾经读过《骑士精神》(*Knights of chivalry*)这本书,我知道我有责任去保护她,超过其他所有人。直到三十年后,当我在另一个女人身上看见她的影子时,我才意识到我这一生都在寻找她。

这篇小说第一次发表于1965年,那是他和伊丽莎白开始婚外情的三年后。小说中明确说了他眼中另一个最像他姐姐的人就是伊丽莎白，又一位黑头发的吉卜赛式美女。如果说希比尔让他保持着威尔士式的生活和家庭，伊丽莎白则取代了她，代表着伯顿在少年时代交往过的那一类有着乌黑亮丽秀发的美丽女性。

希丝很宠爱她的弟弟，即使是几年后她生了两个女儿也依然如此。当2岁的理查德来到她家跟他们一起生活的时候，希丝和她那脾气暴躁的丈夫艾尔弗雷德·詹姆斯（Elfred James）刚刚结婚四个月。艾尔弗雷德常常对希丝投注到理查德身上的关怀和心血感到不满。格雷厄姆回忆道："他从来没有挨过打。"但是当艾尔弗雷德发脾气时，他必须躲起来。艾尔弗雷德经常抱怨："那个小男孩对什么都不满意。"格雷厄姆提到，他姐姐努力一碗水端平，但是"如果要在艾尔弗雷德和理查德之间选择的话，像往常一样，艾尔弗雷德会出局"。

希丝偏心的部分原因是她非常忠于自己的家族，但也因为理查德很有女人缘，这一点在他一生中都会得到证明。他很有魅力、很幽默、很机灵。他经常喜欢模仿，给希丝和她的整个家庭都带来了快乐，但显然不包括艾尔弗雷德。他喜欢在家中的客厅模仿当地的牧师布道。据格雷厄姆说，他"很快就发现了语言的力量——确切地说是威尔士语，在南威尔士，我们当地仍然忠于自己的母语"。

理查德直到6岁才开始说英语，但是自从开始去教堂做礼拜后，他就领略到了英语的优美。格雷厄姆回忆道："教堂是我们的另外一个世界。在那简单的建筑物里，我们自由宣泄着自己的情感。我们精力充沛地唱歌，热诚地祷告，怀着敬畏之心聆听关于道德审判的大声宣言。一位好的牧师是一个行动上的诗人。他能够将单词编织成一个具有净化心灵的力量的故事。"那些有可能成为演员的人在教堂里找到了自己称心的职业。在那里，作为一个牧师，他们能够沉迷于自己对于戏剧、语言和激情的所有爱好中。

哈迪注意到，伯顿"说着最完美的威尔士语，他来自于说着最浑厚、最深沉的威尔士语的地区——那是一种纯正的、古典的威尔士语。他非常迷恋这种语言"。伯顿从来没有失去对这种语言的热爱，他形容其为"一种奔放的、带着呼吸的、充满激情的、强有力的表达方式。我曾经听过用威尔士语朗诵莎士比亚的《麦克白》(Macbeth),被震撼得无以复加。"

威尔士语不仅优美,威尔士人的嗓音也同样很动听。威尔士有着非常悠久的、充满激情的合唱团传统。年轻人往往要通过激烈竞争才能赢得歌唱比赛。一个经常跟伯顿父亲一起喝酒的威尔士矿工布林·戴维斯(Byrn Davies)曾说过:"威尔士人在语言上的天赋是上帝赐予的可悲的礼物。他让我们所有人都有成为诗人的潜质,然后却又将我们埋葬在矿井里。"

格雷厄姆认为他哥哥也许会成为神职人员。在他的客厅"布道"中,理查德常常开玩笑般夸张地描述着地狱中的景象,但是从7岁开始,在星期天布道时,他和村里的其他男孩都会被邀请去诵读经文。理查德能够轻易记住《圣经》里很长的一段经文,并且在聚会上背诵出来。他的声音非常吸引人,他是个天生的演员。当理查德——当时他还叫里奇·詹金斯——到达法定年龄,并且有机会去塔尔伯特港的中学继续学习时,艾尔弗雷德坚决反对。他们已经争论过他的各种叛逆行为——里奇在8岁时抽烟,11岁时喝酒,15岁时跟女孩子约会——现在是时候让这个男孩去工作,赚钱维持生计了,哪怕希丝愿意出钱供他上学。但是理查德却是以给当地一家服装店当店员开始自己的职业生涯的,对于他来说,这既屈才又令人痛苦。

伯顿的老师之一梅雷迪斯·琼斯(Meredith Jones)是一位才华横溢、声如洪钟的威尔士男子。他当年作为一名"奖学金男孩"逃离了矿山,现在又来拯救伯顿了。他在德里分文法学校教过伯顿,并且发现了这个男孩的机敏和天赋,特别是在当地的剧院里表现得尤其明显。他鼓励并启发伯顿,使他能够有机会离开他讨厌的那项工作——在梅纳德先生的商务合作社里当服装店店员。此时比其他所有男孩子都大一两岁的理查德回到了塔尔伯特港中学完成他的学业。在那里,他遇到了——更准确地说是重逢——菲利普·伯顿,理查德将其视为自己的第二个父亲。

当理查德在文法学校学习的第一年,菲利普·伯顿教过他英语课,但是理查德并没有给他留下特别的印象,他对理查德严重的口音感到不满,还注意到"这个男孩长有粉刺"。理查德当时遭受着囊性痤疮的困扰,这在他的脸颊和后背上留下了疤痕,给他带来了难以磨灭的羞耻感。作为一个威尔士人,菲利普·伯顿通过自学,能说一口完美的英语。他是空军训练团的一名军官，还是当地一家剧院的导演和演员。除了教英语之外，他还为BBC的威尔士频道写作并表演广播剧。他身材臃肿、要求极高、衣着光鲜，并且有很高的修养。他也是一名同性恋者，虽然由于时间和地点的原因，他可能是独身，或者绝大多数时间都是独身。当菲利普·伯顿给理查德在本地的一出叫做《绞刑架的光荣》(*Gallows Glorious*)的戏中安排了一个角色时，他第一次意识到手中拥有了什么。在其写的一出名为《青年主管》(*Youth at the Helm*)的广播剧中，他让理查德演了另外一个角色。他们俩还前往加的夫去录制这个广播剧。格雷厄姆清楚地记得第一次在广播里听到他哥哥的表演："不需要肢体语言，他将全部精力集中在声音上。那是多么美妙的声音啊……我被这悦耳的、性感的威尔士式的威尔士语倾倒了，比你在北方听到的任何声音都更深沉、更有力。"理查德意识到了自己的影响力，还意识到在导师的指导下，他毫无疑问会迅速成长，他很清楚自己想当一名演员。

菲利普非常高兴有了一位新的继承人，他早年曾培养了另外一位威尔士演员托马斯·欧文·琼斯。后者赢得了一份奖学金，去著名的皇家戏剧艺术学院[Royal Academy of Dramatic Arts（RADA）]深造，但是他在第二次世界大战期间成为了一名战斗机飞行员，并且在不列颠空战中牺牲。从某种意义上说，理查德·詹金斯将取代陨落的托马斯·欧文·琼斯，如果有什么区别的话，那就是时年15岁的小詹金斯似乎更有天赋。正如格雷厄姆特别指出的："他有着勇士一般粗犷俊朗的外表，倔强的下巴和引人注目的蓝眼睛。他强壮并且充满智慧，还擅长表演。"（关于理查德的眼睛，有蓝色或绿色的不同描述。）

菲利普希望理查德可以接受额外辅导，但是希丝和艾尔弗雷德无法负担学费。没有其他的办法，菲利普建议理查德搬到他在塔尔伯特港租住的公寓，实际上是跟他一起合住，当然，这个老人仍将继续辅导他。

希丝一直为她天才的弟弟能有这样的机会而祈祷——但是心中还是有说不出口的担忧。其实詹金斯家族的其他人也有此担忧，菲利普是一个40多岁的单身汉，他们想知道他对这个15岁的男孩是否有什么其他的兴趣，但事实上，伯顿在康诺特大街的新住所是一个受人尊敬的家庭的一部分，家中有一位寡妇和两个女儿，这使得每个人都放下心来。因此，理查德搬来和伯顿同住，这项伟大的育人工程也开始了。菲利普每天花好几个小时训练理查德英语，教他莎士比亚作品、朗诵艺术和戏剧。他让理查德学会礼仪，不惜自掏腰包给理查德添置行头，比他此前给自己买的都要好。

理查德知道这是一条可以永远远离矿山的道路，要是他能够通过考试并且像自己的前辈托马斯·欧文·琼斯一样申请获得到皇家戏剧艺术学院学习的机会就好了。在此后的岁月里，他会说是他接纳了菲利普·伯顿的帮助，而不是其他的什么，尽管理查德肯定已经知道他的这位恩人爱上了他。很显然，那仅仅是单相思。

菲利普计划收养他的继承人。虽然从技术上来说，理查德已经快接近法定成年人的年龄，但是他仍然可以让这个年轻人成为他的被监护人，因此，菲利普·伯顿向詹金斯家族提出要当理查德的法定监护人。他解释说，这将在学业上和职业上为理查德铺平道路。他已经意识到，他可以让理查德参加英国皇家空军军官的培训计划，其中包括在牛津大学埃克塞特学院为期六个月的学习。牛津大学！这个煤矿工人的儿子只在梦中想过有这样的机会，但是成为菲利普·伯顿的养子就可以实现这一梦想。但是还需要获得理查德的生父狄克·詹金斯的许可，法定监护权才能实现。

理查德必须放弃家族姓氏而随菲利普·伯顿的姓。

仍然有一个问题。格雷厄姆回忆道，"无论跟他解释多少遍伯顿这个姓能给理查德带来好处"，父亲"都不能从心里接受理查德跟其他人姓。对他来说，这相当于放弃了一个与生俱来的权利。老一代的威尔士矿工都非常看重这种权利"。事实上，在詹金斯一生中，姓氏是他唯一可以传给七个儿子的东西。这是他所拥有的全部。

因此，当到了跟菲利普·伯顿在希尔达的房子里见面以履行最后的手续时，父亲却没有出现。他去"矿工之臂"酒吧里喝得酩酊大醉，用他自己这个屡试不爽的方式来回避这件看起来就好像是遗弃孩子的事情。理查德·沃尔特·詹金斯在1943年12月成为了理查德·伯顿，并且从那时候起，他把菲利普·伯顿视为他的父亲。多年之后，在由托尼·帕尔莫（Tony Palmer）拍的一部关于伯顿的名为《重获认可》（*in from the* cold）的纪录片中，乔·曼凯维奇谈到了伯顿放弃他父亲的姓氏这件事情："伯顿的悲剧是他不可能越过菲利普·伯顿去接近他真正的血统。"似乎，他唯一能够从他那好斗的生父那里继承的就是酗酒。

这单"魔鬼交易"收到了成效。1951年，伦敦非常有影响力的戏剧评论家肯·泰南（Ken Tynan）在评价伯顿时写道："……一个精明的威尔士男孩"在《亨利四世》（Henry IV）里饰演的哈尔王子"光芒万丈"。

在《花花公子》杂志（Playboy）的一次采访中，伯顿向泰南承认："在我遇到她之前，无论什么样的电影我都会接拍，仅仅是为了挣钱。后来，利兹让我认识到了我演的都是些什么样的垃圾。她让我去演了当时我并不想演的《雄霸天下》（Becket）——这部电影成了我职业生涯的转折点。她还让我去演了《哈姆雷特》。"这都是伊丽莎白的功劳，因为她希望看见理查德演一些有影响力的角色，而不仅仅是当好莱坞的赚钱机器。比如，理查德在哈尔·瓦利斯（Hal Wallis）根据让·阿努伊（Jean Anouilh）的戏剧改编的电影中饰演托马斯·贝克特，他的好友彼得·奥图尔（Peter O'Toole）①饰演了趾高气昂的年轻的亨利二世，伯顿发现自己并不仅仅只能伴随那些受人尊敬的戏剧天才——包括约翰·吉尔古德爵士和帕梅拉·布朗（Pamela Brown）——还可以跟一个酒量可以和他媲美的演员哥们儿搭档。虽然伯顿尽量克制自己不在片场喝酒，但是他和奥图尔常常会在中午停工并开始豪饮——午餐时喝葡萄酒和香槟酒，然后在一天的工作结束之后，他们就会去泡吧。在酒吧里，伯顿就转而喝烈酒了。

在这些愉快的"小远足"中泰勒都跟他们在一起，并且确保伯顿每天晚上都能安全地回到多切斯特酒店的套房中。在完成电影《一代情侣》之后，那里已经成为了他们半固定的居所。导演彼得·格伦维尔（Peter Glenville）对此非常宽容，部分原因是他的主演们开怀畅饮恰好能跟他们饰演的两个

---

① 彼得·奥图尔（1932—），出生于爱尔兰，在英格兰长大。1962年在其第二部电影《阿拉伯的劳伦斯》里出演主角，并以此片获得奥斯卡提名。自此之后，他成为家喻户晓的大明星，以刻画内心矛盾冲突的角色见长。他曾七次获奥斯卡奖提名，但始终未获肯定。2005年被授予奥斯卡终身成就奖。——译者注

角色之间放荡不羁的友谊相一致。除此之外，《雄霸天下》可以极好地表明理查德从伊丽莎白那里学到了哪些关于电影表演的内容。相对于戏剧化的、拿腔拿调的奥图尔，伯顿的冷静控制了整个银幕。他已经从伊丽莎白那里学习到了如何举重若轻、如何保持冷静。确实，他的表演非常有力、才华横溢、令人信服。奥图尔是在表演，而伯顿则是自然流露。他在本片中的绝佳表现一直被视为其最好的表演之一，汇聚了所有的元素——他的声音，他的控制力，他的感情深度，原著者阿努伊和编剧爱德华·安哈尔特（Edward Anhalt）写的含义丰富的对白从他舌间滚落时的轻而易举，还有他那风度翩翩的阳刚之气。理查德正在跨入他电影表演的伟大时期，这个巅峰时期始于《埃及艳后》和《雄霸天下》，并贯穿他接下来的好几部电影。

如果说泰勒影响了伯顿的电影表演，那么她也受到了自己这位声望正隆的情人的影响。说来也奇怪，这个粗鲁的矿工之子对这位娇宠的特权阶层的女儿产生了文明的影响。她开始操英国口音。虽然父母是美国人但她生于英格兰，她轻微的英国口音已经像一件设计师的礼服一样，可以随意地脱下或穿上。在伯顿影响下，她又开始拿腔拿调地说话了。尽管伯顿喜欢她的质朴，不过他并不太喜欢她那些粗俗的言语，并且他希望伊丽莎白的说话腔调能够柔和一些。那样做对于她来说更难：多年以前，伊丽莎白就通过说那四个字的脏话而获得一种解脱感——这是她为了打破赞美话语对她的禁锢而进行的反抗。在哥伦比亚广播公司（CBS）的特别节目《伊丽莎白·泰勒在伦敦》（*Elizabeth Taylor in London*）中，她重新操起了英国口音，她在片中充当导游，而当时伯顿正忙于拍摄《雄霸天下》。另外一项纪录被打破了：伊丽莎白通过拍摄此片获得了50万美元的报酬。这也加强了她与这个她出生的国度之间的联系。伯顿也将会设法加强他的联系，不过不是跟英格兰之间的，而是跟威尔士之间的。

在影片杀青之后，伯顿回到了塔尔伯特港和庞什迪分，伊丽莎白陪伴在他左右。这是一种冒险的行为：他知道他的整个家族——包括菲利普·伯顿和希丝在内——都站在希比尔的一边。希比尔是他们中间的一员，他们很喜欢她。但是即使伯顿与这个臭名昭著的好莱坞公主——用埃姆林·威廉姆斯的话说，这个"三流的歌舞团女孩"——交往让他们犯难，他们也都因为太过高傲而没有表现出来。"让她为自己说句话"似乎已经成了占主导的态度。6月中旬，他们俩从伦敦开着一辆劳斯莱斯来到庞什迪分，径直向一栋很大的两层楼房驶去，这是伯顿在亚伯拉昂为希丝和艾尔弗雷德·詹姆斯购买的。希丝在主楼层给伯顿留了一间卧室，以便他偶尔回威尔士时居住。

因为这对重要人物的到来，希丝准备了伯顿最喜欢吃的炒蛋、热茶和熔岩面包。他们吃得非常高兴，然后，伯顿去当地的酒吧见一些老朋友，让这两个女人单独待在一起。令人惊讶的是，她们俩立刻粘在了一起。她们受的教育和家庭环境都完全不同，伊丽莎白有着真挚的热情，并且当她想取悦别人时，她就能让人倾倒。她让希丝给她讲伯顿的童年，还有他少年时代在橄榄球场上的胜利，以及他在学业上的成就。伯顿回来后，急匆匆地把伊丽莎白带去酒吧见他的哥们儿，在那里，她更受欢迎。这些坐在昏暗酒吧里的矿工久经历练，他们一眼就看出了伊丽莎白的贵族气质。不过她既没有同这些人喝酒，也没有附和他们的笑话，更没有跟他们打成一片。后来，伯顿给伊丽莎白买了晚饭（牛肉和腰子做的饼），并且带她去骑6便士一次的旋转木马。她来到了天堂。对于一个从小在充满艺术和古董气息的乡村庄园里长大，并且从10岁开始就没有过普通人生活的女人来说，这是她的名气、她的美貌、她的财富都无法带来的东西。这才是真实的生活。

被《埃及艳后》弄得筋疲力尽之后，泰勒将她的电影事业搁置了两年。她高高兴兴地暂时停止了工作，享受着跟伯顿在一起的时光。当看到伯顿的演艺事业开始起飞的时候，泰勒无比自豪。伯顿的下一部电影将会给他带来又一个伟大的角色和又一个展示演技的机会：田纳西·威廉斯的《巫山风雨夜》(The Night of the Iguana)，由约翰·休斯顿（John Huston）执导，在墨西哥拍摄。影片的演员阵容非常有吸引力，包括人到中年却仍然美丽如故的艾娃·加德纳（Ava Gardner）、优雅的英国女演员黛博拉·蔻儿（Deborah Kerr）和年轻的苏·里昂（Sue Lyon）——她上一年刚刚在斯坦利·库布里克（Stanley Kubrick）导演的影片《洛丽塔》(Lolita)中完成了自己的首秀。

在伊丽莎白于田纳西·威廉斯的《朱门巧妇》中饰演了玛姬一角五年

之后，电影业有了显著改变，审查制度如影随形。伊丽莎白回忆起这段经历时说："难以相信，当影片中有任何涉及性的内容时，我们会面临多么严格的审查。不仅仅是同性恋的内容要被屏蔽掉，异性之间的性行为也几乎受到同样多的限制。"一天，当她在镜头前试镜时，"检查员"出现了。"当一个BI（那是一个胸部检查员，如果你能相信的话）出现时，他看了我一眼，然后叫人搬来一架梯子。他爬上了梯子，仔细向下端详，然后宣布我需要穿一个领口高一点的裙子，因为胸部露得太多。"服装师海伦·罗斯（Helen Rose）不得不用一枚胸针将伊丽莎白的上衣别上，但是胸部检查员一离开，她就将胸针扯了下来。她知道什么在镜头里（和镜头外）看起来更漂亮。

在对性的表现上，《巫山风雨夜》比《朱门巧妇》更直白一些，内容包括一个对男性很饥渴的旅馆老板娘在小屋里和男孩子们寻欢作乐，以及一位嗜酒的神父被迷人的少女诱惑。伯顿饰演那个孤独凄凉的、被免职的神父，在酒精的泥潭中越陷越深、无法自拔，直到他在两个女人的帮助下获得救赎：一个是精神上的（黛博拉·蔻儿），另一个是肉体上的（艾娃·加德纳）。这是纯粹的田纳西·威廉斯的风格——强烈的抒情、敏锐的洞察力和充满智慧的对白，在约翰·休斯顿（他恶作剧般地给了伯顿一把镀金小手枪和几颗用每一个主要演员的名字命名的子弹）老道的执导下，所有的这些都在墨西哥的阳光下得到充分表现。伊丽莎白在该片中没有角色，虽然她曾跟艾娃·加德纳展开激烈竞争，想演这个开着一家旅馆的性饥渴的善良角色，片中大多数场景都在旅馆中得以展现。尽管如此，她还是陪伯顿来到了墨西哥的巴亚尔塔港。有人认为她是为了监视伯顿，因为在他身边围绕着三种不同类型的美女：性感的（里昂）、优雅的（蔻儿）和成熟的（加德纳）。另外，当地还有很多妖冶的女郎。

休斯顿的朋友兼助理、女演员埃洛伊塞·哈特（Eloise Hardt）也在现场，她形容当时的情形为"像世外桃源一样。在炎热天气和疾病的困扰下，每个人都很烦躁。蝎子和蜥蜴在床上跳来跳去。你永远不知道自己是否会被某种东西咬到，或被困在暴风雨里。到处都充斥着这种情绪和意识……那是很荒谬的。如果你想心情愉悦，那就去海滨听惊涛拍岸。即使你没有意识到，你的身体也会感觉到空气中充满了原始气息。"

实际上，艾娃·加德纳那大胆肉感的美，强烈的性欲以及像男人一样喝酒的举动给伊丽莎白带来了极大的威胁。艾娃和伊丽莎白惊人地相似：都是被好莱坞制片厂养大的温室花朵，她们的婚姻和情感都广为人知，并且，正如加德纳最新的一本传记中指出的，由于在独特的环境中长大，她们都"不适应普通人的生活"。实际上，全体演员和工作人员都注意到理查德和艾娃之间有着某种互相吸引的气场，在理查德出现时，艾娃是多么的活跃，他们似乎在交换着多么富有意味的眼神。媒体不仅仅在报道着偏远的墨西哥村庄里一众世界上最伟大的天才和风云人物，他们还正在等待着——或者说希望着？——在艾娃·加德纳危险的肩膀上，伯顿和泰勒那场浮夸的恋情会告吹。因此，尤其当理查德跟艾娃演对手戏时，伊丽莎白就会出现在现场，身着紧身短衫、紧身休闲裤，当然还佩戴着炫目的珠宝站在摄影机镜头之外。

但是理查德的弟弟格雷厄姆觉得伊丽莎白去墨西哥是另有原因。

格雷厄姆·詹金斯回忆道："她想陪着理查德，也希望通过表明他的职业生涯是她最在乎的事，帮助他克服自卑感。伊丽莎白很清楚理查德对那些低级的嘲讽有多么敏感。在公共场合他开玩笑地谈起自己在两人关系中地位低下……但是在私下里，他对那些称呼他为'克莉奥佩特拉先生'的记者非常愤怒，让人害怕。"有时候，他会对伊丽莎白撒气，取笑她的"米高梅学历"，挑衅性地让她念莎士比亚作品中的任何一句台词，而他则可以背出剩下的内容。当然，她除了"生存还是毁灭"之外一句都说不出来。伊丽莎白经常很享受他发怒时的"壮观"景象，但并不总是这样。詹金斯描述了一个这样的场景：最后伊丽莎白站起身来准备离开房间，又停下来警告理查德说："亲爱的，你该更小心点。总有一天你除了伤害自己以外，还会伤害更多的人。"

詹金斯注意到："当她离开房间后，理查德差一点哭了出来。"

尽管两人之间的口角不断升级，但对理查德和伊丽莎白来说，在墨西哥的时光将是一个黄金时期，他们之间本不稳定的爱情关系变得更加深刻、丰富。正如詹金斯观察到的：

> 在墨西哥……理查德发现了他是多么需要她……他对伊丽莎白彻底投降了。一旦他接受了这点，这种纯粹的快乐就蔓延到了他生活的每个部分。当然，争吵仍然有。对这样两个情绪变化无常的人来说，这点不可能有任何改变。但是，从更广的角度来看，我能看到通过对伊丽莎白的爱，理查德至少开始了解他自己的性格了，这反而给了他此前从未有过的满足感。

毋庸置疑，这个地方本身的魅力促使了他们之间的关系得以加深。当时，巴亚尔塔港还是班德拉斯湾一个寂静的渔村，四周被郁郁葱葱的陡峭山峰和漫长空旷的海滩环绕着。现在它已经成为一个繁华的旅游小镇——很大部分要归功于伊丽莎白和理查德的出现——但是如果他们希望将这个偏僻的地方变成一个远离狗仔队和公众视线的安全区，那他们就要失望了。1963年9月22日，当他们第一次飞抵墨西哥城时，就被蜂拥而上的人群包围了。

在把伊丽莎白的两个儿子送进加利福尼亚州的一所寄宿学校，并暂时将玛丽亚安置在伦敦，对她的髋关节畸形进行进一步手术后，他们带着7岁的丽莎·托德抵达这里。如往常一样，他们陷入了无论到哪儿都会围过来的混乱人群中。当伊丽莎白看到一大群人在等着她时，有点惊慌失措。而当一个戴着墨西哥宽草帽、屁股兜上揣着枪的男人穿过人群抓住他们的时候，他们俩都惊慌失措起来。这个名叫埃米利奥·费尔南德斯（Emilio Fernandez）的男人其实是当地的一名演员兼制片人，约翰·休斯顿雇他来把这对著名的情侣带到安全地带。据报道，在得知这一切之前，理查德大喊着："让这个疯子离开飞机，否则我要杀了他。"在像崇拜披头士一样的狂热气氛中，人们涌上去围住了他们；他们把丽莎举在头上，迅速把她带到安全地带。在穿过人群之前，伊丽莎白在喧闹拥挤的人群中丢失了鞋子和钱包。然而折磨仍在继续。

约翰·休斯顿在1980年出版的回忆录中写道，当他们最终到达一个茂密的丛林时——那里将是《巫山风雨夜》的拍摄地——"现场的记者比鬣蜥还要多"。他们来自世界各地，聚集在这个寂静的小渔村周围，就是为了等待"开拍的伟大时刻"。当然，他们到那里实际上是为了见证伯顿和泰勒之间的浪漫情节剧如何继续发展。毕竟，他们正臭名昭著地同居在一起，事实上还跟其他人保持着婚姻关系。1963年，还发生了一件令人震惊的事，但是公众无法得到足够的信息。

希比尔回到了纽约的新居。当理查德前往墨西哥之前拒绝去看她和两个孩子时，希比尔最终放弃了任何和解的希望。他已经向伊丽莎白的律师艾伦·弗罗施（Aaron Frosch）咨询过关于可能的财产分割问题，包括向希比尔的瑞士银行账户中存入100万美元，每年还要存入50万美元，一共持续十年。1963年12月5日，希比尔与伯顿最终宣布离婚，理由是"被抛弃，受到了残酷的、不近人情的对待"。伯顿终于获得了自由身，可以娶伊丽莎白了。伊丽莎白认为他与希比尔离婚是她收到的"最好的圣诞礼物"，但是伊丽莎白仍然没有获得自由身。

为了争取更大的利益，艾迪·费舍尔一直拖延着不愿在最终的离婚协议书上签字。伊丽莎白想留下格施塔德的小屋，那是费舍尔花了35万美元买下来送给她的，而且她还想拥有他送给她的所有珠宝，以及她送给费舍尔当生日礼物的那辆深绿色劳斯莱斯汽车。更为复杂的是，伊丽莎白和费舍尔成立了一个制片公司——MCL电影公司，目的是为了让伊丽莎白摆脱米高梅公司的控制，将她借给二十世纪福克斯公司拍《埃及艳后》。她坚持要拥有MCL电影公司获得的所有利润。

伊丽莎白最终同意放弃一部分利益，以此为交换与费舍尔达成不在"公开场合让她难堪"的协议（她已经被他在夜总会中加演的"克莉奥佩特拉，尼罗河欲女"节目激怒了）。他同意了，而这也是他直到1981年才出版第一部回忆录的原因之一。在玛丽亚的认养协议上费舍尔的名字也是争议之一。泰勒希望用伯顿的名字取代，而费舍尔坚持保留他与丽莎·托德的合法关系之后才同意，因为他把丽莎看做是他与故去的良师益友迈克尔·托德之间仅剩的纽带。伊丽莎白得到了她想要的：她设法让德国当局相信，首先，艾迪从来都不是玛丽亚的养父（虽然他已经签署了领养协议），并且她一直是唯一的收养人。不过话又说回来，谁能拒绝伊丽莎白呢？

泰勒的第二任丈夫——同时也是她两个儿子的父亲——迈克尔·威尔

丁作为理查德的代理人陪她一起去了巴亚尔塔港。威尔丁能为他前妻的现任情人工作也许要归功于他的好脾气,以及他们之间心平气和的离婚。

耀眼的阳光和松石绿色的大海让两人心情大好,他们先租了一栋名为卡萨金伯利的四层白色水泥外墙别墅,外加10英亩的沙滩,后来他们将其买下。"地球上没有比这儿更美妙的地方了,但是不要来,因为你会破坏它。"伯顿如此描述他们新发现的这片乐土。也许这是从在英国的童年时期开始,伊丽莎白第一次有了家的感觉。她喜欢这里炎热的天气、喜欢这片葱茏茂密的绿色丛林,喜欢早上飞过阳台的颜色鲜艳的金刚鹦鹉。她买了一艘名叫"威尔士佬"的蓝色汽艇,乘坐它穿过班德拉斯湾到片场,在游艇边缘摇摇晃晃地俯瞰整个海湾。她接来了她的秘书、司机和厨师,从村里雇了两个女佣,还雇了一个已退休的自动售货机修理工做伯顿的按摩师。她很高兴在巴亚尔塔港安顿下来,在片场也几乎无处不在,她简直已经成了工作人员的一部分了。为了给自己保留一点私密空间,以便继续如饥似渴地读书,伯顿又买了一栋别墅,并且模仿威尼斯的叹息桥建了座连接两栋别墅的桥。

为了给丽莎·托德做伴,玛丽亚很快来到了巴亚尔塔港的家中。丽莎——一个非常漂亮的孩子——在没有接受正规教育的情况下逐渐长大,在7岁时仍然不识字。伊丽莎白试着用买来的启蒙读本教她,但是成效不大,因为她自己的心思都在理查德身上,大量时间都在片场和各种各样的酒吧里陪着他。因此他们雇佣了一个住在家里的20岁的家庭老师,名叫保罗·内莎姆金(Paul Neshamkin)。在姬蒂·凯莉(Kitty Kelley)1981年写的传记《伊丽莎白·泰勒:最后的明星》(*Elizabeth Taylor: The Last Star*)中,内莎姆金告诉她:"我曾经一整天都陪着孩子们,晚上还要取悦伯顿夫妇……我每晚都跟他们喝酒,一直喝到凌晨4点。"他回忆道:"我们开始喝酒、聊天、朗诵诗歌,当然,还争论犹太人与新教徒之间的对立。"学校放假时,迈克尔和克里斯托弗会回家跟他们团聚,人们会看到在村里的饭馆里理查德和伊丽莎白全家人一起进餐。

不管伊丽莎白的孩子们是否陪伴左右,理查德都继续与酒精危险地共舞。他喝得太多,以至于连酒量很大的约翰·休斯顿都直摇头。伊丽莎白继续当他的酒伴。有一次，在连续喝了五个小时之后，伊丽莎白告诉一个记者："理查德会在生活中体验他的每一个角色。在这部电影里，他是一个酒鬼、一个胡子拉碴的流浪汉，这就能解释他为什么是现在这个样子，不停喝酒。"

好莱坞小说《萨米如何飞黄腾达》（*What Makes Sammy Run*）的作者、《码头风云》（*On the Waterfront*）和《拳击场黑幕》（*The Harder They Fall*）的编剧巴德·舒尔伯格（Budd Schulberg）也在片场，跟好友艾娃·加德纳在一起。朋友、曾经的和现在的恋人，还有各界名人都源源不断涌至米斯马洛亚海滩，包括黛博拉·蔻儿的新任丈夫、编剧彼得·维尔特尔（Peter Viertel），他曾在拍摄《太阳照常升起》（*The Sun Also Rises*）时与加德纳传过绯闻，他也是以约翰·休斯顿为原型的影片《黑心猎人》（*White Hunter Black Heart*）的编剧。（维尔特尔当时已经与巴德·舒尔伯格的前妻结婚了。）田纳西·威廉斯也跟当时的同性爱人带着狮子狗吉吉来了，很快他就跟他的长期伙伴弗兰克·梅洛（Frank Merlo）在一起了（田纳西·威廉斯深情地称其为"小马"）。这个粗俗又斯文的南方编剧大部分时间都戴着泳帽跟伯顿和泰勒一起游泳，像一个湿漉漉的海豹一样在片场下的小海湾中快速游动。该片场在一个可以俯瞰海湾的峭壁上匆忙建立起来。这是一次演员、编剧、制片人、马屁精和酒鬼们的特别聚会。

舒尔伯格回忆道："每个人都喝了很多。理查德沉溺其中，休斯顿也是。艾娃——是的，她也非常棒。有几个晚上我都与理查德待在一起。大概凌晨3点多钟，他喝醉了，想聊聊狄兰·托马斯，或者聊聊——他是一个铁杆拳击迷。我们一直在聊那些拳击比赛。伊丽莎白总是很生气地穿着睡衣到处找他，大声呵斥道：'你知道你在做什么吗？你早上还要工作！'他们一直都过得很愉快。那是一个很快乐的团队。你无法相信他们是在拍电影。"

在众多报道电影拍摄情况的记者中，好莱坞老牌记者詹姆斯·培根（James Bacon）是其中一员。培根可以跟伯顿和伊丽莎白一起在片场自由漫步，经常陪他们喝一下午酒。培根在报道伊丽莎白时，带着某种尊崇的惊异："她比我认识的任何男人都能喝，包括伯顿。"据他回忆，一天晚上，伯顿没喝酒——这挺奇怪，直到泰勒嘲讽他道："理查德，来喝一杯吧。你不喝酒的时候显得如此沉闷。"她很明显触及了一个敏感话题——伯顿一直生活在这样一种恐惧中——"厌烦了每个人开的玩笑。当我不喝酒，完全清醒的时候，我觉得我应该属于一个大学城，在那里教邋遢的小男孩们文学和戏剧"。培根记得那个晚上他目睹伯顿连续喝下了二十三瓶龙舌兰酒，"还接着喝了几瓶墨西哥卡塔布兰卡啤酒"。

如果说绝大多数美国媒体都讨好他们，对这对著名情侣生活中的任何细枝末节都感兴趣，那么，墨西哥媒体则表达了他们的愤怒。在一篇社论中，《永久报》（*Siempre*）呼吁撵走《巫山风雨夜》剧组的所有工作人员和演员，抱怨"这些美国垃圾的性乱、酗酒、毒品、堕落和兽性"。当地的天主教会也打破了沉默，抗议伊丽莎白·泰勒来巴亚尔塔港，因为她与理查德·伯顿"生活在罪恶之中"。

然而到目前为止，这对情侣都完全没有受到媒体的影响。伊丽莎白在片场对理查德关爱备至，一遍又一遍给他梳头发。（有时候，理查德会被她不断地献殷勤惹得不耐烦，只能将一大罐啤酒倒在自己脑袋上。）当不在片场，也没跟伯顿一起泡吧时，伊丽莎白会懒洋洋地躺在沙滩上，在比基尼外面罩着一件绿白相间的墨西哥直筒式连衣裙，脚上穿着镶有金色和松石绿珠子的凉鞋。还有一次，她穿着比基尼、露出丰满的胸部、戴着非常漂亮的珍珠红宝石戒指就出现了。她说那戒指是印度尼西亚国王送的。伯顿非常开心，抓住这个机会顽皮地称她看起来就像个"法国妓女"。她这种骇人的大胆展示——那是与生俱来的天赋和给男人们的礼物——只使她在伯顿眼中变得更加美好、更加特别、更加可爱。难怪伯顿用"海洋"来形容她那强烈的、压倒一切的存在感。

1971年，伯顿在给《时尚》杂志（*Vogue*）写的一篇名为《无畏的旅行者》（*Dauntless Travelers*）的文章里回忆起他在墨西哥的日子，表达了当时极度愉快的心情。他用他典型的铺排风格写道：

......我们生活的这条街是一个品位卓越的天才创造出来的充满魔力的场所，它有着无穷无尽的乐趣，刷着蓝色和赤褐色颜料，闪耀着白色和灰褐色的光,而且还有驮着货物的驴子和骑着马下山回家睡觉的人。如果有人定时给我送点吃的喝的,并且有娇妻陪伴,那么我就能一直坐在那里,再多逗留大概四十年,但上帝知道谁都活不了那么长。

他描述了这样的一天,在一只象宝宝的带领下,一个巡回马戏团拖着长长的队伍走过"百日桥"(Bridge of a Hundred Days)。当伯顿第一眼在卡萨金伯利的阳台上瞟到它时,还不相信自己的眼睛,直到他听到"令人兴奋的音乐声喷薄而出,孩子们高兴得(流泪)"。虽然当天对巴亚尔塔港来说都热得很罕见,但伊丽莎白仍然想去看热闹,当然,伯顿也不会拒绝她。他们一出现在这个脏兮兮的城市广场上观看马戏团表演(除了高空走钢丝之外的所有表演——伯顿有恐高症),主持人就在村民中发现了他们。伯顿用洋泾浜西班牙语写道,那主持人大叫:"tenemous sta noche los muy famosas actors del mondo。"① "在这种情况下你能怎么做?我的妻子走到场地中央,没有表现出任何明显的不安,被一个她从未见过的墨西哥男人扔飞刀。"飞刀离她那张著名的脸只有头发丝那样近的距离。就像一个盯着执行枪决的行刑队看的勇敢者一样,她几乎没有眨眼。而现在,她已经习惯了在公共场合人们向她扔飞刀的情景。当轮到伯顿被固定在板子上,他们让他侧过身,在他嘴里和两只手上各塞了一只气球。那个飞刀手亚历杭德罗·富恩斯特(Alejandro Fuentes)成功刺穿了这些气球,留下伯顿的侧面轮廓,场下掌声雷动。伯顿写道:"简言之,我看起来就像个白痴。飞刀准确地击中了目标——三个击中气球,还有两个在我脑袋两边。"

当天晚些时候,理查德和伊丽莎白跟邻居——美国演员菲尔·奥博(Phil Ober)和他的妻子简一起坐在阳台上看着这个不大却灯火辉煌的小镇。提及白天的事,伊丽莎白说:"我们必须改变我们的想法。"后来,熄灯前躺在床上时,她又说:"啊,好吧,新的一天,新的故事。"这对他们俩在一起过的马戏团一样的生活是一个奇妙的比喻:被展览,受到人们的欢呼,

---

① 西班牙语,大意为:今晚有两位大明星将出现在现场。——编者注

而与此同时，专业飞刀手则将短剑扔向他们，离他们的脑袋差之毫厘。

在38岁生日的前一天，理查德·伯顿已经开始与艾娃·加德纳提前喝酒庆祝，艾娃送给他一瓶五分之一加仑的威士忌作为礼物。那是早上9点半，米斯马洛亚还不是很热。伯顿在他的化妆间里侃侃而谈，朗诵诗歌，然后回忆起他的父亲——他的第一个父亲，也就是那个当矿工的生父。伊丽莎白尚未来到片场。

"我父亲从来不会说自己喝醉了。"伯顿对性感的艾娃·加德纳和来探班的记者约瑟夫·罗迪（Joseph Roddy）说，后者后来把这件事写了出来。伯顿笑着说："我父亲说过他是一个酒量很大的人。"伯顿描述了他父亲在发薪日如何从矿井里升上来——老詹金斯管这天叫"抉择之日"，因为他要决定是应该先去赛狗场还是先去小酒馆。几天以后他才会再次出现，对他的十一个孩子道歉。伯顿绘声绘色地学道："我…非…常…抱…歉……上周五之前，有很短的那么一瞬间，我差点就直接走回家了。"伯顿喜欢讲这个故事，把他父亲这一不负责任的举动当成一个很好的笑话。

伯顿还喜欢讲另一个关于他父亲的故事，让听故事的人乐不可支。一天晚上，怀着在赛狗比赛中大赚一笔的梦想，他父亲回到家中，用绳子牵着一条牙都掉光了的老卷毛狗。他指着那条还在喘气的狗说："孩子们，我们的麻烦都结束了！"但是令人难以解释的是，在伯顿简单的生日派对上，伯顿口中的狄克·詹金斯又表现出了另一面。很明显，伯顿仍然非常尊重他那个让人失望的父亲，不管怎么样，他父亲仍然活了81岁。伯顿经常开玩笑说他父亲几乎没看过他演的电影，因为"从家到电影院的路上有太多的酒吧"。然而，伯顿知道，他对诗歌的热爱和他的好嗓子都来自他父亲。

伯顿告诉艾娃·加德纳："我父亲能把一首写得很差的诗用一种优美的语调念出来。"随后就开始示范着朗诵了几段诗。

"你确实得到了你父亲的真传。"她回答道。

"啊，亲爱的，但是你真应该听听我父亲读诗。"

"我想我刚才已经听到了。"

对这对父子来说，酒精会让诗歌的灵感突然爆发。伯顿讲述了他从学校里把书带回家后，他父亲是如何如饥似渴地读了起来，边读边熟记读到的诗。"他从来就不是一个会简短表达的人。"伯顿回忆起父亲第一次跟他解释太阳时,是在解释"哥白尼学说和以太阳为中心的宇宙观之间的二分法"。他还谈起他跟父亲曾讨论过谁是第一次世界大战中最勇敢的诗人,"他在酒吧里得出答案。'不是艾伦·西格(Alan Seeger),不是鲁伯特·布鲁克(Rupert Brooke),不是威尔弗雷德·欧文(Wilfred Owen)。不,孩子,他们都不是。一战中最勇敢的诗人是《J·阿尔弗瑞德·普鲁弗洛克的情歌》(The Love Song of J.Alfred Prufrock)的作者T. S. 艾略特先生(Thomas Stearns Eliot)。在那场血腥的战争中最血腥的时刻,艾略特先生写道,他已经用咖啡勺量出了他生命的长度。那才是我所说的勇气。'"

长期以来,人们一直都认为是理查德的养父菲利普·伯顿将其引入了诗歌领域——英语诗和威尔士语诗——并且发掘了他这方面的才能。然而伯顿爱读诗、爱讲故事、爱喝酒,这些一直都遗传自他的生父,而且随着年龄日渐增长,伯顿对父亲的记忆固化成了一系列悲喜剧般的轶事以及残存下来的关于这份天赋或恩情的片段。

尽管天气炎热,尽管有很多记者和蝎子,尽管恙螨咬伤了伊丽莎白的脚(因为她到哪儿都穿着那双镶有金色和松石绿珠子的凉鞋),但是他们在巴亚尔塔港的日子却过得非常非常开心。某种模式似乎已经成形。伊丽莎白用她的明星力量帮助理查德得到全世界的称赞,她知道那是他应得的,并且确保他只会出演最好的作品:类似《雄霸天下》和《巫山风雨夜》——因为这是田纳西·威廉斯的作品,他是美国当世最棒的剧作家——以及百老汇名作《哈姆雷特》。他们要向世界证明,他们不是玷污美国电影的奸夫淫妇,而是最高水平的艺术家,并且他们属于一个普通人的行为规范不再适用的领域。他们现在已经超越了世俗道德的范畴。

如果有可能,他们再也不想让彼此离开对方的视线。他们都经历了太多,无法让他们那四面楚歌的爱情消亡,他们对彼此的感情没有任何减弱的迹象。伊丽莎白知道理查德"爱我的身材——我的身体对他有吸引力。他挑逗我,但是我知道他爱我的身体。我喜欢被理查德赞美。这种赞美对我至关重要。我能感觉到被人爱慕、被人崇拜"。

而伊丽莎白施诸伯顿的影响力让他颤抖。他用"陶醉"一词来形容,

"陶醉于她的肉体和狡黠"。当他这样说的时候，他肯定是喝醉了，但是他最亲密的朋友知道，他只有在清醒的时候才撒谎。在给家人的信中，伯顿跟弟弟格雷厄姆谈及了他的幸福和他与伊丽莎白的亲密关系。

詹金斯在他的回忆录里说："我错就错在，相信这种关系会一直持续下去，直到永远。"

第四章　不再结婚

"你是他们见过的人中独一无二的。
你就是莎士比亚风格的弗兰克·辛纳特拉①。"
——伊丽莎白·泰勒对理查德·伯顿说

"我说,我们以后再也不要结婚了。"
——理查德·伯顿引用莎士比亚的原话

伊丽莎白·泰勒心甘情愿退居幕后,让理查德·伯顿成为焦点。这不是她第一次声称首先要做一个妻子,其次才是当一名演员。在与迈克尔·威尔丁结婚后,她就曾因为自己是家庭的主要经济支柱而大为不满。与托德婚后,她曾公开宣布:"迈克尔和我想要许多孩子。我认为,对女人来说,当母亲比当演员重要得多。"泰勒也曾经通过领养一个孩子来使得她和艾迪·费舍尔的婚姻更加神圣。现在,最重要的是,她想让伯顿开心。她能想象得到,如果伯顿被人称作"泰勒先生"甚至更糟糕的"克莉奥佩特拉先生"时的愤怒。依然有批评家对伯顿脱离戏剧表演而倍感失望,而如果他继续从事戏剧表演,奥利弗和吉尔古德等人的桂冠将会被永久戴在伯顿

---

① 弗兰克·辛纳特拉(Frank Sinatra,1915—1998),美国著名歌手、影星,被《时代》誉为二十世纪最具影响力的艺术家之一。——译者注

头上。泰勒知道有批评家把这一切都归咎于她。他们必须闭嘴。

早在1963年,制作一版由伯顿主演、吉尔古德执导的新《哈姆雷特》的计划就已经提上日程了,那时伯顿已经和吉尔古德一起主演了影片《雄霸天下》。1953年至1954年间,伯顿已经在爱丁堡和伦敦的老维克剧院饰演过哈姆雷特。有人抱怨他经常脱离台词,把莎翁写的诗扔在一边——对像伯顿这样一个全身心奉献给诗歌的人来说,这是令人意外的。在伯顿眼中,吉尔古德在伦敦老维克剧院饰演的哈姆雷特是他一生中所见过的最伟大的表演版本,而能够在由吉尔古德执导的剧中出演这一曾经由吉尔古德本人塑造过的完美角色,确实像是在不经意间完成了一次接力。毕竟,是吉尔古德帮助伯顿开始了舞台生涯,并在他自己执导的克里斯托弗·弗莱(Christopher Fry)①的三部戏剧——《这个女人烧不得》(*The Lady's Not for Burning*)、《马车少年》(*The Boy with a Cart*)、《凤凰常来》(*A Phoenix Too Frequent*)中给伯顿分派了角色,这几部戏剧在早期为伯顿赢得了极高的评价。吉尔古德对伯顿在《马车少年》中的表演评论说:"他非常棒……受到了评论界的高度赞扬。"1967年,在肯尼斯·泰南对他所做的一次采访中,伯顿说:"我永远无法报答吉尔古德的恩情。他让我出演《这个女人烧不得》和《马车少年》,使我在不经意间成为了一个能演主角的演员。"

唯一的问题在于,伯顿并不是特别想回到舞台上。他和吉尔古德都认为戏剧应该在小剧场演出,并穿现代服装,就像吉尔古德在一个表演说明中解释的:"这样语言和意象的美感才会无障碍地闪耀出光芒。"这种观点认为演出将会采取跟最后一次彩排一样的形式,在彩排的时候,演员们是不用穿演出服的,服装都被卷起来放在某个地方。伯顿将会穿黑裤子和黑毛衣演出。尽管如此,伯顿还是犹豫了。实际上,他是感到害怕。

伯顿只用了两年时间就完成了从扮演亚瑟王到在《埃及艳后》中穿上罗马将军马克·安东尼的铠甲的过程,但是他害怕公众正等着评判他,热切地希望看到他失败。在这背后,是他对于现场表演的极度恐惧,而他从未真正克服这一恐惧,或许是因为他不喜欢在表演时被触碰而引起的过度

---

① 克里斯托弗·弗莱(1907—2005),英国剧作家,擅长写诗剧。——译者注

紧张。泰南说伯顿在舞台上"孤独、疏离、沉浸在（他）自己的世界里"。伯顿坦承："我确实感觉到在舞台上的每个人就只是他自己。我不认为有人会特别帮助你……你必须照顾好自己。我认为对演员来说，在自己的私人空间里感到特别寂寞、孤独，坚持自己的想法并不罕见。也许我的这种想法比别人更甚。当我走上舞台表演时，我就在与全世界做斗争——我必须打败全世界。我必须尽我所能做到最好。"

伊丽莎白促使伯顿勇敢面对自己的恐惧。在这一点上，以及在两人生活中的其他方面，泰勒都是伯顿的"勇气之师"。例如，伊丽莎白注意到，在接受采访时，伯顿总是习惯于把手放在嘴边，这样做是为了在镜头前遮挡住右脸颊上的麻子。换了她自己肯定不会这么做。伊丽莎白的哲学是让自己的秘密和恐惧暴露在无情的灯光下。她偏偏用诸如"我的麻脸威尔士男人"这样一种看起来略带残酷而又表示亲热的话语来开他的玩笑，把他的这个缺点讲出来。

实际上，像很多戏剧演员一样，伯顿有许多恐惧和习惯都在公众面前隐藏了起来。其中之一就是他极度恐高，在伊丽莎白的影响下他才开始公开这一点。他另外一个极力掩饰的秘密是他是一名血友病患者。虽然病情很轻，但对他这样一个强壮而又世界闻名的人来说这还是很非同寻常。实际上，每天晚上《哈姆雷特》中比剑的戏对他来说都是一种冒险，因为他从来不会退缩。在剧中饰演雷欧提斯的演员约翰·库尔曼（John Cullum）回忆道，有时伯顿过于投入，比剑十分激烈，结果这使得他最终失去了一个拇指指甲。"我流的血比雷欧提斯多，"伯顿说，"当然，我是一个疯狂的决斗者。但是他在二十四小时内就能止血，我却要五天。"

尽管如此，按伯顿的性格，他从不会躲避任何一场小酒馆中的斗殴。在成为演员之前，他曾在很长一段时间内梦想着成为一名威尔士橄榄球运动员。是伊丽莎白促使他不要隐瞒自己患有血友病，而伯顿曾一直担心得这种病会给人懦弱的感觉。伊丽莎白让伯顿公开他所患的这种遗传疾病，随后他也因此投身相应的活动，到处宣传使用维生素K治疗这种血液紊乱疾病的益处。（伊丽莎白后来称与伯顿一起忙于这些活动也是她自己后来从事有关艾滋病慈善活动的前奏，她在她的好友，同时也是《巨人传》一片的主演之一的罗克·哈德森因艾滋病去世之前很长时间就已经开始这样做了。）虽然伯顿的病情相对较轻，但在一次关于"理查德·伯顿血友病基金"成立的新闻发布会上，伯顿告诉媒体："我终生都是易出血者。"然而，他的两个兄弟的病情严重得多，在很小的时候他们差一点因为扁桃体切除手术而送命。

困扰理查德·伯顿的另一种疾病是癫痫。当他还是伦敦的一名年轻演员时就轻微发作过，据报道，当时他喝了一点白兰地就恢复了正常。从那以后，他害怕病情再次发作，觉得酒精能够遏制病情——好像他需要给喝酒另找一个理由。在一段时间内，他有可能不会发病，但是当他不喝酒的时候，就两次因为病情发作而被送进医院，这种情况一直伴随他到职业生涯末期。

无论何时他们俩冒险出现在公众场合，人们总会围绕在他们周围，伊丽莎白使得伯顿敢于面对令人讨厌的人群。虽然他随后承认喜欢成名带来的好处——"餐厅里和飞机上最好的位置，像英雄一样被对待"——但伯顿不喜欢那些喧闹的影迷、喜欢打听私事的记者以及毫无怜悯心的狗仔队。不像伊丽莎白，伯顿从未真正学会如何驾驭名声给他带来的冲击。就像在一次BBC的采访中伯顿对伊丽莎白大加赞叹的，伊丽莎白"在公众面前会戴上一层'隐私面纱'，使得她看上去好像从来没有注意到那些摄影师或记者。她径直从他们中间走过，好像是在真空中一样。（她）在公众场合戴的'面具'是有距离感的，而且极难被打破"。既然现在伊丽莎白把伯顿带进了她的世界，她就应该教会伯顿如何在公众场合保持谨慎。

1964年1月28日，当他俩飞往多伦多的奥基夫剧院排练《哈姆雷特》时，伊丽莎白就需要她的"隐私面纱"了。当他们住进爱德华国王—喜来登酒店八楼拥有五个房间的套房时，他们被人群团团围住，并不是所有人都是他们的粉丝。一个不友好的纠察员举着一块标语，上面写着："不要喝偷情者的葡萄酒（Drink not the wine of adultery）。"除了去奥基夫剧院排练以外，泰勒和伯顿根本不敢出门，门外已经被支持和反对他们的人群团团围住，他们实际上被"囚禁"在了酒店的八层。为了保护他们的安全，一名武装警卫守护在套房门外。伊丽莎白带来了两只贵妇犬，也只能在酒店的房顶遛一下了。

约翰·吉尔古德对这种美式崇拜感到非常惊骇。在给保罗·安斯蒂（Paul Anstee）的一封信中，他写道："可怕的傻瓜们包围了伯顿和泰勒下榻的酒店——他们俩的每一次小酌和交谈都被拍下来广泛报道。对他们俩来说，这里与地狱无异。现在，一些俄亥俄州的国会议员以道德堕落为由要求取消伯顿的美国签证……"

演员理查德·L·斯特恩（Richard L Sterne，在《哈姆雷特》中饰演一名绅士）回忆道，在整部戏剧的三城巡演过程中，伊丽莎白仅仅在多伦多的彩排现场出现过两次。"大部分情况下，她待在酒店里。对他们而言，出门是非常危险的。我从未见过如此景象，也许某些摇滚歌手会受到如此待遇，但是这种情况对于戏剧演员来说是非常罕见的。在剧院外始终有一大群人想见他们，仅仅是为了看他们俩一眼。"

斯特恩回忆，在多伦多举行的第一次剧团会议上，演员们围坐在一个大桌子周围读剧本。伯顿"怀着极大的热情"读了起来。通常，在第一次读剧本时，人们都是在熟悉语句。伯顿当时竭尽全力、充满激情地朗读让每个人都感到惊愕。

年轻的斯特恩尤其被伯顿的声音所吸引："他的声音让人惊讶。音色非常具有穿透力，能直达剧院的最后一排。当时我们还没有带麦克风。一个评论家说他的声音比时代广场上行驶的车流的声音还要大。"几年以后，当英国电视记者迈克尔·帕金森（Michael Parkinson）问起"是否存在所谓的'威尔士嗓音'？"时，伯顿半开玩笑地说："它是从山谷里传来的对每个人的深沉的、神秘的回音。"但是他同时也说："我对这声音无能为力……这是上天赐给我的。我非常幸运拥有这副嗓子。我想我无法把它当作礼物送给别人。"

斯特恩回忆道，伊丽莎白"在彩排期间非常安静"。那是她第一次如此近距离地出现在剧院中，她想多学学。"她整个人都投入到观察这出戏以及各种不同的表演当中。"斯特恩同样为伊丽莎白那"惊人的美丽"所震撼。"我现在仍然记得她第一次走进彩排大厅时的情景。那是我们开始排练后的差不多一个星期左右。她穿着一身紫色套装。你无法错过那双蓝紫色的眼睛。她静静地坐着,很少挪动,专注地看着。那以后直到正式演出,我们再也没见过她。"

吉尔古德对该剧门票的预售情况非常满意。(他在写给朋友的信中说:"我们所有的票销售一空。")他同样对他的演员团队感到满意:"排练开始得令人难以置信地好……理查德看起来太粗糙了,脸通红,但他是如此迷人和具有天赋,以至于他开始表演时人们都会屈服于他。他能够采纳每一个建议,非常熟练地适应别人给他提的任何看法。我真的认为他将会带来异乎寻常的感动和影响。"

斯特恩知道:"伯顿尊敬约翰爵士,认为他是历史上最伟大的莎士比亚戏剧演员,他见过的最好的'哈姆雷特'。在那个团队里,他和我们一样崇敬吉尔古德。"尽管如此,伯顿看起来对吉尔古德的执导怀有复杂的情感,他对泰南解释说,戏剧本质上是编剧的创作,"导演相对而言并不重要。他们与那些自命不凡的舞台监督没什么不同,会告诉你在舞台上的位置,以达到最好的视觉效果。然后,有把握地把剩下的事情留给你自己处理"。不过,伯顿还是对泰南称赞吉尔古德是"我在话剧舞台上合作过的最好的导演……和像我这样的演员在一起,他拥有一个导演所能拥有的最大的支配权",因为伯顿觉得吉尔古德能理解他需要独自留在舞台上。"我确实认为他觉得我是一个不循规蹈矩的演员。……我不想当那种中规中矩的演员,每天晚上来到台上,日复一日地以相同的抑扬顿挫的腔调说着同样的话。我更喜欢自由发挥,以至于有时候我被饰演反派吸引……"

然而,伊丽莎白注意到,在吉尔古德的指导下,不管是身体上还是精神上,伯顿都没有完全放松以达到扮演这一角色所需的要求。或许他离开舞台太久了,虽然以前多次扮演过这个角色,但他还是无法在戏剧公演前找到自己的立足点。就在戏即将公演的时候,伊丽莎白自作主张,请理查德·伯顿的养父菲利浦·伯顿来帮助他。正是菲利浦·伯顿把伯顿从籍籍无名中拯救出来,把他送上成名之路。

这是一件很冒险的事情。菲利浦住在纽约,他在那里开办了一所表演学校——美国音乐戏剧艺术学院。在伯顿与伊丽莎白·泰勒婚外情一事上以及随后的离婚事件中,他都站在希比尔一边。59岁的菲利浦已经有两年没跟理查德说话了。也许是希比尔大度地鼓励他飞往多伦多,也许是他自己想再次有机会指导和影响这个才华横溢的孩子,菲利浦同意加入进来。据斯特恩说,菲利浦从吉尔古德那里接手,在指导伯顿的表演上发挥了积极作用。吉尔古德对此很不高兴,但如果没有其他的原因,确实是菲利浦的出现看起来让伯顿安静了下来,给了他信心。他待了很多天,成为整台作品非正式的、不领报酬的一员。

这出话剧于1964年2月26日公演,几天后菲利浦·伯顿抵达。虽然对伯顿的评价远高于这部作品本身,但公演后的反响仍然是褒贬不一。尽管《多伦多每日星报》(*Toronto Daily Star*)称这次在百老汇之前的演出为"一次无法避免的灾难",《多伦多电讯报》(*Toronto Telegram*)却用"卓尔不凡"来称赞伯顿,并将他描述成这部吉尔古德作品中"唯一的成果"。"我们在多伦多仅仅看到过另外两场如此精彩的表演。一次是1961的劳伦斯·奥利弗爵士的《雄霸天下》,另一次是两个月前亚历克·吉尼斯爵士(Sir Alec Guinness)①的《狄兰》(*Dylan*)。"该剧的极简主义处理方式招来了最大的批评,显然,观众更想看到丹麦服饰,而非现代服装。幸运的是,多伦多公演的两天后,伯顿参演的电影《雄霸天下》在纽约上映,反响强烈。

虽然各种各样的评论和每天晚上在舞台上表演让伯顿很疲劳,但伯顿对全体演员和工作人员都很亲切。("大家都很喜欢他。"吉尔古德观察到。)作为来自费城并参演自己的第一部重要戏剧作品的新人,斯特恩回忆道:"无论是制片人还是看门人,伯顿对待每个人都一视同仁。我们这儿有一个脾气相当古怪的人叫彼得·格林(Peter Green),是舞台看门人。他很老了,还有一条腿装了木头假肢……理查德的化妆间在楼上,从后台门口递过来的每一条信息,彼得·格林都必须劳动他的木腿爬上楼交给伯顿,伯顿很敬爱他;他非常非常亲切,他化妆间的门几乎总是开着的,任何人都可以过去跟他打招呼。"

---

① 亚历克·吉尼斯(1914—2000),著名戏剧、电影演员。1949年,他在《仁心与冠冕》(*Kind Hearts and Coronets*)中一人饰演八个角色,有男有女,有老有少,这样的表演经历令人瞠目。吉尼斯凭借在《桂河大桥》(*The Bridge on the River Kwai*)中的表演获奥斯卡最佳男主角奖。1980年,被授予奥斯卡终身成就奖。——译者注

当他还在《卡米洛》里扮演亚瑟王的时候，伯顿便在化妆间里接待他的仰慕者们，给演员们和工作人员们讲各种各样的趣闻轶事、笑话，唱荤段子歌曲。一次戏剧已经开演了，他的化妆间还挤满了祝福的人、警卫和数目越来越庞大的随从，吉尔古德发现他几乎无法进去把表演说明给伯顿，必须像其他人一样排队等候。斯特恩回忆道："在波士顿的一次演出后，他几乎无法进入化妆间。警察在门外站岗，吉尔古德走过去说'我是这部戏的导演'。他们告诉他离开。所以理查德不得不等到第二天日场快开演前才拿到表演说明。"

伯顿的名声迅速扩散开来，使得吉尔古德黯然失色。他看到菲利浦·伯顿横插一手，在他的指导之外增加了新的说明，这些都使得他们两人之间的关系紧张。当然，除此之外，伯顿决心要让角色打上自己的印记。在谈及1953年老维克剧院上演的《哈姆雷特》和1964年的《哈姆雷特》之间的不同时，伯顿告诉泰南："我第一次演的时候是想模仿约翰·吉尔古德。而第二次……我绝对是想演出我自己的风格。"

即便如此，伯顿在每一场演出中都有变化。斯特恩回忆道："你永远不知道他会做什么。他总是处在角色里，总是那么迷人，每次看到他都会让人激动。也许有那么几次他有点情绪低落而没有完全投入，但绝大多数情况下，他在表演时都是很兴奋的。"一次，他用德语说出了"生存还是毁灭"的独白，这是给观众席上几位说德语的重要观众听的——他们是社会工作者，到纽约来考察伯顿和泰勒是否适合收养玛丽亚，这个孩子的抚养权还没最终敲定。（伯顿对德语、法语和西班牙语都略知一二。）他甚至能把"生存还是毁灭"倒过来说。即使伯顿豪饮烈酒，他的记忆力看起来也从未衰退。

在台下，理查德和伊丽莎白的"双手几乎无法分开"，罗伯特·米希尔（Robert Misil，他在剧中扮演霍拉旭）回忆道："她被伯顿那富有诗意的才华迷住了；他也极端地、过度地自豪，因为他——理查德·伯顿，在威尔士矿工和酒吧女招待生的十三个孩子中排行第十二——能够娶到世界上最美丽、最有名的女人。"扮演雷欧提斯的演员约翰·库尔曼（在《卡米洛》里扮演狄纳丹爵士）看到"每个人都想围绕在他们周围。他们气质非凡、非常相爱,对在一起工作的每个人都非常友善"。斯特恩也持相同的看法:"伯顿身上非常有吸引力。他有一种特殊的韵味。"

伯顿能喝很多酒,但又不影响表演,斯特恩对此印象深刻:"理查德属于大酒量的英国演员。我想说的是,仅从我自己的观察,他在表演的时候能喝掉五分之一瓶威士忌,而且这看起来对他没有任何影响。"吉尔古德写信给伯顿多年的好友和支持者,剧作家埃姆林·威廉姆斯说:"理查德处在他的最佳状态中——充满魔力,能够快速消化批评和建议——但当他清醒时,却看起来非常粗鲁,对人严厉,变得非常糊涂和乏味,完全丧失了他的敏感和激情。"

难以想象,伯顿在喝下五分之一瓶威士忌后还能整夜进行表演。即便和伯顿一起出演《卡米洛》的酒友库尔曼也做不到这一点(库尔曼现在已经戒酒了)。虽然库尔曼注意到伯顿的服装师鲍勃·威尔逊(Bob Wilson)总是拿着满满一杯威士忌等在后台,但他认为伯顿不可能每次都把杯子里的酒喝完。在巡演期间,伯顿仅仅错过了两场演出,还是因为他的一边肩膀得了严重的肩周炎。他的表演一如既往的精彩,精力充沛。斯特恩回忆道:"理查德在比剑时是如此精力充沛,以至于手中的剑都断了三四次。"[当钢琴家奥斯卡·黎凡特在纽约看了该戏后,跟他妻子评论道,伯顿的哈姆雷特是如此活力四射,以至于他真的为克劳狄斯感到遗憾。]

在戏的结尾处,哈姆雷特中了雷欧提斯的毒剑身亡,斯特恩是把伯顿抬下场的演员之一。他回忆道:"在送葬队伍中,我们六个人把他抬下场,鼓点声作为背景。在第四幕奥菲莉亚发疯的戏中,哈姆雷特可以稍微休息一会。理查德就会上楼,在化妆间里快速冲个澡,换上一身干净的新衣服完成最后的表演。所以,他总是非常非常清爽,那是因为他刚刚冲完澡。或许他出的汗都是酒精。"

斯特恩非常明白伯顿在舞台上需要保持身体间的距离。"他不喜欢被人触碰……他让我们都清楚这一点,人们也非常尊重他。有时候,我们不得不碰到他,把他从坟墓中拉出来。我想这会影响他的注意力。一些老一代的演员也喜欢这样。他们会站在舞台中间,在灯光下,其他每个人都必须在他这一中心的外围工作。这可能也缘于他对于那些企图抓住他的人群的恐惧。"

这部戏一开始公演，斯特恩回忆道："伊丽莎白就一直跟他在一起。每天晚上都是如此，从未间断。我想她只有一次是坐在观众席上观看的，从那以后，她就从剧院的侧厅看戏，或者通过监视器屏幕来听戏。"那是因为当她有一天晚上到剧院的时候，她的出现使得观众骚动不安，戏剧不得不推迟了一个半小时才开演。观众们爬上椅子背以便将她看得更清楚。为了不抢演员的风头，从那以后，她要么悄悄地溜进剧院坐在剧场的最后面或者侧厅里，要么在后台观看表演。但她每天晚上都会来。

伊丽莎白与《哈姆雷特》剧组的所有演员和工作人员一起庆祝了她的32岁生日。她来到后台，恰好跟伯顿一样穿着黑色衣服，所有人唱着《祝你生日快乐》，后来就变成了合唱《丹尼少年》(*Danny Boy*)献给伯顿。然后，伊丽莎白用一把剑切开了蛋糕。这是她生命中最快乐的时光之一。斯特恩回忆道："她不可能比当时更美丽了。她在某种程度上被人群囚禁起来了，因为她不可能不受骚扰地出门。"但她跟伯顿和其他演员在一起的时候是安全的。伯顿送给她一个让她大吃一惊的生日礼物，一串镶嵌着翡翠和钻石的宝格丽项链。为伊丽莎白买这件珠宝给伯顿这个矿工的儿子带来的快感和伊丽莎白收到这件礼物时的快感一样强烈。他很欣赏自己的名望和财富带来的珠宝在她胸前闪烁。用珠宝装饰伊丽莎白，伯顿为此感到自豪，就像为他生命中的其他东西一样。

1964年3月3日，与理查德坠入爱河的两年后，伊丽莎白终于以放弃财产为代价跟艾迪·费舍尔离婚。十天后，伊丽莎白和理查德租了一架"子爵号"涡轮螺旋桨飞机飞往蒙特利尔，三辆豪华轿车在那里等着他们。这对情侣和他们的一些随从——包括公关人员约翰·斯普林格（John Springer）、律师和税务专家艾伦·弗罗施，以及伯顿的服装师威尔逊和他的妻子——迅速从机场抵达蒙特利尔的丽兹—卡尔顿酒店，以史密斯的名字登记入住。周日下午，他们举行了一场私人的婚礼。

虽然伊丽莎白自认为是犹太教徒，但他们的婚礼是由一名一位论派①的牧师主持的。仪式非常匆忙。新娘穿着艾琳·莎拉夫（Irene Sharaff）设计的黄色雪纺绸连衣裙，后者也在《埃及艳后》中为伊丽莎白·泰勒制作了那些令人惊艳的服装。在她盘起的头发上，别着风信子和铃兰，戴着伯顿送给她作为结婚礼物的价值15万美元的镶嵌有翡翠和钻石的项链和一对耳环。新闻记者被禁止进入酒店，理查德撰写的唯一的官方声明称："伊丽莎白·伯顿和我非常开心。"

这是理查德的第二次婚姻，伊丽莎白的第五次婚姻。

他们第二天就回到了多伦多，伯顿继续扮演丹麦王子。当表演结束，谢幕之后，伯顿牵着伊丽莎白的手走上舞台。他用略带激动的威尔士口音复述了哈姆雷特对奥菲利娅说的话："我说，我们以后再也不要结婚了。"全场欢呼。

他们沉浸在喜悦中。

3月22日，制作公司飞往波士顿城外的舒伯特剧院试演。"我们原以为在波士顿受到的关注会少一些，"斯特恩回忆起他们降落在洛根机场的时候说，"有一张理查德和伊丽莎白下飞机的照片。他们是第一个下飞机的，一些人举着鲜花在欢迎他们。然后，机场外数以千计的人组成的庞大人群冲破足以抵挡龙卷风的隔离栏冲进停机坪，伯顿夫妇不得不回到飞机上。"飞机被拖往机库，但是粉丝们冲破警察设置的隔离带冲向飞机。两辆高级轿车快速开进机库把伯顿夫妇转移到酒店（其中一辆车是诱饵）。

当伊丽莎白和理查德入住科普利广场酒店时，粉丝们更大规模的围堵变得难以控制。如果说一开始的婚外情使得他们声名狼藉的话，他们成为世界各地的头条新闻的婚姻则使得他们成为人们的偶像。一千名"大喊大叫、四处乱抓的崇拜者"涌入酒店大堂。如果说之前的情景还只是有一点

---

① 一位论派是否认基督神性和三位一体教义，强调上帝位格单一的新教派别。1773年，英国一位论派神学家林西脱离英国圣公会，在伦敦创立一位论派教堂，并修改圣公会的《公祷书》。该派注重教育和慈善事业，强调理性和个人主义，不热衷于传教，人数不多。近代一位论派的共同特点是倾向于理性，不接受信经规定的教义，谋求建立没有统一信纲的、思想自由的宗教团体。——译者注

歇斯底里的话，现在则变得疯狂，粉丝们抓住他们的衣服，扯住伊丽莎白的头发。一位目击者说伊丽莎白"同时被往相反的方向拉。人们拽住她的两只胳膊，当她试图挣脱的时候脸甚至被挤到了墙上"。伯顿不得不冲进人群营救泰勒，把她安全带进酒店的电梯。伊丽莎白情不自禁地哭了，几近崩溃。一位医生被找来治疗伊丽莎白背部和手臂上的伤势，并在她入睡前给她注射了一针镇静剂。他们住的是肯尼迪总统和艾森豪威尔总统曾经住过的高级套房。

伯顿非常生气。"我的妻子差点被杀死！"他咆哮着威胁要向波士顿警察局长投诉。"我此前从未见过这种情况。这是让人无法忍受的。在多伦多也有类似的情况，但是警察给了我们足够的保护。"他抱怨道。从被攻击中恢复过来的伊丽莎白也认为她"在全世界都遇到过围观人群，但是从没到这次的程度"。

两天后，伯顿的情绪充分恢复，在舒伯特剧院奉献了一场精彩演出。剧评家埃利奥特·诺顿（Elliot Norton）称赞这出戏剧给他带来了"一次充满力量、令人兴奋的观剧体验，很是亲切，有时被深深地感动，常常难以自持,情感极为强烈"。诺顿写道："理查德·伯顿……处在一个伟大的时刻。"《波士顿先驱报》（*Boston Herald*）的埃利诺·休斯（Elinor Hughes）特别指出伯顿的"诗意和激情深入骨髓，通过他的声音……他为我们带来了这个不同寻常的角色的韵律、深意和激情。"

出生于加拿大的演员休姆·克罗宁（Hume Cronyn）曾跟伯顿和泰勒一起在罗马参演《埃及艳后》，饰演克莉奥佩特拉的私人教师和首相索西琴尼（用影片导演曼凯维奇的话说就是"埃及的波洛涅斯"）。在吉尔古德的《哈姆雷特》里，克罗宁饰演波洛涅斯，在那里他得以比在拍《埃及艳后》时更近距离地接触到伊丽莎白和理查德。伯顿作为演员的天赋让他印象深刻——甚至有些敬畏。克罗宁看过二十世纪前半叶所有伟大演员饰演的"哈姆雷特"——约翰·巴里摩尔（John Barrymore）、莫里斯·埃文斯（Maurice Evans）、约翰·吉尔古德、劳伦斯·奥利弗——因此如果评价伯顿在此剧中的表演，他是独一无二的人选。克罗宁后来回忆道，他是"我所知道的极少数真正被上帝的手指点化过的演员之一：他的外貌——尽管脸上有麻子；他的极佳的悟性、优美的声音，尤其是威尔士的抒情风格无不如此，然而金钱、恶名和想要成为电影演员的过于自负的野心将会浪费这些才华。"但他知道观众不是来看哈姆雷特的，而是来看伯顿的。整部作品因为"伯顿和泰勒的罗曼史而被包裹上了一层神秘色彩"。他两年前在罗马见过那疯狂的场景——摄影师们躲在树上拍照，狗仔队骑着小型摩托车在罗马的威内托大街上兴奋地蹿来蹿去。在对伯顿夫妇大吹大擂的宣传面前，"可怜的老莎士比亚毫无机会"，而这出戏在多伦多公演时当地报纸首先采用的就是这种大吹大擂的宣传方式。

　　1964年4月9日，该戏在鲁德—方特恩剧院公演，在这里，该戏成为纽约历史上上演的时间最长、收益最丰的一出《哈姆雷特》。在首演的当天晚上，伯顿谢幕六次，他将会在这里饰演哈姆雷特一百三十六次。泰勒看了其中的四十次。每天晚上的演出结束后，剧院周围就被彻底堵死了——从第八大道到百老汇之间的第四十六大街上——挤满了为了看一眼这对著名的夫妻蜂拥而至的粉丝。路障已经被设置，骑警们不让粉丝靠近。斯特恩回忆称，在伯顿夫妇离开剧院前，任何演员或工作人员都无法离开。

　　几个星期之后，"哈姆雷特"邀请"波洛涅斯"共进午餐。在日场和夜场表演之间，克罗宁跟妻子、广受欢迎的演员杰西卡·坦迪（Jessica Tandy）和伯顿夫妇一起吃了顿饭。在离开剧院后面的小巷，转到西四十五大街上时，他们受到超过两千名等候在那里试图见到伯顿夫妇的观众的夹道攻击。当他们出现的时候，"巨大的欢呼声"响起，克罗宁这样回忆道。交通彻底瘫痪，骑警不得不为这两对夫妇打开一条通路，仅仅为了让他们穿过小巷坐上等候在那里的轿车。无数双手抓向他们，拥挤的人群发出欢呼，挥舞着手中的签名本。有些人甚至出言讥笑。有人高喊："利兹是一个坏女孩、坏女孩！"克罗宁心想，如果他们停下来签名，马上就会被人群踩扁。这就像披头士乐队第一次来到纽约参加《埃德·萨利文秀》（The Ed Sullivan Show）的节目录制时遭遇到的情况一样。但这还没有完。好不容易跟着伊丽莎白和理查德一起挤进汽车后座，克罗宁就看见两个十几岁的小孩跳到车顶，头朝下脚朝上倒挂下来，从车窗外往里看。载着车顶的这两个小孩,汽车缓缓穿过人群,开进了大街。克罗宁回忆道:"这是我此生唯一的一次,我真的被拥挤的人群吓到了。"随着汽车开始加速,伊丽莎白甜甜地微笑着,像王室成员一样向人群挥手——同时嘴里轻声说着:"亲爱的,去你妈的,你,还有你。"她受够了——这比在罗马时的情况更糟糕——已经超出了她的忍耐程度。克罗宁回忆道:"有那么一刻,他们宁愿出卖灵魂以换取几天平和、安静和独处的日子。"

这出戏广受好评,虽然沃尔特·克尔(Walter Kerr)在《纽约先驱论坛报》(*New York Herald Tribune*)上抱怨说:"伯顿先生失去了感觉……"《时代》周刊挑刺说伯顿身上体现出来的人物的"英雄气质甚于悲剧气质"。但是在别处,伯顿的活力、嘲讽和对舞台的掌控都受到称赞。《生活》杂志的评论家写道:"伯顿……像老虎一样咆哮着在台上激跃。"《纽约时报》的霍华德·陶曼(Howard Taubman)写道:"我不记得我曾经看到过如此有阳刚之气的哈姆雷特……充满自豪、风趣和个性。"《纽约邮报》(*New York Post*)的剧评家理查德·沃兹(Richard Watts)称赞伯顿"确实是一个非常优秀的'哈姆雷特'。他饰演的丹麦王子是强有力的、直截了当的、不装腔作势的。比起以往哈姆雷特阴暗忧郁的气质,伯顿的表演更深沉自省,闪现出嘲讽幽默的光芒,动作和情绪明显具有阳刚之气"。实际上,所有这些话都可以用来称赞伯顿自己,在他生命中的第三十九个年头,他正站在事业的顶峰,而世界像闪烁的宝石一样在他面前铺展开来。

然而,虽然伯顿高超的表演技巧为众人所承认,但他从来没获得过托尼奖[①]的提名。克罗宁因为饰演波洛涅斯而获得了他的第一个也是唯一一个托尼奖,但是很明显,理查德因为胆敢从上帝那里盗取火种而受到了惩罚——没有被授予应得的奖项。

在一次日场演出中,意外发生了。斯特恩清楚地记得,"我们能发现

[①] 托尼奖设立于1947年,被视为美国话剧和音乐剧的最高奖,共设二十一个奖项,获提名的均是在百老汇各剧院演出的剧目。这个奖是为了纪念在二战期间为美国戏剧和剧院四处奔走的安托瓦奈特·佩瑞(Antoinette Perry)女士。托尼奖奖杯正面是希腊悲剧、喜剧的面具,反面则是佩瑞女士的浮雕头像。——译者注

有些不对劲，因为伯顿的注意力不在台词上。他演到第三幕，然后离开了舞台。大幕拉下，制作人亚历山大·科恩（Alexander Cohen）就在现场。他宣布理查德不舒服，无法继续表演。他们将会启用这一角色的预备演员罗伯特·博尔（Robert Burr）。任何人如果想退票，他都会很乐意为大家办理。"伯顿后来将这次事故归咎于肩周炎，当他拍摄《一代情侣》时，曾在帕丁顿车站被一群暴徒袭击，肩周炎也因此变得更严重。

在一年后的一次采访中，伯顿回忆道："当肩周炎发作的时候，我还得挥舞着手臂、嘴里挤出台词，人就像被撕裂了一样。我在表演中完全僵在那里，一只手举过头顶。你无法想象那种疼痛……我像一个老头一样侧着身子一步一挪地走下台。"他同样抱怨"虚弱的詹金斯骨头"，但是经过伊丽莎白为他找来的医生治疗后，他就忘记了这次的事。他不知道这些病痛将会再次发作——即便大量饮酒也无济于事。

一天晚上，在表演的时候，观众席上一个人站起来冲理查德·伯顿发出嘘声。他以前从未被嘘过，这使他彻底动摇了。据报道，他停下演出，从角色中抽离出来，对那个观众说："我们这出戏已经公演了超过八十场，有人喜欢，有人不喜欢。但是我可以保证，我们从来没有被嘘过！"表演结束后，理查德回到丽晶酒店的套房，把怒火都发泄到伊丽莎白身上，而她却只是冷静地看着电视。狂怒之下，伯顿一脚踹向电视，结果折断了脚趾。这引发了这对新婚夫妇间一次激烈的争吵——不是第一次，显然也不会是最后一次。

斯特恩目击了这次争吵，他当时来酒店准备为他正在写的关于这出戏剧的书采访伯顿。"从一开始公演我就联系他做采访。他总是说好，承诺接受采访，但却总是抽不出时间。最终，在最后一周，他告诉我来他们住的酒店。我带着录音机去了。理查德和伊丽莎白正在激烈地争吵，你能想象得到。他们冲着对方愤怒地大喊大叫。他们的律师艾伦·弗罗施和秘书都在场，鲍勃·威尔逊也在。最后，他说：'看，如果要做这次采访的话，我们只有到另外一间屋子了。'"

当采访进行到一半的时候，鲍勃·威尔逊把脑袋贴在门上说："理查德，我们要走了，我们得去剧院，快到开演时间了。"所以他们在去剧院的路上，在汽车后座上完成了这次采访。

斯特恩回忆道:"当我们来到第四十六大街时,一些小孩儿——三四个小男孩,衣衫褴褛,身上脏兮兮的——跑向车窗。他们中的一个举着一枚硬币,我说:"看,里奇。'见此情景,伯顿变得闷闷不乐,对那个男孩说:"我没钱,我从来不带钱。"在那一刻,伯顿仿佛看到了过去的自己——他以前也曾经像这个男孩一样,粗俗、肮脏,在地上爬着乞讨。里奇·詹金斯,现在成为了世界上最著名的演员理查德·伯顿,在他身上发生了什么?

在《哈姆雷特》漫长巡演的尾声,伯顿明显厌倦了这个角色。他已经在尝试进行不同的诠释——不仅仅是用德语说出台词,而且一天晚上还把哈姆雷特演成了一个同性恋,他还曾把几句台词换成了克里斯托弗·马洛(Christopher Marlowe)的诗句来自娱自乐并且看看是否有人注意到这一点。就像梅尔文·布拉格观察到的,"一旦他破解了某个难题,就很难使他对一件事情始终保持兴趣。他努力克服这一点,然而随后通常变得漠不关心。伊丽莎白、金钱、写作——这些是令他有无限兴趣的东西。"所以当菲利普·伯顿坦承美国音乐戏剧艺术学院面临财政困难的时候,伯顿同意进行一次特别演出,为学校募捐。但并不是演《哈姆雷特》,而是进行一次诗歌朗诵会,伊丽莎白·泰勒也会参演,这是她的初次登台演出,与伯顿一起。

这是一个不同寻常的事件,鲁德—方特恩剧院因这些重量级的名字而蓬荜生辉——林塞市长(Mayor Lindsay)、尤尼斯·肯尼迪·施莱弗(Eunice Kennedy Shriver)、蒙哥马利·克利夫特、卡罗尔·钱宁(Carol Channing)。伊丽莎白努力促成伯顿的威尔士朋友,也是他的老师埃姆林·威廉姆斯回到这群志趣相投的人中间,他真的来了。伊丽莎白对登台演出感到紧张,让菲利普指导她朗诵罗伯特·弗罗斯特(Robert Frost)和布朗宁夫人(Elizabeth Barrett Browning)的一些诗作,还有她最喜欢的诗人托马斯·哈代(Thomas Hardy)的《被摧残的少女》(The Ruined Maid)。伯顿用安德鲁·马维尔(Andrew Marvell)的诗《致羞怯的情人》(To His Coy Mistress)和D. H. 劳伦斯(D.H.Lawrence)的《蛇》(The Snake)回应她。他们用英语和威尔士语交替朗读。伊丽莎白身着一袭古希腊式礼服,佩带着首饰，令人倾倒。她的朗诵非常令人信服，观众席里一位爱开玩笑的男士风趣地说："如果她不早点出洋相，观众就要开始退场了。"在第二幕中，伊丽莎白又换了一身华丽的礼服，她念错了《第二十三首赞美诗》的第一句话，马上脱口而出："对不起，让我再来一次。我刚才没念好。"她知道观众在伺机看她出丑。但是当表演结束时，这对夫妇受到了观众的起立欢呼。她成功完成了任务。她进入了伯顿的世界，也找到了属于自己的天地。他们现在可以平起平坐了。一周之内，理查德和伊丽莎白接到了一百多万美元的捐款，他们付出的努力得到了回报。这真像诗一般美丽！

事后，伊丽莎白和伯顿豪饮一番，回到丽晶酒店休息。在那里他们找回了属于自己的旧日时光，打闹、做爱，或者做爱、打闹。

不久以后，在一次争吵中，艾迪·费舍尔偶然出现了。他后来愤愤不平地描述了他所看到的一切："她的妆花了，嗓门又尖又大，伊丽莎白正因为某件事情大发雷霆。我想，我竟然曾经娶过这样一个凶巴巴的女人。伯顿试图安慰她，我看到他在套间里走来走去，跟她道歉、收拾残局、找回伊丽莎白扔掉的东西，我看见了我自己……他在做我曾经做过的事情，迈克尔（托德）也做过。争吵结束了，他们各自得到了自己想要的。伯顿成为了一个超级巨星。伊丽莎白身后也有其他人在帮她收拾东西了。"

两年后，当斯特恩看到伯顿夫妇演的《灵欲春宵》(*Who's Afraid of Virginia Woolf?*)的时候，他"回忆起了他们在酒店房间里争吵的情景。这部电影看起来像是我当时在酒店里看到的情景的再现"。然而，斯特恩确信："我感觉到他们确实非常爱对方。"

第五章　重获认可

"我很乐意不再做我自己，不再是伊丽莎白·泰勒，而做理查德·伯顿夫人。"
——伊丽莎白·泰勒

"如果带着两个保姆、四个孩子、五条狗、两个秘书、一只虎皮鹦鹉和一头乌龟……还有一只野猫和一百四十只箱子……从巴黎搬到日内瓦，你会怎么想？"
——理查德·伯顿

　　如果把理查德的一部分工作描述成跟在伊丽莎白后面给她捡东西的话，至少在两人刚刚结婚后不久的那些甜蜜岁月里，这样做是值得的。他们俩在一起的生活其实就是不断旅行——就像伯顿说的，是"职业游荡者"的命运——在五星级酒店里度过，被环伺身边的众多仆从、酒店经理、侍酒师、服务员们所讨好。对伊丽莎白来说，这就是她想要的。她从10岁起就过着这样的日子，被米高梅公司的宣传人员、美发师、化妆师和不同的顾问簇拥着。她知道她无法有其他的生活方式。酒店保安也会为他们提供保护，使他们免受四处追随的大批（不是所有）粉丝的围堵。

　　在《时尚》杂志上，伯顿回忆起了跟伊丽莎白一起旅行的感受。[文章名为《与伊丽莎白一起旅行，深爱她的丈夫陪伴左右》(Travelling with Elizabeth, by Her Husband Who loves Her in Spite of it)。]他在文章开头和结尾都是一副大声疾呼的样子:"天啊,帮帮我吧!"

跟伊丽莎白一起旅行是极度痛苦的事情。让我来解释一下:我是非常喜欢提前到达的人,而伊丽莎白则相反。我爱伊丽莎白,甚至到了盲目的地步,但是——让我们重复一下"但是"——即使是面临最后的审判,她也毫无疑问会迟到。令人气愤的是,她每一次都会掐着刚刚好的时间点出现,让人紧张得透不过气来。实际上,她没有错过过火车、飞机或者轮船,但是,当然,她错过了看到她丈夫在等她时心脏病轻微发作的情形。一杯威士忌酒经由我颤抖的手倒进我颤抖的嘴唇,再进入那有问题的肝脏中,等、等、等,等她从盥洗室里出来……那里有我伟大的、尊贵的夫人。她坚信时间不会等男人,但是会等她。

接下来,伯顿描述了他如何生来就是"看着火车经过,渴望去伦敦"的那个阶层的人的:"……我最终赶上了火车,再也没回来过,也永不会再回来。"他仍然保持着自己的"本色",想象着成为一个给伊丽莎白搬运行李的人,伊丽莎白也许会给他一些小费或者在他脑袋上轻拍一下。(他写道:"让我们面对它。她从来没有给过我小费。她让她的一个助理做这些事。")相反,他拥有与伊丽莎白一起分享全世界宠爱的特权,即使这样意味着要成为"命中注定的游民",不能在同一个地方连续待三个月以上,在纽约、伦敦、巴黎、罗马、旧金山、巴亚尔塔港、格施塔德、爱尔兰和那个"我心中简陋的国家——威尔士……"之间飞来飞去。

这种连续不断的旅行有什么好处呢?那就是享受到的服务("搬运工、空少和空姐都会对她过于关注,我也因此沾光。")还有食物!"我们把各个国家都划分成各种不同的食物。"伯顿用一种幽默的话语分析了不同国家的食物是如何影响该国人长相的。晚上,在酒店——诸如兰开斯特酒店、多切斯特酒店、丽晶酒店——房间的床上躺着,周边无人的时候,他们就梦想着品尝其他国家的美食:比如美国熟食店里的汉堡和煎鸡蛋咸牛肉丁土豆泥;巴黎的美食;回忆着纽约瑞士小酒馆,或者意大利餐厅,那里有"烈

性葡萄酒、蒜味香肠、蚕豆和奶酪。奶酪拿在手里不停地往下掉,就像山体滑坡一样"。他写道:

> 虽然她总是迟到,但我不会让除了我之外的其他人带伊丽莎白去埃维昂、奥地利、阿斯顿——克林顿山、波梅齐亚酒店、勒克哈迪酒店、地中海酒店、纽约广场酒店的橡木屋酒吧、黄金海岸酒店、萨伏伊酒店、多切斯特酒店的露台酒吧、阿瓦隆的拉波斯特酒店,还有第六大道的熟食店(那里提供杯装啤酒,可以品尝到切开烤好的熏肉香肠,还有糟糕的炸薯条作为配菜),在女儿的陪伴下吃早餐,以及把限量版的劳斯劳斯幻影汽车停在汉普斯特德弗拉斯克巷卖炸鱼丸和薯条的小店外,在车后大口大口地吃着,尽情享受,等着来来往往的车流,跟身边两个迷人的女儿和迷人的妻子一起看电视放松……这种感觉如何?

这种连续不断的旅行有什么弊端呢?除了永远都要等伊丽莎白在最后一刻出现外,"丑闻"之后差不多三年了,他们还是被狗仔队和大批粉丝追随着。理查德回忆说,一次在(巴亚尔塔港)机场,伊丽莎白的一只鞋子被偷了;还有一次一个摄影师打到了伊丽莎白的腹部。伯顿这样写道:"如果你要把你的小女儿从四周疯狂而拥挤的人群头上递给你的朋友,而我们都在用一种连我们都不懂的语言互相呼喊,这种情况你会怎么想?"

到目前为止,伊丽莎白实质上是无国籍的,她是一个世界公民,几乎每天都住在酒店里。在被流言蜚语粗暴对待后,她甚至差一点正式宣布放弃美国公民身份。她9岁时就已经离开家,住在洛杉矶,实际上在结婚前她一直住在米高梅公司,但是你不能把米高梅印在护照上。她在格施塔德有一间农舍,在巴亚尔塔港有一栋别墅,但是在美国或者英格兰,她却住在酒店里(绝大多数情况下都在丽晶酒店和多切斯特酒店)。因为伯顿的缘故,无论是在威尔士,还是在伯顿的大家族中,她都很受欢迎,这并不奇怪。而对伯顿来说,环游世界的生活是令人激动的,同时也是令人筋疲力尽的。他很快开始想念那种能待在一个固定住所里的感觉。

另外一个影响他们内心宁静的因素是伯顿对票房地位的关注。伯顿很清楚伊丽莎白比他更吸引人，比他挣得更多。就像任何一个有自尊心的威尔士男人一样，他努力工作，试图让双方的地位更相称。成效很快就显现出来。1964年6月的《巫山风雨夜》上映后，伯顿饰演的名声不好但有吸引力的牧师香农获得了评论的广泛称赞，让他获得了"新票房先生"的称号。这并不奇怪。也许，由于《埃及艳后》和《一代情侣》上映后褒贬不一，以及离开大银幕的时间长达两年，伊丽莎白·泰勒从票房榜首跌落至第七位。她并不在意。她已经厌倦了电影明星的生活，只想跟理查德·伯顿在一起。让她的票房号召力下降一会儿吧——她已经挣得够多了。

伊丽莎白在舞台上跟伯顿一起朗诵诗歌时那令人惊讶的表演，成为她对那个几乎要放弃国籍的国家的一次完美回归。早在1964年5月，伯顿就计划把克里斯托弗·马洛的《浮士德博士》（*Doctor Faustus*）搬上牛津的戏剧舞台，原计划伊丽莎白会短暂亮相，饰演特洛伊的海伦。但最终，伊丽莎白清楚电影观众是喜新厌旧的，是时候在美国拍一部电影了。

1964年，她的银幕形象发生了改变，变为一种更加生猛的新的化身。她不再是被宠坏的涉世不深的少女或者是能征服世界的美人，而是泼妇、女骗子、世界上最危险的性感女人、顶级的祸水红颜。《青楼艳妓》里她所讨厌的那个不顾一切追求快乐的女孩格洛里亚·旺德劳斯已经成为接下来将要发生的事情的先兆。

伯顿夫妇在众多的剧本中仔细挑选，慎重选择了一些项目，如：马克斯韦尔·安德森（Maxwell Anderson）的《安妮的一千日》（*Anne of the Thousand Day's*），伊丽莎白可饰演安妮·博林，理查德可饰演亨利八世；改编自伊丽莎白最喜欢的作家田纳西·威廉斯作品的《蓬门碧玉红颜泪》（*This Property Is Condemned*）；在其他有可能的作品中，还包括她想跟因车祸而毁容的密友蒙哥马利·克利夫特一起出演由卡森·麦卡勒斯（Carson McCuller）的中篇小说《金色眼睛的映像》（*Reflections in a Golden Eye*）改编的电影。伊丽莎白甚至还认真考虑过跟克利夫特一起参加百老汇戏剧《俏冤家》（*The Owl and the Pussycat*）的巡演。当然，她将会演一个妓女。

取这些项目而代之的是，他们为米高梅公司拍摄了一部原名为《鹈的飞行》(The Flight of the Sandpiper)的电影。该片根据非常成功的制片人马丁·兰索霍夫(Martin Ransohoff)创作的故事改编而成，编剧是迈克尔·威尔逊(Michael Wilson)和曾经上过"黑名单"①的作家道尔顿·特朗博(Dalton Trumbo)。[电影上映时改名为《春风无限恨》(The Sandpiper)。]兰索霍夫原本想让这部电影成为金·诺瓦克(Kim Novak)展示才华的舞台，他为她量身打造的主角是一个居住在大苏尔的自由奔放的艺术家。当时，诺瓦克在好莱坞以不拘传统的生活方式和热爱油画而闻名。她也住在大苏尔，但是当她和兰索霍夫的关系变坏以后，兰索霍夫就把这个角色给了伊丽莎白。

像通常一样，伯顿夫妇做了一笔精明的交易：伊丽莎白的片酬是100万美元，理查德的片酬为50万美元，夫妻俩的制片公司会分得总票房的百分之二十，这将使他们多挣几百万美元。伯顿不喜欢这个剧本，但是据报道，他说："我们会为钱起舞。"

虽然《一代情侣》受到一些挑剔的评论家的嘲笑，但是这部电影使得伯顿的收入达到了他梦寐以求的水平。随着他的财富成倍地增长，以及在纽约凭借在历史上最成功的戏剧《哈姆雷特》——一百三十六场——中的演出而获得的极佳评论，伯顿现在打算转向导演方向发展。他计划执导伊丽莎白即将出演的《麦克白》，并且希望在《春风无限恨》中初执导筒，但是最后——在拒绝了威廉·惠勒(William Wyler)之后——伊丽莎白要求

---

① 黑名单：更适当的名称为"娱乐业黑名单"。冷战初期，如果艺人被认为是美国共产党党员或对共产主义表示过赞许、同情，参与过被认为有社会主义背景的出于自由主义或人道主义的政治活动，或者拒绝帮助政府调查共产党活动，都有可能被列入"黑名单"。

1947年11月25日，十位编剧和导演（史称"好莱坞十君子"）拒绝提供证词给美国众议院非美活动调查委员会，继而因蔑视国会被传讯，第二天，第一个"黑名单"便被设立了。一批片厂经理在MPAA的授意下发表了后来被称作《华德福声明》的公告，宣布解雇这十人。1950年6月22日，一份被称为《红色频道》的小册子出现了，上面提到了151个娱乐业人士的名字，被称为"红色法西斯分子及其同情者"。相当多"黑名单"上的人仅仅是因为其名字出现在错误的时间和地点。不久大部分被列入名单的人，还有许多娱乐界工作人员丢掉了工作。"黑名单"在1960年才基本上寿终正寝。不过，在此后的许多年里，不少"黑名单"上的人依然没能恢复工作。

1997年10月27日举行了名为"好莱坞没有忘记黑名单"的纪念仪式，由颁发奥斯卡奖的美国电影艺术与科学学院主持。为了纪念电影界那些由于政治信仰而被禁止从事电影工作的人士。——译者注

文森特·明奈利（Vincente Minnelli）执导，后者还执导过伊丽莎白早年在米高梅公司的电影《岳父大人》和《玉女弄璋》（Father's Little Dividend）。现在伊丽莎白将会回到老东家，但不是作为其财产的一部分，而是一个自由的人，由伯顿夫妇的制片公司租借给米高梅公司。伯顿已经计划与他早年在牛津的导师尼维尔·柯希尔（Nevill Coghill）爵士一起联合执导一部舞台剧《浮士德博士》，尼维尔·柯希尔爵士曾领导过牛津大学戏剧协会，让伯顿演了第一个莎士比亚戏剧中的角色。[柯希尔认为伯顿是他曾经有幸教过的两个"天才"之一，另一个是诗人W.H.奥登（W.H.Auden）[1]。]

《春风无限恨》完美展示了伯顿和泰勒的票房号召力。电影里的一句著名台词是："从一开始，他们就知道是错的。任何东西都无法把他们分开。"无论这是纯粹开发了他们的"丑闻"，还是伊丽莎白精明地理解了公众想要什么——或者二者都有——《春风无限恨》都很好地利用了这对新婚夫妇那令人反感的过去，影片的故事讲述的是一个有婚外情的校长（伯顿饰演的牧师爱德华·休伊特博士）疯狂爱上了一个名叫劳拉·雷诺兹（泰勒饰演）的美丽而放荡不羁的艺术家。雷诺兹9岁的私生子由著名演员詹姆斯·梅森（James Mason）和妻子帕梅拉的儿子摩根·梅森（Morgan Mason）饰演。不同寻常的是，小萨米·戴维斯（Sammy Davis Jr.）被提名出演劳拉的旧情人，一个"比特尼克[2]艺术家"。毫无疑问，在1964年，不同种族之间的恋情即使是伊丽莎白·泰勒也有所顾忌[3]，这一角色最终给了强壮的、棱角分明的查尔斯·布朗森（Charles Bronson）。伊娃·玛丽·桑特（Eva Maria Saint）饰演被休伊特遗弃的、动人的（高雅的）妻子克莱尔，她举止得体、满头金发，也许被视为希比尔·伯顿的替身。伯顿再次饰演一个在责任和情感中左右为难、身心煎熬的男人：他对妻子和孩子的责任，

---

[1] W. H. 奥登（1907—1973），被公认为艾略特之后最重要的英语诗人。他的诗最大的特色是丰富新奇的喻象。奥登在抗战期间访问过中国，随后发表二十七首十四行诗《战时在中国》，给当时的中国作家以不小的冲击。——译者注

[2] 指的是二十世纪五十年代末出现的一批年轻人，行为乖僻、着装怪异，以此公然反抗当时的道德，借以表现自我，被称为"垮掉的一代"。——译者注

[3] 小萨米·戴维斯是一名黑人演员。——译者注

以及作为一个教会学校校长的强烈责任感，还有对劳拉/伊丽莎白的感情。这是他第二次饰演一个被免去神职的牧师，但不是最后一次。

在电影中同样起突出作用的是伊丽莎白的一尊裸体雕像，由雕塑家埃德蒙德·卡拉（Edmund Kara）用一块价值2200英镑的美国加州红杉原木雕刻而成。在电影里，它是布朗森饰演的那个放荡不羁的雕塑家的作品，也是休伊特博士嫉妒和情欲的爆发点。这尊裸体雕像能够使影迷在银幕上最近距离地欣赏伊丽莎白美丽的裸体。除此之外，伊丽莎白只在《埃及艳后》里的洗澡场景中展示过大腿和乳沟，再就是《春风无限恨》里劳拉这一角色为雕刻而摆好姿势时，有几秒钟的部分裸露。虽然伊丽莎白在当时因受到卫道士们铺天盖地的谴责而崩溃，而且她也在阴差阳错间成为性解放运动的先驱，但是她仍然是米高梅公司道德规范的成果，至少在银幕上是这样的。另外，1965年，虽然一些年轻女演员开始在主流电影中敞开胸怀，但是埃德蒙德·卡拉那端庄娴静的裸体雕塑必须为伊丽莎白而做。该雕塑还有一项额外功能，那就是被人抚摸，被脱去衣服，被四处挪动，被进入伊丽莎白海边住所的各位新旧情人观赏。

在大苏尔附近景色壮观的卡梅尔高地，米高梅花费3.5万美元建造了劳拉住的由玻璃和木头构成的房子，可以俯瞰大海，是展示大自然美景和伊丽莎白美貌的完美之所。（整部电影花费了米高梅500万美元。）伯顿夫妇（伊丽莎白现在喜欢被称为伯顿夫人）到达卡梅尔高地，带着一大帮随行人员——他们的四个孩子（迈克尔、克里斯托弗、丽莎、玛丽亚），伯顿的御用化妆师鲍勃·威尔逊和他妻子，一个厨师，以及所有的律师和秘书。

编剧彼得·巴尔特（Peter Bart）参观了这个地方，他注意到，不像伯顿夫妇在巴亚尔塔港、多伦多、纽约和波士顿引发的极度疯狂的场面，他们在卡梅尔和大苏尔地区的影响微乎其微。也许这是因为当时蒙特利尔爵士音乐节正在火热进行中，吸引了当地明显更加成熟理智的市民们的注意力。巴尔特写道，伯顿夫妇租了"该地区最大的房子之一"，可以出现在当地的商店、酒吧和餐馆而没有人围观。

当年10月5日，《好莱坞报道》称米高梅公司准备去巴黎拍摄六个星期《春风无限恨》的内景。两个月之后，它们再次报道说去国外拍片是为了保护理查德·伯顿日益增长的财富，因为"如果整部电影都在本地拍摄的话，他最后的实际收入将会比开始时要少"。所以伯顿夫妇乘坐伊丽莎白女王号离开，住进了巴黎的兰开斯特酒店。他们现在真的成了"税收流亡者"，在美国或者英国逗留的时间一次不能超过几个月，这样才可以不用偿还数额巨大的税单。伯顿在英国要按最高税率交税，但是如果他一年内在英国居住的时间不超过九十天的话，他就可以持英国护照，作为"非常住居民"而极大减少要交的税款。作为美国和英国双重国籍的公民，如果泰勒不停地变换住所，也可以享受类似的税收优惠。

顺便说一句，卡拉巨大的雕塑放在玛丽皇后号上恒温的特等舱里，用船运到巴黎，并且向伦敦的劳埃德保险公司投保了10万美元。它享受的是宗教圣像一般的待遇，当它平安到达法国后，有专门为其制作的一部短片，还有为巴黎的媒体举行的一次"特别的揭幕仪式"。

1965年7月影片公映后，并没有被广大观众接受。《纽约客》称之为"一部乏味的、糊涂的、语无伦次的、含糊不清的傻电影"。《生活》杂志轻蔑地嘘着嘲笑道，伯顿夫妇第二次尝试在大银幕上表现他们那不道德的情感。据报道，当伯顿饰演的身心备受煎熬的校长说出"我已经失去了所有的罪恶感"时，一些观众大笑不止。《星期六评论》(*Saturday Review*)揶揄其为"混乱的自吹自擂的陈词滥调和老掉牙的大俗套"。几年以后，特朗博抱怨他这出"不错的、结构严谨的戏剧"被伯顿夫妇的富丽堂皇弄得失去了原有的意味（伊丽莎白"换了二十二套服装"，剧组还建了"一座价值8.5万美元的单层小屋"）。但是这部美感十足、出手阔气的影片确实有噱头，尤其是伯顿和伊丽莎白的出演，他们俩之间发生的故事也使得这部影片更令人激动。

除了画面优美、高成本投入、演员的精彩表演之外，该片的主要问题是缺乏真实性。在大苏尔地区，已经有一个规模虽小但是发展迅速的反主流文化群体。《春风无限恨》试图反映美国社会正在兴起的一些社会现象——诸如"垮掉的一代"、嬉皮士、性解放、爵士发烧友、异教徒、自然主义者和多才多艺的自由思想家等，随着时代的发展，他们将会走到舞台的中心。这部电影的问题就在于，在明奈利过于雅致的执导下没有找对方向。在原著中,劳拉·雷诺兹是一个蔑视社会行为规范的画家,她拒绝嫁给她儿子的父亲,并且随心所欲寻欢作乐。这一角色应该说非常适合伊丽莎白,但是看起来她错误地将之演绎成一个反传统习俗的、原型女性主义艺术家。她既像女王一样非常迷人,也性格暴躁,对一个陷入困境的画家来说,她的"画室"过于豪华,足可以上《建筑文摘》(*Architectural Digest*)了(正如一位评论家写的,按1965年的货币计算,这样一个屋子"任何一个穷人居然都有可能花四五万美元买下来")。1965年的伊丽莎白·泰勒太出名了,以至于人们无法将其与剧中角色等同起来,她的奢华、光彩夺目的美貌和日益发福的身材使得她不适合扮演这类"二十世纪六十年代活跃时髦的"新兴美国妇女形象——性冒险、无愧疚感、有时候双性恋,充满某种快乐的天真——这种精神后来由年轻一代女演员表现出来,如朱莉·克里斯蒂(Julie Christie)、瓦妮莎·雷德格瑞夫(Vanessa Redgrave)和简·方达(Jane Fonda)。伊丽莎白或许引领了性方面的巨变,但是与她32岁的年龄相伴的是五次婚姻、四个孩子、三十一部电影以及世界范围内的声名狼藉,她的经历太多,以至于不适合演一个"新女性"形象。她是一个女王,然而在接下来的三十年间,合适的女王式的角色极为罕见。

伯顿表演得更好。由于对剧本不满意,他修改了台词,但是很难知道他在最终的剧本中做出了多大的贡献。然而,当休伊特博士坦承"我多年前就背叛了自己"时,这句话让人想起马克·安东尼的那句"这是我自己造成的——最终的背叛"。理查德没有想到的或许是在银幕上再次体会抛弃希比尔的那种感觉。他充满愧疚——因为离开希比尔和他的两个女儿,特别是离开了最需要他的杰西卡,以及在此之前离开自己的生身父亲,他也因此远离了作为威尔士人的身份特质。现在,出于一种挚爱亲情,或者说是补偿,他在塔尔伯特港和庞什迪分了兄弟姐妹们数千英镑,通过年度支票和圣诞礼金的方式资助他们的家庭。他帮助兄弟们脱离了矿上的生活,同时也能够减轻自己内心因逃离家庭而产生的愧疚。他给弟弟格雷厄姆谋得了一份当替身演员的工作,还雇他一直尊敬的哥哥艾法来给他在塞利尼的房子看门,在跟希比尔离婚后他仍然保留了这套房子。他甚至让布鲁克·威廉姆斯（Brook Williams）——他以前的老师埃姆林·威廉姆斯的儿子——当自己的助理，但是这还不够。现在，在银幕上再次体验当初的罪过是进一步的折磨，在某种程度上，通过性、金钱、名声和酒精能够缓和这种负罪感。

至于伊丽莎白的精神负担，她在《春风无限恨》里有一段具有启示性的演讲，是发自内心的演绎。当试图向休伊特解释她对男人不信任的原因时，她坦承："当我12岁的时候，男人们都盯着我看，试图接近我……我已经被男人们宠坏了，但是我并不爱这种方式。"她紧紧粘住伯顿，就像以前粘住迈克尔·托德一样，这并不奇怪，因为她认为在所认识的男人中，只有这两个人爱她的方式跟她理想中的一样。

尽管有一些轻蔑的言论（一些人冷言冷语地指摘伊丽莎白那暴露的乳沟和她在拍电影期间与日俱增的体重），《春风无限恨》还是赢得了巨大的利润，获得了1400万美元的票房，超过了米高梅公司的年度巨片《琼楼飞燕》(The Unsinkable Molly Brown) ——该片由伊丽莎白以前的"情敌"黛比·雷诺兹主演——这也证明了"性"至少可以赢得票房上的巨大成功。观众无法停止通过观看影片来重温这对夫妇当初那震惊世界的通奸带来的刺激。

当在巴黎的时候，伯顿夫妇占据了兰开斯特酒店的两层楼，作为他们"四海为家的孩子们"的房间——调皮捣蛋的迈克尔和克里斯托弗，丽莎·托德，还有4岁大的玛丽亚·伯顿，她仍然要接受髋关节手术。在塔尔伯特港陪伴他们的家庭教师保罗·内莎姆金也住在一起，他对孩子们被父母忽略，并交给一个"年老的女家庭教师"表示了担忧。当他们偶尔来看望一下孩子们时，更多的像"一次王室成员的临幸"。伯顿觉得男孩们住在寄宿学校里比跟着他居无定所的父母一起环游全世界要更好，但是伊丽莎白想要全家人在一起。

根据吉亚尼·博萨奇（Gianni Bozzacchi）的说法——他在接下来的十年里将会成为伯顿夫妇的朋友和家庭摄影师——伊丽莎白想让伯顿把杰西卡带回家，可以在家里雇一名护士来照顾她。毕竟，他们已经被一大帮助手环绕着，现在这些人包括迪克·汉利和他的男性伴侣约翰·李（John

Lee），伯顿的服装师鲍勃·威尔逊和他的妻子，伊丽莎白的化妆师罗恩·伯克利，保镖和前拳击手博比·拉萨尔（Bobby LaSalle），法国司机加斯顿，当然，还有男家庭教师、女家庭教师和一名住在家里照顾玛丽亚的护士。伯顿夫妇能够雇佣得起这些人。他们成立了两家公司，每年能给他们带来大约5000万美元的版税和薪水——相当于现在的3.5亿美元。

但是伯顿拒绝让伊丽莎白把杰西卡从长岛的保育院带走，她一直在那里被照顾。因为希比尔不同意这样做。博萨奇认为，或许，杰西卡的存在是希比尔和理查德之间的唯一联系，这也许是她为什么不放弃杰西卡的原因。也许杰西卡无法离开保育院生活，但是对于伊丽莎白而言，与坚韧和精明相伴的，是她对受伤的人或物总有一种温柔的情怀。她知道伯顿为杰西卡的命运感到痛苦，并且因为除了经济上，在其他方面无法照顾到她而自责。

因此，伯顿只能拍戏、挣钱、忧郁、喝酒，还患有抑郁症。"'抑郁'①——这非常'威尔士'。"身为半个威尔士人的英国演员迈克尔·约克（Michael York）回忆起他在二十世纪六十年代中期认识的伯顿时如此说道［他们将会在弗朗哥·泽菲雷利（Franco Zeffirelli）的《驯悍记》（*The Taming of the Shrew*）里结识］："他是那一代演员的翘楚，就像因自我毁灭而闻名的彼得·奥图尔一样，那是他们气质的一部分。他们看起来像是拴在一根绳上的蚂蚱。"伯顿用威尔士语单词"hiraeth"②来描述他的情绪低落，他将其翻译成"对难以形容的东西的渴望"。布拉格将其称为"一种无法理解的悲伤……许多对生活持有现实态度的醉酒诗人般的忧郁"，就像伯顿心目中的英雄狄兰·托马斯一样。布拉格认为，伯顿的一些朋友注意到他除了血友病以外，还患有轻度癫痫，因此怀疑他由于药物作用失衡而导致"内分泌失调"。所以，在所有东西中，酒精作为自我治疗的一种方式，只能加深他的精神抑郁。

伊丽莎白在巴黎为伯顿买了三十七套专门定制的服装，或许是使他振

---

① 原文"The Black Dog"，在英语中，有抑郁、沮丧之意。——编者注
② 该词含义复杂，在英语中没有直接对应的单词，大致可理解为带有悲伤的思乡之情，或为失去或离开的某人、某物而伤感，又或是某种渴望。——译者注

作起来的一种努力。她很乐意送给伯顿这些礼物。

1965年1月，夫妻俩搬回伦敦，在他们最喜欢的酒店——公园大道的多切斯特酒店——住了下来。他们受到了酒店管理人员玛乔丽·李（Majorie Lee）的欢迎，对伯顿夫妇来说，玛乔丽·李是必不可少的人。她使得"火车准点运行"，当他们在伦敦的时候，为他们预留餐厅里的位置、帮他们把威尔士的亲戚们接来、确保套房里有他们所需的任何东西。她还能确保只要伯顿夫妇需要，任何时候都有房间，哪怕这意味着为了给这夫妇俩提供住宿需要撵走王室成员。

伯顿将出演《柏林谍影》（The Spy Who Came in from the Cold），与曾经一起合作过的演员，同时也曾是他情人的克莱尔·布鲁姆一起，伊丽莎白对此并不高兴。她知道他们曾经的恋情，知道他曾经爱上过这个女演员。而在伊丽莎白之前，这是唯一一段曾经威胁到伯顿与希比尔的婚姻的感情关系。

像伊丽莎白一样，克莱尔·布鲁姆是个黑发美女，也是一名优秀的女演员，但与伊丽莎白不同的是，她是在伦敦的话剧舞台上成名的。她第一次见到伯顿是1949年在《这个女人烧不得》的试演中，该戏由约翰·吉尔古德执导，于伦敦西郊外中心地区的沙夫茨伯里大街上的环球剧院上演。年轻的伯顿和她一起参加了试演，仅仅是坐下这个举动他就给了克莱尔留下了深刻的印象。四十六年后，当1995年布鲁姆撰写自传《离开玩偶之家》（Leaving a Doll's House）时，她回忆起她第一次见到伯顿的情景："……甚至是今天我仍然记得他坐在椅子上的样子和他的麻脸、绿色的眼睛。他是一个极其优秀的男人。"他当时23岁，是一个即将结婚的人。这出戏剧连续上演了十一个星期，两位演员一见钟情，甚至在伯顿与希比尔婚后他们也仍然私下来往，而希比尔偶尔会去看一场演出。"在帷幕垂下很长时间之后，"布鲁姆写道，

> 伯顿会为我背诗，直到深夜，他对诗歌博闻强识。他在我的屋里坐着，恰到好处地坐在床边的椅子上，我安静地躺在床上，热烈地听着他那美妙的声音。除了我每天晚上在舞台上渴望得到

的纯洁的吻以外，我们从未互相触摸对方，没有任何其他的身体接触。然而，我们毫无疑问已经深深坠入爱河了。

在巡演期间，他们继续着这种纯洁的关系，伯顿保持了对希比尔的忠诚。几年以后，在滑铁卢路的老维克剧院，布鲁姆与伯顿一起演了四部莎士比亚戏剧，开始饰演奥菲莉亚，伯顿则饰演哈姆雷特。（在27岁时，他还饰演过包括私生子菲利普、托比·培尔契爵士、亨利四世、卡列班、奥赛罗和伊阿古等一系列角色，确立了他在同时代演员中的超群地位。）这一次，他们旧情复萌。

当时，理查德已经在好莱坞有了第一份工作，携"情圣"之名归来。他们在她母亲家里约会，伯顿在晚上偷偷进来，天亮之前离开；有时候在日场演出和夜场演出之间，他们也会在老维克剧院的化妆室里做爱。当伯顿和希比尔再次前往好莱坞时——伯顿要去拍摄《断肠花》——他们就互递情书，伯顿有时候会一天写两封情书。在一封情书中，他写道："我没有看到过另外一个这样的女人。对我来说，此前从来没有过。你已经完全改变了我。我差不多已经成熟了。"在与演员罗德·斯泰格尔（Rod Steiger）结婚前，布鲁姆最终烧掉了伯顿写的大部分情书。罗德·斯泰格尔也是一位杰出的、阳刚气十足的演员，像伯顿一样在与抑郁症做斗争。

作为一个情人，"理查德温柔体贴，"布鲁姆写道。他们时断时续的罗曼史持续了五年。最终，由于伯顿不会离开希比尔，而对于一个二十多岁的年轻女演员来说，地下情意味着要承受太多。他们的关系结束了，但是布鲁姆后来写道，伯顿是"唯一一个让我热烈地献出自己全部的男人。从他的身体、思想、声音当中我都感受到太多的欢乐。对我来说，仅仅他的到来就是一份我需要深深感谢的礼物"。

然而，当她和伯顿再次互相演对手戏的时候，她的感情将发生改变。这一次是出演托尼·理查森（Tony Richardson）改编自约翰·奥斯本有关家庭生活的尖刻而严肃的戏剧《愤怒的回顾》。该戏引领了一种新的戏剧形式，取代了占据西郊外剧院的在上流社会流行的客厅喜剧和戏剧。伯顿饰演一名典型的"愤怒青年"吉米·波特，布鲁姆饰演他的情人海伦娜。

她原以为能够与伯顿旧情复萌。结果，她冷不丁进屋却撞见伯顿与年轻的女演员苏珊·斯特拉斯堡抱在一起——他们俩1957年出演在纽约公映的《永恒的记忆》(Time Remembered)时就有过一段短暂的旧情。这一事件使得两人的关系最终结束。布鲁姆写道，她自责再次被这个已婚的、有女人缘的男人吸引。他们分开得相当苦涩。(在苏珊·斯特拉斯堡名为《永恒的记忆》的个人传记中，她回忆道，在这出戏开启了她的戏剧生涯后，她躲在化妆间的盥洗室里，目睹了布鲁姆和伯顿的拥抱。这一情景让这名19岁的女演员回到酒店中，受到极大打击、满怀羞愧。)

尽管很失望，布鲁姆还是看到饰演吉米·波特的伯顿才华横溢——实际上，这是天生的。

> 饰演吉米的时候，伯顿能够利用自己对于社会不公的感受，能够让他想起大萧条时代、想起家庭的贫穷、想起他的兄弟们因常年在威尔士煤矿井下工作而患病。理查德非常清楚他很幸运，能够脱离体力劳动。然而，我一直认为他缺乏信心，纵然他的家族成员都很坚韧；我还觉得他相信演员的生活是"轻松且容易赚到钱的"，他已经被他的职业阉割了。

或许这是他直到认识伊丽莎白之前都在持续不断追求女性的原因之一。

1965年1月，布鲁姆和伯顿因为出演改编自约翰·勒卡雷(John Le Carré)的第一部畅销小说《柏林谍影》而第四次相会，影片由曾经上过"黑名单"的导演马丁·里特(Martin Ritt)执导，在伦敦的谢伯顿制片厂拍摄并在都柏林出外景，这不是一段愉快的经历。在布鲁姆看来，伯顿再次改变了。1965年，他已经世界闻名，在事业的顶峰，成为片酬最高的男演员，娶了"世界上最美丽的女人"，但是她觉得他并没有实现早期的伟大承诺。她告诉专栏作家塞拉·格雷厄姆(Sheilah Graham)，伯顿"除了体型之外，没有任何变化。他仍然喝酒、夸夸其谈，仍然迟到，仍然背诵同样的诗作，讲着23岁时就已经在讲的故事……很明显，他将成为一位巨星，但与一位伟大的演员还无法相提并论。他混淆了两者"。然而，当看到他在《柏林谍影》中饰演的那个穿着雨衣的、厌世的亚历克·莱马斯后，她改变了看法，称其表演"精彩之极"。

一次在伦敦与马丁·里特和克莱尔·布鲁姆吃过午饭后，伯顿在日记中写道，他开始怀念当年克莱尔"紧张，但是有魅力"的时光。真正的问题不是来自布鲁姆，而是来自伊丽莎白的嫉妒。布拉格写道："伯顿夹在二人中间，那是针尖对麦芒的较量。"为了避免让人产生不必要的联想，布鲁姆在片中角色的名字甚至由"利兹"改成了"南"。早先，当让伊丽莎白出演克莱尔的角色的动议提出时，人们都认为她太出名而无法令人信服地饰演一位图书管理员——她将会使得整部影片失去平衡。

布鲁姆观察道："泰勒对我再次出现在理查德的生活中感到非常不爽。随后，当我们在一起拍对手戏的场景中，她总是在场。她命令似的喊着'理查德'（如果声音不算刺耳的话），伯顿就会小跑到她身边。"在拍摄期间，伊丽莎白总是大声呼喊理查德的名字，克莱尔有时以模仿这些喊声为乐。布鲁姆认为，她"对我在周围感到相当不舒服"。伊丽莎白也许害怕这个年轻的女演员仍然钟情于她的露水情人。她相信伯顿吗？

布鲁姆也观察到喝酒已经开始损害伯顿的身体。"我以前所知和所爱的那个结实的矿工之子，他身上强健的肌肉不见了。"她注意到伯顿的手轻微颤抖，只能通过中午饮酒来治疗。她还认为他对诗歌的惊人记忆力已经不如从前，在拍摄时需要在重要的地方放上提示卡。然而，作家弗兰克·德莱尼（Frank Delaney）不同意后一种看法。拍摄《柏林谍影》期间，他与伯顿夫妇在一起，他对伯顿记忆伟大文学作品的能力印象深刻——"不仅仅是你意料之中的莎士比亚和威尔士的诗歌，我记得还有《廷特恩修道院》（*Tintern Abbey*）中的大量内容，乔伊斯（Joyce）的《尤利西斯》（*Ulysses*）开头的章节，一章接一章，他背得滚瓜烂熟。"

德莱尼还注意到伯顿尤其因为抑郁而心情沉重。也许是亚历克·莱马斯这一角色本身影响了伯顿的心情。这是一个幻想破灭，在不择手段的间谍活动中被人利用的小卒，与詹姆斯·邦德那不切实际的迷人形象形成鲜明对比。另外，或许克莱尔·布鲁姆和伊丽莎白之间的紧张关系使得伯顿与她们两败俱伤。而且无论到哪儿周围都有一大群伊丽莎白的粉丝,这让理查德意识到无论他在银幕上如何杰出,伊丽莎白都比他更胜一筹。一次与勒卡雷[大卫·康威尔(David Cornwall)的笔名]在酒吧午餐时,伯顿处在一种极度自怜的情绪中。他对勒卡雷诉苦道:"我再也不能来酒吧了。伊丽莎白比女王还有名。我希望这一切都不发生该多好。"勒卡雷观察道:"他们不是生活在婚姻中,而是生活在公众中。酒店里就好像是在举行喊叫比赛。"

在拍摄间歇,伯顿带泰勒冒险离开前往威尔士去重新寻找自己的根,这通常能够使他心情好转。他们住进皇后酒店,在加的夫阿姆斯公园,伊丽莎白戴了一顶红色礼帽——这是威尔士的传统颜色。他们为威尔士橄榄球队击溃英格兰队而欢呼,随后又参加了激动人心的威尔士赞美诗《水煤浆朗达》(Cwm Rhondda)的合唱。直到他们回到酒店之前,这都是一个愉快的下午。他们一回到酒店就差点被因庆祝威尔士队胜利而过于激动的粉丝踩踏。陪同他们的格雷厄姆·詹金斯回忆道:"毫无疑问,这是我被失控人群围堵的最可怕的经历之一。人们不让我们出去。"伯顿夫妇已经习惯了拥挤的人群,但是这一次很像他们在波士顿时遇到的情景,也有点类似当年演《哈姆雷特》时舞台门外的情景。威尔士的传奇橄榄球星海顿·梅恩沃林(Haydn Mainwaring)飞速冲进酒店的厨房,在人群中为伯顿夫妇打开了一条道路,把他们救了出来。

在塔尔伯特港,伯顿特别自豪地炫耀自己那性感的妻子,把她展示在蜂拥至酒吧的健壮的威尔士矿工面前。其中一个人伸手掐了一下伊丽莎白的屁股,她回过身来使劲打了他的下巴,这也把伯顿逗乐了。他们过得非常开心。伊丽莎白热爱威尔士人民,感到在他们中间就像是回家一样。对于像伊丽莎白这样常年在外漂泊的人来说,在塔尔伯特港度过的亲密时光使她感觉像是在家中。

与往常一样,他们带了一大堆礼物去拜访伯顿的姐妹们。伊丽莎白已经习惯了给她们一大包她不穿的衣服——从罗迪欧大道①的商店里买的电影明星穿的缀有闪光饰片的丝绸礼服，她们会穿着这些衣服去庞什迪分和塔尔伯特港的市场。然而，伯顿的姐姐希尔达·欧文斯回忆道，当伯顿夫妇事先未打招呼就来的时候，让他们和村里都感到很为难。无论何时伯顿夫妇坐着戴姆勒汽车回来时，"都是当地的一桩大事"。她回忆说，除了媒体和BBC的记者，"有几大车的人来看他们，而他们是如此好客，邀请他们中的许多人到家里。甚至汽车司机……即使媒体记者都能来。"一旦回到家中，伯顿最喜欢的就是在钢琴上弹奏赞美诗，与兄弟姐妹们用威尔士语交谈。他的姐姐们会做他最爱吃的威尔士传统食物熔岩面包和醋栗甜果馅饼。

这次短暂的旅行使得伯顿心情好了很多，甚至考虑重新回到英国定居，即使这样意味着要按照英国那令人恐惧的税率交税。他已经厌倦了拎着手提箱、疲惫地游走在一个又一个酒店里的日子。然而，他和伊丽莎白还是飞回都柏林，住进格雷斯罕酒店的复式套房，继续在当地拍摄《柏林谍影》。他们再一次被大批粉丝围堵，之所以有这么多人，部分原因是伯顿夫妇住的酒店附近一条街上的电影院里正在放映《埃及艳后》（他们能够通过窗户看见影院巨大的天幕）。

这对他们来说并不是段快乐的时光。天阴沉沉的，伯顿参演的这部影片的主题、格调和影像都是阴郁的。玛丽亚·伯顿出麻疹而病倒，不幸的事情开始接踵而至。他们忠诚强壮的司机加斯顿·桑斯在一次射击事故中失去了他16岁的儿子。桑斯跟随伊丽莎白十二年了，曾经是自由法国突击队被授勋的战斗英雄。是伊丽莎白鼓励了他，并且陪他到巴黎处理儿子的后事。（他后来承认："如果没有伊丽莎白，我不会去的。"）在巴黎，伊丽莎白住的酒店房间里价值5万美元的珠宝失窃。事情变得愈发糟糕了。回到都柏林后，桑斯有一次开车撞死了一个行人，伊丽莎白就在车上。3月12日在洛杉矶，伊丽莎白67岁的父亲弗朗西斯·泰勒突发中风。伊丽

---

① 罗迪欧大道是洛杉矶市最高档、最精美的服饰商业街，这里聚集了世界闻名、最受公众欢迎的国际顶级大师的设计作品。——译者注

莎白连忙飞到加利福尼亚，回到父亲身边。在回都柏林前，她待了一个星期以安慰母亲。她父亲最终转危为安，尽管没有完全康复。当遭受打击时，伊丽莎白总是有能力处理各种局面，只有当她感到厌烦和觉得受冷遇的时候她才会紧张。

伯顿继续在拍片的同时大量喝酒。约翰·勒卡雷观察道："他雨衣的口袋里有一瓶威士忌，或许另一个口袋里还有一瓶。"有一次，他们在都柏林大街上拍摄夜景，其沉闷阴郁的气氛足以代替柏林外景地，这时伊丽莎白突然出现。勒卡雷回忆称："这是都柏林最大的群众场面——有消防队、警察、群众演员，但是仍然处在可控状态下。突然——加斯顿驾驶着白色劳斯莱斯出现了……伊丽莎白也在车上，看起来像一个百万富翁。她坐车来到了片场！现场人群失去了控制，朝她涌来。"伯顿被抢尽了风头，而且他的注意力也被分散了。他朝人群大喊："天啊！那是我的小女人！"然后迅速跑向汽车，坚持要求伊丽莎白离开现场。她照做了，伯顿才得以结束夜场的拍摄。伊丽莎白再一次证明了自己的影响力。"没有人来到现场时能像伊丽莎白·泰勒那样引起轰动。"小萨米·戴维斯如是说。她这次证明了这一点，以后还会再次证明。

在三个月的拍摄期间，伊丽莎白和克莱尔只见过一面，那是伯顿要请克莱尔和勒卡雷到格雷斯罕酒店吃晚饭。对于伯顿和勒卡雷这样两个健谈的人来说，这有点像一场枪战，他们轮流讲故事，以期胜过对方。在吃到一半时，伊丽莎白起身回到屋内。很快，内部通话系统里就传来她的声音，像往常一样大声召唤，要理查德到她床边来。她终于还是发作了，对被人忽视感到很生气，一场争吵因此产生。

这不是伯顿夫妇第一次当着客人们的面针尖对麦芒地争吵。一个多小时前，勒卡雷被叫到伯顿夫妇的套房里，因为伊丽莎白想见见这位流行间谍小说作家。他到了之后，发现伯顿独自一人在巨大的客厅里，椅子旁边堆了一大堆书。他进入房间后，听见内部通话系统里传来伊丽莎白的声音。

"理查德？"

"亲爱的，有什么事？"

"到底是谁在那儿？"

"那个作家。"

伯顿进房间去请伊丽莎白,勒卡雷回忆道:"他们大吵大闹了一场,还有拍巴掌的声音,等等。所有的声音都是通过内部通话系统传出来的。最后她穿着好像是邮购来的毛茸茸的宽松长罩衫出现了,光着脚,屁股很大,但是特别可爱,非常迷人——那双美丽的眼睛在生活中比在银幕上更美丽。她给了我一个小女孩般的握手。"

在勒卡雷看来,理查德·伯顿一帆风顺的事业中已经没有激情了。"我感觉这对他来说不再有乐趣——曾经是很有乐趣的——他以前是走一路打一路,但是现在已经不需要这样了。"伯顿自始至终都是里特心中饰演亚历克·莱马斯的第一选择,但是勒卡雷原来认为詹姆斯·梅森或者特雷弗·霍华德(Trevor Howard)或许更符合要求,因为在他看来,他们看起来更加厌世。但是,当几个月之后,勒卡雷在荷兰的席凡宁根的海滩上看见伯顿时,看起来如此"堕落"的伯顿让他大吃一惊。伯顿那放荡不羁的外表使得他非常适合饰演被打倒的亚历克·莱马斯。无论是不是精心打扮,这一形象都很适合他。而且这一形象也会使他更适合下一个角色——他最伟大的,同时也是充满争议的角色——爱德华·阿尔比的《灵欲春宵》中那位惧内的、永远都令人失望的乔治。

3月,影片即将杀青时,伊丽莎白住进了医院。脆弱、易生病的体质和频繁受伤使得她经常病倒。伯顿很愿意照顾她、当她的依靠,她也尽情享受着伯顿的关爱。事实上,她很感激,清楚知道病房使得伯顿多么担惊受怕。伯顿在日记里写道他"整天为她担心",还表露了想跟伊丽莎白生个孩子的强烈愿望。当她与迈克尔·托德结婚时,脊椎受伤使得她必须把两根脊椎骨接合在一起,前几次怀孕引起的并发症使得她再次生育会面临很大风险,但是他们显然希望再做一次外科手术使得伊丽莎白能够怀孕。

影片终于拍完了,他们摆脱了长时间的紧张拍摄状态,带着四个孩子偷偷溜到里维埃拉[①]。摆脱了公众的骚扰和拍片时的艰苦环境,对他们来说是无上的幸福,就像伯顿在日记里写的:"在骑术训练学校看了他们

[①] 南欧地中海沿岸度假胜地。——编者注

骑马之后，我们带着迈克尔、克里斯托弗、丽莎一起四处漫步。丽莎和迈克尔骑得非常棒，但是克里斯托弗开始有点紧张。我通常不喜欢看到别人丢脸，就带着玛丽亚去河边散步。"伊丽莎白不想让克里斯托弗感到局促，也跟他们一起离开了骑术学校。在孩子们的陪伴下，理查德看起来找到了真正的慰藉，他们下了好几个小时的棋，长时间散步。他很高兴收养了玛丽亚，让她跟自己的姓，他觉得跟玛丽亚和丽莎之间有特别的纽带。仅此一次，他不需要做一个擅长讲故事的健谈者、一个没完没了的艺人，展示令人眩目的博学和机智。他可以只做他自己。曾经的橄榄球运动员理查德，可以在家里跟孩子们一起打闹，表演他们喜爱的莎士比亚戏剧中的部分场景。

伊丽莎白也对她的孩子们跟理查德的关系感到欣慰。迈克尔和克里斯托弗遗传了他们母亲的蓝紫色眼睛和黑睫毛。克里斯托弗吹奏长笛，看起来像英国歌手和吉他手尼克·德雷克（Nick Drake）。伊丽莎白回忆道，他一开始对理查德怀有敌意，但是最终"扑到理查德的怀里吻他"。玛丽亚跟理查德特别亲近，她日后出落成了一个高挑、健美、优雅的姑娘。丽莎遗传了她父亲那倔强的下巴和炯炯有神的眼睛，跟伊丽莎白一样喜欢小动物，尤其喜欢小马。伊丽莎白称她为"一个有主见的人"，喜欢"照顾理查德"。伊丽莎白观察到，虽然她从未了解自己的生父——当她几个月大的时候，迈克尔·托德就遇难了——但是丽莎的"行为举止，举手投足的样子、耸肩的样子"都非常像他。她长大后成为了一名艺术家，以擅长雕刻马而闻名。

当伊丽莎白在隔壁房间睡着了时，理查德给她写了一封未注明日期的信，信中描述了与伊丽莎白和"我们可爱的、亲爱的丽莎"一起度过的充满欢乐的夜晚，他使丽莎"咯咯地笑……几乎到了歇斯底里的程度（那是你要求我做的）"。另外，他还描述了给伊丽莎白的脚按摩的情景："你有一双多么难看但可爱的脚啊，这同样非同寻常。别打我，因为只有婴儿的脚才好看……"他在结尾处写道："我所知的最伟大的发明是一个有着极佳才华的了不起的人，名为伊丽莎白·泰勒·伯顿。多么伟大的主才能创造出她啊？"结尾处的署名是"（坚定不移的）里奇"。伯顿对伊丽莎白的孩子们真诚的爱是他们之间最深的纽带之一。

　　1965年4月，因为前一年在《雄霸天下》中的出色表现，伯顿获得了奥斯卡奖提名。这是他第三次获得提名，但是最终败给了雷克斯·哈里森的《窈窕淑女》(*My Fair Lady*)，"马克·安东尼"再一次输给了"恺撒大帝"。虽然令人失望，但是在即将跨入40岁的门槛之前，他还有更高的高度需要攀登。虽然他已经在票房号召力上超过了伊丽莎白，但是他永远都无法比伊丽莎白更加有名，被更多的人喜爱。未被提及的问题是，他们的结合对伯顿来说是利大于弊还是弊大于利？伯顿最好的、票房最高的影片《雄霸天下》、《巫山风雨夜》和《柏林谍影》都没有跟伊丽莎白一起演。实际上，《柏林谍影》戏剧性的高潮可以看成是伯顿在精神上与伊丽莎白之间关系的象征。他的角色莱马斯在为了抵达安全地带的最后冲刺中爬上柏林墙，他爬上去后又回来帮助自己的爱人南翻越。突然，南被一个德国士兵开枪射中。伯顿迟疑了很长时间，东德的探照灯光打在他冷峻的脸上。他是应该离开南，自己奔向自由？还是试图去救他的爱人，让自己注定在劫难逃？
　　莱马斯——伯顿——从墙上跳了回来。

第六章　谁害怕伊丽莎白·泰勒?

"我就是乔治。"
——理查德·伯顿

"让我们面对它——我的生活通常缺乏尊严。"
——伊丽莎白·泰勒

虽然第三次与奥斯卡奖失之交臂,但伯顿表现得很大度。毕竟,他已经凭《断肠花》和《圣袍千秋》获得过提名,而且极有可能因为《柏林谍影》中的精彩演出再获提名。凭借他在百老汇饰演哈姆雷特获得的无比成功,以及他在电影中愈加含蓄的表演技巧,他怎么可能不再次被提名,进而获奖呢?他在等待良机。

然而,当1965年6月,伯顿得知36岁的希比尔·伯顿嫁给了24岁的摇滚歌手乔丹·克里斯托弗(Jordan Christopher)时,他的心情很复杂。他很高兴看到希比尔的生活有了新的变化,但同时这又是对他自尊的一次打击——自己在希比尔的生活中被一个24岁的摇滚歌手取代。伯顿自己喜欢说威尔士人是世界上最聪明的人种之一,他们在任何事情上都有天赋,却无法克服中年发福。他已经40岁了,年轻时的调皮捣蛋已经被庄重举止所取代,一方面,一种沉重感让他有时看起来很苦恼,像是对自己的往事难以释怀;一方面,他也无法享受其人生和事业在世界范围内取得的巨大成功。

希比尔开始了新的生活。她在曼哈顿开了一家名为"亚瑟"的酒吧［酒吧的名字源于《一夜狂欢》（*A Hard Day's Night*）中的一句即兴台词，林戈告诉一个愚蠢的记者，他把自己的发型称为"亚瑟"。］乔丹·克里斯托弗率领的"飞车党"乐队（The Wild Ones）是一个驻场乐队。亚瑟酒吧在二十世纪六十年代是纽约最受欢迎的迪斯科舞厅。安迪·沃霍尔称："它是希比尔·伯顿·克里斯托弗的俱乐部。希比尔是一个快乐的、好交际的女人——每件事都很有趣！妙趣横生！玩得痛快！——她是一个充满活力的英国人，想让每个人都玩得开心。我在亚瑟酒吧里遇到过很多明星——索菲亚·罗兰、贝蒂·戴维斯——除了利兹·泰勒·伯顿。"［沃霍尔是伊丽莎白的一个早期崇拜者——从他体弱多病的童年时期，躺在床上阅读电影杂志时开始，沃霍尔就被伊丽莎白迷住了。他给伊丽莎白写过粉丝信。1962年，他在工作室"工厂"（The Factory）中制作的丝网印刷作品进一步神化了伊丽莎白，既有巨型的放大版报纸标题"艾迪·费舍尔和伊丽莎白·泰勒分手"，还有处在最美丽的青春年华的伊丽莎白的华美丝网印刷像。］

归根结底，希比尔已经从与伯顿公开分手的屈辱中走了出来。当她搬到曼哈顿和汉普顿，并且再次结婚后，不仅走出了阴影，而且生活得更加幸福。希比尔有广交朋友的天赋，与伯顿的很多老朋友都保持着良好关系——罗伯特·哈迪、埃姆林·威廉姆斯、菲利普·伯顿、斯坦利·贝克夫妇、雷克斯·哈里森，还有像德克·博加德（Dirk Bogard）、斯诺顿勋爵（Lord Snowdon）、玛格丽特公主这样的朋友，甚至还包括伊丽莎白·泰勒的发小罗迪·麦克道尔。相反，伯顿正在逐渐与以前的朋友们失去联系，因为泰勒的助理们越来越难以渗透。罗伯特·哈迪记得，在《柏林谍影》之后的几年里，他都无法突破泰勒的助理们，消息根本无法传到伯顿那里，因为伯顿那上层阶级的生活逐渐把他和曾经的亲密朋友们孤立开来。他承认："和这样一个令人惊异的大明星彻底地无可救药地陷入爱情，是一个可怕的处境，不是吗？"

当然，他在一定程度上与大多数朋友渐行渐远。因为，从跟伊丽莎白在一起开始,身边就有一大堆助理跟随他周游世界。这种处境非常艰难。当他到伦敦的时候,总是给我打电话说:"明天到多切斯特酒店来。"我总是会问:"明天那里会有多少人?"星期三和星期四都有大型聚会,但是星期五……"好吧,星期五过来吧,那天只有家里人在。"实际上那天有一百五十个人,还有比你能想象得到的多得多的鱼子酱。

尽管有男人的虚荣心,伯顿还是很高兴他不再需要付给希比尔生活费——更重要的是——他觉得将有更多的时间可以跟他非常喜爱的大女儿凯特在一起。与此同时,杰西卡被寄养在长岛的福利院里,伯顿几乎没去看过她(即使有也不多),他仍然对她现在的健康状况感到伤心和内疚。

1965年,32岁的伊丽莎白仍然令人吃惊地美丽,但是她那经常被人谈及的体重有时让她看起来有些中年发福。她没有很好地控制体重。伊丽莎白个子不高——仅仅只有5英尺2英寸——短腿、胸部丰满的沙漏形身材使得她很难挑选到合适的衣服,能让她那"吉布森女孩"[①]的形象看起来更漂亮。尤其是二十世纪六十年代的时尚完全变了,人们喜欢那些年轻的、双腿修长、胸部偏小的女性,这一新形象被伦敦卡尔纳比街上那些比伊丽莎白年轻10到15岁、穿着超短裙的野丫头样的模特们呈现出来,诸如崔姬(Twiggy)、简·诗琳普顿(Jean Shrimpton)和佩内洛普·特里(Penelope Tree)。到1965年,二十世纪五十年代那些家喻户晓的明星们——伊丽莎白·泰勒、索菲亚·罗兰、桃乐丝·黛(Doris Day)——被年轻的女演员们取代了:1965年,约翰·施莱辛格(John Schlesinger)凭借影片《春花秋月未了情》(*Darling*)击败了朱莉·克里斯蒂而赢得奥斯卡奖,而年轻的、野丫头样的简·方达在《女贼金丝猫》(*Cat Ballou*)里闪亮登场;接下来一年里,理查德·莱斯特(Richard Lester)的《一夜狂欢》推出了帕蒂·博伊德(Pattie Boyd)领头的一群穿着时髦的十几岁少女。

---

① 吉布森女孩:十九世纪末二十世纪初流行插图画家查尔斯·达纳·吉布森(Charles Dana Gibson)作品中的女孩形象,她们秀发如云、长相甜美、高个苗条又丰乳肥臀,被称作"吉布森女孩",也是被公认的理想美国女孩形象,至今在一些商品上都可以看到这类审美痕迹。——译者注

当然，变化没有发生得如此之快。仅仅两年前，沃霍尔注意到"布鲁克林区的女孩们看起来真是漂亮。那个夏天充斥着利兹·泰勒的'埃及艳后'造型——又长又直、乌黑闪亮的头发，额前有刘海，画着埃及人一样的眼影"。《一代情侣》在1963年上映时，植入了皮尔·卡丹相关时尚产品的广告，使得泰勒在电影里戴的那款非常迷人的白色貂皮帽迅速流行。但是到了1965年，伊丽莎白已不再引领时尚潮流。尽管穿着艾琳·莎拉夫设计的斗篷，但她在《春风无限恨》里饰演的放荡不羁的艺术家却无法令人信服。虽然年长的妇女仍然喜欢她、崇拜她，而且公众对有关伯顿夫妇的任何事仍然很好奇，但对于年轻观众来说，她的形象已经显得过时了。

为了避免与年轻的、更加性感的对手们竞争，伊丽莎白接下来在爱德华·阿尔比的《灵欲春宵》中饰演了一个邋里邋遢、人到中年、青春不再的大学老师的妻子玛莎，这是一个天才的选择。这出尖刻的戏剧讲的是一所新英格兰大学里一对自我摧残的教师夫妇的故事。由于不再节食，她那小巧玲珑的身材增重了25磅，在乌黑闪亮的头发外面戴上了一个灰白的假发。甚至以中年人的外表出现在《生活》杂志封面上时，她都尽职尽责，使其变成一种美德，借此向所有质疑她敬业程度的人们进行回击。是的，她是理查德·伯顿夫人，但是归根结底，她还是一名演员。

如果说伊丽莎白正在失去年轻一代的影迷，那么她更受自己的那些终身影迷的喜爱，特别是那些从"薇薇·布朗"时代就开始喜欢她并与她一起成长起来的女性。饰演爱德华·阿尔比作品中的玛莎，她将成为一位进入更年期的45岁女性，头发灰白、身体发福、充满悔恨。《灵欲春宵》将会打动那些伴随《玉女神驹》和《岳父大人》一起长大、一起走过30岁、40岁、50岁的女性观众。伊丽莎白还是那个伊丽莎白，但突然间变得又老又胖、生活失意、理想破灭、酗酒。伊丽莎白自己随后察觉到，在某种程度上，比起诸如玛莉莲·梦露（Marilyn Monroe）这样更引人注目的电影明星来说，女性观众跟她更能产生共鸣，因为梦露没有经历过更年期。梦露死于1963年，年仅36岁，仍然非常美丽、年轻。她没有孩子，看起来不食人间烟火，没有家庭，似乎总是需要别人来照顾。而在粉丝们眼中伊丽莎白是一个小女孩、一个纯真少女、一个年轻的妻子，直到现在成了玛莎——一个与平淡乏味的中年生活做斗争的成熟女性，受困于失望的婚姻，通过不断饮酒来消解自己的愤怒。在第一幕中，玛莎说了句"她非常不满意"，能引发二十世纪六十年代中期很多生活乏味的家庭主妇的共鸣。

作为一位专门把受欢迎的百老汇戏剧——诸如《音乐之声》(*The Sound of Music*) 和《西区故事》(*West Side Story*) 等——改编成电影的卓越编剧，欧内斯特·莱曼（Ernest Lehman）已经在好莱坞为自己赢得了巨大的名声。他为阿尔弗雷德·希区柯克写过《西北偏北》(*North by Northwest*)。他的职业生涯早期曾在伟大的编剧克利福德·奥德兹（Clifford Odets）帮助下，改编过自己的中篇小说《成功的滋味》(*Sweet Smell of Success*)。

当伊丽莎白在巴黎拍摄《春风无限恨》的内景时，莱曼首次与她接触，问她是否有兴趣饰演《灵欲春宵》里的玛莎。阿尔比的戏剧已经获得了五次托尼奖，由于其尖刻的台词和露骨的色情内容，而在百老汇轰动一时。莱曼在改编剧本的同时也为华纳兄弟公司监制该片。他想让伊丽莎白出演玛莎，这个泼辣的女人在一个喝得醉醺醺的夜晚，驱使两个不知情的客人来刺激她那长期忍气吞声、丢尽脸面的丈夫乔治。乌塔·哈根（Uta Hagen）和阿瑟·希尔（Arthur Hill）在百老汇饰演过这两个角色，阿尔比想过让贝蒂·戴维斯和詹姆斯·梅森在电影里演玛莎和乔治。帕特里夏·妮尔（Patricia Neal）也认真考虑过这个角色，但是，莱曼随后回忆道："当我看到为了看《巫山风雨夜》而排队购票的人群时（那还仅仅是伯顿一个人演的），我对自己说：'想象一下如果伊丽莎白·泰勒和理查德·伯顿一起出演的话，世界各地的每一座城市里排队购票的盛况吧。'"

在好莱坞，没有人见过迷人的电影明星会饰演一个人到中年、毫无魅力的玛莎这样的角色。起初，即使是伊丽莎白，当她第一次读剧本的时候，也"很不喜欢"这个泼辣的角色。然而，伯顿对阿尔比剧中的语言印象深刻。他说："你只要读开头的几句台词就会知道这是一出伟大的戏剧。"理查德同意伊丽莎白太年轻、太漂亮，不适合演这个角色，但是他们俩都觉得这将会成为伊丽莎白的《哈姆雷特》。他告诉伊丽莎白："你最好演这个角色，防止其他人演了这个角色之后引起轰动。"

难以解释的是，即使莱曼很欣赏伯顿的票房吸引力，但他并不是制片人最初选择饰演乔治的人选。他们讨论过不同的人选，如彼得·奥图尔和阿瑟·希尔。莱曼曾经属意过杰克·莱蒙（Jack Lemmon）和格伦·福特（Glenn Ford），但他们都推辞了，因为他们觉得这一惧内的、软弱的大学教授的角色会有损自己的形象。当泰勒把莱曼推向伯顿的时候，制片人首先用一堆恭维话拒绝了他，说相对于这个角色来说，伯顿太阳刚了。但是伊丽莎白清楚表明伯顿是她首选的合作者，莱曼才让他试镜。在看到试镜效果后，他仍然不确定伯顿是否适合这一角色。他告诉伯顿，正如自己所担心的，他"看起来都不对，太强壮了……正如我后来告诉他的，他看起来好像有四个睾丸"。

伯顿还击道："只有四个吗？"

莱曼确定他们"将不得不在伯顿身上做很多工作"。尽管如此，莱曼还是跟他的老板，华纳兄弟公司那专横的头儿杰克·华纳（Jack Warner）交换了意见，他们达成协议：付给泰勒110万美元片酬和总票房的百分之十，外加导演决定权，付给伯顿75万美元的固定片酬。现在，伊丽莎白对出演玛莎这一角色是如此热情——特别是能跟伯顿一起合作——她告诉莱曼："欧内斯特你知道，我演这个角色已经不图什么了。但是休·弗兰奇（Hugh French，她的经纪人）告诉我要说100万美元还不够。我们便宜你了，真的便宜你了！"她开心地咯咯笑着说。

他们首先想请罗伯特·雷德福（Robert Redford）出演玛莎勾引的年轻的生物学教授尼克，他拒绝了。随后，两位广受欢迎的百老汇演员乔治·希格尔（George Segal）和桑迪·丹尼斯（Sandy Dennis）出演了尼克和哈妮。那是一对婚姻并不和谐的夫妻，受困于整夜的玩笑和游戏之中。他们自己那不稳定的关系像一出滑稽插曲，折射出乔治和玛莎婚姻中的谎言和幻想。

在巴黎拍摄《春风无限恨》的内景的时候，泰勒、伯顿和莱曼就已经在地中海酒店共进晚餐时讨论过可能的导演人选。弗雷德·金尼曼（Fred Zinnemann）的名字被提出来，但是莱曼说他已经婉言谢绝，转而去执导保罗·斯科菲尔德（Paul Scofield）演的《良相佐国》。伯顿接下来建议亨利—乔治·克鲁佐（Henri-Gorge Clouzot）来执导，他以拍摄悬疑片而闻名，诸如伊夫·蒙当（Yves Montand）演的《恐惧的代价》（*The Wages of Fear*）和西蒙·西涅莱（Simone Signoret）演的《恶魔》（*Diabolique*）。

"你什么都不知道！"伊丽莎白开玩笑地对她丈夫说，还在他肩上打了一拳。"你曾拍过《冰雪国度》（*Ice Palace*）！"［指的是1960年根据艾德娜·费尔伯（Edna Feber）关于发现阿拉斯加的小说改编的极其糟糕的一部电影。］然后，约翰·弗兰肯海默（John Frankenheimer）的名字被提出来。他在拍了一系列成功的影片后正春风得意：《谍网迷魂》（*The Manchurian Candidate*）、《阿尔卡特兹的养鸟人》（*The Birdman of Alcatraz*）和《五月中的七天》（*Seven Days in May*）。但是莱曼说他已经见过弗兰肯海默，他坚持要把自己的名字出现在片名之前。

"去他妈的！"伊丽莎白回应。然后她问："但是有一个天才，你知道是谁吗？"

"谁？"莱曼问。

"迈克·尼科尔斯。"

"但是他从未导过电影。"莱曼说。

"我为他倾倒。"理查德承认。他们自从《卡米洛》开始就成为朋友了。

这是一个大胆的选择。在罗马时，尼科尔斯就是这对夫妇的好朋友了。他时年33岁，刚刚从跟百老汇签订的一份长约中摆脱出来——与人搭档演出嘻哈讽刺喜剧《迈克·尼科尔斯和伊莲·梅之夜》——执导了三部大为成功的百老汇戏剧《裸足佳偶》（*Barefoot in the Park*）、《不是冤家不聚头》（*The Odd Couple*）和《大桥奇遇》（*Luv*），但是他此前从未拍过电影——当然也没有排过涉及强烈情感的戏剧，虽然这是一部黑色喜剧。现在他正在跟这两个名人——两只宣泄情感的老虎——一起进入笼子里，来拍这部台词生动、涉及性心理内容、片中人一直滔滔不绝高谈阔论的电影，这些都远远超出了美国电影观众习惯的范畴。尼科尔斯后来说："一部电影就像一个人一样，你要么相信它，要么不相信。"

伯顿夫妇信任尼科尔斯，所有主演都坚信阿尔比戏剧的力量。伯顿解释说，自从在约翰·奥斯本的《愤怒的回顾》里出演吉米·波特后，乔治是他接受的"写得最成功的角色"。这一工作是如此具有挑战性，情感如此激烈，以至于伊丽莎白要求华纳兄弟公司的摄影棚对媒体封闭。

原名迈克尔·伊格尔·佩施科夫斯基（Michael Igor Peschkowsky）的迈克·尼科尔斯是社交名人，是纽约最抢手的单身汉。他当时同时充当格洛莉娅·斯泰纳姆（Gloria Steinem）和杰奎琳·肯尼迪身边的护花使者。实际上，据报道，在拍摄的第一天，肯尼迪夫人就曾打电话来祝他一切顺利。（从杰奎琳用《卡米洛》那有魔力的隐喻来描述她丈夫短暂的总统任期开始，这并不是她的生活第一次与伯顿夫妇发生交集。）一个华纳兄弟公司的管理人员说的话被广为引用："实际上，我们后来停止了一整天的拍摄——二十四个小时——正因为如此，迈克才能够飞往纽约与杰奎琳共进午餐。"

尼科尔斯带来的摄影师哈斯克尔·韦克斯勒（Haskell Wexler）用黑白胶片拍摄，以便着重表现在电影里反映出来的黑暗现实（同时也使得伊丽莎白的年龄妆看起来更可信）。伯顿对此并不高兴，担心刺眼的灯光会使得他脸上的痤疮疤痕看起来像月球上的环形山，但是尼科尔斯和韦克斯勒说服了他。

全体工作人员和演员随后将前往位于马萨诸塞州北安普顿的史密斯女子学院的校园里拍摄外景。场景是由布景师理查德·希尔伯特（Richard Sylbert）设计的，他参观了十八个校园和教职工住房，才设计出合适的场景，包括乔治和玛莎稍显破旧的两层房子里扭曲变形的地板、老旧的《凯尼恩评论》杂志（*Kenyon Review*）和吱嘎作响的书架。

第一天排练的时候，伯顿夫妇到达华纳公司片场，发现他们宽阔的化妆间里塞满了莱曼的礼物——好几束白玫瑰和铃兰、好几桶凯歌香槟葡萄酒、好几瓶苏格兰威士忌。看到那几束花，伊丽莎白很激动——她轻轻吻了一下莱曼的脸颊，说："有人知道我喜欢什么。"然后，如马克斯兄弟（Marx Brothers）的《歌声俪影》（*A Night at the Opera*）里特等舱的场景，他们的化妆间里很快就塞满了人——有公关人员约翰·斯普林格、经纪人休·弗兰奇和他的儿子罗宾，服装师鲍勃·威尔逊和萨莉·威尔逊、伊丽莎白的御用服装师艾琳·莎拉夫。与此同时，迈克·尼科尔斯在摄影棚里等着开始彩排。

迄今为止，尼科尔斯所有的导演经验都只在戏剧领域。他首先进行了冗长的彩排，就好像是在导演一出戏剧。片场出身的伊丽莎白此前从未经历过这种工作方式。她以前会熟悉台词、很职业地演出自己的风格，按照导演的要求去做、在深入角色表达情感之前静静等着导演喊"开始"。现在她不得不在彩排时就开始表演，但是这有助于伊丽莎白信任她的导演，虽然这是她第一次与跟她同龄的导演合作（尼科尔斯时年34岁）。然而，她的经验要比他丰富得多。《灵欲春宵》是她的第三十五部电影，却是尼科尔斯执导的第一部电影——选择尼科尔斯确实是一个勇敢的、凭直觉的决定。

原计划两个月的拍摄期变成了六个月，从1965年7月一直持续到12月。像《埃及艳后》一样，这部影片超出了预算，由于伊丽莎白的健康问题而不得不面临费用高昂的延期。这一次，她在跟一个侄子玩耍的时候眼部受伤。（这时候她的哥哥霍华德·泰勒已经成为一名海洋学家，已婚，有五个孩子，搬到夏威夷过着个人生活。）对伊丽莎白来说，这是一次辛苦、艰难的经历，因为这一高度情绪化的角色要求她表现出痛苦和狂怒，甚至一度要朝理查德/乔治的脸上吐口水。尼科尔斯经常让她重复几遍，一天她终于崩溃了，因为筋疲力尽和挫败感而哭泣。莱曼觉得尼科尔斯"对她特别严格，因为他想拍好这部影片，伊丽莎白需要最大的帮助。我们都承受了很大的压力，但是伊丽莎白真的是孤立无援。每个人都说她在让自己出洋相"。尼科尔斯想让伊丽莎白学会降低嗓音的音域，但是伊丽莎白拒绝了，告诉导演她是凭本能表演的，声音训练只会干扰她的表演。不过，她也充分意识到，在四个主演当中，只有她没有话剧舞台演出的经验，只是跟理查德一起在纽约进行过诗歌朗诵。

不知道因为何种原因，一切都进行得很不错！伊丽莎白将会奉献出她职业生涯中最伟大的表演。

泰勒、尼科尔斯和伯顿之间相处得非常融洽，互相搞恶作剧、玩填字游戏，每个人都想胜过对方。伯顿将其描述为为了调剂片场的紧张情绪而纵情于"一场小小的无害的狂欢中"。他通常要求尼科尔斯指出他背诵的诗歌的作者，例如：

> 不用再怕骄阳晒蒸，
> 不用再怕寒风凛冽；
> 世间工作你已完成，
> 领了工资回家安息。
> 才子娇娃同归泉壤，
> 正像扫烟囱人一样。

"A.E.豪斯曼（A.E.Houseman）？"尼科尔斯猜道。

伯顿反驳："莎士比亚的《辛白林》（*Cymbeline*）。"

伯顿半开玩笑地称他的导演是"一个令人不安的人。你不能迷惑他——他能看穿你。他是我所知的最聪明的人之一——我认识他们中的绝大多数。我很不喜欢他——他比我更聪明。"而对于泰勒，尼科尔斯就是一个单纯的崇拜对象。她习惯于骑自行车从八号摄影棚到化妆室，一次，她从自行车上摔下来，尼科尔斯救了她，抱着她回到摄影棚。"你每天都要抱着我。"她开玩笑地说。

"那我就要锻炼锻炼了。"他回答道，鉴于伊丽莎白为了这一角色增加了25磅体重。

莱曼在拍摄期间每天都记大量日记，对着录音机讲述，由一个秘书抄写下来。它们揭示出了在华纳片场一些日常生活的细节，那里是排练开始的地方。莱曼写道：

> 1965年7月6日
>
> 非常高兴的一天。伯顿夫妇和乔治·希格尔以及桑迪·丹尼斯上午10点半就到了，我们进入第二阶段。特别是，当我们中午在读剧本的时候，还有红玛丽鸡尾酒相伴。
>
> 下午1点，全体人员吃午饭。在我这张桌子的末端，我在跟桑迪和伊丽莎白交谈。大量的女人间的对话。伊丽莎白和桑迪在比较她们腹部的赘肉。桑迪声称她的肚子使得她看起来像怀孕了十二个月。

实际上，正如莱曼所记录下的，伊丽莎白很在意自己体重的增加。她想起在巴黎的时候，莱曼和迈克·尼科尔斯让她"为了玛莎这个角色尽可能多地增加体重"。这对伊丽莎白来说是个愉快的挑战，她兴致勃勃地吃着，不止喜欢吃鲟鱼鱼子酱和香槟酒，还喜欢干酪、炸薯条这样的美国菜，当然，还有贝弗利山查森餐厅的辣椒。她告诉莱曼，她已经狼吞虎咽地吃下了"一大堆奶油、黄油和甜食"，但是当她抵达洛杉矶的时候，尼科尔斯看了她那臃肿的身材一眼，然后告诉她要减掉10磅。

"听着，欧尼，"她说，"你明天一定要告诉媒体是你和迈克要求我为了这部电影增肥的。我不想让他们认为我之所以变胖、衣着臃肿，是因为我不知道如何打扮。"

莱曼的日记里也揭示了伊丽莎白在服用甲状腺丸，那也许是减重10磅的方法之一。一旦当她偶尔吃两片药，而不是一片的时候，用莱曼的话说，她就"兴奋起来"，而且伯顿也拒绝让她在午饭时喝红玛丽鸡尾酒。伯顿知道伊丽莎白目前正在经历一个艰难的时刻。他要照顾她，用自己的方式来帮助她调整自己的表演。莱曼注意到，当她在彩排时看起来"有点紧张"时，伯顿通常会走到她身边"轻轻吻一下她"，以打消她的顾虑。

一天，当玛琳·黛德丽出现在片场时，伊丽莎白的信心有一点轻微动摇。当那四个演员一展身手的时候，她在一旁静静地看着。结束时，黛德丽跑到伯顿身边恭维他，称他肯定能因自己的表演赢得奥斯卡奖。随后她又吻了伊丽莎白的脸颊，说："亲爱的，每个人都是如此了不起！你有足够的勇气跟真正的演员一起演出。"

伊丽莎白只是笑了笑。然后她说："是的，我确实是。玛琳，当我回家的时候，理查德和我就像兔子一样做爱。"

奇怪的是——欧内斯特·莱曼也注意到了这一点——影片里持续的家庭冲突对伯顿夫妇自己的婚姻起到了很好的缓和作用。玛莎这一角色要求伊丽莎白不仅要对乔治有大量的言语侮辱，还要对他拳打脚踢。两个演员忙着在银幕上打架——有一次，乔治把玛莎的脑袋砰的一下撞到了他们的车上。莱曼观察道："伊丽莎白喜欢打打闹闹，她不停地击打和拳捶伯顿。"

部分是由于她对身体的迷恋，还由于她需要她的男人进行还击。但是在真实生活中，伯顿夫妇坐在卡迪拉克车里回到贝尔艾尔镇霍姆比山卡罗尔伍德大道租住的别墅。在那里，他们可以在晚上跟孩子们一起百无聊赖地消磨时光，但是他们停止了争吵。因为伊丽莎白的角色消耗掉了他们的大部分争吵，现在，这一身体和情感上都很痛苦的角色满足了她不断发起挑战并不断受到挑战的需求。具有讽刺意味的是，饰演乔治和玛莎使得伯顿夫妇相互之间更亲密了。伊丽莎白回忆道："这是非常具有净化作用的。因为我们在片场就吵完了，回到家里就依偎在一起。"

尼科尔斯知道拍这部冲突激烈的电影必须要心甘情愿。与伯顿夫妇合作，他发现这是事实。他告诉《星期六晚邮报》(*Saturday Evening Post*)的记者："我一直都很惊讶伊丽莎白和伯顿是那么的优秀，……我爱他们。他们灵活的适应性、卓越的天赋、合作精神和相互之间的爱意势不可挡。我想不起来任何不愉快的事。比起这对闻名遐迩的伯顿夫妇，那些你可能从未听过的小演员更让我头疼——他们爱发脾气、骄傲自大，还爱哭鼻子。伯顿夫妇很准时，他们知道自己的台词，如果我有一些建议，伊丽莎白能一下记住十四处台词的改动，十二处地面标志和十处停顿……"尼科尔斯甚至不知用什么方式说服了伯顿去看样片，这是他自从1948年演《多尔温的最后时光》以来的第一次。伯顿通常无法忍受看见银幕上的自己，也从不看关于自己的评论，无论好坏。他对自己有一种憎恶感，再多的爱、欲望或者荣誉也无法完全让其缓和这种感觉。在看完银幕上那个可怜的乔治之后，他说："我没有像以往那样尖叫着跑出去。"在片中，乔治的自我消沉和他那过于强势的妻子毁掉了自己的梦想和希望。

在情感上，这对伯顿来说是一个困难的角色。在电影完成后很长时间，尼科尔斯回忆起："那些黑暗的日子伯顿过得多么艰难。就这么简单。在拍摄期间，他或许有八到十天是这样，表现出的形式各不相同。"举个例子，理查德告诉尼科尔斯："我今晚无法表演。"然后就转身离开。稍后，当他们在北安普顿拍摄时，玛莎和尼克在楼上卧室里做爱，导演要求伯顿要哭出来，伯顿做不到。他请求原谅，声称他必须在下午4点离开，去陪迈克尔和克里斯托弗，他们即将动身前往瑞士的学校。在好说歹说之下，他最终拍完了这一场景——而且演得非常精彩。尼科尔斯回忆道："现在回想起来，以我对酒徒性格的了解，我认为他要么是喝得太多，要么就是需要再喝点。他无法摆脱酒精，进而集中精力。"但是那是伯顿缺乏自信的老毛病又出现了，他的"hiraeth"，他的疏离感、渴望有家的感觉。

尼科尔斯观察到有时"他会被伊丽莎白辱骂，这让我们所有人都感到相当不快。这种情况并不常见，但事实是，发生过一次以后，每个人都很担心还会有另外一次。我并不担心理查德，"尼科尔斯说，"我只是对他说他是一个傻瓜。但不是在北安普顿的那天晚上，因为我看见他如此绝望和无力。当他告诉你他如此缺乏才能，并感到绝望时，你怎么能跟他说他是一个傻瓜呢？"

尼科尔斯注意到伯顿偶尔被伊丽莎白辱骂，莱曼也注意到伊丽莎白对待伯顿的方式就好像他真的是乔治一样。"她总是打伯顿。"莱曼说。实际上，尼科尔斯说所有的演员都陷入角色中不能自拔。当伯顿在片场换上服装，饰演无能的历史学教授时，他告诉莱曼："我就是乔治。乔治就是我。"伯顿长期以来始终有一个念头，如果他没有成为一个演员，他也会很乐意在一所中学或者大学里教"肮脏的孩子们"英语。后来，在北安普顿，伯顿把尼科尔斯和莱曼带到一边，给他们读关于狄兰·托马斯一本新的自传的书评，那是他刚刚给《纽约先驱论坛报》写的。他告诉他的导演和制片人，他已经写好了一篇题为《如果我是乔治》的文章。

或许伯顿对乔治这一角色能产生共鸣。玛莎透露，当乔治还是个孩子时，他失手打中了母亲，后来又在一次交通事故中杀死了他父亲。玛莎残忍地泄漏了他内心的情感挣扎和他羞愧的原因。伯顿再一次令人赞叹地饰演了一个充满自卑感的角色，在他的两段具有启示性的独白（或者称作"咏叹调"）中，他坦白了自己的过去。伯顿给出了或许是他那漫长且特别的职业生涯中最有影响力的表演。我们看到一个男人被幼年时最好的和最坏的记忆所影响——快乐的一天是在路边酒店里表现出的纯真友谊，为了让朋友们高兴，他孩子气地故意读错字；此后不久，悲剧性的一天到来，他怀揣驾照，为了躲避公路上的一头豪猪，在变向时意外地杀死了自己的父亲。这是一个极大的打击，伯顿在此处的表演让人着迷。如果你将伯顿对自己父亲的否认看成一种弑父的隐喻——那么伯顿就是乔治。他的这一表演肯定会让他获得姗姗来迟的奥斯卡奖。

虽然伊丽莎白在过度的化妆、过重的体重和戴着假发的情况下仍然试图让自己看起来很性感（尼科尔斯原想在她眼睛下面粘上橡皮泥以便看起来像黑眼圈，被她拒绝了），但是她完全沉浸于玛莎这个角色里了。她为自己对丈夫无休止的谩骂感到害怕；她发明的骂人话极其搞笑（"我是大地之母，所有的男人都是失败之作！"）；当跟乔治抱在一起而乔治生硬地拒绝了她做爱的要求时，她很令人同情；当最终除去所有的幻想，独自面对孤独和悔恨时，她又令人心碎。在一个场景中，借助于阿尔比的台词，伊丽莎白似乎闪现出自己的个性光芒：在旅馆的停车场，他们打斗得最激烈的时候，她冲着乔治大喊："我嗓门很大，我很粗俗，我在家里穿裤子是因为不得不穿，但我不是一个怪物。"

在那个场景中，停车场那刺眼的霓虹灯无情地照在夫妇俩身上，就像监狱里的探照灯一样在检视着他们婚姻中每一个隐藏的角落，不放过任何一处。

1965年8月下旬，全体工作人员和演员抵达了北安普顿的史密斯学院［顺便说一句，这是希尔维娅·普拉斯（Sylvia Plath）[①]的母校］。校长托马斯·C·门登霍尔（Thomas C Mendenhall）起先还在犹豫是否要把校园供拍摄用，因为阿尔比的戏剧有损大学形象（"性乱行为在这里是全民运动"），但是华纳兄弟公司支付了15万美元，对打消他的顾虑很有帮助，然而，史密斯学院并不愿意出现在影片结尾的鸣谢名单中。

华纳公司雇佣了七十名警卫，而不是通常的五名警卫，来保卫伯顿夫妇，让他们在拍摄期间不被打扰，但是这没有用。尽管狂风大作、暴雨如

[①] 普拉斯（1932—1963）出生在马萨诸塞州一个中产阶级家庭，8岁就开始发表诗歌。普拉斯的诗以简约口语和怪诞象征坦率抒写个人隐私、内心创痛、犯罪心理、自杀情结和性冲动，是女性自我表达的典范，后因无法忍受丈夫的背叛，在精神失常中开煤气自杀。她的天才在生前并未受到应有的关注，仅有一部诗集《巨人》出版。直到死后诗作才陆续出版，影响力逐渐扩大，受到国际文坛追捧。——译者注

注,仍然有四百人成群结队地去湖边伯顿夫妇租住的房子周围吵着要签名,把这座森林覆盖的宁静小镇变成了威内托大街。警卫根本不起作用,他们根本无法保卫他们的临时住所。伊丽莎白快步跑到莱曼和尼科尔斯租住的维多利亚时代风格的房子里,认为尼科尔斯下榻的豪宅更适合他们。尼科尔斯一直都很好说话,收拾好东西就搬走了,伯顿夫妇在四个星期的拍摄时间里一直住在这里。

为了与电影里的真实时间一致,影片完全在夜间拍摄,晚上开始,白天结束。即使这样,村民们整夜都在拍摄现场周围,试图瞥一眼这对世界上最著名的夫妇,但都被警卫挡了回去。这是一种情感消耗——在夜间工作,宣泄出阿尔比极具破坏性的对话,躲避潜伏在四周的粉丝们带来的无法避免的压力。一个雨夜,在湿透的北安普顿草坪上,伯顿在练他的台词时,追忆往事,回忆起有关他早期在《德鲁伊的休息》(*The Druid's Rest*)里初次登台的角色的相关评论,那时他只有18岁。《新政治家》(*New Statesman*)的评论家们写道:"在一个令人讨厌的角色里,理查德·伯顿表现出杰出的能力。"或许,他饰演的乔治给他带来了另一种遗憾,那就是在实际生活中没有经历过这种生活。正如伯顿抱怨的:"我也许可以成为一名传教士、一名剧作家、一名学者、一名律师或者其他什么人,"如果不是为了那些赞美的评论,"我才不会成为演员这种奇怪的东西,坐在这个名叫北安普顿的世界僻静角落里,喝着兑奎宁水的伏特加,等着熟悉下一段台词。他,那个人,有太多责任要担负了。"

但是下雨天、艰难的拍摄使得伯顿夫妇互相之间更加亲密了。"我生命中从未有过更快乐的时光。"伊丽莎白后来在谈到《灵欲春宵》的时候说。9月23日,全体工作人员返回纽约结束为期五个月的拍摄进程。

回到加利福尼亚后,伯顿已经40岁了。在华纳公司的摄影棚里为他举行了一个盛大的庆祝宴会。摄影棚的大门旋转打开,在那里,伊丽莎白给她丈夫的礼物用巨大的红丝带包好了:一辆白色奥兹莫比尔·托罗纳多牌汽车。他对导演开玩笑般送给他一只小狗当礼物有点不高兴,这使得他们那日益壮大的私人动物园中又多了一张嗷嗷待哺的小嘴。他后来给了尼科尔斯四只装在笼子里的老鼠以示报复,这四只老鼠代表乔治、玛莎、尼克和哈妮。

1965年12月13日，在八号摄影棚结束所有拍摄后，尼科尔斯送给泰勒一对镶红宝石和钻石的耳环。他们互相交换着贵重的礼物：伯顿夫妇给了导演一对大卫·韦伯（David Webb）的黄金袖扣，给了莱曼一本1633年初版的弗朗西斯·培根（Francis Bacon）的《学术的进展》（*The Advancement of Learning*）。然而，他们给制片人最好的礼物是不让他为超支负责。为了额外的两星期拍摄，大约超支了100万美元。或许他们知道，在拍摄期间，他们已经完成了一些重要的事情，就像伊丽莎白早先开玩笑说的，她拍这部电影不图什么。

在拍摄早期——差不多从第一天开始——人们就已经知道伊丽莎白选中了一枚价值8万美元的胸针，希望杰克·华纳送给她，还有一件大卫·韦伯的珠宝，希望莱曼送给她。但是他们俩都不同意。华纳发牢骚说："我付给了她100万美元，100万，外加总票房的百分之十。让她自己去买胸针吧。"莱曼是个有点大惊小怪并且很胆小的人——他声称如果他给伊丽莎白买了一件如此昂贵的珠宝，他妻子一定会跟他离婚。莱曼在日记中写道："我确实告诉过她我曾想过给她买一只小狼崽。她高兴得叫了起来。"但是伯顿对他很生气。

他告诉紧张的莱曼："你这个婊子养的。你随便说点什么都可以不用给伊丽莎白礼物。"随之而来的是，伊丽莎白毫不掩饰地提醒莱曼她希望从他那里得到什么。一天，她戴着马丁·兰索霍夫送给她的一串直径9.5厘米的珍珠项链出现了，"因为《春风无限恨》的票房成绩如此喜人"。但是莱曼并没有妥协。

不仅仅是伊丽莎白体重增加，桑迪·丹尼斯也重了20磅，最终检查结果表明她怀孕了。莱曼担心这会影响拍摄，但是1965年12月1日，当他看到样片时，所有的担心都消失了。

……我终于知道在样片上哭泣是什么感觉了。我从早到晚独自一人在看这部电影。那是玛莎谈论她那"非常、非常漂亮的儿子"的场景。哈妮在一旁听着，慢慢的，她的眼睛里充满泪水，流淌到脸颊上。最后,她哭着说:"我想要一个孩子!我想要一个孩子!我想要一个宝宝!"这触动了我。

我回到片场,然后看见桑迪·丹尼斯,我告诉她,她的表演是多么的棒。我也给伊丽莎白打了电话,并且感谢她让我哭了。

十二天后,莱曼送给伊丽莎白一个项链坠。"她绝对很激动。"莱曼写道。但是十九天后,桑迪·丹尼斯流产了,失去了她的孩子。

《灵欲春宵》于1966年6月22日在好莱坞首映,并在纽约标准剧院举行了两位伯顿的慈善团体的义演:理查德·伯顿的国家血友病基金会和菲利普·伯顿的美国音乐戏剧艺术学院。750万美元,这是好莱坞历史上最昂贵的黑白电影,它那令人震惊的、露骨的台词全然不顾好莱坞的道德准则。尽管全国天主教电影办公室对影片的台词和性内容感到不满,杰克·华纳还是努力设法让电影得以上映。他提出:"18岁以下观众只有在家长陪同下才能观看这部电影。成年人也将被告知影片的主题也许会令人困惑,它的语言会令观众不快。"放映商必须签署一份合同,同意这一政策。事实证明,华纳的方案逐步瓦解了老一套的审查制度《制片法典》,为稍后不久生效的更加灵活的分级制度铺平了道路。

这部影片得到了绝大多数人的高度赞扬,伯顿夫妇获得了英国电影学院奖的提名。伊丽莎白也获得纽约影评人奖的最佳女演员奖。虽然一般认为伊丽莎白给出了职业生涯最佳的表演,但是绝大多数评论家都将最高的称赞给了理查德。《新闻周刊》(*Newsweek*)称赞伯顿的表演是"一个奇迹……他拥有一位伟大演员的独立影响力,完全与角色融为一体,就好像世界上没人听说过理查德·伯顿一样"。《村声》(*Village Voice*)将他的表演描述成拥有"英雄式的镇静",其他演员可以将其当成教科书。"伯顿简直是在振翅高飞……不可捉摸的讽刺闪烁在他被完美地毁坏了的脸上。如果没有伯顿,这部电影将会遭遇无法忍受的票房冷遇。"

伊丽莎白、理查德、乔治·希格尔和桑迪·丹尼斯都获得了奥斯卡奖提名。伊丽莎白的表演光芒四射,似乎能把墙上的油漆都烤焦,这平息了一切关于她的质疑之声。她不仅仅是一个"电影明星",还是一名严肃的、第一流的电影演员。第一次，理查德和伊丽莎白看起来已经在表演技巧方面转换了位置：伊丽莎白的表演是戏剧式的，而理查德则抑制感情，含蓄地饰演了乔治。他的沉默寡言是衬托伊丽莎白的一种方式，也为她掌握了节奏。简言之，这是他给妻子的礼物。

公众持续对伯顿夫妇疯狂崇拜。无论何时他们外出旅行，人们都围在他们周围，有时他们的痴迷会引发危险。伊丽莎白像通常一样，能够应付自若，但是理查德发现这令他越来越无法忍受。从心底里，他是一个非常内敛的人，更愿意花上几个小时来读书。现在，写日记占据了他越来越多的时间，他试图写一个短故事或者一篇小说。他随身携带着一个装有所有莎士比亚作品的箱子。他无法忍受电话铃声，很少接听电话。伊丽莎白提醒他，如果人们消失的话，情况将会更加令人烦恼，因为那意味着他们不再受欢迎，但是这不会使理查德不适的情绪有所缓和。

为了满足（同时也是继续吊起）公众的胃口，哈珀与罗出版公司（Harper & Row）为出版伊丽莎白的传记《伊丽莎白谈伊丽莎白》（*Elizabeth by Elizabeth*）而向她支付了25万美元，该书由传记作家理查德·梅里曼（Richard Meryman）写成，1965年11月出版发行，并在同月出版的《妇女家庭杂志》（*Ladie's Home Journal*）上刊登了大段节选。伯特·斯特恩的《妇女家庭杂志》刊登的封面选用的仍然是伯顿夫妇在婚后第一年和激情澎湃的第三年照的照片，伊丽莎白画着"埃及艳后"的眼影，脸上露出满意的微笑，胳膊保护性地和占有性地搂着理查德。她还展示了那令人惊讶的闪闪发光的订婚戒指和镶满钻石的结婚戒指——当然，那是伯顿的礼物。伯顿坑坑洼洼的脸上的表情则是无动于衷、难以捉摸的。

这本书被批评为内容苍白，但是《妇女家庭杂志》摘录的那部分倒是充满魅力、轻松活泼、带点自嘲，非常讨人喜欢。伊丽莎白为她那不遵传统的选择而辩护，承认了许多年轻时犯下的错误和误判。读者想不喜欢她都不行，特别是该书写于——或者说是口述，由梅里曼把她的想法记下来印成白纸黑字——她嫁给伯顿之后令人陶醉的几个月间，而那时伯顿凭借《哈姆雷特》彻底征服了百老汇。她怎么可能不高兴之极？毕竟，她赢得了跟媒体的战争，已经忘却了公众对她和艾迪·费舍尔离婚感到的愤怒、关于《埃及艳后》的负面评论、梵蒂冈教廷和美国众议院的谴责、侵犯隐私的狗仔队以及"利兹和迪克"的小报故事。由于伯顿站在她这一边，她已经获胜了。她实实在在展现出来的是生活之乐，以及她那充满斗志的精神，尤其是她的感激之情。

她对许多事情都出人意料的坦率——在她和迈克尔·威尔丁的两个孩子出生之后，她的演艺事业"是如何成为挣钱的唯一方式的。常年扮演天真无邪的少女已经很难让她产生兴趣"。一些被揭露的真相被从书里删去——例如，在偷情最疯狂的时候，艾迪·费舍尔曾拿着枪站在她旁边；当第一次偷情时，伯顿告诉她他厌倦了戏剧表演，现场表演的所有兴奋感已经离他远去了。伊丽莎白删掉了这些内容，因为她觉得这是在控诉希比尔无法启发伯顿的灵感，她不想让希比尔难堪。她还从书里删掉了关于黛比·雷诺兹为了迎合米高梅公司的宣传机器，扮演了一个委屈的妻子的角色，而他们三个人早就知道，在很大程度上，费舍尔和雷诺兹的婚姻是被安排的海市蜃楼。

伊丽莎白放出话来，她对她和伯顿过的这种四海为家的生活感到顾虑。（"我们必须停止四处漂泊，让孩子们能够上一所固定的学校、有一群朋友、一匹小马以及所有的狗和猫。我非常渴望,那样,我就能挂起我所有的油画,理查德也能出版所有他想写的书——我就有一个家可供打理了。"）她还承认担心她的电影明星地位对孩子们造成了伤害。（"不，我们为你感到极其自豪。"伊丽莎白告诉我们，这是他们的回答。）

她乐于贬低自己那让人难以忘怀的美貌，特别是引述伯顿"不通情理的取笑！他会对一个记者称我为'贴心的好姑娘'，然后会说一些关于我的双下巴和短粗腿的话，最后会说'她像普通人一样吃早饭。有时她是如此普通，以至于我都想离开她'"。伊丽莎白总是认为艾娃·加德纳、莱娜·霍恩（Lena Horne）和她自己的女儿丽莎·托德更漂亮。她始终认为杰奎琳·肯尼迪很优雅，其高贵典雅平添了几分妩媚。她写道："我已经够漂亮了。我容貌上引人注意的部分是我的白发。我给它们都起了名字，它们都叫伯顿。"

或许最让她的粉丝吃惊的是，她并不排除她和伯顿将在"几年后半退

休"的可能性:"我想理查德将最终放弃表演,成为一个严肃的作家。"接下来有一段关于她和伯顿在一起快乐的私人时光的描述:

> 我最喜欢我们在晚上独处的时光,我们咯咯笑个不停,讨论着书、世界大事、诗歌、孩子们、我们第一次见面时的情景、存在的问题、白日梦、真实的梦想。甚至我们之间的打闹都很有趣。有时看着理查德尽情动怒也是一种享受——他像炸弹一样爆开——火光四射,墙壁在颤抖、地板在回响……最重要的是,我非常想取悦理查德,而不是被取悦。

他们这段令人反感的爱情终会被原谅,甚至是被美国人原谅。毕竟,这导致了一桩真诚的婚姻——亲密无间、比翼双飞——伯顿夫妇看起来已经找到了,到目前为止,距离他们结婚一周年纪念还有四个月。伊丽莎白继续描述了她和伯顿之间的神秘纽带,回忆起两次夏加尔(Chagall)[①]式的灵魂出窍的经历:

> ……例如,一次是在船上,当他穿过餐厅朝我走来时,还有一次是在一个派对上,他迷住了一群人。我可以说有那么一点自我分裂,好像正在向上漂浮,并且同时向下看,清楚明确地看着我们俩,像夏加尔的油画一样。然后一阵颤抖、一阵激动,通过我的整个身体……仿佛就像是我第一次见到他一样,再一次爱上了他。

[①] 马克·夏加尔(1887—1985)俄国油画家、版画家和设计师。他的作品依靠诗意力量而非绘画逻辑规则把来自个人经验的意象与形式上的象征和美学因素结合到一起。——译者注

第七章　婚后感情

"我没法像刚才那样说这些话，但是我真心想这么做。"
——伊丽莎白·泰勒

"我们整天都生活在聚光灯下。"
——理查德·伯顿

在拍摄《春风无限恨》和《灵欲春宵》之间，伊丽莎白跟蒙哥马利·克利夫特通过多次电话，试图让后者振作起来，跟她一起搭档。当伯顿小心翼翼地站在《哈姆雷特》的舞台上的时候，克利夫特的职业生涯已经几近结束。他一直在与酒精和安眠药做斗争，实际上已经没人会让他演什么了。当1961年，他和玛莉莲·梦露一起演《乱点鸳鸯谱》（*The Misfits*）时，梦露已经说过："蒙蒂的状况甚至比我还要糟糕。"1964年，他变得十分消瘦，体重降到了100磅，伊丽莎白对他的模样感到震惊。

克利夫特是伊丽莎白最亲密的朋友之一。他在《郎心似铁》里跟伊丽莎白一起奉献出精彩表演时，他们的关系就已经很紧密了。该片由乔治·史蒂文斯（George Stevens）改编自西奥多·德莱塞（Theodore Dreiser）的小说《美国的悲剧》（*An American Tragedy*），米高梅公司把伊丽莎白借给派拉蒙公司演这部影片。伊丽莎白认为，是克利夫特在电影中首先采用了深入角色生活和内心的体验派表演方法，而不是马龙·白兰度（Marlon

Brando),或者詹姆斯·迪恩(James Dean)。她回忆道:"虽然我们被媒体非常浪漫地联系在一起,但从一开始,我就感觉到蒙蒂被自己的性别和性取向撕裂开来了。"在拍摄该片期间,他们产生了一段互相关爱和持续终身的友谊。当蒙哥马利离开伊丽莎白和迈克尔·威尔丁位于本尼迪克特峡谷的家,驾车撞上电话亭而遭遇车祸后,他们之间的友谊更加深了。

实际上,伊丽莎白在1956年的那个晚上救了克利夫特的命。她爬进撞毁的车里,从克利夫特喉咙里抠出两颗掉落的牙齿,在救护车到来之前轻轻地把他的头抱在怀中。克利夫特获救了,但是以前那个忧郁帅气的男演员却遭到了毁灭性的面部伤害,脸部受伤使得他的面部表情僵硬、轻微毁容。1959年,当他和伊丽莎白一起出现在《夏日痴魂》里时,看起来像幽灵一样。

在《哈姆雷特》巡演期间,伯顿夫妇偶尔会跟克利夫特一起吃饭,有时在他那位于东六十一街的房子里,有时在剧院周围的餐厅。伯顿和克利夫特经常暗地里较劲。有一次,理查德看着伊丽莎白,对他说:"蒙蒂,伊丽莎白喜欢我,但是她爱你。"克利夫特从未告诉过伊丽莎白他对理查德的真实看法,那就是,他妒忌地称伯顿为"一个冒牌演员"。

尽管如此,理查德还是建议他们三个合演一部欧内斯特·海明威(Ernest Heimingway)的《麦康伯桃色案》(*The Macomber Affair*)的重拍片,但是克利夫特对这个提议并不感冒。伊丽莎白则在考虑跟克利夫特一起演其他影片,例如电影版的《俏冤家》(*The Owl and the Pussycat*)。他们总是能让对方哈哈大笑,两人早就想在一起拍一部喜剧片了。

克利夫特那出生于奥地利的经纪人罗伯特·兰兹(Robert Lantz)建议他们出演改编自卡森·麦卡勒斯同名小说的电影《金色眼睛的映像》。麦卡勒斯是兰兹的另一个委托人,那是一本关于欲望和性压抑的南方哥特式小说[①]。克利夫特饰演威尔登·彭德顿少校。他其实是一名同性恋军官,迷恋上了一个年轻的列兵,而那个列兵则迷恋上由伊丽莎白饰演的少校美艳

---

① 美国南方文学是地方色彩鲜明的文学流派,南方作家们使用"哥特小说"技巧,抒写恐怖离奇的故事,描绘阴森的背景,渲染怪诞的氛围,刻画身体畸形、精神变态的人物,勾勒出一个"哥特式的世界"。——译者注

的妻子利奥诺拉。

伊丽莎白同意出演利奥诺拉这一角色，但是七艺影业公司的制片人雷·斯塔克（Ray Stark）对要为克利夫特买保险感到非常紧张，坚持要他以房产作为担保。由于极度渴望工作，克利夫特曾考虑这样做，但是伊丽莎白阻止了他。然而，在纽约与克利夫特待了一段时间之后，伊丽莎白对她的一个新闻发言人承认："如果蒙蒂不很快工作的话，他将死掉。"

伊丽莎白胸有成竹。当她自作主张对媒体宣称她将要和蒙蒂一起出演另一部电影——那是自从1959年他们合作《夏日痴魂》以来的第一部电影——她事实上是在迫使斯塔克和七艺公司同意让克利夫特加盟该片。斯塔克恳求她再考虑考虑，但伊丽莎白告诉他"她会付那该死的保险费"，并表示愿意放弃她自己的百万美元片酬。

伊丽莎白不仅仅是在拯救一个亲密的朋友，她还试图让克利夫特重新开始自己的职业生涯，找到活下去的理由。不像理查德，伊丽莎白对麦卡勒斯施加的压力处变不惊。这是她无所畏惧的一部分——或者，即使她真的有所畏惧，也会很快被对她那些同为演员的同性恋朋友们的真挚感情所克服。正是这种真挚情感使得她在几十年后，成为世界上第一批倡导艾滋病研究、关爱艾滋病人的杰出人物。她请求理查德宣布不再对自己患有血友病和癫痫病而感到羞耻，这使她的所作所为令人信服。（她也提醒理查德，欧洲的王公贵族们跟他患有同样的疾病。）理查德那庞大的图书馆中没有一本书能够给他以勇气，来欣然接受这些建议。面对问题、解决问题，这是伊丽莎白处事的方式。在这一点上，理查德很感谢伊丽莎白。实际上，他的感激之情是如此深，以至于喝醉时，他甚至会因此而对她不满，然后会开始骂人。当理查德用他那美妙的嗓音说出这些脏话时，伊丽莎白会伤心哭泣。

克利夫特读了《金色眼睛的映像》的剧本，很渴望出演，但是当伊丽莎白告诉他理查德不仅仅想一起演这部电影，还想亲自执导时，克利夫特变得不安起来。他从不关心理查德的表演（他将其称为"朗诵"），这个阳刚气的威尔士男人让他感到不自在。他和罗迪·麦克道尔多次讨论过"可怜的理查德"（他们背地里这么称呼他）。他从未告诉过伊丽莎白——"贝西·梅"[1]——他对理查德的真实看法。他爱的是伊丽莎白,而不是"利兹和迪克",虽然理查德和伊丽莎白的职业生涯一起大步向前迈进的时候,他自己的职业生涯却在走下坡路,这一点深深刺痛了他。

当蒙蒂和伊丽莎白在一起时,或者长时间通电话时,他们会互相谈论身体受过的伤和所患的疾病。克利夫特觉得很有趣,他会说出伊丽莎白所患的一系列疾病:椎间盘突出、支气管炎、静脉炎、眼睛溃疡,做过气管切开手术……他们互相取笑。这是伊丽莎白和理查德共有的性格,但是克利夫特却不想跟理查德一样。

但是这两个男人在另一些事上有共同点:他们都爱贝西·梅。他们对她都很真心,欣赏她的聪明才智。她的感情生活对他们来说都意味着很多,他们真正把她当成一个人来对待。据克利夫特的传记作者帕特里夏·博斯沃思(Patricia Bosworth)说,他是"第一个认真把她当作一个有思想、有感情的人来对待的人"。理查德也以同样的方式全心全意对待伊丽莎白。但是在对待伊丽莎白/贝西·梅上的共同点并没有让这两个男人走得更近。据博斯沃思说,克利夫特甚至试图在信中写下他对理查德的看法,解释为什么他们俩无法在一起工作。然而,多亏了克利夫特那深思熟虑的秘书,这封信从未被投递出去。

无论如何,最终,理查德决定不演《金色眼睛的映像》。在伊丽莎白的帮助下,他已经能够坦然面对少年时的同性恋经历。伊丽莎白告诉他:"世界是圆的,征服它!你选择了我,不是吗?这是你自己做出的选择。我为此感到非常幸运。"但是或许麦卡勒斯的离奇故事使得理查德对这个角色感到很不舒服。不管怎么说,他不是刚刚柔肠寸断般地演了乔治这一角色吗?理查德不喜欢彭德顿少校这个角色,就像一个曾经读过剧本的经纪人描述的,那个角色是"一个三流滑稽演员"。虽然他从未承认,甚至也许从未意识到,他想演该片只是为了博得伊丽莎白的欢心。因此,将麦卡勒斯的小说改编成电影的计划确定下来,蒙蒂·克利夫特将演伊丽莎白的丈夫——这将是同性恋角色第一次出现在主流电影中。

---

[1] 克利夫特给伊丽莎白·泰勒起的昵称。——编者注

《驯悍记》于1966年三、四月间在罗马拍摄,那里是他们俩第一次成为"利兹和迪克"的地方,"不停吵闹的伯顿夫妇"在影片中呈现出的是更加积极乐观、性感迷人的新形象。由于他们经常受到所饰演的角色的影响,因此,能够在这部近乎闹剧的莎士比亚作品里展现他们之间那著名的打斗争吵,那真是上帝的恩典——或者说是天才之举。"公众不是喜欢看我们吵架吗?我们将会演给他们看!同时告诉他们婚姻的真正含义是什么。"

快到他们的第二个结婚纪念日了,他们已经充分意识到自己的私生活无论如何都将会暴露在众目睽睽之下。伯顿告诉《每日镜报》(*Daily Mirror*)的记者:"事实是,我们饱受煎熬,为了满足公众那渴望已久的白痴心理。我们通常会假装吵架,那纯粹是练习。我会说她丑,她会说我是一个无能的婊子养的胆小鬼……我喜欢跟伊丽莎白吵架,她裸体的时候除外……"他们互相大声说着各种愚蠢的、有侮辱性的表示亲热的话语,理查德称伊丽莎白是"梅布尔"①、"圆珍珠"、"小糖块"、"胡说八道的傻瓜"、"快手"和"一条过";伊丽莎白称理查德是"弗雷德"、"迷人的查理"、"老家伙"、"纵欲狂欢、疲惫不堪的威尔士男人"和"麻脸的威尔士男人"。他们在公共场合也不避讳。伊丽莎白得知有一对夫妻为了能够偷听到伯顿夫妇的"王室争吵",就住在他们下榻的丽晶酒店的套房下面。据说,他们爬上椅子,把空瓶子放在天花板上偷听。"好吧,他们听到了大量互相斥责的话,"伊丽莎白说,"但这两个笨蛋不知道那只是一次发音练习。"

伯顿夫妇深知对方的弱点:例如,理查德对伊丽莎白超强的挣钱能力和票房头牌地位非常敏感;伊丽莎白则对自己不断增长的体重敏感,理查德的酗酒也让她有挫败感。她对理查德说:"我想你应该去小睡一会。老家伙。你又在喝酒。我是说——这一次,喝解醉酒变成真的大醉一场了!"通常,他们之间的争吵是一种开玩笑地挑逗,或者是纯粹的自娱自乐,故意让人听到。在拍摄《灵欲春宵》的最初几个月里,伊丽莎白发现自己有

---

① 意为温柔、和蔼的人。——译者注

时候很难摆脱玛莎这一人物的影响。她承认,有时候"玛莎完全控制了我"。虽然在拍摄期间,他们俩私下里不再激烈争吵,但是就像伊丽莎白回忆的,有时候"理查德和我就要出门会朋友,我听见自己对他说:'看在上帝的份上,闭嘴。我还没说完呢。'第二天早上,我就会想:'那不是我,那是玛莎。'我需要努力重新做回自己。"

在二十世纪六十年代中期的美国,《寂寞小阳春》(Sweet November)和《已婚男人手册》(Guide for the Married Man)这样的影片中表现的对待婚姻的态度会遭到批评。在《寂寞小阳春》里,桑迪·丹尼斯饰一名"放荡"的女人,宁愿每个月都跟不同的男人在一起,也不愿意找一个生活伴侣。《已婚男人手册》则表现了生活在郊区的夫妻之间"摇摆"(即通奸的意思)的现象。

但是,伯顿夫妇总是能遥遥领先于时代潮流,使二人的婚后感情显得如此迷人和性感。在拍完《埃及艳后》之后的两年中,他们是如此声名狼藉、身临险境,以至于他们发现自己的一些老朋友都对他们敬而远之了,如雷克斯·哈里森和埃姆林·威廉姆斯。但是在《哈姆雷特》之后,伊丽莎白注意到,所有一切都发生了变化。"没有比成功更好的除臭剂了。"她当时说。她注意到人们对待她和伯顿的方式发生了变化。"我觉得理查德和我现在正在经历一个时代,很多人逐渐意识到我们不是妖怪。甚至有些人会喜欢我们诚实的态度。一些人甚至也许对事情的经过到底是怎么样的略知一二……"

但是她很快就注意到小报仍然"更感兴趣的是非法的爱情,而不是他们婚后的感情"。伴随着对"丑闻"无法满足的饥饿感,小报,甚至是主流媒体都需要满足这种癖好。它们刊登了一些报道,如《利兹合法结婚了吗?(当理查德摸我的时候,其他的一切都不重要了:她自己的故事)》。当找不到更吸引人的角度时,媒体就会炒作他们之间的争吵[《电影故事》(Photoplay)杂志称"利兹承认:伯顿正在用酒精毁掉我"。《星期六晚邮报》则称"理查德·伯顿对利兹说:我不爱你了"。]媒体又采用了新的手段。在巴黎兰开斯特酒店的贵宾室里,伯顿夫妇被一个摄影师和两个女人突袭。摄影师拍照的同时,那两个女人用德语说着什么。伯顿夫妇突然明白过来将要发生什么。

"那是玛丽亚的母亲吗?"伊丽莎白和理查德问道,担心他们的养女玛丽亚的生母被人带来见他们。

"是的,我是她的一个好朋友,我想为她翻译。"两个人中年轻一点的妇女说道。

"你不是她的朋友。"伊丽莎白大喊,"你是一个记者。在我杀死你之前滚出这里!"当理查德勃然大怒时,那个女人迅速离开了。伯顿夫妇把玛丽亚的母亲带到一边,试图安慰她,但是她只会说德语。幸运的是,伯顿夫妇的律师艾伦·弗罗施会说意弟绪语[①]和一点德语,他来为他们翻译。他们发现是一家小报把玛丽亚的母亲骗到了巴黎,声称这是伯顿夫妇的邀请,所以她能够见到自己的女儿,离开的时候也能拿到一些钱。他们到巴黎已经一个星期了,一直在寻找机会见到伯顿夫妇。摄影师也试图拍一张照片,他想拍的是玛丽亚坐在伯顿夫妇的劳斯莱斯汽车里,而她的生母则穿着破破烂烂的外套眼巴巴地望着曾经被她遗弃的女儿。"用这种方式利用那些可怜的人是多么残忍啊!"伊丽莎白对这一丑陋的事件感叹道。

媒体也非常重视伊丽莎白想永久移居英国的愿望,那是她出生的地方。《洛杉矶时报》写道:《伊丽莎白·泰勒试图放弃美国公民身份》;《洛杉矶先驱论坛报》错误地宣称:《利兹能像伯顿那样获得大幅度减税》。然而,《纽约时报》说对了。伊丽莎白有双重国籍,如果要放弃美国公民身份,她将不得不放弃效忠美国。她拒绝这样做,仍然持有美国护照(上面大大方方地印着理查德·伯顿夫人的名字)。她在自己的传记中写道:"我爱美国,我不会做任何忘恩负义或者会妨碍我回到这里的事。但是我不喜欢待在好莱坞。"他们在英国确实能够过着更为平静的生活,他们在那里能够毫无障碍地去酒吧,或者跟朋友们聚会,没有粉丝围观,也无人指责。更重要的是,伊丽莎白知道英国是伯顿的家乡,只要伯顿感到快乐,无论哪里她都愿意去。

1964年和1965年,他们继续激发着出版业的灵感,很快几本关于他们

[①] 意弟绪语属于日耳曼语系,全球大约有300万人在使用,大部分使用者是犹太人。——译者注

的生活以及生活方式的书被写成并出版了。前《电影故事》杂志的编辑露丝·沃特伯里（Ruth Waterbury），也是《银幕》（Silver Screen）杂志的创始人，出版了关于他们的两本平装本传记——《伊丽莎白·泰勒：她的生活、爱情、未来》（Elizabeth Taylor, Her Life, Her Loves, Her Future），以及此后很快出版的《理查德·伯顿：他的私密故事》。泰勒自己的书有助于澄清很多事情的真相，而伯顿则很高兴在1964年出版了自己的第一本短篇小说集《圣诞故事》（A Christmas Story）——一本受狄兰·托马斯启发的高度自传体小说，内容是关于他早期在威尔士的童年经历的。他写的关于遇见伊丽莎白的优美散文《与詹金斯夫人见面》（Meeting Mrs. Jenkins）最早刊登在《时尚》杂志上（《伯顿写泰勒》专栏），于1965年出版了精装本。

《驯悍记》是伯顿夫妇婚后共同出演的第一部电影，为哥伦比亚公司而拍摄。实际上，据理查德回忆，这也许是他们的第二部。他告诉《生活》杂志的记者："我们俩的'婚姻'应该是第一部。"被请来当联合制片人的是该片导演弗朗哥·泽菲雷利，他当时已经是一个著名的歌剧置景师了，特别是在他制作了布景华丽、规模宏大的作品《波希米亚人》（La Bohème）和《茶花女》（La Traviata）之后。伯顿也听说过他，因为他曾在老维克剧院执导了两部值得回忆的莎士比亚作品——一部是艺术成就极高、广受欢迎的《罗密欧与朱丽叶》（Romeo and Juliet），另一部则是约翰·吉尔古德主演的《奥赛罗》。在他导演生涯稍后的时期里，泽菲雷利还将导演两部改编自莎士比亚的更加具有视觉震撼力的、赏心悦目的电影作品，《罗密欧与朱丽叶》（1968年版）以及由梅尔·吉布森（Mel Gibson）主演的《哈姆雷特》。

在都柏林拍摄《柏林谍影》时，泽菲雷利飞来与伯顿夫妇见面，讨论他们出演彼特鲁乔和凯萨琳娜（凯特）的可能性。虽然他最早曾考虑过让索菲亚·罗兰和马塞洛·马斯楚安尼（Marcello Mastroianni）当主角，但是他从一个中间人那里得知伯顿非常渴望再演一个莎士比亚笔下的角色。

当这个意大利导演抵达伯顿夫妇在都柏林下榻的酒店时，他发现一家人都处在一种混乱无序的不寻常的状态中。伊丽莎白有了新的宠物——一只小小的、活蹦乱跳的非洲灵长类动物，名为"丛猴"。天知道她是从哪里找到这个小家伙的。这家伙在豪华套房里肆虐横行，撕碎了垫子和窗帘，打翻了台灯。它躲进卫生间，紧紧抓着热水管不放。伊丽莎白大喊着让理查德马上去救它，但他正在跟泽菲雷利深入讨论计划拍摄的莎士比亚作品。

"请你停下讨论你那该死的莎士比亚，帮我一把好吗？"伊丽莎白尖声说。

伯顿慢慢品着一杯饮料，大吼："请你别再跟那个讨厌的小怪物胡言乱语，来跟这个人谈一下好吗？他是一个卓越的莎士比亚作品的导演，或许有一天你会有幸跟他合作。你能不能对他好一点？"

"我不在乎他怎么看我，"伊丽莎白反驳，"我只想有人来帮我的小猴子一把。"

泽菲雷利说唯一能让伊丽莎白答应出演凯特的方法就是他去卫生间救出那只小猴子。小东西现在已经筋疲力尽，从热水管上被抱到伊丽莎白的怀里。这确实起作用。稍后，伯顿夫妇和泽菲雷利一起飞到伊丽莎白位于格施塔德的家中，在那里，他们深入讨论了这部影片。伯顿建议泽菲雷利与他的老师，同时也是他的养父菲利普·伯顿联系。

"我很想知道我是否要跟这个有点土里土气的威尔士书呆子讨论如何忠实保留莎士比亚作品原意这样细枝末节的问题。"泽菲雷利回忆道。幸运的是，他发现菲利普·伯顿是"一个温文尔雅、知识渊博的绅士，仅仅是因为太高兴了而没有听清我的想法，对我们计划做的每一件事都非常着迷"。尽管伊丽莎白明显缺乏兴趣，但是该计划还是得到了批准，加入了很多争吵的戏份。泽菲雷利记得，当伯顿称伊丽莎白是"一个好莱坞宝贝"时，二人发生了口角。

"是黄金宝贝。"她反驳道。

"好吧。你当然喜欢金子，而且有婴儿肥[①]。"

"确实有一些国家的女性以瘦为美，"伊丽莎白反唇相讥，"如果不是因为我的亲以色列倾向而禁止我的影片上映的话，那些阿拉伯人也会对我

[①] 英文Baby即有"宝贝"的意思也有"婴儿"的意思。——编者注

垂涎欲滴。请注意，我不认识富有的阿拉伯酋长。"

他们决定出演这部电影，同时要共同投资，放弃了他们自己的片酬。（伯顿在日记里写道："我们已经投资了200万美元在这上面，不想让它成为第二部《埃及艳后》。"）"伯顿—泽菲雷利"的这部作品从一开始，全部都在罗马人工搭建的摄影棚里进行拍摄，伯顿夫妇的明星光环对提升泽菲雷利的地位起了重要作用。

1966年3月15日，伯顿夫妇飞往那座"永恒之城"开始拍摄《驯悍记》，在那里，他们还将庆祝结婚两周年纪念日。自从《埃及艳后》那令人痛苦的失败后，他们就对罗马敬而远之。尽管如此，他们住进了阿皮亚古道上的另一栋豪华别墅，他们的全部随从也住在里面（迪克·汉利、约翰·李、鲍勃和萨莉·威尔逊，伊丽莎白的御用化妆师罗恩·伯克利，他们的司机加斯顿·桑斯，保镖博比·拉萨尔，外加男女家庭教师各一名，还有玛丽亚的护士——所有人的开销都由伯顿支付）。他们一家人（"四个孩子，狗、猫、金鱼、乌龟若干，一只兔子和一只鸟"）都下榻在那里，另外，有资料显示，还有八个保镖。他们像王室成员一样生活，也只有王室成员才配得上跟他们交往。与他们交往的包括格蕾丝王妃［从前的格蕾丝·凯利（Grace Kelly），现在是一名真正的王妃］和她的丈夫摩纳哥的雷尼尔亲王（Prince Rainier of Monaco），罗斯柴尔德男爵夫妇，迷人的南斯拉夫的伊丽莎白公主，还有另一对顶着骂名结合的夫妻，现在已经安然步入中年，摆脱了丑闻的困扰——那就是温莎公爵夫妇。

伯顿夫妇仍然能嗅到"丑闻"的气息，但是整体氛围已经改变了。在这个他们从前被狗仔队包围的地方，人们的怒火已经逐渐平息——至少是稍稍平息了——毕竟现在他们已经合法结婚了。虽然他们仍然被摄影师跟踪，但是场面已经不那么疯狂了。媒体仍然试图激怒伯顿，称他为"第五号泰勒先生"。

作为一位视觉天才，拥有一双迷人蓝眼睛的泽菲雷利清楚地知道他要把《驯悍记》拍成什么样子，包括挑选衣着华美的临时演员（顺便说一句，大多数临时演员都是泽菲雷利的表兄弟、叔叔、婶婶等）。1958年，他就在英国伦敦的中心区广场的科芬花园执导过琼·萨瑟兰（Joan Sutherland）

1953年，理查德和父亲理查德·狄克·詹金斯在南威尔士的煤矿小城庞什迪分。
(Raymond Kleboe / Getty Images)

1950年，拍摄《郎心似铁》时，蒙哥马利·克利夫特和伊丽莎白·泰勒在嬉笑打闹。虽然克利夫特对理查德很不满，但伊丽莎白仍很珍惜与克利夫特的友谊。
(Peter Stackpole / Time Life Pictures / Getty Images)

伊丽莎白与迈克尔·托德（右一）美满的婚礼。虽然十四个月之后，这段婚姻因托德飞机失事身亡而悲剧性结束。艾迪·费舍尔（左一）和他的妻子戴比·雷诺兹（左二）是伴郎和伴娘。
(Ronnie Luster / mptvimages.com)

（左）1959年5月，托德死后，伊丽莎白与艾迪·费舍尔成婚。
(©Bettmann / Corbis)

（右）1954年11月，理查德和他的威尔士妻子希比尔·伯顿抵达伦敦。希比尔容忍了他的不忠。他发誓永远不会离开她。
(Central Press / Getty Images)

欢迎加入后浪读书俱乐部 www.hinabook.com　　　www.hinabook.com　拍电影网 www.pmovie.com

- 加入我们，可以得到定期的新书信息、电子读书报、活动信息、后浪小礼物、购书优惠券、作者签名书籍和海报、毛边书等等。
- 俱乐部将从每月新增会员中抽取 3 名赠送当月最新出版的书籍一本。
- 会员书评投稿如获纸媒发表将有机会获得后浪新书 1 本。
- 欢迎登陆 http://www.hinabook.com 和 www.pmovie.com 了解更多活动信息。

*本活动最终解释权归后浪出版咨询（北京）有限责任公司所有

个人资料（请务必完整填写并回传）

姓名 _____ □先生/□女士

Email _____ 生日_____年___月___日

固定电话 _____-_____ 手机 _____

单位 _____ 职业 _____

地址 _____

_____

QQ/MSN _____ 邮编 _____

读者调查表

您从哪本书得到这张卡片？_____

您从哪里购得本书的？_____

您的阅读方向？_____

_____

_____

您还希望我们出版或引进哪类书？_____

_____

_____

您的意见或建议？_____

_____

_____

如何加入后浪读书俱乐部？

1. 拨打热线010-64072833-824，向客服人员登记您的信息。
2. 发短信至13911401220，我们将回电登记您的信息。
3. 将此信息登记表传真至：010-64018116
4. 登陆网站：www.hinabook.com，点击右上角"注册"，填写会员信息登记表。
5. 邮寄至：北京市东城区朝阳门内大街137号 世界图书出版公司北京公司 后浪出版咨询（北京）有限责任公司 邮编：100010

（右）1961年9月，在拍《埃及艳后》之前，伊丽莎白在那不勒斯度假。
（SSPL / Getty Images）

（左）理查……白在拍《……的一个爱……他们在银……曼史。他……片通常是……映射。
（20th Centu……of Neal Pete……

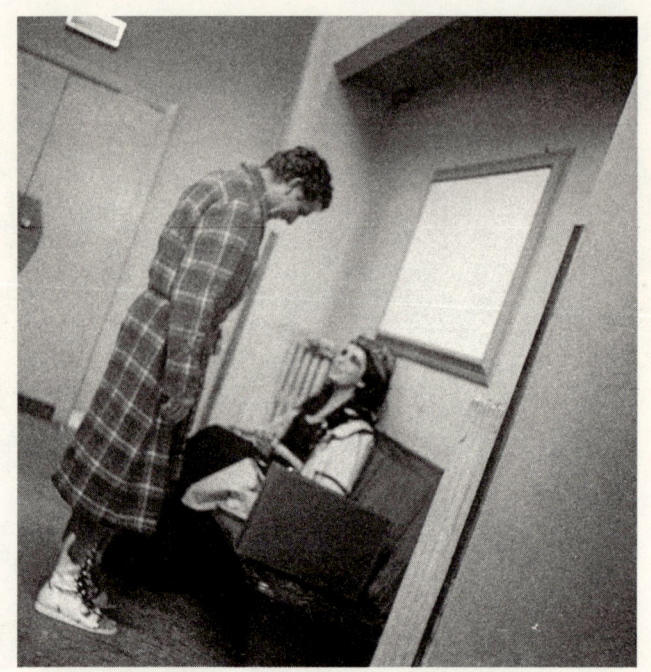

（右）在拍摄《埃及艳后》期间，理查德和伊丽莎白的私密时刻。这段被许多人认为是理查德的另外一次征服的感情关系变成了一场震撼世界的爱情。
(© Elio Sorci / Photomasi / Camera Press / Retna Ltd.)

"……从在罗马最初的那段时光开始，我们就疯狂、热烈地相爱了。"伊丽莎白后来在描述他们之间的关系时写道。
(© Bert Stern)

在《埃及艳后》片场，伊丽莎白高兴地抱着她的儿子小迈克尔·威尔丁。从右至左分别为：伊丽莎白、迈克尔、丽莎·托德（背对着镜头）、穿着马克·安东尼戏服的理查德、克里斯托弗·威尔丁。
（Photofest）

他们的恋情开创了现代名流文化。他们的出现满足了疯狂的狗仔队的需求。
（John Frost Newspapers）

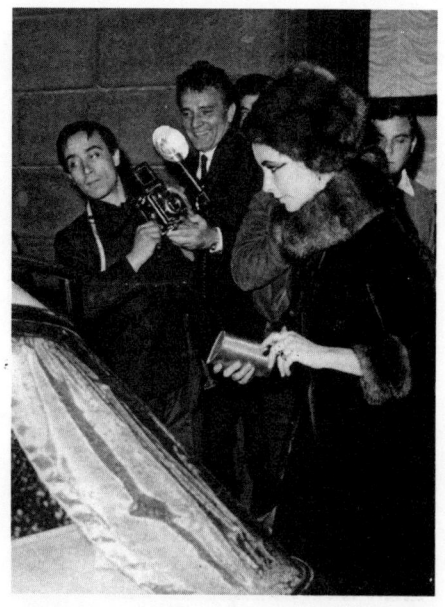

伊丽莎白和理查德正离开罗马的一家夜店。她的"埃及艳后"妆在1962年夏天引领了流行趋势。
（Globe Photos Inc.）

1962年7月27日,理查德和伊丽莎白走出位于罗马纳沃纳广场的特雷·斯卡里尼餐厅。
(Keystone / Getty Images)

(右)理查德和伊丽莎白"是我能想到的广为人知的爱情故事中最动人的一例。"专栏作家利兹·史密斯说。《生活》杂志也参与进来。
(Portrait © by Bert Stern)

(左)理查德痛苦地离开了希比尔和他们的两个年幼的女儿。

（上）《春风无限恨》利用了理查德和伊丽莎白作为世界上最著名的一对情人的名望。（Photofest）

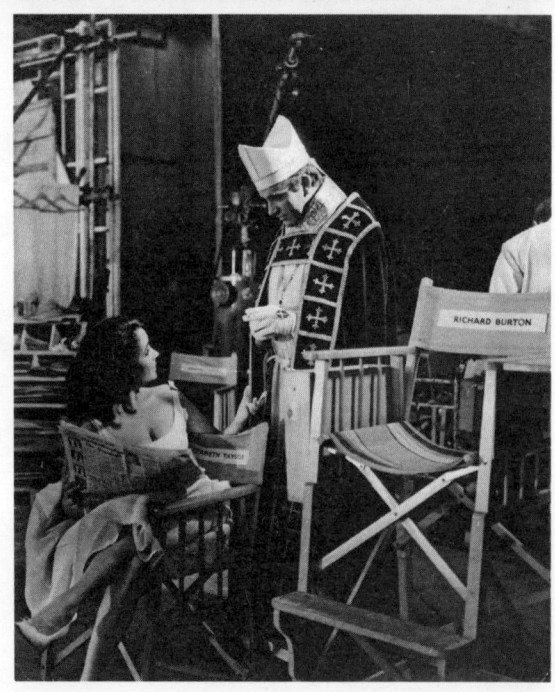

1963年，《雄霸天下》的片场。伊丽莎白鼓励理查德饰演托马斯·贝克特，而她自己的职业生涯则暂停了两年。她后来说："我只是一个娘儿们，但理查德是一个伟大的演员。"

（Denis Cameron / Rex USA / BEImages）

1963年6月,在《阿拉伯的劳伦斯》于香榭丽舍大街剧院举行的首映式上。该片由理查德的朋友、在《雄霸天下》里与他搭档过的彼得·奥图尔主演。他们的丑闻并没有让法国人惊慌失措,他们热烈欢迎了这对著名夫妻。
(A.P. Images)

理查德、伊丽莎白和威尔士演员斯坦利·贝克在伊丽莎白的游艇威尔士佬号上钓鱼。该船是以伊丽莎白给理查德起的一个昵称来命名的。
(来自伊丽莎白·泰勒爵士的私人档案馆)

1963年10月,在墨西哥拍《巫山风雨夜》的外景。他们在巴亚尔塔港买了豪宅卡萨金伯利。理查德特别指出,伊丽莎白在当地"炎热的天气下楚楚动人"。
(Gjon Mili / Time Life Pictures / Getty Images)

理查德、他的服装师鲍勃·威尔逊、斯坦利·贝克和伊丽莎白。他们出现在巴亚尔塔港,永远改变了这座沉睡的小渔村。
(来自伊丽莎白·泰勒爵士的私人档案馆)

理查德和伊丽莎白在他们位于巴亚尔塔港的别墅附近的海中嬉戏。
(Courtesy of the University of Wisconsin Press)

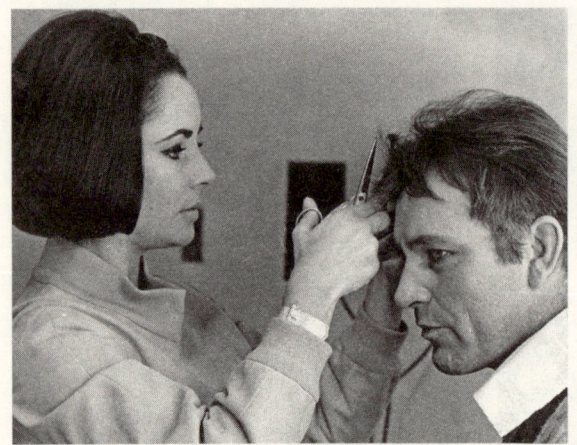

（左）在《哈姆雷特》巡演期间，伊丽莎白给理查德剪头发。她对他关爱备至。
（William Lovelace / Express / Getty Images）

（右）伊丽莎白开玩笑地说："你是他们见过的人中独一无二的。你就是莎士比亚风格的弗兰克·辛纳特拉。"伯顿饰演哈姆雷特的舞台妆，这是百老汇演出时间最长的戏剧。
（© Henry Grossman）

上演《哈姆雷特》的鲁德—方特恩剧院后台，伊丽莎白的32岁生日派对。全体演员和工作人员都很喜爱伊丽莎白，她观看了大多数彩排和演出。
（©George Silk / Time Life Pictures / Getty Images / 来自伊丽莎白·泰勒爵士的私人档案馆）

(左)1964年3月15日,伊丽莎白借他们在蒙特利尔结婚的机会,说:"我很乐意不再做我自己,不再是伊丽莎白·泰勒,而愿意做理查德·伯顿夫人。"
(© The New York Daily News)

(右)伊丽莎白最喜欢的结婚照之一。她戴着从宝格丽买的镶有翡翠和钻石的胸针,那是理查德送给她的订婚礼物。
(William Lovelace / Evening Standard / Getty Images)

(左)伯顿夫妇在蒙特利尔理查德的化妆间内,边嬉笑打闹边准备出席他们的婚宴。
(© Henry Grossman / 来自伊丽莎白·泰勒爵士的私人档案馆)

（左）理查德和伊丽莎白在舞台上。为了给菲利普·伯顿在纽约的戏剧学校募捐，伊丽莎白首次登台，跟理查德一起朗诵诗歌，获得了空前成功。
(© Estate of David Gahr)

（右）拍摄《春风无限恨》期间，伊丽莎白在加利福尼亚州大苏尔的外景地。文森特·明奈利执导的这部影片利用了他们的爱情丑闻。
(© Photos 12 / Alamy)

(上)世界上出镜率最高的夫妇。1964年,《春风无限恨》的外景地。
(MGM / courtesy of Neal Peters Collection)

丽莎、克里斯托弗和迈克尔假装要翻越建在都柏林外景地的柏林墙。理查德当时在那里拍摄《柏林谍影》。现实生活中,伯顿夫妇总是努力保护他们的孩子免受公众打扰。
(© Henry Grossman)

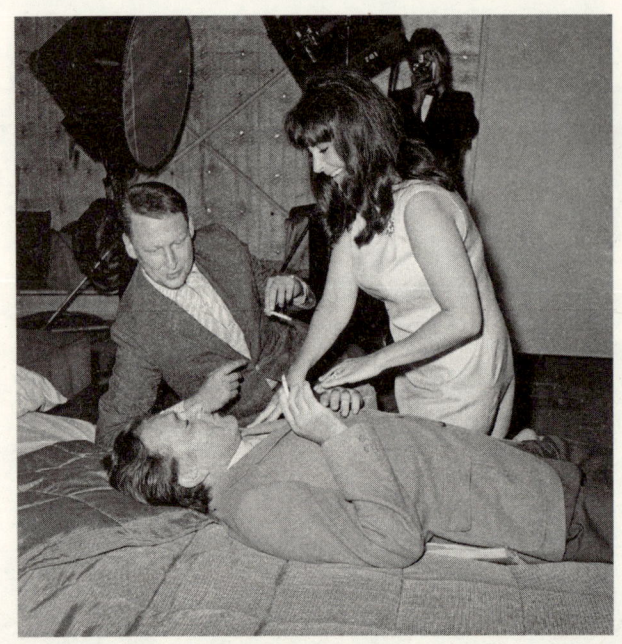

1966年,理查德、伊丽莎白以及首执导筒的迈克·尼科尔斯在《灵欲春宵》片场互相闹着玩。这是他们拍得最好的,也是最具挑战性的一部电影,帮助伊丽莎白获得了第二座奥斯卡奖,也让理查德第六次获得了奥斯卡奖提名。
(© Bettmann / Corbis)

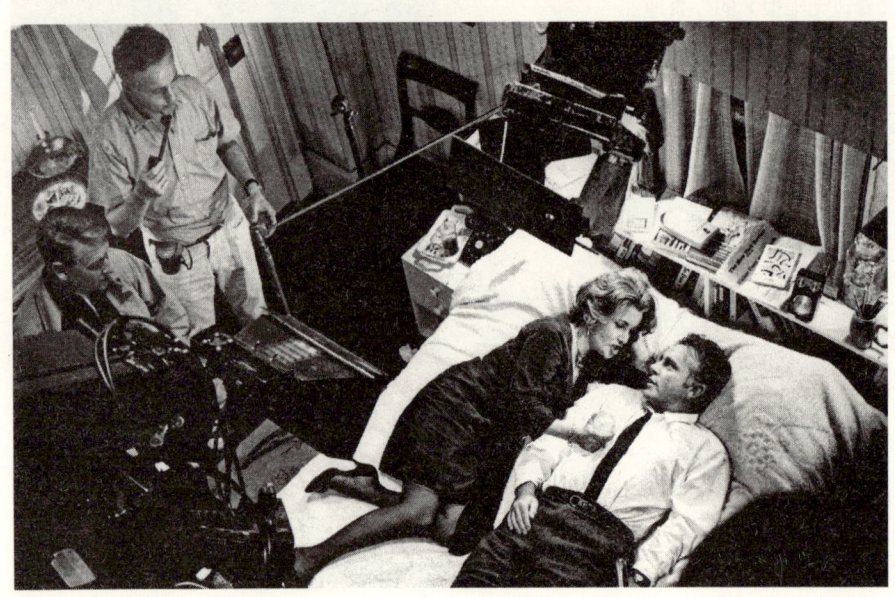

两人正在饰演乔治和玛莎,迈克·尼科尔斯在执导。现在,伯顿夫妇银幕下的争吵开始反映在他们饰演的电影角色里。
(The Everett Collection)

1966年1月1日,伯顿夫妇成为《小萨米·戴维斯秀》节目的首批客人。
(Photofest)

1966年在格施塔德,在伊丽莎白的阿里尔木屋附近——这个避税港成了他们的庇护所,如同理查德在瑞士塞利尼的房子一样。满脸胡子的理查德准备饰演下一个角色,《驯悍记》里的彼特鲁乔。
(Corbis)

（左）1966年，伯顿夫妇在伦敦观看了一场卡修斯·克雷击倒了亨利·库珀的比赛。伊丽莎白因理查德爱上了体育比赛，特别是橄榄球和拳击。直到今天，舒格·雷·罗宾逊的拳击手套仍然在她的办公室里。
（Mirrorpix）

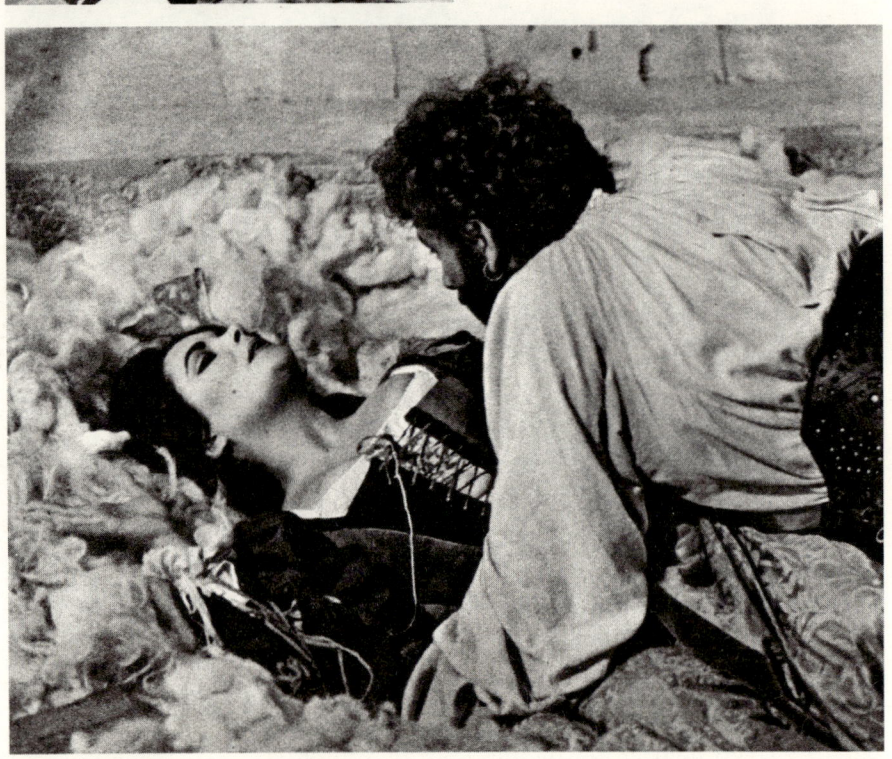

在弗朗哥·泽菲雷利改编自莎士比亚戏剧《驯悍记》的欢闹的同名影片中，他们精力充沛地模仿着二人在生活中的打斗。
（Pictorial Press Ltd. / Alamy）

主演的歌剧《拉美莫尔的露琪亚》(Lucia di Lammermor)。当他见到因寒冷的天气而裹得严严实实的女主角时，第一句话就问："你的胸部在哪里？"这就是他想让他的女演员——特别是伊丽莎白——呈现出来的：穿着华丽的低胸露肩装。为了突出彼特鲁乔的阳刚气和驾驭能力，泽菲雷利想把他的服装做成特大号，比平时穿的还要大。但在这一点上，他与伊丽莎白的好友兼御用服装师艾琳·莎拉夫意见不同，后者被雇来参加影片制作。莎拉夫想给伯顿做一些更端庄得体的衣服。鉴于理查德的大脑袋和窄肩膀（克莱尔·布鲁姆曾经形容其看起来像卡列班[①]），泽菲雷利坚持按他的想法去做。伊丽莎白不会解雇艾琳（如果对朋友和助手不忠的话，她就什么都不是了），最后他们达成了妥协：莎拉夫为伊丽莎白设计服装，达尼洛·多纳蒂（Danilo Donati）为理查德设计服装。

至于伯顿，他告诉导演，他"根本不在乎服装，只要'穿起来轻便就行'"，但是当他穿上多纳蒂设计的宽松有袖的华服出现在片场时，他咆哮道："上帝！我感觉自己像一头狮子。"在删去了原作中一半的台词后，泽菲雷利即将开拍这部有史以来最欢闹、滑稽、奢华、有趣的《驯悍记》。泽菲雷利在自传中写道："一切都非常具有道格拉斯·范朋克的风格，有很多动作戏，然而我们并没有放弃其经典源泉。"然而，诸如资深舞台演员西里尔·库萨克（Cyril Cusack）那样的纯粹主义者，会嘲讽地称这部电影为"莎士比亚的杂质"。他在电影里饰演彼特鲁乔的仆人葛雷米奥。

这是泽菲雷利的第一部电影，也是伊丽莎白饰演的第一个莎士比亚戏剧角色，她对此有相当多的顾虑。正如她是《灵欲春宵》里唯一一个没有舞台剧表演经验的女演员那样，她将会跟一群最资深的莎士比亚戏剧演员们一起出演这部电影——其中当然有伯顿，还有西里尔·库萨克、维克托·斯皮内蒂（Victor Spinetti）、年轻的迈克尔·约克，以及迈克尔·霍登（Michael Hordern，他与他们一起演过《一代情侣》，与伯顿一起演过《柏林谍影》）。她半真半假地向伯顿抱怨："为什么我们不能一次只从事一项玩

[①] 莎士比亚的剧本《暴风雨》中魔法师普洛斯帕罗凶残丑陋的奴仆。——译者注

命的冒险?"

泽菲雷利回忆道:"一开始,伊丽莎白在饰演莎士比亚角色时很放不开,但是她非常的投入。我记得是第一天,她就像一个即将结婚的年轻少女一样,特别专心和谦虚。那一天,她真的很迷人……我觉得那个没有任何莎士比亚戏剧背景的伊丽莎白对表演更感兴趣,因为她需要从头做起。"

电影在紧邻罗马郊外的迪诺·德·劳伦提斯制片厂拍摄,那里的四个大摄影棚都布置成了十六世纪的帕多瓦。伯顿夫妇每天早上都会坐着劳斯莱斯轿车,途经古罗马圆形剧场来到他们那巨大的化妆间,随行的还有厨师、助理,到处都有白色地毯。在那里,将有一个营的仆人伺候着他们——"女仆、秘书、男管家、理发师、化妆师若干"。他们通常在那里接待像塞拉·格雷厄姆这样的来访记者和专栏作家,以及像鲁道夫·努里耶夫(Rudolf Nureyev)[①]和爱德华·阿尔比这样的名流友人。

一开始,泽菲雷利需要适应他们不同的时间表——伯顿早上7点半准时赶到,9点20会做好拍摄前的所有准备,但是伊丽莎白直到快11点才姗姗来迟。(导演估计"她把整个上午的时间都给了她那张漂亮的脸蛋——皮肤护理、修眉、等等"。)更糟糕的是,在大多数日子里,他们的化妆间里都会举行冗长的、节日般的午餐会,从下午1点持续到4点。在那之后不可能工作!泽菲雷利设法让他们同意按照"法国时间"作息——中午开始,一直工作到晚上8点,中间会有一个茶歇。但是那根本不管用——这意味着整个剧组都要在片场待上一整天——所以他们从早上8点一直工作到下午3点,中间不休息,尽管伊丽莎白不喜欢起得那么早。除了最初由于她自己的习惯造成的问题外,导演对伊丽莎白在摄影机前的卓越表现印象深刻。当然,由于伯顿夫妇也投资了这部电影,他们也有动力将其按时拍完。

拍摄期间很少有午夜狂欢:理查德每天晚上都跟伊丽莎白一起排练,帮助她掌握莎士比亚作品的韵律。尽管伯顿夫妇很有压力,他们现在要对整部作品负责,但整个片场的氛围却令人惊讶的融洽,每个人都没闲着。

[①] 前苏联著名芭蕾舞大师。——编者注

他们自发地朗读诗歌（当然，伯顿朗诵的是狄兰·托马斯的诗），在影片里饰演霍登旭的维克托·斯皮内蒂（他在演完《一夜狂欢》后在电影界崭露头角）回忆道，伊丽莎白一刻都没闲着，出现在每个需要她的地方。当泽菲雷利意识到第二天的一个镜头需要五十名群众演员时，化妆组提出了抗议——"我们不得不在凌晨5点半开始工作！"他们大声抱怨。伊丽莎白马上告诉导演："别担心，我来。"她确实做到了，第二天很早就开始工作，给五十名群众演员化妆，也给斯皮内蒂化妆。她问这个有着意大利姓氏的威尔士演员："我可以给你一个美妆小诀窍吗？眉毛要画长一点。它们会使得你的眼睛看起来与众不同……哦，不要用眉笔，用一只普通铅笔就行了。"

伯顿夫妇发现，即使人们对他们的疯狂劲头在很大程度上已经逐渐平息，但当他们偶尔进入罗马的夜店时，或者在少数几次前往罗马城外短途旅游时，仍然会被狗仔队跟踪。当他们在拍摄期间前往波西塔诺短暂度假时，伯顿带着他们的贵妇犬伊恩索走出酒店散步。他的出现引发了一场巨大的交通堵塞。伯顿觉得人们对他们的关注很可怕，他本质上性格孤僻，在不喝酒的时候甚至不爱社交。被公众的大喊大叫和狗仔队的闪光灯骚扰，伯顿逃回了酒店。他在日记里写道："在我的生命中，我从未目瞪口呆地看着任何人，哪怕是我尊敬的名人，丘吉尔和许多作家……狄兰·托马斯、T. S. 艾略特等等，等等。我从未找他们要过签名。实际上，当我看见一个名人的时候，跟自己是一个名人一样感到窘迫。"

当伯顿夫妇跟泽菲雷利和到访的爱德华·阿尔比一起在罗马吃过晚饭后，伯顿写道：

> 阿尔比非常会献殷勤，特别是跟伊丽莎白谈论《灵欲春宵》时更是如此，他非常健谈……我们一路上都被狗仔队跟踪，车开得飞快，让人毛发直立。我想司机马里奥一直都很留意这些飞来飞去的"蝴蝶"。他们也在拿性命冒险……为什么他们不去那些真正需要冒险的地方呢？比如上战场，去越南，或去任何地方。

因此，当泽菲雷利想跟伯顿夫妇一起远足，去参观著名的埃斯特庄园的喷泉时，他们必须在星期天晚上乘大巴前往，那是庄园对游客关闭的时间。

"棒极了！一次乘大巴的旅行，"伯顿非常渴望，"从小时候起，我还没坐过大巴。"

伊丽莎白也很喜欢这个点子。据斯皮内蒂回忆，她说："我们将痛快地玩一晚上。大家先到别墅，我要从纳森热狗连锁店订一些汉堡和热狗，在出发前吃。"她确实这样做了，他们整个下午都在烧烤，准备了一大堆黄花菜和冰啤酒。然而，西里尔·库萨克心脏病严重发作，前往埃斯特庄园的旅行计划取消了，并为此推迟了两天的拍摄计划。不过,对伊丽莎白来说，她还是很喜欢那天晚上烤汉堡和热狗带来的单纯快乐——大家之间相处融洽，自己像妈妈一样照顾全体演员，找到了家一样的感觉，还能吃到无与伦比的美国食物。

除此之外，还有其他一些简单的快乐。在拍摄间隙，理查德会做刊登在伦敦的报纸上的填字游戏，伊丽莎白会开玩笑地把饮料洒在报纸上。伯顿也喜欢早上送丽莎和玛丽亚上学，带着她们的两个哥哥迈克尔和克里斯托弗，他们都在影片中充当过临时演员。理查德还喜欢从位于威内托大街上一家他最喜欢的书店里买书——一次能买上二三十本。晚上，他和伊丽莎白单独共进晚餐。在用餐期间，他们通常会为对方读一些他们喜欢的文章。然后上床，就像理查德在稍后写给伊丽莎白的一封闷闷不乐的情书中所描述的，在床上，他喜欢"你大腿内侧细腻的柔软肌肤……以及当你跟你的威尔士种马一起情欲高涨时，眼睛里闪现出来的半敌视的目光"。

这是迈克尔·约克的电影处女作，其在影片中饰演相当打动人心的卢森修，他始终都感激伯顿夫妇与他签约，才使得他在电影领域开始了长久的、卓越的职业生涯。他与伯顿一样喜欢古书。他回忆道："我有时会在集市上找到一些书，将这些书给理查德看。我会挑选那些古老罕见的珍本，我们会在片场讨论起这些。"实际上，这个年轻的演员会给伯顿展示他的发现，而伯顿会认为这是给他的礼物。据约克说："他们好似被大量祭品供奉的上帝，像两个大神一样巡视着世界。"当他发现了一本抒情诗集，给伯顿看时，伯顿说了声"谢谢"，就贪婪地将其装入了口袋。同样的事情也发生在摄影师大卫·贝里（David Bailey）身上，他来到片场展示了一款新型照相机——几分钟之内，它就属于伯顿夫妇了。像通常一样，伊丽莎白希望从导演那里得到礼物，她给泽菲雷利介绍孔多蒂大街上的一家小店，告诉他那里有件她想要的不怎么值钱的饰品。其实那家店是宝格丽首饰店，而泽菲雷利为她买下了一只曾属于拿破仑妹妹的金手镯。

约克对伊丽莎白精湛的演技印象深刻，那是她第一次饰演莎士比亚剧中的角色。他注意到即使是伊丽莎白最大的不利条件——那尖细的、有时刺耳的嗓音——"也很适合"泼妇凯萨琳娜的角色。他也非常喜欢看伯顿饰演的彼特鲁乔。实际上，看着阳刚气十足的伯顿大摇大摆、夸夸其谈，巧妙地将一个泼妇驯伏，也是一种享受。

约克还注意到他们每个人都加入了一些对方所缺少的东西，"理查德让伊丽莎白成为名副其实的王者"，伊丽莎白"激励起他的勇气，让他发掘自己的潜能。这就是她给伯顿的礼物"。当约克几个月后看到《灵欲春宵》时（该片在当年的6月上映），他为他们的表演所深深折服。他回忆道："我爱他们的表演。在看过电影后，我想了很多关于他们的事，因为片中有一种令人悲伤的感染力。他们对我非常好，我欠他们很多。他们给了我机会。"

如果说他们的夜生活变得书香味十足，那么白天的片场在某种程度上就是一场流动的盛宴，新老朋友们都顺路来拜访伯顿夫妇。4月初，迈克·尼科尔斯挽着米亚·法罗（Mia Farrow）来了。（伯顿在4月5日的日记里写道：那个尼科尔斯真有女人缘。我希望法罗能胖15磅，头发留长一点。）伯顿夫妇总是喜欢跟尼科尔斯凑在一起，虽然他已经在《灵欲春宵》里考验过他们的能力。伊丽莎白认为他是"我见过的最聪明、最好的人之一"。伯顿夫妇也对合作过的许多导演都印象深刻，无论是在一起合作的还是单独合作的，但尼科尔斯是唯一一个能够记住莱曼整部剧本的人（那实际上是阿尔比的戏剧，增加了一场外景，只有两个词变了）。

身为德国犹太人，在二战前夕，还是一个孩子的尼科尔斯移居美国，他习惯揶揄、自嘲，这远比泽菲雷利那过分圆滑的个性更能吸引伯顿。在尼科尔斯走后，伯顿在日记里写道：

我不确定是否喜欢泽菲雷利。作为一个富有才智和性格鲜明的人，他远比尼科尔斯逊色。但是我们应该说，他有天赋。他有那种杰出的感觉。他将会获得成功。昨天，他再次担心拍片经费。我第九次暗示他去跟哥伦比亚公司商量一下，无论他们达成什么协议，我们都会遵守。

伊丽莎白·泰勒的一个传记作者布伦达·马多克斯（Brenda Maddox）有一个惊人的发现，西格蒙德·弗洛伊德（Sigmund Freud）的威尔士籍传记作者欧内斯特·琼斯（Ernest Jones）曾声称威尔士人是"英国的犹太人"，这是对在英国属于弱者和局外人的威尔士人自我认同感的一个评价。从这个角度而言，马多克斯开玩笑地说："伯顿是（泰勒的）第三任犹太丈夫。"

在改变宗教信仰嫁给迈克尔·托德之后，伊丽莎白已经彻底皈依了犹太教，这一身份从童年时代起就扎根在她脑海里。她写道："小时候，在战争时期，我就整天梦想成为犹太人，而且希望我就是……在迈克尔和我结婚后，我就告诉过他我想成为一名犹太人。"当托德突然去世时，她从犹太教中找到了真正的安慰。她后来写道："现在，在我的信仰和感觉中，我绝对是一名犹太人。"她还给自己取了一个犹太名字伊丽舍巴·雷切尔（Elisheba Rachel）。对伊丽莎白来说，在日益成为一名世界公民的情况下，除演员、情妇、妻子和母亲之外，她又多了一个新的身份。对她来说，这是必不可少的，正如伯顿的威尔士意识一样，深深植根于他们四海为家的生活中。

但是她的犹太意识是伯顿喜欢用来取笑她的事情之一，有时他们也会真的为此发生争吵。伯顿告诉记者："我的曾祖父是一个波兰犹太人，名叫杨·伊萨尔（Jan Ysar），这是我们的姓，后来改成了詹金斯。这是真的。我有八分之一的犹太血统。伊丽莎白身上没有一滴犹太人的血。我已经跟她说过了。这让她非常生气。"早先在拍摄《巫山风雨夜》时，在巴亚尔塔港的一个茅草棚酒吧里，喝多的伯顿就宣称："我生下来就是犹太人。我也许是最古老的真正的古犹太人。"

在一次众目睽睽之下的争吵中，他告诉伊丽莎白（他们的助理已经在开始为这次争吵计时）："你根本不是犹太人，如果这个家里有一个犹太人的话，那就是我！"

"我才是犹太人，"她回答道，"你可以滚蛋了！"

但是在几年之后，在写给伊丽莎白的一系列亲密的情书中，他又开始对她倾吐衷肠，有时称呼她为"亲爱的舍巴"，舍巴是伊丽莎白的犹太名字，或者开玩笑地称她"舍贝丝"（Shebes）。就像一封没有写明日期的情书里写的："我最爱的人，长久以来，我无法忘记你的一切。我非常非常想你，舍贝丝——里奇。"

当年6月，伯顿夫妇和泽菲雷利受邀前往碧纳特丽王妃（Princess Pignatelli）家中，在那里他们见到了罗伯特·肯尼迪（Robert Kennedy）和埃赛尔·肯尼迪（Ethel Kennedy），他们已经在演《哈姆雷特》的那一年见过了。他们一起外出就餐，逛夜店，在回肯尼迪夫妇下榻的伊甸园酒店的路上，伯顿和罗伯特·肯尼迪开始了诗歌比赛，每个人都试图在背诵莎士比亚的十四行诗上胜过对方。在酒店大堂，理查德赢得了胜利。他大声将莎士比亚的第十五首十四行诗倒着背了出来（"当我忖思，一切充满生机的事物"），一个音节都没错。伊丽莎白自豪地笑着说："不得不忍受这个怪物，这难道不是很让人讨厌的一件事吗？"

伯顿夫妇非常喜欢罗伯特·肯尼迪。有意思的是，两年后的1968年6月，当这位参议员赢得加利福尼亚州民主党总统候选人初选后不久在洛杉矶国宾大酒店的厨房里被暗杀时，伊丽莎白自掏腰包花了5万美元在《纽约时报》上做了一个整版的广告，呼吁禁枪。

不像他们第一次来罗马时那样，伯顿夫妇在罗马的五个月时间是愉快的，就像这座城市一样，有时受人尊敬，有时又被人亵渎。他们多次光顾宝格丽的"钱屋"，那里放满了奢华的古董和俄式金银茶炊。在那里，伯顿夫妇可以挑选那些"万里挑一的上流社会的名流物件"，它们是专为老主顾保留的。

一天晚上，在圣母教堂附近的一家饭店吃了一顿有奶酪、芸豆和地区餐酒①的农家饭后，他们听到了教堂唱诗班唱的赞美诗。伯顿在日记里温柔地写道："在他们结束之前，这是最具有怀旧氛围的时刻之一。"他再一次提起想停止拍电影："伊丽莎白和我认真考虑过不想再工作了，把每一天都当成礼拜天，懒洋洋地度过。对，完全正确。我们俩都是懒骨头，喜欢这样的生活。"

但是事实是田园牧歌般的生活就要结束了。7月22日，蒙哥马利·克利夫特突然去世，这个不幸的消息由理查德告诉伊丽莎白，她惊呆了。

克利夫特在纽约的家中去世。他的秘书洛伦佐·詹姆斯（Lorenzo James）发现他平躺在床上，显然是因为多年酗酒造成了心脏病突发。

理查德非常重视伊丽莎白失去好友的感受。他后来在日记中写道：

> 9月24日，(蒙蒂的)同性伙伴、护士兼总管家很友好地将他(蒙蒂)的手帕送给伊丽莎白，这是不久前刚从巴黎买的，是他非常喜欢的一方精致的白底白花手帕；送给我的是蒙蒂喜欢的肥皂！我是应该用它还是留着它呢？伊丽莎白的情绪非常低落，仍然无法相信他去世的事实。自从蒙蒂·克利夫特去世之后，有关他的一些崇拜活动就开始了。如果这些活动在他活着的时候举行的话或许更有用。过去五年，他都无法找到一份体面的工作。可怜的家伙！我不是很了解他，但是他看起来是一个好人。伊丽莎白已经收到了他母亲写来的几封信。

伊丽莎白非常震惊。然而，为了不耽误影片的拍摄，她没有参加蒙蒂的葬礼，而是送了两捧巨大的白菊花，放在灵柩旁边。她在随附的卡片上写道："安息吧，忧郁的灵魂——伊丽莎白和理查德。"但是她在片场还是情不自禁地流下了眼泪。然后她又振作起来，在她朋友的葬礼当天奉献出了她最好的、最意想不到的表演。

---

① 法国法律将葡萄酒分为四级：第一级为法定产区葡萄酒（AOC）；第二级为优良地区餐酒（VDQS）；第三级为地区餐酒（VIN DE PAYS）；第四级为日常餐酒（VIN DE TABLE）。——译者注

现在她必须要寻找另一名男演员代替克利夫特出演《金色眼睛的映像》了，该片也将于同年在罗马的德·劳伦提斯制片厂拍摄。

几个月之前的4月份，伯顿再一次受到了美国电影艺术与科学学院的冷落。他已经凭借《柏林谍影》获得奥斯卡最佳男主角的提名——这是他第四次被提名该奖项——但是最终，李·马文（Lee Marvin）凭借在《女贼金丝猫》里饰演了一个醉醺醺的滑稽枪手而获奖。"你觉得他们会怎么跟我说？难道是因为李·马文的酒量更大吗？"伯顿打趣地说，但是多次被提名均未获奖的失落感积压起来，已经开始困扰他。[他的竞争对手实力非常强，尽管如李·马文那非常滑稽却分量不够的表演击败了饰演奥赛罗的劳伦斯·奥利弗、《典当商》（The Pawnbroker）的主演罗德·斯泰格尔，以及《愚人船》（Ship of Fools）里的奥斯卡·威内尔（Oskar Werner，他也参演了《柏林谍影》）。] 虽然在通常情况下，伯顿并不喜欢演员这个毫无男人气概的职业，但是由于泰勒已经凭借《青楼艳妓》获得了奥斯卡奖，而他自己尽管四次获得提名却都没能获奖，这让他感到苦恼。

两个月后，1966年6月29日，《灵欲春宵》在纽约公映，好评如潮，该片后来获得了十三项奥斯卡奖提名。理查德和伊丽莎白同时获得了最佳男主角和最佳女主角的提名。也许这一次他会获奖。

1966年10月，《展望》杂志（LOOK）——它们当时尚未做关于伯顿夫妇的详细的封面故事报道——问了一个问题："伯顿是否像莎士比亚想的那样驯服了悍妇呢？"媒体仍然在追逐这对夫妇，模糊了他们本人和他们表演的角色之间的界限。《展望》杂志甚至在描述泽菲雷利的电影时问："其他的年轻夫妇会花那么多工夫给自己的粉丝们拍这么一部家庭电影吗？"在该杂志做的一篇关于这部电影的充满溢美之词的预告性评述中，泰勒出现在杂志封面上，身着伊丽莎白一世时代的礼服，满头黑发像瀑布一样滑落到肩上、搭在低胸领口处，十分靓丽，为封面锦上添花。杂志热情十足地说："拍摄间隙，伯顿正滔滔不绝地背着十四行诗，泰勒将香槟酒洒在他身上，把鹌鹑蛋塞进他嘴里——这正是'利兹和迪克'的粉丝们想看到的。"

1967年2月28日，《驯悍记》于伦敦首映，在莱斯特广场的音乐厅为王室成员举行专场放映。伯顿夫妇下榻于公园大道的多切斯特酒店。理查德为他的大家庭预定了十四个包厢，把他们从南威尔士的塔尔伯特港用火车接过来。所有人都来了——伯顿的六个兄弟和三个健在的姐姐。几个月前，43岁的伊迪丝·詹金斯去世了——她也是伯顿的兄弟姐妹中第一个去世的——这是在此后他们所有人第一次聚在一起。伊迪丝·詹金斯是伯顿最小的一个姐姐，也是最有趣的一个。詹金斯家族的其他人也带着配偶和孩子们来了，还有好多叔叔婶婶。很多女士都穿着伊丽莎白以前成箱成箱送给她们的不要的礼服来参加首映式（希尔达·欧文斯穿着一身贝弗利山庄的罗宾逊牌紫红色和黄色相间的长袍）。几辆劳斯莱斯轿车在帕丁顿车站迎接他们，将他们载到多切斯特酒店。那种奢华程度远远超出詹金斯家族的人们的想象——每间房里都有名贵的鲜花，随时都有送餐服务供他们任意享用。

对伯顿来说，这是一次巨大的成功，也是证明自己的机会。四年前，当时在整个家族还都反对他和泰勒在一起的情况下，他只能偷偷往返于能够看望前妻和孩子们的汉普斯特德以及跟伊丽莎白一起下榻的多切斯特酒店的套房之间。现在，他们得到了所有在世的詹金斯家族成员的原谅和接纳，伯顿也很享受能在整个家族面前显阔的感觉。最重要的是，2月27日是伊丽莎白的35岁生日，又增加了一些疯狂的庆祝活动。伯顿送给她——还能有什么别的呢？——一只在宝格丽买的价值32万美元的镶有钻石和翡翠的手镯。第二天晚上，他用戴姆勒汽车将家人送往音乐厅，他在那里为家人和朋友们预留了一百五十个座位，包括埃姆林·威廉姆斯、斯坦利·贝克、劳伦斯·哈维以及王室代表玛格丽特公主和斯诺顿勋爵。

在大幕开启之前，伯顿对观众发表了讲话。"当然，我的真名是理查德·詹金斯，因此我的妻子就是利琪·詹金斯。"他正式告知全家人，同时也使得伊丽莎白被他们所接受。

在万人空巷的首映式后，詹金斯家族的所有人回到多切斯特酒店，参加为伊丽莎白的生日举行的盛大庆祝派对。当香槟酒在四处传递的时候，凡尔登·詹金斯在喋喋不休地说着家族的故事，伯顿非常开心。当天晚上的某个时间，伯顿和他的六个兄弟突然发现他们一个挨一个站在多切斯特酒店那香气扑鼻的卫生间的大理石小便器前。后来,当伊丽莎白听到理查德描述所有的詹金斯家族的男人站成一排,"都举着他们的'小弟弟'"时,她大笑不止。

刚刚在《音乐之声》里成功饰演冯·特拉普上校的克里斯托弗·普拉莫(Christopher Plummer)喝得酩酊大醉,希尔达·欧文斯唱着儿时的威尔士歌谣,他在一旁应和,弹钢琴伴奏。格雷厄姆·詹金斯用三种语言唱着他的代表作《重归苏莲托》。当他们要凡尔登一起唱时,他大叫:"只要那个该死的'冯·特拉普上校'闭嘴,我就来指挥詹金斯家族百人大合唱南威尔士的赞美诗。"詹金斯家的一些男人在小时候曾经参加过歌唱比赛,他们的音乐天赋是被充满活力的威尔士唱诗班培养出来的。在遍及威尔士深沟浅壑的竞争激烈的唱诗班里,矿工的儿子们努力争取着表现的机会,以期被人关注。希丝施展开优美的女高音歌喉,凡尔登和希尔达应和着,跟着伊丽莎白和理查德也加入进来。他们所有人都站起来为去世的伊迪丝唱了一首歌。

他们继续庆祝,直到第一束晨光穿过舞厅的窗户照进来。当时,伊丽莎白在和男侍者跳舞,他们已经脱去了燕尾服,解开了衣服上的吊带。希尔达和她的姐妹们跟理查德一起轮流照顾另外那些筋疲力尽的服务员,而劳伦斯·哈维、克利斯托弗·普拉莫和其他客人站在吧台后面为厨师们提供饮料、洗杯子。

伊丽莎白注意到,理查德并不想他们离开。行李已经打包,豪华轿车在公园大道上列队等候将他们送回帕丁顿车站。"他们可以乘坐下一班火车。"伯顿说,他想延长喝酒、叙旧、共叙友情的时间。对伯顿夫妇来说,这样铺张的夜晚几乎习以为常。对居住在塔尔伯特港和庞什迪分的詹金斯家族来说,这是值得铭记一生的盛事。但最终,理查德不得不送他们离开。

理查德从未提过,但是他的姐姐希尔达特别指出,那个周末还是有一个家族成员缺席了。"我们只为一件事感到难过:如果我父亲在这里的话,他也会感到高兴的。"她后来说。这是理查德最后一次看到所有的家族成员都聚在一起。

第二天,伯顿夫妇离开多切斯特酒店,前往法国南部度过一个难得的假期。整个夏天他们都在撒丁岛度过。9月，他们飞往巴黎——那是伯顿喜欢的城市——在参加《驯悍记》的欧洲首映式之前，他们跟温莎公爵夫妇和罗斯柴尔德夫妇共进了一顿安静的晚餐。他们再次下榻于香榭丽舍大街上美丽的兰开斯特酒店。不过，在巴黎歌剧院举行的首映式上，除了与以前一样的遭遇没有什么其他的在等着他们了。伯顿在日记里写道："我们受到的关注跟以前'丑闻'期间在罗马、巴黎等地所受到的关注同样多——如果不比那更多的话。"警察设置了路障以防几千名粉丝冲进歌剧院。一些人前一天晚上就来到这里，只为了占据一个有利位置，好在伯顿夫妇乘坐豪华轿车出现时能瞥见他们一眼。伯顿写道，事实证明，那个晚上是"对不久以前，我们所遭到的社会排斥的一次甜蜜的复仇"。影片以及随后举行的庆典非常成功，欧洲媒体倾巢而出。据伯顿的记载："伊丽莎白带的头饰是戴比尔斯公司的梵克雅宝品牌为她特别定制的，由亚历山大设计，价值120万美元。跟其他的珠宝一起，她身上戴的珠宝总共价值150万美元。"当伯顿夫妇离开酒店的时候，六名保镖为他们开道，分开酒店大堂里的人群，让他们进入等候的车中，大量闪光灯在他们周围闪个不停。这还仅仅只是钻进汽车时的状况。

在歌剧院外，另外一群极度兴奋的人们在等着他们。一名出席活动的政府部长代表戴高乐总统向理查德和伊丽莎白表示祝贺。在出席活动的众多名流中，"伊丽莎白无疑是当夜的女王，"伯顿自豪地描述他的妻子道，"他们几乎没有拍过其他人。"作为威尔士人，也作为理查德·伯顿，在这样一个梦幻般的夜晚，这个矿工的儿子使劲掐着自己，直到自己觉得疼痛："我们听到了许许多多溢美之词，令人陶醉。然而，我希望这些没有让我们冲昏头脑。"当天早些时候，伯顿花96万美元，为伊丽莎白买下了他们来巴黎时乘坐的那架飞机。"伊丽莎白没有不高兴。"他写道。

在有关《驯悍记》的评论中，一些人吹毛求疵地批评泽菲雷利将莎士比亚作品改编成了一出即兴喜剧，并将原作中的对话进行了删减和调换顺序。但是绝大多数评论都注意到这部影片是多么契合这对著名的夫妇，这也是其预告片表现的侧重点。预告片声称："伊丽莎白·泰勒加理查德·伯顿。还需要说什么？……凭借他们曾经演过的电影，他们已经是世界上最著名的银幕夫妻档。"由于精彩地饰演了凯萨琳娜一角,伊丽莎白得到了人们某种程度上的勉强尊重。霍利斯·阿尔珀特(Hollis Alpert)在《时代》周刊上写的一篇文章中说——他1986曾出版过一本伯顿的传记:"作为她最精彩的表演之一,泰勒使得凯特看起来是一个理想的莎翁笔下的角色——一个尖声咆哮和大声诅咒的美人。"作者称伯顿能够"天生地、轻而易举地找到莎翁五步格诗那种抑扬顿挫的节奏……从屋顶上一直到跌进一大堆羊毛里这一段精彩追逐使他获得认可,是一个放荡不羁的喜剧人物的绝佳典型。"

确实,他们追逐的那场戏货真价实地性感。从她的卧室开始,穿过酒窖,从屋顶上摇摇晃晃地走过,掉下天窗,跌进一床的羊毛中,伊丽莎白的胸部几乎要从低胸紧身胸衣里爆出来了。然后,她用木板打了一下理查德的脑袋——那是她的即兴表演。彼特鲁乔和凯特在新婚之夜脱衣服的场景也是有挑逗意味的,凯特害羞地脱下衣服上床,为了不让笨手笨脚的彼特鲁乔靠近而用铜暖炉打了他。但是在真实生活中,伊丽莎白回忆起那五个月的拍摄,称之为"一个长长的蜜月"。

影片的结尾非常和谐,彼特鲁乔将被他驯服的妻子引荐给帕多瓦城的居民。这场戏由理查德·伯顿执导,因为泽菲雷利已经离开片场前往纽约的新大都会歌剧院执导一出舞台剧。在理查德的执导下,伊丽莎白饰演的凯特发表演讲,赞美了女人对男人的顺从:

> 你的丈夫就是你的主人、你的生命、你的所有者、
> 你的头脑、你的君王;
> 他照顾你、抚养你,
> ……
> 倘使她倔强使性、乖张暴戾、不服从他正当的愿望,
> 那么她岂不是一个大逆不道、背恩忘义的叛徒?

那种观念并不受现代女性的欢迎,但是伊丽莎白真的认可这些话。泽菲雷利注意到,大多数演员在讲这一席话的时候都会对观众眨眼,但是伊

丽莎白却"诚实无欺"。虽然她的行为已经能被认为帮助开启了性解放运动，虽然她一直比她的历任丈夫都更出名、更有实力、更富有，但她仍然想要像《驯悍记》的结尾凯特所赞美的那样的婚姻。

在这段演讲之后，摄影机停止了转动，伊丽莎白环顾四周，然后看着理查德，他已经被她那精彩的表演"深深地打动了"，他告诉她："非常好，我的宝贝，我希望你能把刚才说的话付诸实施。"

伊丽莎白回答："我没法像刚才那样说这些话，但是我真心想这么做。"

在那个转变的场景中，凯特/伊丽莎白给台词添枝加叶，用充满爱意的眼神看着宴会桌下几个正在跟狗一起玩耍的孩子，然后意味深长地看了彼特鲁乔一眼，好像在说，只有孩子才能让婚姻变得更真实；又好像在说，我们要生一个孩子。在演讲完之后，凯特和彼特鲁乔终于给出了一个长时间的深吻，然后彼特鲁乔说："来吧，凯特，我们上床。"——好像整部影片都是这一刻的前戏。

然而，现实中的他们已经知道伊丽莎白无法第四次怀孕。她想跟理查德生一个孩子的愿望无法实现，这也是他们如此渴望收养玛丽亚·伯顿的原因之一。但是他们还想给玛丽亚找一个兄弟姐妹，后来也再次尝试着想收养一个孩子。那是伊丽莎白长久以来的一桩夙愿，"如果可以的话，伊丽莎白宁愿像约瑟芬·贝克（Josephine Baker）和她的'彩虹部落'（rainbow tribe）一样"。（那个著名的舞厅舞者收养了十二名不同种族的孤儿。）伊丽莎白那从嬉戏的孩童转向理查德脸上的充满爱意的一瞥是她当时情绪状态的真实反映，也表明了她对未来的希望。

影片拍完后，伊丽莎白再次患上了重病。伯顿在4月6日的日记中写道："伊丽莎白因为失血而非常虚弱。我们已经从伦敦请了医生过来。我上床睡觉的时候情绪非常低落，做了很多个她死去的噩梦。"虽然在公开出版的日记中没有描述伊丽莎白自发性流血的原因，但有可能是痔疮破裂，在此后的几年中仍将复发，她会多次住院治疗。大量出血吓坏了理查德。4月8日，他写道："由于失血过多，伊丽莎白的血压只有90——明显非常低。"四天后："伊丽莎白明天就要住院进行刮除手术。她跟我吃午饭的时候感到非常虚弱，气色很不好。回家后仍在出血。普莱斯医生从伦敦飞过来给她做手术。可怜的小东西。我由于控制不住自己，再加上喝了太多的酒，感到'不适'而冲她大喊大叫。我想我说的是自己——为她担惊受怕。"4月13日："然后（电话）铃响了，谢天谢地，电话另一头是她，手术结束了，她虽然仍然感到疼痛，但是活了下来，过几天就又可以对着她大喊大叫了。"

伯顿在当天下午结束工作，卸了妆冲完澡后，喝了一杯兑奎宁水的伏特加，乘车前往医院。在回家的路上，他让司机马里奥在圣彼得大教堂外停下。伯顿盯着"那个巨大的家伙"看着，嘴里在默默地喃喃祈祷。

第八章 "浮士德"的诱惑

"在那一刻，我疯狂地爱上了她。这有别于以往对她的爱，并且时时刻刻都想跟她做爱。"
——理查德·伯顿

"我只是一个娘儿们，但理查德是一名伟大的演员。"
——伊丽莎白·泰勒

伯顿夫妇投在《驯悍记》上的200万美元获得了非常可观的回报，赚了1200万美元，但是对伯顿来说，真正的回报之一是能够协调他的两个世界：演他钟爱的莎士比亚戏剧（许多人觉得他是为此而生的），以及跟伊丽莎白一起搭档演电影。现在，相比其在戏剧舞台上的成就，他在电影领域的成功——如《雄霸天下》、《巫山风雨夜》、《柏林谍影》、《灵欲春宵》——更能让他引以为豪，但是他从未想过完全背离戏剧舞台。在这一点上，伊丽莎白是他的铁杆支持者。在演过三十六部电影后，她希望能做一件不可能的事——在理查德的职业生涯中甘当绿叶。因此，在伯顿钟爱的《浮士德博士》中，泰勒甚至饰演了一个没有一句台词的角色。

这在当时看起来像是一个好主意。

在罗马拍摄《驯悍记》之前，伯顿夫妇于1966年2月去了牛津大学，向尼维尔·柯希尔表示敬意。伯顿曾经在牛津大学埃克塞特学院学习过六个月，那是伯顿在英国皇家空军训练的一部分，尼维尔·柯希尔曾当过他的老师。与菲利普·伯顿一样，柯希尔非常喜欢他的这个学生。"这个孩子……将会成为一个伟大的演员。他非常帅气、孔武有力。他阳刚气十足，极度充满激情……"二十年前，伯顿还是学生的时候，柯希尔就已经在他的成绩单上写下了这样的评语。柯希尔邀请了约翰·吉尔古德爵士、诺埃尔·科沃德的制片人休·鲍蒙特（Hugh Beaumont）和其他一些英国戏剧界的大人物来考察他的这一新发现，这些人后来为理查德在伦敦的戏剧生涯铺平了道路。

1944年，柯希尔指导伯顿饰演了其第一个莎士比亚戏剧角色，《一报还一报》（Measure for Measure）中的安哲鲁。他对此说过一番著名的话："我教过许多天资聪颖的学生，也教过许多资质平平的学生。但我只教过两个天才——W. H. 奥登和理查德·伯顿。当他们出现的时候，任何人都不可能错过他们。"在牛津大学的那六个月现在回想起来有些理想化，但其实起初对伯顿来说很艰难。作为一个比其他学生年纪都要大，而且水平不如他们的威尔士人，伯顿不得不"打破头争取机会"。他回忆道："我来自南威尔士，有浓重的威尔士口音，初到牛津时，我态度非常坚决，无论牛津大学戏剧学社排演什么剧目，我都要在其中演主角。"但是柯希尔，还有理查德的同学，跟他同为英国皇家空军实习生的罗伯特·哈迪都被伯顿那十足的风度和人格力量镇住了。

哈迪回忆道："1944年，当他作为一名本科生来到牛津大学时，他有着令人震惊的优点——他身上荟萃了古希腊人的宁静，胸中燃烧着凯尔特人的火焰，散发出神秘和幽默的气息。尤其是他那爽朗的大笑声。他的笑声总是非常有感染力，显得肆无忌惮且令人害怕。这一切的背后，是威尔士人的魔力或神秘感。"

伯顿同意在牛津大学戏剧学社排演的克里斯托弗·马洛写于十六世纪的戏剧《浮士德博士的悲剧》（The Tragical History of Doctor Faustus）中担纲主角。这是一次慈善演出，将会为建造牛津大学剧院募得4万美元的善款。伊丽莎白将会短暂出场——她会扮演谁呢？——特洛伊的海伦。他们很期待这次在牛津大学的行程，如果没有过着闻名世界的生活，那么他们也许会在牛津大学教书。

这是一次情感上的回归之旅。理查德沉浸在能在牛津大学当一名教师的幻想中——这是一条他从未走过或者说是他从未有机会选择的道路——伊丽莎白伴随左右，穿着低胸裙，给大学生们服务，端茶倒水。伊丽莎白意识到她的丈夫想要回来充电的需要，她也曾想过在牛津郡买一座房子，当伯顿在学校里教书的时候她就在房子里饲养马匹，或许她也能讲授关于田纳西·威廉斯的课程——这是她曾梦想过的"平凡"生活的场景之一。当然，这念头转瞬即逝。

伯顿夫妇下榻于兰道夫酒店，那是离牛津剧场不远的一座石头房子，他们在那住了三个星期，排练了十天，正式演出了一个星期。在酒店里，他们给学生演员们讲笑话。学生们都非常激动，因为伯顿夫妇来到了牛津，而且这两个大明星还是如此和善、朴实。伊丽莎白为这些充满渴望的学生准备饮料，伯顿则给他们讲自己在老维克剧院的经历，以及他二十年前结识吉尔古德、奥利弗和柯希尔时的故事。柯希尔当时是最后一年担任牛津大学的默顿学院①的教授，他非常热情地欢迎了伊丽莎白，以及伯顿的服装师鲍勃·威尔逊。这个高大瘦削、外表高贵的美国黑人总是等在后台，手里拿着一瓶苏格兰威士忌，等伯顿结束表演时递给他，逗学生演员们开心。

对伯顿来说，《浮士德博士》是一出非常个人化的戏剧。他12岁时第一次读到该剧，就喜欢上了马洛那令人激动的台词。现在，他有机会饰演这一为了知识、财富和世界上最美的女人而将自己的灵魂出卖给魔鬼的经典角色。伯顿在这三个方面都跟浮士德有共鸣，因此在表演的时候十分投入，好像是一次驱魔。这是一个分量很重的角色，或许，在仅仅排练了十天的情况下，伯顿对自己的表演要求太多了。但这样要求自己是他分内的事情。

---

① 默顿学院是牛津大学最古老的学院，成立于1264年。在中世纪时就以科学研究著称，在机械、几何、物理等方面成就卓著。曾在莫顿学院读书的著名人物有政治家鲁道夫·丘吉尔、诗人艾略特、作家马克斯·比尔博姆等。托尔金曾在莫顿学院任教并完成了小说《魔戒》。——译者注

在排练期间，柯希尔和学生演员们对伯顿的表演印象深刻。"我还记得，当我们第一次听到他的声音，以及在戏剧的最后一幕中看到他表示'大地，裂开！'的姿态时，全体演员都体验到一种令人休克的快感。不折不扣地说，演出非常精彩——精彩得令人颤抖，一直延续了十四天。"该戏的票一售而空，这一点儿都不奇怪，有的学生为了观看该剧排着长长的队站在凄冷的雨中。柯希尔注意到，当伊丽莎白饰演的没有一句台词的海伦短暂出现，"缓缓走过舞台"的时候，全体观众瞬间就安静了下来。

令人难过的是，尽管有柯希尔的高度评价以及伯顿的倾力演出，绝大多数评论家都对这出学生作品毫不留情地提出了批评。当柯希尔看到这些评论家对他们是多么"极尽嘲讽之能事"时，他觉得事先应该有人提醒一下他。评论家们早已怀恨在心：为了尽可能多地筹得善款，牛津大学戏剧学社限制了送给评论家们的票（一人一张），也没有给他们接近大明星的机会。伦敦的《泰晤士报》(*Times*)称该戏是"大学戏剧中最糟糕的例子。伯顿先生看起来是在敷衍了事"，严厉批评伯顿的表演"跟那些学生演员们一样令人难堪"。

然而，一些牛津大学的教师诚恳地表扬了这出戏，如诗学教授埃德蒙德·布伦登（Edmund Blunden）在他给校报《查韦尔报》(*Cherwell*)[①]写的评论中说："最值得称赞的是，我们看到的每一个人的表演都很真挚。即使有两位天才演员压阵，演出中的热情和迅捷仍是一个业余团体所能做的最佳努力之一。"沃尔夫·曼考维兹（Wolf Mankowitz）在给《卫报》(*Guardian*)所写的一封信中表扬了伯顿夫妇艺术上的善举，呼吁英国女王至少应授予伯顿大英帝国十字勋章。（不过在当时，曼考维兹已经为柯希尔改编过一出马洛的戏剧了。）

当《浮士德博士》的短暂演出结束后，伯顿夫妇离开英国前往罗马的德·劳伦提斯制片厂。在《驯悍记》五个月的拍摄结束后，理查德将《浮士德博士》中的学生演员带到罗马，说服哥伦比亚公司将该剧改编成电影，

[①]《查韦尔报》创办于1920年，是牛津大学历史最悠久的校报，每周发行1.5万份。——译者注

并且自掏腰包为该片投资了100万美元。在这部由伯顿和柯希尔共同执导的影片中，他和伊丽莎白同意两人每周一共只领取最低45美元的报酬。他们看起来好像是在向那些曾经幸灾乐祸地批评过他们的评论家发出挑战。

此外，当然，这其中也有伯顿对浮士德传说的痴迷。几年后，迈克·尼科尔斯说"理查德似乎就是那个传说中向魔鬼出卖灵魂的囚徒"，总是能敏锐地意识到从前的对手和伙伴正在舞台上演什么。无论是不是传说，该片都是理查德讲给自己听的故事的一部分——关于他非同寻常的生活和自己所把握住的机会，以及伊丽莎白已经使之成为可能的那些事儿。"为什么是我？"他后来会问——"为什么是我？"

伊丽莎白肯定知道演一部实质上由学生制作的非商业片要冒多大风险，但是她顺从了，将其作为送给理查德的一件礼物，也给了他一个实现长久以来梦想的机会：当导演。她知道自己的快乐源于伯顿的快乐。

1966年10月，同样在罗马，伊丽莎白加盟约翰·休斯顿执导的《金色眼睛的映像》，马龙·白兰度代替了蒙哥马利·克利夫特。或许，这是一个具有讽刺意味的替换，因为他们俩的关系很特别，他们曾是竞争对手，也同为李·斯特拉斯伯格（Lee Strasberg）①的"演员工作室"成员，那是纽约的方法派表演学校（伯顿和其他一些英国演员对"演员工作室"都很不屑）。

该片绝大部分都在意大利拍摄，尽管事实上，影片中的大部分场景都是美国南部的一个陆军基地。虽然华纳兄弟—七艺公司为了迁就伊丽莎白选择了罗马，但这对杰克·华纳来说并没有损失，因为用意大利的工作人员意味着可以大幅度削减影片成本。这样，罗马的德·劳伦提斯制片厂将再次迎来伯顿夫妇。理查德也在那里，不过这一次轮到他无所事事了，很像拍摄《巫山风雨夜》时的伊丽莎白。他并不喜欢这样，虽然他拒绝过出

---

① 美国表演教育界的头号人物。年轻时的李·斯特拉斯伯格曾师从博尔拉夫斯基，算是斯坦尼斯拉夫斯基的隔代弟子。"方法派"是一种心理学方法，需要演员以自身经历来激发表演，而不是仅仅作为僵化的类型人物。斯特拉斯伯格自1949年开始在"演员工作室"教授表演，并于1951年起成为工作室的艺术指导，直到1982年去世前，他一直担任这个职位。他门下的学生包括马龙·白兰度、保罗·纽曼、阿尔·帕西诺、杰克·尼科尔森、詹姆斯·迪恩、玛丽莲·梦露、丹尼斯·霍珀等。——译者注

演彭德顿上校,但这是他们在一起以后,第一次在伊丽莎白主演的影片中没有他。

或许,当剧评家肯尼斯·泰南在伯顿夫妇租住的别墅里为BBC对他们做专访时,伯顿的古怪脾气全都发泄到了他身上。泰南后来在他公开出版的日记中写道,伯顿已经在一天里干掉了五瓶酒。然后,伯顿让泰南、伊丽莎白和其他来别墅参加晚宴的客人们也加入他的豪饮。

晚宴上更多的酒被鲸吞。后来,在别墅大厅里踱步的时候,伯顿"一脸坏笑"地问泰南:"肯,你觉得伊丽莎白看起来漂不漂亮?"

泰南立即警觉起来,回答道:"漂亮。"

"你想跟她上床吗?"伯顿挑唆道。

这时,泰南不知道如何回答。如果他说想,那就会冒犯女主人;如果他说不想,那岂不是对伊丽莎白的美貌的侮辱?于是他圆滑地回答道:"非常坦率地说,理查德,我怀疑自己是否有能力跟伊丽莎白干那事。"

"你是说你不能勃起吗?"

"差不多吧。"

这时,理查德冲着房间里的伊丽莎白大喊:"肯说他即使跟你上床也无法硬起来"。

泰南回忆道,伊丽莎白的眼睛里迸出怒火:"那是我听到过的最侮辱我的话。滚出我的家!"

但是第二天早晨,伊丽莎白打电话给这个可怜的剧评家,为她昨天喝多了"道歉"。同时,她还给他所住的酒店房间送了鲜花,意识到并不是每个人都能分享伯顿夫妇的幽默感。

但是有一个人能够认同他们的幽默感,那就是马龙·白兰度。

《金色眼睛的映像》给了白兰度更多接触伊丽莎白和伯顿的机会。在十个星期的拍摄期间,理查德通常都会来片场接妻子,然后他们三个会一起共进晚餐。好像是一种默默地致敬一样,理查德有时也会来早点,看马龙演戏。不久以后,媒体,特别是美国的电影杂志上就传出谣言,称理查德来片场是"为了看住伊丽莎白",因为他嫉妒白兰度,无论是私下里还是工作上;他们还声称"这将会是《埃及艳后》的翻版",理查德将会成为又一个艾迪·费舍尔。

但这些传言都是荒谬的。伊丽莎白说，这仅仅是媒体为了"吸引眼球"搞出来的事。过去六年间，公众对丑闻的胃口越来越大。

一直对人性有着深刻洞察力的伯顿在1966年11月3日的日记里写道："马龙的放荡不羁——他对此的态度——是诚实的、光明磊落的。我猜他是一个名副其实的好人，也很聪明。他城府很深。他能成为一位如此令人信服的演员不是偶然的。当然，他装模作样，假装糊涂。我已经注意到，很少有东西能逃过他的眼睛。"

白兰度的传记作者彼得·曼索（Peter Manso）观察道："伯顿和白兰度之间是一种心照不宣的关系。他们俩都曾因为放弃舞台表演选择了电影而广受批评。对这一点，白兰度比伯顿更有愧疚感。"曼索注意到，理查德"此前已经听过这种说法。他永远不会——甚至是他们一起喝酒的时候，也不会跟白兰度提起这一点。伯顿已经听过太多次这种话了，也被这个问题激怒了太多次，以至于他无法将这一问题抛给身边的其他演员，特别是像马龙·白兰度这样有非凡天赋的演员"。他们在一起的时间很长，通常还有当制片人兼导演的克里斯蒂安·马昆德（Christian Marquand）在场，他是一个迷人的、开朗的法国男人。马昆德自从二十世纪五十年代开始就是白兰度的朋友，他们俩都力劝理查德参演影片《玉女七试云雨情》（Candy），该片改编自特里·萨瑟恩（Terry Southern）和梅森·霍芬伯格（Mason Hoffenberg）的地下经典，那部小说是对伏尔泰的《老实人》在性方面的一次重新解读。但影片注定会成为一场灾难。理查德在日记里写道，他们星期六晚上在一起，"每个人都喝得烂醉……那是一段所有人都彻底忘掉了的时间"。但是忘掉就意味着没人能记得后来发生了什么。确实，当年秋天，伯顿算是帮白兰度一个小忙在《玉女七试云雨情》里演的那个小角色也很容易就被人忘掉了。

伯顿夫妇喜欢白兰度打趣的方式，理查德特别欣赏白兰度那兼收并蓄的知识（关于美国历史的知识，还有关于电鳗的生物学知识）。当谈到什么是最好学的语言时，他们会友好地进行争论——理查德坚称是英语，而马龙则坚持西班牙语毫无疑问更容易学。他们的大部分讨论都在晚餐之后，喝伏特加之前，马龙想知道有多少"误入歧途"的人会在他的酒店房间外等他。白兰度确实对他的粉丝们感到很抱歉。他觉得他们在浪费生命。伊丽莎白则对此没那么悲观。她将粉丝视为工作的一部分。没有他们的支持，她将无法活下去——几乎不可能！——但是她也不可怜他们。情况可能更糟，她告诉他们："我们可能会遇到披头士乐队曾遇到的那种狂热粉丝。"

伯顿在日记里说他并未觉得白兰度令人生厌或者自命不凡，而那些都是理查德不喜欢的，他也常常担心自己会变得如此。这是他酗酒、喜欢讲故事的原因之一，所有趣闻轶事都从他嘴里喷涌而出，因为他觉得他必须要变得"有趣"。一些人，如他们的律师艾伦·弗罗施在理查德身边总是感觉很糟糕，无论伊丽莎白多么努力地试图安抚他（"理查德喜欢你，他认为你绝对聪明。"）。弗罗施总是担心理查德厌烦自己的陪伴。他问迪克·汉利："要想跟他交朋友，有哪些是非做不可的？要会背诗吗？"

在导演了包括《圣经》(*The Bible*)在内的一系列失败之作后，约翰·休斯顿试图复出。理查德和伊丽莎白第一次看到《圣经》是在罗马（理查德说他最喜欢的是"创世纪"的段落）。对伯顿来说，休斯顿是一个重要的导演。自从《巫山风雨夜》开始，伯顿才像伊丽莎白一样认真对待电影表演事业。在休斯顿也很喜欢的巴亚尔塔港，理查德和伊丽莎白感到放松，非常适意地完全沉迷于对对方的性渴望中。这是一个给力的组合，能在休斯顿的指导下表演，并且跟伊丽莎白一起共度良宵。理查德认为，跟伊丽莎白的性爱让作为演员的他更加强壮有力，他还对自己能够在如此长的时间里为一个女人着迷感到惊讶。对一个以四处留情为傲的人来说（用伊丽莎白的话说，就是不断"捕获下一个'猎物'"），伊丽莎白似乎是最后一个"猎物"。这让理查德感到惊讶，而伊丽莎白则很高兴。伯顿告诉休斯顿（休斯顿自己就是一个臭名昭著的花花公子），伊丽莎白是唯一一个能让他出于嫉妒而杀死别人的人。她的身体仍然能让他发狂。当她生病的时候，他数着日子过，直到他们能再次行房为止。

伯顿夫妇都支持休斯顿在墨西哥拍片，这样他们能够互享激情。而休斯顿也通过表扬伊丽莎白在表演上的天赋来回应他们的恭维，在自传中他称她是一个"非常棒的演员"。伊丽莎白大无畏的勇气总是让人印象深刻，休斯顿对她的骑术大感惊奇。尽管背部一直隐隐作痛，但她还是在电影里骑着白马，而且骑得很好。

在接下来的十年间，伯顿夫妇挣了差不多8800万美元（相当于今天的6.16亿美元），并将其中的四分之三都花在了皮草、钻石、油画、名牌服装、四处旅行、吃饭喝酒、一艘游艇和一架飞机上。他们为拍摄《驯悍记》而成立的公司名为"泰伯"（Taybur，泰勒—伯顿的简称），成了保管他们财产的控股公司，虽然《驯悍记》是他们制作的第一部也是最后一部影片。当伯顿夫妇考虑要停止拍片三个月时，整个电影工业都在颤抖，因为，就像一位观察家注意到的，"美国电影工业几乎一半的收入……都来自他们单独或两个人一起出演的影片"。仅仅1967年，就有三部"伯顿—泰勒"档的电影上映：《驯悍记》、《浮士德博士》、《孽海游龙》（The Comedians），而且还有伊丽莎白单独演的《金色眼睛的映像》。"他们说因我们而引发的商业活动比一个非洲小国还要多。"伯顿承认道，难以置信得直摇头。

他们对巴黎的维奇迪尔时装店投资了5万美元，花100万美元买了一架能容纳十名乘客的双引擎德·哈维兰飞机（命名为伊丽莎白号），他们还买了郁特里罗、莫奈、毕加索、梵高、雷诺阿、鲁奥、毕沙罗、德加、奥古斯都·约翰和伦勃朗的画作（伊丽莎白不愧为她父亲的女儿，对不断升值的艺术品独具慧眼）。他们买了一个车队的劳斯莱斯汽车，还投资不动产：墨西哥有卡萨金伯利，那里能看到班德拉斯湾的壮丽景色，房间里摆满了墨西哥政府赠给他们的前哥伦布时代的艺术品（在地图上，巴亚尔塔港作为旅游目的地被标示了出来），除此之外，他们还在加那利群岛的特内里费①买了685英亩土地（用来种香蕉），在爱尔兰的维克洛郡买了10英亩土地（用来养马）。当然，他们还有三处房产：理查德在塞利尼和汉普郡的房产和伊丽莎白在格施塔德的房产。

尽管拥有广阔的农场，他们绝大多数时间仍然是住在酒店里，包下整个楼层来安顿他们的助理和孩子们。当他们需要客房送餐服务时，通常是

---

① 加那利群岛中最大的一个岛屿，面积2053平方公里，有"恒春之岛"的美称。——编者注

从另外一个国家订餐,"在罗马的时候,他们从洛杉矶的查森餐厅订辣椒;在巴黎的时候,他们从伦敦的福楠梅森食品店订猪肉肠"。

他们需要养活一大堆助理。其中一个是埃姆林·威廉姆斯的儿子布鲁克,他估计伯顿曾经一度养了四十二个人,包括他的兄弟姐妹们,为他们买房买车,给他们支付养老金。他们还需要为五个孩子的保镖支付工资——迈克尔、克里斯托弗、丽莎、玛丽亚和9岁的凯特·伯顿,她跟理查德和伊丽莎白在一起的时间开始越来越多。理查德很少见到的杰西卡仍然在保育院里。理查德也要养活她。但是理查德和伊丽莎白很喜欢凯特伴随左右。现在希比尔再婚了,又生了一个男孩,凯特得以有更多时间跟伯顿夫妇在一起。

伯顿在1966年9月27日的日记里写道:"凯特从伦敦来跟我们生活在一起,艾法和格温照看着她。她十分漂亮,双腿修长,脸上有雀斑,略微有点内八字。就相貌而言,她长得如此像我们俩,以至于让我惊叹不已。她身上没有任何希比尔的特征……"理查德非常高兴地看到凯特喜欢伊丽莎白("她很可爱,很明显非常喜欢伊丽莎白,伊丽莎白也很喜欢她。")。当凯特和伊丽莎白同时患上流感时,在休养期内,她们一起躺在床上,唧唧喳喳说个不停,互相量体温。凯特睡着后,理查德把她抱到她自己的床上。"或许,她以为这样做很巧妙,整个晚上都能跟伊丽莎白睡在一起……但是我强壮有力,于是把她抱走了。"

随着助理人数的增长,伊丽莎白,特别是理查德跟他们的老朋友越来越疏远了。通常,在被带到伯顿夫妇所在的片场之前,客人们就不得不配戴上胸牌,仅仅为了能够通过安保。伯顿夫妇通常在他们那豪华的酒店套房里孤独地待着,想知道为什么从未有人跟他们联系。罗伯特·哈迪见证了这种情况的发生,从牛津大学回来后,他越来越难以见到他的这位老朋友了。

约翰·吉尔古德回忆道,伯顿夫妇像王室成员一样身上从来不带钱,因此他们要依赖助理打理一切。在《哈姆雷特》巡演期间,有一次他在纽约的餐厅里跟理查德共进午餐。吉尔古德很高兴地看到伯顿没有带顾问和助理,但是当付账的时候,伯顿挥了挥手,说:"哦,别担心。他们会付的。"

吉尔古德向四周看了看，这才意识到四周的桌子都被伯顿的助理们占据了，随时等待着被传唤，就像电影里的群众演员一样。

1966年年末，尽管他们的财产数额巨大，但由于伯顿夫妇花钱大手大脚，他们有时候也会感到手头拮据。除了四处旅行和买礼物外，伯顿还要给他的兄弟姐妹们赠送一年一度的圣诞支票。这是伯顿与泰勒答应参演《孽海游龙》的原因之一：他们需要钱。《孽海游龙》是一部由米高梅公司出品、格雷厄姆·格林（Graham Greene）创作的令人腻烦的政治剧，在绰号"医生老爸"的弗朗索瓦·杜瓦利埃（Francois "Papa Doc" Duvalier）统治下的海地拍摄。第一次，理查德的片酬（75万美元）超过了伊丽莎白（50万美元），同样也是第一次，理查德·伯顿超过伊丽莎白·泰勒，占据了演员表的头牌位置。该片制片人兼导演彼得·格伦维尔并不特别想让伊丽莎白在片中饰演伯顿的爱人——大使的妻子玛莎·帕尼达——但是伯顿坚持要这样。据报道，伊丽莎白接受这个角色仅仅是为了能够陪理查德去非洲。她告诉格伦维尔："我只是一个娘儿们，但理查德是一名伟大的演员。"这也是她只要了通常片酬的一半的原因。

重要的政治元素、第一流的演员和主创阵容、著名的原著作者，由于兼具这些因素，因此人们对该片的期望值非常高。伯顿一向很尊重作家，他也很欣赏格雷厄姆·格林，后者甚至在书出版之前就将其改编成了同名电影剧本。伯顿夫妇也很欣赏格伦维尔和跟他们合作的演员们。格伦维尔曾在《雄霸天下》中高超地指导过伯顿的表演，而饰演冒牌突击队少校琼斯的亚历克·吉尼斯爵士尤为受其赞赏。他们也很喜欢彼得·乌斯蒂诺夫（Peter Ustinov，伯顿认为乌斯蒂诺夫是他见过的最健谈的人之一），他在片中饰演大使。其他演员还有默片时期的女明星莉莲·吉许（Lillian Gish）、老派喜剧演员保罗·福特（Paul Ford）和一些当时最著名的黑人演员，包括詹姆斯·厄尔·琼斯（James Earl Jones）、罗斯科·李·布朗（Roscoe Lee Brown）、雷蒙德·雅克（Raymond St. Jacques）和年轻的希丝莉·泰森（Cicely Tyson，这仅仅是她出演的第二部电影［一年前，泰森跟伯顿夫妇的好友小萨米·戴维斯一起在《叫亚当的男人》（*A Man Called Adam*）里首次亮相］。

吉尼斯对再次见到伯顿有些忐忑,因为在过去几年间,他给伯顿夫妇打过好几次电话,在多切斯特酒店里留过好几张纸条,都没有得到回复,甚至送给他们的礼物都被退回。理查德得知这一切非常惊讶——他毫不知情。很明显,他们的助理们不仅仅是在保护他们家人的安全和不受打扰,同时也使得伯顿夫妇跟老朋友们隔离开来了。

在拍摄《孽海游龙》期间,伯顿夫妇又多了一个助理:吉亚尼·博萨奇。他从十几岁开始就是一个摄影师和修片师,伊丽莎白雇他来是为了确保她所有公开发表的照片都要尽可能的漂亮。博萨奇回忆道:"我曾经被认为是意大利第一流的修片师。而且不仅仅是意大利的,因为他们过去经常从美国寄照片来让我修。"他从他父亲布鲁诺·博萨奇(Bruno Bozzacchi)那里学到了这门手艺。布鲁诺·博萨奇是意大利一位著名的专门修复无价手抄本和照片的修复师,在一个叫古文书研究中心(Patologia del Libro)的某种"书籍医院"里工作。(此外,吉亚尼的父亲还修复过诸多珍品,如马基亚维利①和莱昂纳多·达·芬奇的信。)但是吉亚尼很早就决定不让自己的生命耗费在暗室当中。他现在主要是做电影制片人和摄影师。(他说:"我不会再做修复工作了,因为我知道如何用光来修复。")

任何公开发表的照片都必须经过伊丽莎白的同意,因此,当制片公司匆忙前往非洲的时候,格伦维尔请著名的摄影师皮耶路吉·普拉特隆(Pierluigi Praturlon)——当时博萨奇为他工作——带着他们的便携式暗室飞到达荷美。(皮耶路吉同时也是弗兰克·辛纳特拉和费德里科·费里尼喜爱的摄影师。)博萨奇回忆道,"理查德并不像那样自视过高",他不像伊丽莎白那样坚持要所有照片必须经本人同意才能公开。毕竟,脸蛋确实是伊丽莎白的财富,她深知必须确保从每一个角度拍摄的照片都要让自己显得漂亮。

在尼斯拍摄时,博萨奇偷偷抓拍了几张伊丽莎白的照片,起初她对此很生气。她把博萨奇叫来,问道:"吉亚尼,你真的很不错,但是你这个混

---

① 尼可罗·马基亚维利(1469-1527),意大利政治思想家和历史学家,著有《君主论》。——编者注

蛋，没有我的允许就拍了这些照片。"不过她很喜欢这些照片，因此，她让博萨奇也参加他们那经常举行的宴会，并且按时间顺序拍下他们的活动瞬间。她很欣赏博萨奇能够不被人注意地拍到这些照片。博萨奇说："当我拍人的时候，我就会消失。他们不会注意到相机。即使是伊丽莎白这样相当在行的人也不会注意到。对伊丽莎白来说，穿合适的衣服、化合适的妆、让自己显得漂亮更重要。作为一名摄影师，你要对她的形象负基本的责任。你要明白人与相机的关系——如果妆化得不好，发型没做好，你要能看到所有这些。你要通过沟通来建立这种关系，甚至不需要说话。这是一种特殊的关系。"

博萨奇跟他的前任彼得·梅达克一样，注意到伊丽莎白生活中比在镜头前甚至更美丽。"世界只看到她的一面：她的美貌、她的衣着、她的妆容——但是不化妆的她更显得容光焕发！而化了妆以后效果反而不好了。我拍了几张她的素颜照——我的上帝！总是那么的性感！"伊丽莎白左右两边脸的侧面轮廓完全对称，他对此感到震惊。后来他给伊丽莎白写信说："如果波提切利（Botticelli）① 今天还活着的话，伊丽莎白一定会激发他的灵感。"

当时博萨奇这个一头卷发的高个儿年轻人尚不会说英语。他觉得自己年少无知，与理查德保持着距离，觉得他可能有点威胁性。当看到一个英俊的年轻人围绕在伊丽莎白周围，给她拍照时，理查德醋意盎然。他回忆道："当你被投入那个世界，是有点令人惊慌。我只是在做我的工作，仅此而已。"但是伯顿夫妇对他就像家人一样。七年间，他都作为朋友和官方摄影师陪伴在这对夫妇左右。实际上，他还通过伯顿夫妇结识了自己的第一任妻子。在拍摄《孽海游龙》时，克劳德·埃托莉（Claudye Ettori）正好是伊丽莎白的发型师。在吉亚尼和克劳德于1968年6月举行的婚礼上，理查德是最合适的伴郎人选，伊丽莎白则充当了已婚的伴娘。婚礼在伊丽莎白的高级发型师亚历山大的乡下家中举办。[他的客户中还有英国女王、伊朗国王的妻子法拉赫·狄巴·巴列维（Farah Diba

---

① 桑德罗·波提切利（1445—1510），欧洲文艺复兴早期的佛罗伦萨画派艺术家。——译者注

Pahlavi)以及摩纳哥王妃格蕾丝·凯利。]由于伯顿夫妇的缘故,至少有一百名摄影师围绕在房子周围,等着拍摄婚礼过程。

另外一位很有天赋的摄影师是伊丽莎白的密友罗迪·麦克道尔,几十年间他一直给她拍照。麦克道尔记得,他们作为童星一起出演《灵犬莱西》时,当他第一眼看见伊丽莎白,就被她的美丽惊呆了,以至于突然放声大笑起来(当伯顿在斯图尔特·格兰杰的房子里第一次看见她时,也是这种反应,当时她正在泳池边读书)。他认为她是一个"完美、精致的小娃娃……我见过的最完美无缺的尤物"。在他们几十年的友谊中,当伊丽莎白需要时,麦克道尔总是会帮助她、支持她。他相信"美丽"本身就是一种艺术——最美的人就是最伟大的艺术家,难以言喻。他告诉伊丽莎白:"一些长得漂亮的人不知道如何利用自己的美貌,因此最终美丽远离了他们。另外一些人,"——如伊丽莎白——"能够轻松驾驭他们的美貌。"长期以来,麦克道尔都对伊丽莎白的沉着、镇静大为赞叹,他认为这是真正的美丽所需的一种基本要素。作为一个经常给她拍照、跟她一起演过电影的人,麦克道尔发现伊丽莎白能够保持绝对平静,这正是她那偶像形象的秘密所在。

1967年1月,在罗马拍完《驯悍记》和《浮士德博士》之后不久,他们就开始拍摄《孽海游龙》,这是他们共同演的第七部电影。甚至在原著小说出版之前,同时也在杜瓦利埃和他的秘密警察卫队"杀人恶魔"[①]可能实施报复之前,米高梅公司和彼得·格伦维尔就已经计划在海地拍这部影片了,但是他们仍然害怕在影片完成之前会走漏风声。于是,全体工作人员和115名演员飞往非洲西海岸的达荷美共和国,也就是现在的贝宁,那里与太子港的环境很相似。达荷美共和国的历史、文化和地理环境都跟海地很接近——曾经是法国殖民地,有过被贩卖黑奴的历史,刚刚独立不久。实际上,达荷美人是被奴役和贩卖到加勒比地区的非洲黑人的后裔,还保留着很多同样的文化习俗,包括巫术仪式。当一名巫师从海地被请来,第一次在摄影机前表演巫术仪式时,根本无需跟被雇来做群众演员的达

---

① 原文Tonton Macoutes,海地人称呼"妖怪"的俚语。——编者注

荷美当地人讲解仪式的过程。

有谣言称杜瓦利埃让巫医对这部影片施加了巫术。确实，拍摄过程不断被各种事故困扰——几个人差点被淹死，有人得了各种各样的疾病而不得不离开非洲治疗，还有，令人难以置信的是，亚历克·吉尼斯的胸部出现了神秘的皮疹，呈现出非洲地图的形状，持续了四天。（当影片拍摄完成，吉尼斯在非洲给他的一个朋友写信时如此说道："我很高兴离开达荷美，我时时刻刻都有不祥之感……那儿每个人脑子里的巫术观念都挥之不去。我亲密的朋友彼得·格伦维尔差一点就在我眼皮底下被淹死。"）

伯顿夫妇带着他们的助理来到非洲，包括亚历山大，伯顿的左右手、永远忠诚的鲍勃·威尔逊，迪克·汉利和约翰·李。当他们抵达科托努（Cotonou）①时，有三百人在欢迎他们。当有演员来当地拍电影时，他们通常都会受到热烈欢迎，但是伯顿夫妇还受到了索格洛（Soglo）总统的接见，被允许使用科托努的总统官邸。这位总统十年前领导他的国家推翻了法国的殖民统治，赢得了国家独立。理查德和伊丽莎白在总统的带领下参观了官邸。然而，这个官邸跟伯顿夫妇以前住过的豪华酒店根本没法比。当"我的将军"隆重地向他们炫耀自己妻子的衣柜时，伊丽莎白看到的只是"一个非常普通的鞋架子"。当伊丽莎白应邀踏上一个小垫子，灯光自动点亮时，她只能装出一副非常惊喜的样子。在这个庞大的宫殿外面，伯顿夫妇注意到，总统官邸的院子里挂着许多绳子，上面晾着洗过的衣服。毫无疑问，他们夫妇的庞大资产超过了一些非洲国家的年度国民生产总值，当然也包括达荷美共和国的。

伯顿夫妇非常喜欢这个国家和这里的人民，特别是成群结队来到片场的孩子们。自从《埃及艳后》之后，他们第一次能够自由出入餐馆，无人围观。一名当地记者突然来采访理查德，但是他不认识伊丽莎白，把她误认为理查德的助理。这逗乐了伊丽莎白。另外一名当地记者则误以为伯顿是摄影师，这些都使得夫妻俩更喜欢达荷美人了。格伦维尔注意到，没有外部压力有助于他们在镜头前放松，尤其是伯顿，这让他给出了令人信服

---

① 贝宁最大的城市和海港。——编者注

的、具有感染力的表演。他饰演的是一个困惑的旅店老板，就像《卡萨布兰卡》(Casablanca)中的里克一样，试图在政治上保持中立。在影片结尾时，他良心发现，决定带头领导推翻腐败政权的暴动。

《展望》杂志报道了此次拍摄，在1967年6月27日的封面上放上了伯顿夫妇的照片："跟理查德和利兹一起在外景地：为什么他们从不令人乏味？"公众仍然对伯顿夫妇感兴趣，他们看起来生机勃勃、镇定自若，沿着海滩漫步，一大群非洲小孩围绕在周围。伯顿告诉《展望》杂志的记者："伊丽莎白和我都喜欢孩子，我们想一起生几个孩子，但是医生告诉伊丽莎白她再也不能生育了。"很明显，当伊丽莎白在罗马住院后，他们非常想生一个自己的孩子。被半打孩子围绕在膝下，他们看起来真的是非常高兴。理查德抱起一个小孩亲了亲。至少，孩子们不知道也不关心伯顿夫妇是谁，不会讨好或者批评他们。

晚上，他们通过读书来打发时间。泰勒发现，在伯顿的影响下，她真的对诗歌产生了兴趣。伯顿则专注于阅读亚历克斯·汉利(Alex Haley)的《马尔科姆·X自传》(The Autobiography of Malcolm X)。但是非洲持续的炎热天气，以及理查德和伊丽莎白的大量饮酒，很快就对他们的身体健康造成了伤害。有些天，气温高达110度。"如果你在大中午顶着太阳出门的话，你就是在玩命。"伯顿说，想起了诺埃尔·科沃德的歌《只有疯狗和英国人才在大中午出去晒太阳》[Only Mad Dogs and Englishmen (go out in the midday sun)]。理查德发现，在灯光下，温度能达到138度。因此每个人都想方设法尽可能减少重拍的次数——这对"快手"伊丽莎白或者莉莲·吉许来说从来不是问题。莉莲·吉许已经74岁了，特别怕热。

尽管气温很高——或者说是因为气温很高——伯顿喝的酒却呈倍增长。同样以酒量大出名的格雷厄姆·格林注意到："当他们俩不在片场的时候，就窝在自己的小房间里——理查德喝啤酒，伊丽莎白喝法国茴香酒。（他们）怎么能在这样的高温下……"

吉尼斯也有些震惊。追溯到1949年，在理查德早年从事舞台剧表演时期，他偶尔会跟吉尼斯在他们位于伦敦圣彼得广场的房子里吃饭。在那里，理查德介绍亚历克·吉尼斯认识了狄兰·托马斯。（吉尼斯后来在伦敦及纽约上演的西德尼·迈克尔斯创作的戏剧《狄兰》中饰演了这个威尔士诗人。）在十八年后，亚历克写信给他的儿子，谈到了再次跟理查德合作的情况："在他身上，我几乎找不到从前的那个理查德·伯顿了。虽然他当时有一些冷酷，但是很幽默、很聪明、很健谈。我担心酒精已经对他造成了一些负面影响。"

跟往常一样，伯顿夫妇的电影通常会反映或者影射他们的私生活，保罗·福特饰演一位古怪的美国空想家，带着妻子（莉莲·吉许饰演）来海地旅行，他有一句脱口而出的台词，很有可能是伯顿自己写的——当饰演旅店老板布朗先生的伯顿在杜瓦利埃政权下陷入危险时，他告诉史密斯先生（保罗·福特饰演），已经安排他和他妻子下榻约翰·巴里摩尔的套房，史密斯夫人问约翰·巴里摩尔是不是真的在那里住过。

"我可以向您出示他的酒水账单。"布朗先生回答道。

"这毁了一个伟大的天才。"史密斯先生评论道。

伊丽莎白责怪理查德在他的"威尔士时间"里过量饮酒，他反复发作的抑郁症看起来需要喝越来越多的酒才能缓和。但是其实他们俩喝酒都非常凶。结果有一次，他们缺席了被荣幸邀请参加的国宴，那一次有两百位客人收到了邀请。理查德的情况看起来更糟。有时他会消失几个小时。伊丽莎白会在他们那装了空调的总统官邸里喊他的名字，但是没有应答。她不得不离开他们那舒适的别墅，穿梭于科托努的大街小巷，在各种小酒店和非洲酒吧里找他。在那些地方，这个世界上最著名的女人遇到了一些交流上的障碍。

"你们见过理查德·伯顿吗？"她在当地的酒吧里问。

"谁？"

"理查德·伯顿！"

"他是黑人还是白人，夫人？"

他会被劫持吗？每周都有两三起谣言称杜瓦利埃的手下在片场四周出没，欲实施绑架。最终，伊丽莎白发现伯顿跟几个工作人员一起在街头漫步。一次，亚历克·吉尼斯在他的化妆间里无意中遇见伊丽莎白，她已经哭了一个下午，因为伯顿喝酒以后对她非常凶。但是，像通常一样，他们在争吵之后又和好了，一切如旧。他们不表演的时候，就在喝酒；不喝酒的时候，就在吵架；不吵架的时候，就在做爱。

尽管有以上这些混乱，但伯顿注意到，伊丽莎白在非洲似乎变得更美了。"伊丽莎白看起来美丽动人——她在炎热的天气里含苞欲放。"伯顿在当年1月的日记里写道，后来，"在那一刻，我疯狂地爱上了她，这有别于以往对她的爱，并且时时刻刻都想跟她做爱。但遗憾的是，这没法持续数天。"

伯顿在西非的外景地喝得越多，就越像"化身博士"①。当他变脸的时候，伊丽莎白就非常痛苦。虽然她在《孽海游龙》中饰演了另一个"玛莎"，但伊丽莎白并不想真的成为阿尔比的玛莎。伯顿如此爱她，愿为她献出一切，但是由于喝酒太多，他开始攻击她和她为他营造而出的生活。每个人都是"讨厌鬼"或"王八蛋"。他大声斥责，她感到心痛。对伊丽莎白来说，咒骂是一种锻炼，一种放松——咒骂也很有趣——但是理查德喝醉的时候，他的诅咒却字字带刺。她听到这些话非常难受，当玩笑变成奚落时，她会悲痛欲绝。这是他们一起演的第七部电影，他们在一起度过的第五个四处漂泊的年头，他们的婚姻世界瞩目。媒体（伊丽莎白称它们为"黄色刊物"），想看到"利兹和迪克"，他们俩都很痛恨这个绰号。他们想做伊丽莎白和理查德。

眼见着"利兹和迪克"在这场角力中获胜很令人心碎。实际上，他们有两个婚姻：公开的和私人的。她原以为演员表头名和大笔片酬——男人们都对做头名梦寐以求——能让理查德高兴。但是，至少在非洲，在片场炙热的灯光下，没有什么能令他高兴。你能做的只有喝酒，理查德能做的也只有喝酒。

在达荷美的拍摄结束后，全体演员和工作人员前往尼斯和巴黎的片场完成接下来的拍摄。在距离尼斯一个小时的圣拉斐尔的滨海阿尔卑斯山一家高档酒店里，《展望》杂志继续了它的采访。在酒店阳台上可以看见地

---

① 英国著名作家史蒂文生1886年写成的小说《化身博士》中的人物。杰克医生喝了一种试验用的药剂，在晚上化身成邪恶的海德先生四处作恶。他终日徘徊在善恶之间，其内心的内疚和犯罪的快感不断冲突，令他饱受折磨。这部小说多次被改编成同名音乐剧和电影。——译者注

中海，甜美的空气中充满了生长在灌木丛生的山上的伞松的气息，伯顿被问到过去几年间"美国观众"是否发生了变化。伯顿认为是的，因为诸如《柏林谍影》、《灵欲春宵》和《驯悍记》这类具有挑战性的作品都大获成功。至于莱马斯和乔治这样的角色，伯顿承认他们与他之前饰演的成功角色相比有很大不同。"我从来没有想过演这样一些憔悴落魄的角色……这是非常大的挑战，极度痛苦。贬低一切、一切，无时无刻都要抑制自己的情绪。"当被问到为什么要拍这么多电影时，他这样回答：除了其他方面以外，跟伊丽莎白在一起让他更加尊重电影制作了。他再一次被问到老生常谈的问题——是否觉得自己已经放弃了舞台剧表演？好在伊丽莎白当时不在场。他回答道："哦，不，我无论如何都没有放弃。我自己总是非常渴望舞台剧表演，你也许会说，那是某种责任。"

最终，不谈到那场"丑闻"，采访不会善罢甘休。理查德说："好吧，我要说的是每个人似乎都已经安静下来。主啊！我们的声誉！我的意思是，我是一个禽兽不如的奸夫，伊丽莎白是一个诡计多端的小三……我们，伊丽莎白和我，已经一起经历了很多大风大浪。你一定认为我们试图摧毁西方文明或者其他什么东西。"

1967年4月10日，一年一度的奥斯卡奖颁奖礼举行。这一次，理查德真的想赢。之前，伊丽莎白凭借《灵欲春宵》赢得了纽约影评人大奖，而理查德输给了保罗·斯科菲尔德的消息已经传到了尼斯的圣让卡普费拉。伯顿感到有点震惊，因为纽约影评人大奖通常是奥斯卡奖的风向标。他和伊丽莎白都凭借《灵欲春宵》获得了奥斯卡奖提名——他理应获奖。但是他的竞争对手是《良相佐国》的主演斯科菲尔德。理查德真的想赢得这次奥斯卡奖，他需要获奖——他饰演的乔治获得了巨大成功，或许是他那漫长而著名的职业生涯中最佳的表演。但是他从未被好莱坞接受，特别是被将要为奥斯卡奖候选者投慎重一票的年长观众接受。阿尔比作品中的台词让他们感到不舒服。他们也不喜欢五年前从罗马传出的那些可怕的"丑闻"，当时理查德和伊丽莎白发现自己被整个电影业孤立了。人们都在等着看《埃及艳后》会如何崩溃。如果这次他们俩都获奖，那将是好莱坞娱乐产业完全接纳他们的信号。

伊丽莎白想去参加颁奖典礼，华纳公司的老板杰克·华纳也想让她去。他甚至往尼斯发了一封电报，恳求"别毁掉你亲手搭建起来的桥！"当然，伊丽莎白已经凭借《青楼艳妓》获得过奥斯卡奖，但是她仍然希望夫妻俩能够同时获奖——那将是该奖项历史上的第一次。

伊丽莎白深知这对她来说将会是一次伟大的胜利，她很想参加。她有把握战胜其他竞争对手：在《摩根》（Morgan）里饰演一个闪光小角色的瓦妮莎·雷德格瑞夫、《乔琪姑娘》（George Girl）里的琳恩·雷德格瑞夫（Lynn Redgrave）、《男欢女爱》（A Man and a Woman）里的阿努克·艾梅（Anouk Aimée）、《大街上的商店》（The Shop on Main Street）里年长的俄罗斯女演员艾达·卡明斯卡（Ida Kaminska）。有些人认为，理查德无法忍受伊丽莎白获奖而自己却没获奖的事实。他决定不参加。

或许是力图劝阻伊丽莎白不要出席颁奖典礼，理查德称他梦见伊丽莎白乘坐的飞机在飞往加利福尼亚的途中坠毁，发现她尸体的人正是他自己。因此，伊丽莎白走出酒店房间，对助理们说她决定留下来陪伴理查德，官方理由是理查德仍然在拍摄《孽海游龙》，所以他们无法抽身。理查德也许会失利——在150万人面前失利——仅仅是这样的念头就让他们无法承受。

实际上，理查德确实输了。《良相佐国》获得了最佳影片奖，保罗·斯科菲尔德获得了奥斯卡最佳男主角奖，该片的导演弗雷德·金尼曼获得最佳导演奖。人们通常认为斯科菲尔德——他是伯顿喜爱且尊敬的演员——是没有为了电影而放弃舞台生涯的莎剧演员，这加深了伯顿的失落感。斯科菲尔德只拍了少量几部电影——《良相佐国》仅仅是他的第四部电影——但是他的表演已经为他带来了金球奖和纽约影评人奖。在这两个角色中——被视为圣人的历史人物托马斯·莫尔爵士和阿尔比笔下那个受到伤害的、戴绿帽子的历史学教授乔治——在情感上没有可比性。斯科菲尔德巧妙优雅地在电影里重塑了舞台上的角色，而伯顿则完全是发自灵魂深处地塑造了乔治的角色，那是更具情感挑战性的壮举，可是这些都无关紧要了。如果说1961年，雪莉·麦克雷恩失去奥斯卡最佳女主角奖是因为输给了泰勒的气管切开手术的话,那么,理查德·伯顿现在则输给了一个圣人。

迈克·尼科尔斯在最佳导演奖的竞争中输给了弗雷德·金尼曼,他很理解伯顿的感受。他后来说:"他总是对其他人正在做而他自己却没做的事很在意。奥利弗的表演、斯科菲尔德的表演——他觉得应该像那样表演,他担心自己做错了。"

虽然伯顿给斯科菲尔德发去了一封祝贺电报(斯科菲尔德给伯顿回了一封安慰信),但他还是在日记中写道:"……我们听到伊丽莎白获得了奥斯卡奖,而我却没拿奖!真该死。但是斯科菲尔德赢了,这样也很好!"确实,他为伊丽莎白众望所归地获奖而感到自豪,很绅士风度地不在乎自己没获奖,但这确实让他感到很受伤。对伊丽莎白来说,生存在好莱坞却不出席其最重要的颁奖典礼很可能对她不利。她以前是好莱坞的宝贝,这是她第五次获得奥斯卡奖提名,第二次获奖,这一次,好莱坞业界真的站在她这一边——这不是一次充满同情的获奖。她是真的赢得了这个奖项。她的缺席真不是一件好事。

小萨米·戴维斯从《玉女神驹》时期开始就认识伊丽莎白,在理查德在舞台上演哈姆雷特的时候,他通常是伊丽莎白的座上宾,看了十五次,"从不厌烦"。当他们的"丑闻"爆发时,戴维斯甚至还带着当时的妻子梅·布丽特(May Britt)一起前往罗马看望他们。他知道,1963年,"理查德的名字是二十世纪福克斯公司的污点",因为制片厂将他们的婚外情看成是对他们投在伊丽莎白·泰勒身上的数百万美元的威胁。小萨米·戴维斯后来写道:"理查德必须要被人们接受。他需要得到同行的尊敬。他需要奥斯卡奖。"

伯顿通过喝酒来排解心中的失落感,他在日记里记录了酒精对他身体造成的伤害。1967年5月10日,他写道:"我昨天喝了一整天酒。今天,我在工作的时候不会喝一滴酒。我不知道为什么要喝这么多。我并没有不高兴,并且真的很不喜欢这样——我指的是豪饮。"伊丽莎白试图勇敢地让他摆脱灰色情绪。5月30日,他写道:"伊丽莎白跟我一起吃午饭。她很有趣,很甜美,但是没有什么能够让我摆脱我的坏脾气。"

当年6月，伯顿参加了玛丽亚就读的小学里的一场比赛。他们注意到，在做过许多次手术之后，玛丽亚在跟同学们进行如投掷沙包、将两腿套入袋内赛跑和障碍赛跑等比赛时会力不从心。伯顿报名参加了"父亲赛跑"，但是在喝了三杯红玛丽鸡尾酒后，他只获得了第二十名。就像他在日记里写的，这让他懊恼不已，他发誓下一次要好好训练。理查德深爱他和伊丽莎白的孩子们。他们现在真的是一个大家庭。后来，当艾迪·费舍尔孤注一掷想赢回丽莎·托德的监护权时，理查德强硬回击，他咆哮道："除非从我的尸体上跨过去。"费舍尔退缩了。

四个月后，理查德短暂地戒了一段时间的酒，但是伊丽莎白还在喝，这使他很难完全戒掉。11月，在他41岁生日的前几天，伯顿狂喝了两天。他辱骂了鲍勃·威尔逊，还调戏了玛丽亚的护士凯伦。第二天早晨，他感到愧疚，向伊丽莎白负荆请罪。她一笑而过，相对于伯顿的眼睛开始走神，她更关注护士的尴尬。

尽管有这些不愉快，伯顿夫妇仍然度过了精彩的五年，拍摄了六部票房大卖的电影，四次获得了奥斯卡奖提名，伊丽莎白还凭借《灵欲春宵》获得奥斯卡奖。当理查德告诉《展望》杂志的记者，他认为美国观众的口味正在发生改变，开始接受那些更加困难、更有挑战性的电影时，其实这一改变应归功于他。借助"伯顿—泰勒"那无法抗拒的强大力量，这一潮流已经开始掀起了，正如伯顿无法控制他与酒精的死亡之舞一样。《浮士德博士》《孽海游龙》和《金色眼睛的映像》这三部雄心勃勃的电影都被评论家狂批，也不被观众接受。他们不知道在等着他们的是什么：一颗名为《富贵浮云》(*Boom!*)的路边炸弹，将会戏剧性地改变他们人生道路上的风景。

第九章　转折的一年

"（我们是）一对可爱的、迷人的、颓废的、绝望的夫妻。"
——理查德·伯顿

"人们不喜欢持续不断的成功。"
——伊丽莎白·泰勒

《灵欲春宵》为他们赢来了如潮的好评。伯顿夫妇开始着手另一个带有一定风险的项目——根据田纳西·威廉斯的戏剧《牛奶车不再在此停留》（*The Milk Train Doesn't Stop Here Anymore*）改编的《富贵浮云》。该片将由约瑟夫·罗西（Joseph Losey）执导。根据由田纳西亲自改编的剧本所描述的，影片将在位于撒丁岛一个陡峭的山顶摄影棚内拍摄，四面环绕着生机勃勃的地中海。多亏伯顿夫妇发挥了自己巨星的影响力，才使得一些比较艺术、并不特别商业的影片能拍成，如《驯悍记》、《浮士德博士》、《金色眼睛的映像》以及现在的《富贵浮云》。这是一部根据一出曾两次演砸了的百老汇戏剧［第一次由赫敏·巴德利（Hermione Baddeley）担纲主角，第二次的主角则是塔卢拉·班克黑德（Tallulah Bankhead）］改编而成的、有几分神秘、极其古怪的影片。但是，鉴于伊丽莎白在《朱门巧妇》和《夏日痴魂》，以及理查德在《巫山风雨夜》中令人难忘的表演，伯顿夫妇跟田纳西·威廉斯一起合作时的运气都不错。

然而，他们需要下点工夫说服相关人等。田纳西想让西蒙·西涅莱饰演剧中身患疾病、隐居的73岁百万富婆弗罗拉·戈弗丝，由肖恩·康纳利饰演克里斯·弗兰德斯。戈弗丝先后埋葬了自己的六任丈夫，统治着地中海上的一个小岛；克里斯·弗兰德斯则是夸夸其谈的"死亡天使"〔塔布·亨特（Tab Hunter）曾在百老汇的舞台上饰演过这一角色〕，以引诱和杀害老年妇女而闻名。

罗西想请英格丽·褒曼搭档英国演员詹姆斯·福克斯（James Fox），但是褒曼以太粗俗为由回绝了这一角色（她告诉导演："我在说'混蛋'这个词的时候没办法不脸红。"）。罗西需要伯顿夫妇，因为他需要钱。

作为一名在二十世纪五十年代上了"黑名单"而被迫移居海外的美国侨民，罗西已经作为一名心理电影的作者型导演在欧洲重新开始了职业生涯。他执导了几部受人推崇的影片，如1948年的《绿头发男孩》(The Boy with Green Hair)、1963年的《仆人》(The Servant)和1966年那波普风格的、戏仿间谍片的作品《女谍玉蛟龙》(Modesty Blaise)，但是现在他还需要为拍摄《富贵浮云》筹集140万美元的资金。

伯顿夫妇租了一艘名为奥德赛号的豪华游轮，在地中海上度过了整个夏天。当船在港口停泊的时候，他们多次造访雷克斯·哈里森位于波托菲诺的家，看望哈里森和他的妻子蕾切尔·罗伯兹（Rachel Roberts）。当处于"丑闻"最高峰的时候，理查德和伊丽莎白曾经在这里躲避风头。在哈里森夫妇的家中，伯顿夫妇加盟《富贵浮云》的事开始被提及。后来他们在圣玛格丽塔·利古雷的拉格利塔酒吧跟他们的经纪人休·弗兰奇和制片人约翰·海曼（John Heyman）一起吃饭喝酒时也讨论了这一问题。海曼还给伯顿夫妇提供了一些避税建议，他的妻子诺玛也成了伊丽莎白的好朋友。

罗西飞到波托菲诺与伯顿夫妇见面，但让他懊恼不已的是，当他坐在酒店房间的阳台上吃早餐时，却眼睁睁地看着奥德赛号游轮起航离港。他最终追上了他们并成功登上了游轮，结果他马上被带到了酒吧。理查德从一个剧本里抽出一张刚收到的125万美元的支票甩了甩，那是伯顿夫妇从《驯悍记》中获得的第一季度利润。他把这张支票拿来当书签。

接下来，罗西出现在哈里森的别墅里，他为无法筹到足够资金拍摄《牛奶车不再在此停留》而长吁短叹，因为当时该计划仍停留在口头上。稍后，在码头上吃晚饭时，田纳西·威廉斯跟他的同性伴侣比利·巴恩斯（Billy Barnes）也在。比利·巴恩斯喝多了，刚经历了一次自杀未遂，说话愤怒而含糊不清。伊丽莎白请求田纳西让他小点声，因为周围的人都开始朝他们瞪眼。他突然坚持要求每个人都喊他的教名："叫我汤姆。"而他几十年前就已经不用这个名字了。

第二天晚上，他们在游艇上的酒吧里举行派对，蕾切尔·罗伯兹喝得"酩酊大醉"、"无法控制"。事实证明，那是甚至连田纳西·威廉斯都难以想象的一个夜晚。据伯顿的记录，当她开始从"性别上、道德上、身体上和其他方面"辱骂她的丈夫雷克斯·哈里森时，田纳西当然没有假装正经，他要求离开。

突然，蕾切尔跌倒在酒吧的地上，开始学狗叫，引得伊丽莎白的哈巴狗和蕾切尔的短腿猎犬也叫了起来。蕾切尔彻底醉了，开始给她的狗手淫。"一只可爱的邋遢的叫奥马尔的老狗。"伯顿这样写着。（正如他在日记里写的，在撒丁岛的那个夏天，每个生物看起来都极度兴奋，他们的两只狗"从去年夏天开始就在不停地交配，一天至少三次。谁能想到狗在夏天交配能持续如此长的时间？……奥菲的阴茎看起来开始有点磨损严重"。）伊丽莎白和理查德想跟那个激动不已的女人说点正经的，她却又开始骂她丈夫的三个前妻。

在那三天狂放作乐的宴会上，伊丽莎白终于同意，只要理查德饰演克里斯·弗兰德斯，跟她演对手戏，她就同意加盟《富贵浮云》。该片与田纳西笔下讲述老妻少夫浪漫故事的《奥菲的沉沦》（*Orpheus Descending*）和《浓爱痴情》（*Sweet Bird of Youth*）相似，是一曲爱情二重唱。在这样一部电影中，伊丽莎白太年轻、太漂亮，不适合演一个濒死的73岁百万富婆，理查德的年纪又太大而不适合演一个吃软饭的人。不过没关系，角色需要配合伯顿夫妇而改变。罗西很高兴，因为这意味着他能筹到足够的资金了，虽然理查德和伊丽莎白参演会使得影片的预算达到450万美元，他们俩的片酬都分别为125万美元。

还有一个小问题——也许这问题并不小。罗西认为这两位大明星体重超标了。他成功地在他"超重明星"的饭里偷偷放入了一种昂贵的法国食盐替代品。这招很管用,又或许是由于伊丽莎白"在炎热的天气下愈发妩媚",她再次在影片中魅力四射。她大部分时间都穿着白色的土耳其长袍,似乎能够反光,使她的皮肤看起来焕发出异乎寻常的光彩。伯顿穿着戈弗丝死去丈夫的武士长袍,看起来也是金光闪闪、风度翩翩,虽然他饰演的是一个有点厌世的年轻面首。

片方新建了一整栋戈弗丝的别墅供拍摄外景用,刺眼的白墙、宽大的阳台和开放的拱门,灰白色的窗纱在微风中诱人地摇曳着。剧组花费了50万美元,从给建于公元80年的古罗马圆形剧场提供石料的采石场里运来石灰华大理石建造了这栋房子。别墅被复活节岛上的头像环绕着,看起来既古典主义又未来主义,了无修饰又极具魅力。五十六名工人将用于盖房子的石灰和水泥运到岛上。(工作完成后,满身都是水泥和石灰的工人跳进地中海把身上洗得干干净净。)在拍摄中期,海上吹来的飓风肆虐,几乎摧毁了这栋白色别墅,使之不得不重建。

尽管拍摄地地处偏僻,国际媒体还是蜂拥至撒丁岛来报道拍摄情况。公众对伯顿夫妇的任何消息依然兴趣浓厚,即使这已经是他们婚后的第三个年头。他们作为世界名人——"超级巨星"——的地位没有丝毫降低的迹象。他们在银幕上和银幕下的爱情生活没有任何显著区别:他们已经成了自己扮演的角色的一部分了。这是他们影响力的一部分,也将被证明是很危险的。他们再也无法找回自我:两人在银幕上的角色掩盖了他们的本来面目。毕竟,在《柏林谍影》中,伊丽莎白已经被认为太引人注目而不适合演一个安静的图书管理员。观众们很难没有这种想法,除非她演的是一个比她自己更加引人注目的角色,或者干脆演她自己。

在《富贵浮云》刚一开始的场景中,随着伯顿饰演的克里斯·弗兰德斯跳上一艘记者雇来的船,环绕着戈弗丝的小岛行驶,我们看到,艺术又一次在模仿生活。(顺便说一下,那艘船是由伊丽莎白的哥哥霍华德·泰勒驾驶的。)在别墅里,戈弗丝的财产被她的一大帮手下瓜分了——几个仆人,两个弹奏锡塔琴和吉他的印度乐师,一名女按摩师,一名修甲师,一名发型师,一名私人医生和一名被她雇来写传记的私人秘书。在她口述的书中，我们得知她曾有六个丈夫（伊丽莎白自己有五个），最后一任丈夫死于一场恶性交通事故（跟迈克尔·托德一样）。在一个场景中，饰演"世界上最富有的女人"的伊丽莎白穿了一身歌舞伎风格的长袍，重达42磅，上面点缀了超过2.1万颗珠子，由意大利女裁缝手工缝制而成。伊丽莎白在片中还戴上了自己的一些珠宝，最著名的是托德给她的那枚光彩夺目的29.4克拉钻戒（她喜欢称之为"溜冰场"）。跟伊丽莎白一样，戈弗丝这个角色也患有严重的背部疼痛，必须接受注射和按摩治疗。伯顿夫妇现实生活中的朋友诺埃尔·科沃德在影片中饰演戈弗丝的好友"卡普里的女巫"，一名艺人，第一次出场是高高坐在一张椅子上被抬着来到戈弗丝的别墅，与其共进晚餐。当他抵达时，戈弗丝穿着一件闪闪发光的白色长袍，戴着拉斯维加斯舞女风格的头饰，用一条古怪的烤鱼招待他，让他很反感。能够跟诺埃尔·科沃德一起搭档也是另一个吸引伊丽莎白出演的原因。在拍摄间隙，他们俩就对其他演员评头品足。

毫不奇怪的是，该片在环球电影公司所属的影院放映时，宣传材料中充分利用了片中艺术与生活互相影射的特点，用黑体字醒目地写着："她比六个富有的男人都活得更久"、"他终其一生都是索取者……他们的所作所为你前所未见。"然而，更重要的是，宣传册揭示出："伊丽莎白·泰勒认真考虑过几年后进入半退休状态。这位处于事业顶点的超级巨星……宣称她对仅仅当理查德·伯顿夫人而感到心满意足。"毕竟，这是她演的第三部改编自田纳西·威廉斯作品的电影，也是她跟伯顿一起演的第八部电影，还是她漫长职业生涯中演的第四十部电影。她已经演够了——这意味着，如果可能的话，她就会离开。她引用了一句格言："一旦你站上最后一级台阶，你就只能往下走。我不想被推下去。我想尽可能保持尊严地慢慢走下去——不需要拐杖。"

起初，"卡普里的女巫"是一个女性角色。实际上，罗西最先问过凯瑟琳·赫本是否愿意演这个角色。她根本不感兴趣，觉得受到了侮辱（是因为这一角色有同性恋倾向还是因为出场时间太短不得而知），拒绝了。然后，罗西又想邀请曾演过《女谍玉蛟龙》的德克·博加德出演。"不，谢谢！"他说。但是谈吐风趣幽默的剧作家、演员和艺人科沃德很高兴能有机会跟他的朋友伯顿夫妇在那样一个美丽的片场一起合作。他很喜欢他们下榻的酒店位于"风景如画的大海"边的山上。不拍戏的时候，他就去参观附近的海湾和沙滩，在炙热的阳光下暴晒，然后跳入令人心旷神怡的地中海中嬉水。田纳西·威廉斯在酒店里给他留了一张纸条："请任意修改凡是你认为不合适的台词。"看到这句话的时候，他感到非常荣幸。这是一位伟大作家对另一位伟大作家的巨大赞扬。

另一个加盟该剧的演员是乔安娜·辛库斯（Joana Shimkus），她是一位可爱的、优美的前封面女郎，饰演戈弗丝的秘书，这是她的银幕处女作。曾凭借在《愚人船》里演的配角而获得奥斯卡奖提名的小个子男演员迈克尔·邓恩（Michael Dunn），饰演戈弗丝的岛上残酷成性的警卫，养了几条狗。当伯顿饰演的克里斯抵达这座岛的时候，曾被这几条狗攻击。

撒丁岛的自然风光——晴朗的蓝天、炙热的阳光、被烤焦的悬崖峭壁——如此具有原始之美，以至于伯顿夫妇都考虑要不要在这里买块地。实际上，他们两年前在特内里费花25万美元投资的房产如今价值已经翻了一倍。他们邀请罗西一起入伙，但是，最终什么都没变。伯顿夫妇的游艇停在别墅底下的岩石间，他们不需要钱。

罗西很喜欢伯顿夫妇的巨额财富和高消费生活——他喜欢喝酒、与人辩论、爱吃美食。他注意到，每天早上，当他们带着大批助理到达片场时，总是边喝着红玛丽鸡尾酒边开始一天的工作。一天早上，伯顿夫妇的拖车翻倒了，摔下了陡峭的山坡。罗西看到红色的液体慢慢沿着岩石渗出来，吓呆了，后来才发现那些是为红玛丽鸡尾酒准备的番茄汁。

伊丽莎白会第一个承认她喜欢吃吃喝喝。"我们的信条是为了明天的工作'吃、喝、过把瘾'。"她在1987年写的回忆录兼减肥宝典《伊丽莎白启程》（*Elizabeth Takes Off*）里如此写道。但是对伊丽莎白来说，如此放纵对她的职业生涯是很危险的。伊丽莎白很容易发胖，为此不得不减肥——她很痛恨锻炼，而理查德的体重几乎不会发生变化，并且大量饮酒似乎也没有对他那非凡的记忆力造成影响。即使是早在1959年，27岁的伊丽莎白穿着暴露的白色泳衣出现在《夏日痴魂》里时，乔·曼凯维奇就已经让她减肥:"收紧那些松弛的肌肉。那让你的胳膊底下看起来好像夹着几袋死老鼠。"很难相信,一个名声和生计都依赖于自身完美无瑕的美貌的人会如此放纵,拿自己的一切在冒险。但伊丽莎白完全有可能对她的美貌又爱又恨:美貌是她自身的一部分,是她获得巨大成功的源泉,同时也偷走了她的童年,将她禁锢在一场虚幻的人生中。她是一个天生的"怪胎",一直被人盯着、为人迷恋、受人嫉妒,被严格监视。因此,她有时想摧毁这一切就丝毫不令人奇怪了,所以她会不停地吃、吃、吃——肥鹅肝酱饼、大量的辣椒、烤鸡和加了肉汁的土豆泥、汉堡和炸薯条、麦芽奶昔——早餐喝红玛丽鸡尾酒、纯伏特加、啤酒和香槟——但她还是那么漂亮。在《灵欲春宵》里饰演玛莎的时候,她故意增肥25磅,穿着紧身衣,把头发变成灰白色出现在镜头前——但她还是那么漂亮。

除此之外,跟伯顿在一起的感官刺激比仅仅只拍电影更能让伊丽莎白感到愉快。她后来写道:"跟他一起创造生活比在银幕上演绎别人的生活更有趣,不过话又说回来,我一直生活得非常滋润,而无法做一个单纯演绎梦想的人。"

尽管罗西很喜欢伯顿夫妇,但他还是抱怨跟伊丽莎白一起工作要斗智斗勇,她很"好斗",并不理解导演想要的是什么。"我跟伊丽莎白的工作关系一开始绝对是地狱般的。"泰勒不喜欢她的衣服,睡不着觉,拍摄计划被推迟了三天。她的第一个镜头罗西不得不拍了十三遍,这对"一条过"的伊丽莎白来说很不寻常。她"从一开始就在跟我斗……她不懂我在做什么,这是一场斗争"。

但是诺埃尔·科沃德喜欢跟伊丽莎白一起演对手戏。当科沃德这个时年68岁的资深旅行家抵达萨丁岛的时候,伯顿觉得他看起来"非常苍老、稍微有点醉意,接下来醉得更厉害了"。科沃德有一双眼皮耷拉的眼睛,喜欢称自己为"世界上最老派的中国性格演员"。伯顿写道:"他拥抱了我们俩,猛夸伊丽莎白的美貌和她作为一个演员的才华,抽空才跟我说一两句。"第二天,"伊丽莎白和科沃德疯狂地喜欢上了对方,特别是科沃德对伊丽莎白。他认为伊丽莎白是最美的人——她确实是;他还认为伊丽莎白是一位优秀的演员——她也确实是。"伯顿1951年就认识了科沃德。跟伯顿夫妇一样，科沃德在瑞士有一栋房子。实际上，这两个男人都曾经投资过哈罗德·品特（Harold Pinter）编剧的影片《看门人》（*The Caretaker*）。作为《富贵浮云》剧组中最年长、经验最丰富的演员，科沃德对伊丽莎白的专业精神大加赞赏。在演对手戏时，她"一直都看着他的眼睛"。她还非常体贴，因为科沃德当时健康状况并不佳。实际上，他只剩下五年的生命了。科沃德见识到了她兴高采烈地振奋全体工作人员和演员的精神，特别是在拍夜戏的漫长过程中。伊丽莎白会陪科沃德待到半夜，跟他聊各种八卦消息。

在拍外景的时候，科沃德请伯顿夫妇考虑加盟他的代表剧作、苦乐参半的喜剧《私生活》（*Private Lives*），讲的是一对离婚的夫妇分别跟其他人结婚，在度蜜月的时候又偶然相遇，发现他们仍然爱着对方。科沃德故作神秘地说，趁着现在"还不算晚"，他们应该演这两个角色，但是伯顿夫妇还没准备好。通常是些过气的明星才会演这样的角色，将其当作一次感伤的心灵之旅，或者是为演艺生涯做最后一搏。[当这个有抱负的剧作家提起他五天写出《欢乐的精灵》（*Blithe Spirit*），六天写出《花粉热》（*Hay Fever*），而《私生活》却整整花了他一个星期时，让伯顿非常惊讶。]

在攀爬别墅附近的悬崖峭壁时，伯顿发现自己很难不去想脚下200英尺深的地中海。他告诉罗西和剧组人员："我假想着自己跳上栏杆，风吹着我的晨袍，我沿着栏杆走着。但是我做不到。这种感觉很不好。这种症状叫什么来着？是恐高症吗？我稍候得在我的书里查查看。"拍完这样一个恐怖的场景之后，理查德需要喝一杯威士忌、玩多米诺骨牌来舒缓一下他那紧张的神经。

当戏拍完后，伯顿夫妇会相约在酒店的酒吧里喝酒。但是有一次，理查德没来。就像在达荷美时一样，绑架案在当时的撒丁岛也时常发生，因此每个人都很紧张。出于担心，伊丽莎白报了警，找遍了所有的医院。几个小时后，在被当地警察局局长称为"一个贼窝"的一家破破烂烂的小酒吧里找到了他，伯顿当时正趴在一张桌子上朗诵莎士比亚的诗句。他承诺，只要在场的任何人能够说出他背诵的《泰特斯·安德洛尼克斯》（*Titus*

Andronicus）①的准确名称，他就请那个人喝酒。紧随他左右的鲍勃·威尔逊恳求伯顿从桌子上下来。警察局长和威尔逊将理查德送回了酒店，送回伊丽莎白身边。

对伯顿夫妇着迷的不仅仅是媒体和公众——他们自己也被自己迷住了。尽管他们继续在众目睽睽之下争吵——有时是开玩笑的，有时是怒气冲冲的——他们仍然很爱对方、迷恋对方。那个夏天，伯顿为伊丽莎白而发狂。他在日记里写道，她"看起来无比的性感"，穿着白色网状紧身衣和"我见过的最短的迷你裙"，"当她走路的时候，裙子几乎遮不住屁股"。

他注意到，伊丽莎白同样让当地的男孩子们发狂。理查德认为，那些在沙滩上闲逛的小伙们似乎猛然间被镇住了。当她和理查德离开沙滩的时候，他们冲着她喊"过来玩玩"，饥渴得就像《夏日痴魂》里围绕在她周围的衣衫褴褛的孩子们一样。

拍摄完成后，理查德觉得《富贵浮云》将会票房大卖。他也期盼《孽海游龙》上映，认为凭借其主题和演员阵容，该片会获得舆论的好评。

然而，这一切都没有发生。

1967年夏天在撒丁岛拍摄《富贵浮云》带来了很多欢乐。其中之一是伯顿夫妇决定买下奥德赛号游艇，并将其变成他们浮动的家。他们现在名声太大，已经无法上岸了。

理查德和伊丽莎白给这艘130英尺长、有六十年船龄的游艇重新命名为凯丽丝玛号，是凯特、丽莎和玛丽亚的名字缩写组成的。伊丽莎白很喜欢它。船上有七间卧室、三个卫生间，能够住十四个人。有八名船员——包括一名女佣和一名侍者——来保持它的正常运转，伯顿估计一年需要花费3万美元来维持这艘船的开销。他在日记里写道："考虑到我们的上一个家（租的）一个月要额外多花一万美元，每个星期在吃饭和助理们身上要花掉1000美元，还有其他等等，住在船上其实花得并不多。如果我们能尽量住在这里而不住酒店的话，实际上还能省点钱。"关于这艘游艇

---

①《泰特斯·安德洛尼克斯》是莎士比亚创作的首个剧目，内容极度血腥，触及了屠杀、谋杀、肢解、食人等残忍情节。——译者注

的一些旧事迎合了伯顿的戏剧性品味：游艇的前主人喜欢把船开进刮着暴风雨的海中，以便他能用管风琴演奏巴赫的作品。不过，伯顿拆除了船上的管风琴，将"巴赫"变成了一间酒吧。

那个夏天，他们花19.2万美元买下了这艘游艇，又花20万美元重新装修了一遍。伊丽莎白请了一位名叫阿瑟·巴尔博萨（Arthur Barbosa）的设计师用齐本德尔（Chippendale）[①]的镜子、路易十四的椅子、英国的挂毯和摄政时期[②]的沙发重新布置了一番，一位观察家将其描述为一座爱德华时代的宫殿，尽管有块电影银幕。（巴尔博萨设计过雷克斯·哈里森在波托菲诺的家，伯顿夫妇喜欢这些装饰。）他们在主卧室里放了一张巨大的、手工雕刻的床，将墙漆成了"鲜黄色，而不是褐黄色"；在伯顿那不断扩大的、漂浮的图书馆里放了好几排书架。现在，他旅行的时候就能够把心爱的书带在身边了，伊丽莎白喜欢这种感觉。游艇还装上了雷达装置，格雷厄姆·詹金斯认为他们所装的探测系统比船本身还要值钱。伊丽莎白每隔六个月还要花将近1000美元换掉被她那些没规矩的猫狗糟蹋了的超级绝世的威尔顿地毯，它们在那上面随意大小便。

这就是他们的生活，生活在世界的舞台上。1967年，理查德和伊丽莎白的私人婚姻越来越受制于"利兹和迪克"的公共婚姻。他们的婚姻是最早的真人秀，是在众目睽睽之下的婚姻。为了逃避，他们长达数月住在凯丽丝玛号上，做世界上最富有的懒汉。他们可以乘船巡游地中海沿岸那些时尚港口，先到里维埃拉，后到巴黎。《浮士德博士》在巴黎那疯狂的首映场面使他们想起自己在这座灯火绚烂的城市里是多么受欢迎，他们几乎被巴黎的贵族们俘虏了。伯顿的好友罗斯柴尔德夫妇在巴黎招待了他们。他们每次来巴黎最喜欢住的地方就是费里耶尔古堡，那是罗斯柴尔德夫妇位于巴黎郊外的乡村庄园。他们在1967年夏天直至初秋的闲散生活使他

[①] 托马斯·齐本德尔（1718—1779）是英国著名家具工匠。1754年齐本德尔所著的《家具指南》使得他的设计在欧美有广泛影响。——译者注

[②] 英国摄政时期是指1811年至1820年间，乔治三世被认为不适于统治，而他的儿子，后来的乔治四世被任命为他的代理人，作为摄政王的那段时期。广义的摄政时期指1795年至1837年，这一时期的政治和文化都表现出与众不同的特质。这一时期可被看做乔治王时代到维多利亚时代的过渡期。——译者注

们慢慢变得像男爵和男爵夫人一样，伯顿在日记里写道："我们跟一个叫做亚历克斯或者亚历克西斯的什么人共进午餐，他是勒岱男爵（Baron de Redee）①。当时差不多有一百个人在吃饭。我右边坐着美国的德布鲁夫人（Madame Debreu），左边坐着罗斯柴尔德夫人、一个伯爵之类的人、某某先生。令人惊讶的是，还有一位带有明显伦敦口音的女士……尽管发生了两场毁灭性战争，税赋很沉重，但有钱的贵族们生活依然如故。"尽管很富有，但在这些"贵族"中间，理查德依然是一个工人阶级的英雄，他是唯一一个在离开餐桌前喝光杯子里所有酒的人，他将要继续为约瑟夫·罗西饰演"列夫·托洛茨基②"。

伊丽莎白喜欢他这一点。她从来不关心各种头衔。她是世界上最大牌、最著名的电影明星，她和理查德就是好莱坞的王室。各位男爵、公爵、勋爵及其夫人们都想认识他们、沐浴在伯顿夫妇耀眼的光芒下，哪怕只有一个晚上。

在凯旋门奖赛马节上，理查德跟罗斯柴尔德夫妇一起从赛马场走到包厢。当伊丽莎白走向自己的座位看比赛的时候，他看见数以千计的人都在朝她欢呼。他由衷地写道："对一个36岁的老女人来说，这种情况并不坏。我总是对诸如此类的情况感到高兴和惊讶。多年来，我们都希望这种情况能停止，但是从未停止。"随后，在罗斯柴尔德夫妇和玛丽亚·卡拉斯（Maria Callas）的陪伴下，他们参加了这场堪比肯塔基赛马会③的法国派对。玛丽亚·卡拉斯是纽约皇后区的女高音歌唱家，曾经以她的才华和魅力征服过大都会歌剧院和斯卡拉歌剧院，以及整个世界。"还有阿里·奥纳西斯④。难道我们不是上等人吗？"

对理查德来说，希腊船王奥纳西斯是一个特别讨厌的人。理查德因为

---

① 法国银行家、贵族唯美主义者，收藏家以及名士。曾入选1972年国际最佳着装名人堂。——编者注

② 苏联时期著名政治家，列宁最亲密的战友，红军的缔造者。——编者注

③ 美国肯塔基赛马会是于每年5月第一个星期六在肯塔基州路易斯维尔举办的为期两周的国家一级赛马会。该项赛事因比赛持续时间相对较短，故以"体育赛事中最激动人心的两分钟"闻名。肯塔基赛马盛会每年都会吸引来自各地的旅游爱好者前来观赏。依照传统，出席盛会的女士都须穿着华丽盛装并佩戴奢华的大帽子。——译者注

④ 即亚里士多德·苏格拉底·奥纳西斯（1906—1975），希腊船业巨子，其风流韵事在当时的上流社会广为流传，尤其是他迎娶肯尼迪总统遗孀杰奎琳·肯尼迪一事。——编者注

自己为伊丽莎白花的钱比奥纳西斯为与他相伴多年的情妇卡拉斯花的钱更多，能将凯丽丝玛号与奥纳西斯的游艇并肩停放，以及后来在珠宝竞拍中出价比奥纳西斯更高而得到了满足感。当世界各地的媒体在头版头条报道杰奎琳·肯尼迪将要与奥纳西斯结婚的消息时，伯顿夫妇正在巴黎。69岁的奥纳西斯比杰奎琳年长一倍，而她的丈夫五年前死于刺客的子弹。伊丽莎白和理查德安慰了玛丽亚·卡拉斯，因为奥纳西斯无情地抛弃了她，转而投向了那个悲伤的美国寡妇的怀抱。

伊丽莎白和理查德此前已经经历过这些——被所谓的朋友们抛弃，受到无情地谩骂和攻击。理查德拥抱了"神圣的卡拉斯"——这是歌剧爱好者对她的称呼——在她耳边说："阿里是一个狗娘养的。"理查德后来告诉伊丽莎白，他感到愤怒并非是因为在道义上谴责阿里抛弃了他多年的情妇，而是为卡拉斯获悉阿里与杰奎琳·肯尼迪订婚的方式抱不平——尽管腰缠万贯，但奥纳西斯并没有给处在职业生涯末期的卡拉斯留下一分钱，对一向出手大方的伯顿夫妇而言，这是不可原谅的。十年相守，奥纳西斯给卡拉斯带来的是彻底的崩溃。

卡拉斯很感谢他们在道义上的支持。然而，即使伯顿夫妇会公开支持某个人，喜欢他（她）的作品，他们在私下里却又是另一番态度。一天吃晚饭的时候，卡拉斯和理查德相谈甚欢，称理查德的"眼睛非常迷人"，伊丽莎白立即警觉起来。她一向对其他女人讨好她的丈夫很敏感（理查德通常喜欢说："她的眼睛长在屁股后面，耳朵长在脑袋顶上。"）。卡拉斯有些不好意思地跟理查德提起，她从报纸上获悉他和伊丽莎白将要拍摄电影版《麦克白》，她问理查德，她是否能够出演麦克白夫人。"我猜她以为你会演麦克德夫[①]。"理查德后来告诉伊丽莎白。他们小小地嘲笑了她一番。伯顿在日记里写道："一个傻女人，但是人们仍然会为她感到遗憾。"

当伊丽莎白发现奥纳西斯赠送了肯尼迪夫人"价值50万英镑的一颗被钻石环绕的红宝石"时，她对这对夫妇的跟风简直到了痴迷的程度。伯顿在日记中写道："现在一场红宝石大战已经开打，我想知道谁会最终取胜。

[①]《麦克白》中一个贵族男性角色。——编者注

这将是一场很长的战役，而我已经被灌输了绝对不能输给一个该死的希腊佬的意念，我只能跟他一样恶俗……好吧，现在去赚钱。"

当然，拍更多的电影意味着更多的旅行，也意味着他们要继续过奢侈的流浪生活——穿着迪奥睡衣和萨维尔街的西装，午饭喝拉菲酒庄的葡萄酒。这跟他们很多朋友的生活没什么不同，如诺埃尔·科沃德，但是公众仍然好奇伯顿夫妇是怎么花钱、如何打发时间的。在二十世纪六十年代中后期，甚至有一种说法是："像伯顿夫妇一样花钱。"他们继续互相赠送昂贵的礼物：伊丽莎白给理查德买了一件合身的貂皮大衣和一幅毕加索的画，理查德给伊丽莎白买了一幅莫奈的作品。（但是，作为矿工的儿子，理查德旧习难改，有时会为了节省电费而把灯关掉，在他们位于格施塔德的农舍周围闲逛。伊丽莎白会取笑理查德吃饭时点最便宜的酒，却送给她一枚价值6.5万美元的宝石胸针做礼物，别在她的衣服上闪闪发光。）他们是最慷慨大方的夫妻，施舍了成千上万的美元给需要帮助的人，有些甚至是陌生人，只不过因为这些人悲惨的故事打动了他们。为了维持奢侈的生活，理查德觉得他必须要继续工作，无论演什么都行。他跟伊丽莎白的生活需要这样做。

在群居村刚刚出现的年代、在蓝色牛仔裤流行之际①，在约翰逊政府对贫困宣战的时候，如此炫耀性的消费开始受到质疑。不关心钱花在哪儿已经越来越不合时宜。伯顿夫妇像往常一样出手大方，在消费习惯上已经陷入脱离现实的危险之中，并且他们在选择电影角色时也将同样如此。当他们的卷毛狗和哈巴狗在游艇的豪华船舱中散步时，世界正在发生变化。正如伯顿夫妇的一个伙伴描绘他们这一时期的生活特征时说的："'埃及艳后'似乎喜欢古代的历史。"伯顿夫妇没有意识到成为"利兹和迪克"所付出的真正代价。

由于长年居无定所，因此他们很难把孩子带在身边，而孩子是他们的最爱。迈克尔和克里斯托弗就在格施塔德上学，没有在夏威夷跟伊丽莎白

---

① 二十世纪六十年代，嬉皮士运动形成规模，许多年轻人反抗社会、抗拒传统，在穿着上也用一种颓废风格来表现自己内心的狂放不羁，喇叭形的蓝色牛仔裤、色彩缤纷的串珠、飘动的长发等装扮风靡一时。——译者注

的哥哥霍华德夫妇以及他们的五个孩子住在一起。当凯特来到凯丽丝玛号上与伯顿夫妇团聚的时候,她和伊丽莎白会整天在岸上大肆购物,但这种时光太短暂了,因为他们游荡的生活无法持续养育他们组合起来的家庭。更糟糕的是,时不时还有对孩子们的绑架威胁,伯顿夫妇不得不雇佣保镖保护每个孩子。

他们乘坐着他们浮动的奢华"岛屿"环游地中海,在波托菲诺停留一个星期,然后又启程去蒙特卡罗,奥逊·威尔斯在那里等他们吃饭。威尔斯曾跟伯顿夫妇一起出演过《一代情侣》。在一顿丰盛的晚餐之后,威尔斯抱怨他从未真正从他的任何一部影片中挣到钱——甚至于还要自掏腰包。他被迫自己花费7.5万美元才拍完《午夜钟声》(Chimes at Midnight)这部伟大的"福斯塔夫"①电影。虽然从座位上起身都很困难,但他还是把账单甩给了伯顿夫妇。当威尔斯走出房间时,理查德对伊丽莎白惊叹威尔斯的腰围尺寸,他想知道"他怎么才能做爱"。

然后,他们飞往格施塔德,从寄宿学校中接走迈克尔和克里斯托弗。小一点的克里斯托弗学习节节进步,而迈克尔则遇到了一些麻烦,因此伯顿夫妇乘坐私人飞机飞往伦敦,想让迈克尔上另一所私立学校米尔菲尔德。在那里,他们碰见了艾娃·加德纳。她正跟朋友一起来看她19岁的儿子,他已经从寄宿学校毕业了。

在乘坐商业航班返回停靠在西西里岛的凯丽丝玛号上时,他们偶遇了彼得·奥图尔和他的妻子希安。跟五年前一样,理查德跟曾和他一起演过《雄霸天下》的彼得·奥图尔豪饮了一番。

"你得过几次奥斯卡奖提名?"奥图尔问伯顿。

"五次。你呢?"

奥图尔自豪地伸出了四根手指。但是他有点夸张了——据伯顿所知,他只获得过两次提名——伯顿总是会记下这类事。

游艇是一个庇护所,保护理查德和伊丽莎白不被人窥探,也给他们俩带来了欢乐。部分原因是他们俩都不喜欢飞来飞去。他们会一直熬到清晨,

---

① 莎士比亚戏剧中的喜剧人物。——编者注

走上甲板，在走廊里散步，他们对自己的这个战利品感到非常满意，忍不住会"抚摸它、盯着它看，仿佛它是一个美丽的婴儿"。他们会非常自豪地对客人们展示船上的宝贝。船上不只有伯顿的书——那些伟大的艺术品也在船上。莫奈的作品挂在沙龙里，毕加索和梵高的作品并排挂在餐厅。弗拉芒克（Vlaminck）①的作品挂在通向儿童房的楼梯上（虽然伯顿想等其他艺术品运来的时候把它重挂一下）。贾森·爱泼斯坦（Jason Epstein）创作的丘吉尔沉思的半身塑像俯瞰着所有作品。

在不同时期，他们一直都在招待各种各样的名人——有老面孔也有新面孔。约翰·吉尔古德爵士登上凯丽丝玛号时惊讶地发现，不同于地中海里其他安静而与世隔绝的船只，这里通常气氛热烈。他后来说："当我上船后，有十四名葡萄牙水手在照顾他们，讨厌的游客们乘船从旁路过。"一名导游大喊着："库克船长（Captain Cook）②的墓地就在我们右边，（那边）还有理查德·伯顿的游艇……"伯顿开始骂骂咧咧，而伊丽莎白总是对粉丝们态度很好，她说："哦，不，现在应该向他们飞吻。"吉尔古德发现伯顿当时已经情绪不佳，因为他带来了税务顾问。伊丽莎白把自己锁在房间里，直到午饭时才出来。当时林戈·斯塔尔（Ringo Starr）③和时任妻子莫琳刚登上凯丽丝玛号，吉尔古德回忆道："我想他们从来没听说过我，我也从未听说过他们。"这是他们的精力尚未被耗光时的一次游艇甲板上的午餐。

有时，他们四处漂泊的生活过得太久了。当霍华德和玛拉·泰勒（Mara Taylor）带着他们的孩子跟伯顿夫妇团聚时，他们那数量庞大、缺乏训练的宠物们在四周走来走去。跟以往所有家庭旅行一样——无论是在游艇上还是在温尼贝戈族印第安人地区——他们火爆的脾气再次爆发。伯顿在日记里写道："可怕的一天，疯狂无序，飞机上堆了几千只箱子、九个孩子、

---

① 莫里斯·德·弗拉芒克（1876—1958），法国野兽派画家。——编者注
② 库克船长（1728—1779），英国探险家及航海家，曾三度远征太平洋，并探索了太平洋沿岸的海岸线。今日新西兰北岛和南岛间的海峡就命名为库克海峡。南太平洋中有一个群岛命名为库克群岛。他也是最早发现夏威夷群岛的欧洲人。——译者注
③ 英国著名歌手，披头士乐队成员。——编者注

六个大人，霍华德和玛拉不断地尖叫，我和伊丽莎白紧张不安。"更为混乱的是，他们的司机加斯顿爱上了克里斯托弗女友的母亲，并且，他们被困在机场，挤进一间小屋子里，等待凯丽丝玛号为他们腾出地方。直到他们住进酒店时，凯丽丝玛号才准备好，而伯顿已经受够了。在酒店的大堂中央，伯顿用他那著名的优美嗓音大喊了一句"操他妈的！"他后来写道，这是"唯一可以形容当天状况的一句话"。

尽管混乱无序的生活给他们带来压力，两人之间的爱情之火仍然在暗地里燃烧。伯顿继续在写日记，他视其为一个简版自传。一天晚上游艇停靠在波托菲诺时，伊丽莎白刁难他，要他在圣诞节前写出一本能出版的书，至少100页，并为此赌了900美元。（她的御用化妆师罗恩·伯克利也押了100美元。）她还要求伯顿用散文方式来描述她，因此他写下了以下这些开玩笑的、每一点都跟伊丽莎白截然相反的文字，大声读了出来：

> 她是一个友善的胖女孩，喜欢蚊子，痛恨脸上长疙瘩的威尔士男人，讨厌船，喜欢飞机，有一双小小的黑加仑般的眼睛，胸部很小，缺乏幽默感。她假装淑女，一本正经，非常害羞。

伊丽莎白很喜欢这些话。

1967年10月9日，《孽海游龙》在好莱坞首映，比在牛津首映的《浮士德博士》早了六天。事实证明，从这两部影片开始，伯顿夫妇演的影片将日益受到冷嘲热讽。

《孽海游龙》的评论褒贬不一。《伦敦每日快报》（*London Daily Express*）写道："当伯顿夫妇在挣钱养家糊口时，他们似乎也很享受两个人在一起的时光……他们俩的表演都完美无缺……伯顿充满激情和关爱地亲吻泰勒，很容易想象，一个对生活不太满意的妻子看到这一场景会抱怨她在家里从未得到过同样的待遇。……我想说的是，这两个人身上有一种非常特别的东西，使得他们在人前人后都过得很成功。"但是《伦敦标准晚报》（*London Evening Standard*）发现，"令人惊讶的是，像伯顿夫妇这样的两口子一起出现在大银幕上时，为什么很少能产生令人可信的激情火花"。

即使预告片将伊丽莎白标榜为"世界级大美人"，但格雷厄姆·格林早就认为让伊丽莎白饰演有外遇的大使夫人是角色选择不当。影片也证明了这一点。她的日耳曼口音很柔和优美，不过高音区域有点泄底——这一点是评论家们津津乐道的，尤其是这是伊丽莎白第一次在表演时说外语。

无论是亚历山大设计的那单调的、过分随意的发型，还是宽松的像主妇一样的服装，都没有醒目表现出伊丽莎白所饰演的人物的美丽，她的美并没有在银幕上被完全呈现出来。她在银幕外总是更漂亮，她素面朝天、头发蓬松时的样子比做好发型、穿上高级定制服装更美。这在拍摄《孽海游龙》时表现得更加明显。在米高梅公司一盘幕后花絮的宣传带中，她穿着休闲裤，对着镜头做鬼脸，看起来年轻且容光焕发，但这一次，这种漫不经意间的性感并没在影片中得到表现。1967年，伊丽莎白被诸如瓦妮莎·雷德格瑞夫和阿努克·艾梅这些年轻、苗条、时髦的明星们击败，而她曾在奥斯卡奖竞争中击败过她们。没错！但她们展现出新的、瘦骨嶙峋的中性形象是伊丽莎白从未有过的。这个体态丰满的最后的电影女神已经过时了。

但是理查德再次在影片中显得很迷人——令人惊讶，或许是因为他喝了很多酒。实际上，他的声音如此洪亮，以至于在跟詹姆斯·厄尔·琼斯演对手戏的时候，你几乎注意不到后者的金嗓子。伯顿看起来含情脉脉且精力充沛，看不出酒精对他造成的伤害。即使在跟亚历克·吉尼斯那样容易抢风头的人合作时，他也能散发出自己的光芒，特别是当两人在山坡墓地里一段促膝交谈的场景中尤其如此。在那段交谈中，他们俩都互相倾吐了内心的秘密。演一个"失去信仰的"角色，伯顿轻车熟路。在一个跟伊丽莎白做爱的场景中，玛莎开玩笑地称他是一个"被免职的牧师"——这是《巫山风雨夜》中的台词，影片中的角色伯顿十分认同。

格雷厄姆·格林对这部影片并不是很满意，但是他主动为糟糕的评价承担起责任。他觉得自己写的剧本有问题，实际上，这也是格林最后一次将自己的小说改编成电影。但是他发现，从杜瓦利埃对这部影片的反应来看，自己的目的已经达到了。杜瓦利埃声称要对《孽海游龙》发动一场战争，威胁杀死格林，指使他的驻美国大使谴责这部电影"诽谤了整个国家"。

他还谴责伯顿夫妇参演这部影片,同样对他们发出死亡威胁。他通过大使之口抱怨电影将海地描绘成"一个巫术崇拜者和杀手的国度"。据说,他还请了巫师对伯顿夫妇下咒。

无论是因为巫师的诅咒,还是影片事实上太冗长、太阴郁,又或者是伯顿夫妇无法再引爆大银幕,《孽海游龙》是夫妇俩合演的电影中第一部没有盈利的。

1967年10月15日,《浮士德博士》在牛津首映,伯顿夫妇出席了首映式。柯希尔跟他们一起接受了大卫·勒文(David Lewin)的采访,那是一个以问一些挑衅性问题而闻名的记者。在这种场合,伯顿夫妇穿得非常正式——理查德穿上西装、打好领带,头发梳得整整齐齐,伊丽莎白穿了黑色无袖针织连衣裙,佩戴了一枚龙形钻石胸针,那是威尔士的象征。

勒文转向伯顿,相当傲慢地向他发起挑衅:"你一定在某些时候面对过这个问题,那就是你是否应该继续当一个知名度高的,甚至在有些人看来是伟大的舞台剧演员,抑或是为了更多的商业回报,而不是为了艺术追求而转向电影领域。你后悔吗?"

此时,伊丽莎白插话进来。"哦,对不起,理查德,这个问题让我很生气!因为他没有离开舞台!这个问题绝对是彻头彻尾的垃圾!"她狠狠地瞪着勒文,"去年,他刚刚在牛津大学的舞台上演了一出舞台剧。前年——他在百老汇干吗了?还是演舞台剧!你怎么能说他离开了舞台呢?"

勒文嗤之以鼻地说:"他的舞台剧生涯并不连贯。"像保罗·斯科菲尔德或者是劳伦斯·奥利弗那样。

伊丽莎白仍然很愤怒,回答道:奥利弗的"舞台剧生涯也不连贯。他也拍过电影——为了挣钱!保罗·斯科菲尔德也一样"。

当勒文问伯顿是否对浮士德这一形象有共鸣时,伊丽莎白被进一步激怒了。在摄像机面前,她决定给他点颜色看看:"大卫,你这个杂种!我就知道你会问这个问题。如果是我离开电影转向舞台剧,那我是不是也'背叛了信念'?"

她明白勒文话里的意思:如果理查德是浮士德,那她是谁?她又将给他带来什么样的生活？

当伊丽莎白为他辩护时，伯顿自始至终都不动声色地坐在那儿。仅仅九个月前，他和伊丽莎白才刚刚把莎士比亚的作品充满活力地搬上银幕，为什么这还不够呢？在《浮士德博士》公映前，他们已经等了差不多一年，就是为了不让市场上充满"伯顿—泰勒"的作品。但是勒文那挑衅性的采访已经为此做了铺垫，该片让理查德和伊丽莎白得到了一生中最糟糕的评价，票房也再次失利。相较于伯顿100万美元的投资来说，该片在世界范围内的票房只有61万美元（美国和加拿大的票房只有11万美元）。

在纽约的首映式之后，雷纳塔·阿德勒（Renata Adler）在《纽约时报》上写文章讥笑道："《浮士德博士》是一部歪曲原作的极难看的电影。伯顿夫妇……明显正在享受一段美好的时光。人们通常会觉得该片大部分都拍得像一部家庭电影……"宝琳·凯尔（Pauline Kael）在《纽约客》上发牢骚："这对伟大的爱人自《埃及艳后》开始的一系列作品中，《浮士德博士》是迄今为止最乏味的一部……很明显，浮士德和特洛伊的海伦既不是马洛笔下的角色，也不是演员在诠释的角色。他们是'利兹和迪克'、'迪克和利兹'——色情连环画中的王和后。"那些猛烈抨击的评论揭示了某些一找到机会就要指摘伯顿夫妇一番的评论家是多么幸灾乐祸，这部分是由于他们那铺张的生活方式，还有部分原因是他们艺术上太过张扬。他们无视该片是一部慈善性质的作品——它实际上确实是——而仅仅将其看成是一次放纵。

在极少数肯定的评论中，《洛杉矶时报》的评论家称伯顿的嗓音"绝对是演绎马洛那非凡台词的绝佳器官。从颤抖的耳语到大声的咆哮，伯顿的表演贯穿了所有的变化"。但是他认为"伯顿夫人"是整部影片的一个主要弱点，不是由于伊丽莎白的表演，而是因为到现在为止，她的出场掩盖了角色本身。"她生动的个人形象——无论是单独表演，还是跟理查德合演"都扭曲了影片的情绪氛围。伯顿夫妇——而不是他们演绎的角色——已经成了评论家眼中的主角了。情况如此糟糕，以至于伊丽莎白的私人秘书雷蒙德·维格纳（Raymond Vignale）要早早起床收集所有报纸，扔掉那些最猛烈的批评。

伯顿夫妇的魅力以及理查德在朗诵伊丽莎白时代诗歌上的天赋，也无法对这一低成本的、水准业余的影片有所裨益——该片只有极简陋的置景和一些迷幻的特效（紫色烟雾、地狱中的火焰），大多数演员事实上都是此前从未进过摄影棚的学生（当摄影机开动时，有些人的腿甚至还在靴子里打哆嗦）。跟大多数演员一样，只有在优秀导演的指导下，伯顿才能充分展示自己的演技。不幸的是，他和柯希尔的导演手法都倾向于完全忠实于原文。（正如凯尔抱怨的："如果浮士德说'金子'或者'珍珠'，镜头中会马上会出现金子或者珍珠。"）柯希尔不仅仅是一个电影制作者，他还是一名戏剧导演和教师，这一点也在影片中很明显地表现出来。正如没有一个被告能够充当自己的辩护律师一样，也很少有演员能够令人信服地自导自演。不妨想象一下，如果是泽菲雷利，或者约翰·休斯顿，或者迈克·尼科尔斯执导，伯顿来演的话，那会是什么样的情况？格雷厄姆·詹金斯后来在谈到他哥哥的第一次导演尝试时说："没有人想拍一部糟糕的电影，那些评论已经让他受到挫折了。"

不幸的是，尖刻的评论打消了伯顿希望亲自执导他和伊丽莎白演的电影版《麦克白》的念头。他原本觉得36岁的伊丽莎白正处于饰演麦克白夫人的黄金年龄。但是《孽海游龙》那冷淡的评论和《浮士德博士》引来的抗议声浪抵消掉了票房大卖的《驯悍记》为他们赢得的声誉，因此理查德或者伊丽莎白无法再演莎士比亚的角色了。

尽管如此，公众仍然对伯顿夫妇感兴趣。当1968年2月《浮士德博士》在纽约首映时，好像《哈姆雷特》上演时情况的重演。人们把这对夫妇围得水泄不通，冲过警察在楼台剧院外设置的隔离护栏，几乎引发了一场骚乱。在首映式后，伯顿夫妇主持了一场晚会为菲利普·伯顿的美国音乐戏剧艺术学院筹款（该校似乎常年需要帮助），客人们包括罗伯特和埃赛尔·肯尼迪，彼得·劳福德（Peter Lawford）和帕特里夏·肯尼迪·劳福德（Patricia Kennedy Lawford），斯派洛斯·斯库拉斯，甚至还有林登·约翰逊（Lyndon Johnson）总统两个宝贝女儿中的一个。

实际上，该片还是有很多值得珍视的地方——伯顿的表演令人战栗，而马洛那丰富多彩的诗句则从他舌间优雅地流淌出来。现在回想起来，对那些知道等待着伯顿的是什么命运的人来说，有那么一刻他们都会浑身颤抖：在影片结尾处，当浮士德试图举起双臂向耶稣基督祈祷，希望借以拯救他那不朽的灵魂时，他发现自己做不到。"我需要举起手臂，但是，看，他们——梅菲斯特和路西法①——抓住了我的手臂！"他悲叹道。伯顿的颈部和肩部的旧伤会导致他接受一次失败的手术，在他生命中的最后一年，这将使得他无法举起手臂。

但是伯顿夫妇面临着更多迫切的问题。正如批评家所担心的，在《驯悍记》赢得大多数人的肯定仅仅九个月之后（伯顿因此片获得了英国电影学院最佳男演员奖），空气中弥漫着一丝血腥气息。媒体给予他们的，也会从他们那里拿走。

在接连两部影片票房失败后，1967年11月，《金色眼睛的映像》公映。同样反响平淡。评论家们再次对"世界上最伟大的女演员"采取了不太友好的态度。博丝利·克劳瑟（Bosley Crowther）非常喜欢《埃及艳后》中的伊丽莎白，但其在《纽约时报》上称《金色眼睛的映像》"虎头蛇尾、平淡乏味"。白兰度和泰勒在该片中的表演虽然后来被视为杰出，但在当时所获评价都不高。伯顿认为无论是马龙还是伊丽莎白，他们那纯粹的身体的美是如此伟大，以至于他们能够在银幕上"做了错事还能逍遥法外"，但是他不喜欢白兰度的方法派表演方式。他将其归咎于伊利亚·卡赞（Elia Kazan）②和"演员工作室"，他渴望"用牙齿咬住他，并将热情注入他身体"。然而，伯顿在日记中预感到："在他绝望的心灵深处，他知道，正如伊丽莎白和我自己一样，这完全是一场闹剧。虽然方式迥然不同，但我们三个都知道我们是超级大笑话。"

由于反响糟糕，《金色眼睛的映像》的票房非常惨淡也就不足为奇了，雷·斯塔克最终将其归咎于影片的同性恋主题不被观众接受。（奇怪的是，

---

① 传说中的魔鬼。梅菲斯特为与浮士德签订令其出卖灵魂的条约者。路西法则是被逐出天堂前的撒旦。——编者注

② 伊利亚·卡赞（1909—2003），希腊裔美国著名戏剧和电影导演。1947年，卡赞与李·斯特拉斯伯格合创"演员工作室"，对二十世纪五六十年代的美国表演艺术产生过很大影响。1999年，卡赞被授予奥斯卡"终身成就奖。"——译者注

观众并没有拒绝田纳西·威廉斯的《夏日痴魂》，该片的主题也是有关同性恋和自相残杀的。不过将这出独幕剧改编成电影的戈尔·维达尔（Gore Vidal）认为，这是由于1959年的观众并没有真的看明白电影在讲什么。）

尽管评论很不客气，休斯顿还是对《金色眼睛的映像》感到非常骄傲，将其视为自己最好的一部电影。十四年后，他写道："一幕接一幕，据我的愚见——你很难挑剔出什么问题。"即使伊丽莎白对评论感到失望，她也并没有表现出来。她已经习惯于媒体的挖苦，练就了比理查德强大得多的抵抗力，而伯顿似乎仍然在巴望着世人对他的肯定。

对伯顿来说，1967年开始于《孽海游龙》，终止于《玉女七试云雨情》，那是特里·萨瑟恩的戏仿作品，伯顿跟马龙·白兰度和林戈·斯塔尔搭戏，在其中演了一个小角色。然而，1968年对伊丽莎白和理查德合作的职业生涯是一个明显的转折点。理查德继续以自己的方式来演角色，但是明显独立起来，不再依附于他那著名的搭档。导致伊丽莎白发生巨变的原因其实已经出现很长一段时间了：年近40岁的伊丽莎白要跟更年轻、更性感的女演员竞争，并且《孽海游龙》、《浮士德博士》和《金色眼睛的映像》都票房惨败。在助理的阿谀奉承以及过度保护之间，他们无法接触到现实，两人还会在接下来一起合作的三部电影中做出错误的选择。

第十章　多事之秋

"我介绍她认识了啤酒，她让我认识了宝格丽。"
——理查德·伯顿

"跟理查德·伯顿在一起，我生活在自己巨大的、充满激情的幻想之中。"
——伊丽莎白·泰勒

伊丽莎白把伯顿在奥地利一座5000英尺高的山峰上哆嗦着拍完的一部英雄电影称之为"容易赚钱的便宜事儿"。伯顿决定参演的这部米高梅公司投资的冒险电影名叫《壮士雄风》(Where Eagles Dare)，他的孩子们也会很高兴看到他出演该片。这是一部根据阿里斯泰尔·迈克莱恩（Alistair Maclean）①的小说改编的间谍惊险片，以第二次世界大战为背景，讲的是一队突击队员冒着极大危险突袭位于山顶上的德国情报部门的要塞，克林特·伊斯特伍德（Clint Eastwood）也出演了该片。片中的很多危险场景都是由替身演员完成的，以至于伊斯特伍德喜欢称该片为《替身雄风》。谢天谢地，该片最终会在伦敦的摄影棚内完成所有拍摄。

伯顿夫妇于1968年回到英国还有另外一些原因。当理查德在伦敦安全拍完《壮士雄风》的最后一个镜头后，伊丽莎白将再次与约瑟夫·罗西

---

① 苏格兰惊悚冒险小说家，他的作品《大北极》与《纳瓦隆大炮》都曾被搬上银幕。——编者注

合作，而理查德也将在托尼·理查森（他跟瓦妮莎·雷德格瑞夫的婚姻当时已行将结束）执导的《黑暗中的笑声》(Laughter in the Dark) 中担纲主角。理查森此前执导过《愤怒的回顾》，伯顿在其中饰演吉米·波特，那是他演过的最伟大的角色之一。在他们夫妇俩在此之前一起演的三部影片都遭遇到了相当糟糕的评价后，伯顿很高兴能再次工作。《壮士雄风》在第二年公映时，成为米高梅公司最卖座的影片，同时也是伯顿职业生涯中票房最高的一部影片，他对此感到大为吃惊。该片的票房大卖使得理查德和伊丽莎白都感到很惊讶，因为早前的点映中，媒体对该片极尽冷嘲热讽。《时代》周刊抱怨说："很郁闷地看到理查德·伯顿堕落到出演这样一个虚假的角色，不过他至少能设法表现出自己看起来过得很愉快。"更重要的是，该片的成功有助于提升伯顿正在逐渐下降的票房号召力。

然而，不祥之兆已经显现——当他们单独出演一部影片时，往往会更加成功。

在《金色眼睛的映像》得到糟糕的反响之后，伊丽莎白现在不得不迎头赶上了，她希望罗西的新片能够有助于提升自己的人气。但是，与此同时，她跟理查德在一起的生活是如此惬意，以至于她无法对工作投入更多的精力。"跟理查德·伯顿在一起，我生活在自己巨大的、充满激情的幻想之中。"她后来在回忆他们这一时期的生活时如此写道。

当伯顿夫妇于当年1月抵达伦敦时，凯丽丝玛号正在重新装修，因此他们每月花费2.16万美元租了另一艘游艇比阿特丽丝和玻利维亚号 (Beatrice and Bolivia)，停靠在泰晤士河的伦敦塔码头。正如英国媒体很快就指出的，这艘游艇最初是被用来安顿伯顿夫妇的五只狗的，其中包括两只哈巴狗奥菲和伊恩索。英国法律要求所有携带入境的犬类都必须接受六个月的隔离检疫，而他们把心爱的宠物放在船上就能规避隔离检疫的规定。这对英国小报来说是好消息，他们称其为"世界上最贵的狗窝"，那些不请自来的媒体报道称伯顿夫妇为法国大革命之后最奢侈的狗主人。事情变得很简单，伯顿夫妇租游艇仅仅是为他们的狗，因为伊丽莎白不忍心让她心爱的宠物们被"关"如此长的时间。这在她看来很不人道。在伯顿夫妇的传记里，此事仍然被视为他们铺张浪费的一个例子，字里行间显现出大惊小怪。但这只是他们花钱方式的一个小侧面，如果能够让宠物们不被关起来，伊丽莎白就会这样做。金钱对他们来说并不算什么，只是一种达到目的的手段。他们把钱都花在自己和狗身上，其慷慨大方的程度跟他们为双方的家庭、为他们人数众多的助理和商业伙伴花的钱一致。他们这样做是因为负担得起。

二十世纪六十年代后期，报纸记者和杂志编辑们就像采珍珠一样竞相报道伯顿夫妇"奢华的生活方式"。而他们俩跟媒体玩了一场半推半就的游戏，特别是理查德，如果不是跟一个他真正尊敬的人——如肯尼斯·泰南——交谈，他就会高高兴兴地发表评论说："是的，亲爱的，我们确实每个月花2.16万美元把狗放在船上，但是我们有什么办法呢？伊丽莎白离不开她的宠物们。"

为了让全世界的媒体高兴，1968年5月17日，伯顿飞往纽约，为伊丽莎白竞拍克虏伯钻石。他甚至是自己跟自己竞价，最终以30.7万美元（几乎相当于今天的200万美元）竞得。他已经送给伊丽莎白许多令人惊叹的礼物了——他们在蒙特利尔举行的婚礼上伊丽莎白别的镶有绿宝石和钻石的美丽胸针，是从宝格丽买的。这枚胸针能跟他此前一年在巴亚尔塔港拍《巫山风雨夜》时送给伊丽莎白的那枚镶有绿宝石和钻石的戒指搭配起来。他后来还送了两只同样镶有绿宝石和钻石的手镯（有时这套首饰也被称为"弗拉基米尔大公夫人套件"）给她，同样是从宝格丽买的，他们在罗马刚刚开始恋爱时就发现了这家店。

33.19克拉的椭圆形克虏伯钻石让伊丽莎白叹为观止。它曾经由德国军火商的妻子维拉·克虏伯（Vera Krupp）所有。伊丽莎白特别高兴，说："我曾经想过，如果有一个像我这样优秀的犹太女孩儿拥有它，那将是多么完美啊。"在凯丽丝玛号上，理查德把克虏伯钻石送给了伊丽莎白。此时的凯丽丝玛号装饰一新，停靠在泰晤士河上。他们在那里树了一块小牌匾以此来纪念这一时刻。伊丽莎白大喜过望——她后来如此形容这颗钻石："深邃的方形切割——如此完整、如此美丽——如同通往永恒与超越的阶梯……它好像在轻声哼唱着自己的幸福生活。"它同样也让理查德感到非常快乐。作为一个矿工的儿子，他了解碳的价值，也知道钻石的价值，能够亲手打扮伊丽莎白让他感到非常快乐。

伊丽莎白将理查德送的奢侈礼物视为她应得的，但是，她对自己拥有的一些世界上最昂贵的、身世传奇的珠宝也抱有一种开明的态度。她后来写道："我喜欢佩戴珠宝，并不是因为它们属于我。你不能占有它，只能欣赏它。"这就是她为什么经常喜欢取下她那奢华的戒指给崇拜者试戴的原因，其中最著名的一次是在伦敦的一场婚礼上，她在玛格丽特公主面前炫耀。

"这就是那颗著名的钻石吗？"玛格丽特公主问她。

"是的。"她边说边举起手来，以使戒指能够反光。

"它太大了！多俗啊！"公主说道。

"是的。"伊丽莎白答道，"难道它不好看吗？"

"我可不可以试戴一下？"

"当然可以。"伊丽莎白把戒指戴到玛格丽特公主的手指上。她注意到，当戒指戴在公主手上的时候，公主一点儿也不觉得戒指有多俗。伊丽莎白喜欢讲这个段子，模仿玛格丽特那拿腔拿调的嗓音。她和理查德并不稀罕王公贵族，他们知道，这个故事点出了上流社会的虚伪和嫉妒。

然而，伊丽莎白和理查德的欢乐是短暂的。《富贵浮云》于1968年5月26日上映的时候，再次引发灾难性的评论。评论家们再一次情不自禁地对伯顿夫妇在银幕下的生活说三道四，特别是当他们看起来遭遇不顺时，还掺杂着少许幸灾乐祸。《芝加哥太阳时报》(Chicago Sun-Times) 写道："伊丽莎白·泰勒和理查德·伯顿是最接近于（我们在电影里才能看到的）王室的人……我们对他们知之甚多——或许我们自以为知之甚多——以至于一看到他们陷入田纳西·威廉斯那过分冗长的剧本里，特别是其中的台词似乎看起来很像在描述伯顿和泰勒的私生活时，我们就会获得一种令人厌恶的满足感。"《生活》杂志指责伯顿夫妇："傲慢自大……他们与其说是在表演，不如说是屈尊出现在我们面前。他们的所作所为既缺乏自律，也有失尊严……或许伯顿夫妇被他们的名声所累，只能竭尽全力做好自己。"田纳西·威廉斯觉得由于演员选择不当，他的作品已经被歪曲。他在回忆录里写道："迪克（伯顿）饰演克里斯显得太老了，而利兹饰演的戈弗丝又太年轻。"他又补充道:"尽管演员选择不当,但我还是觉得《富贵浮云》在艺术上是成功的,最终会被人接受,受到高度评价。"——永远充满希望。一些评论家攻击伊丽莎白穿着鼓起的长袍显得很胖,但是回想起来,她只是看起来丰满,但是恰到好处。在某种意义上说,伯顿是对的——伊丽莎白在炎热的天气下愈发妩媚——在撒丁岛,她浑身上下都散发出超自然的魅力。然而,不幸的是,在前模特乔安娜·辛库斯修长苗条、婀娜多姿的身材衬托之下,伊丽莎白看起来又矮又胖,而辛库斯代表着女性新的理想身材。在负面评论出来后,伯顿写信给罗西,称他不在乎评论:"总有一天,我们都会为《富贵浮云》而感到自豪。我认为它包含了——尽管也许只有我这样认为——文字和画面的神奇结合。"值得一提的是,四十年后,《富贵浮云》成为了一部多少带有几分恶趣味的电影,那华丽的场面和风格、狡黠而富有诗意的语言、不经意间的幽默都为人喜欢。最为广大影迷所津津乐道的场景是,伊丽莎白在烦躁焦虑地走来走去之后,给出了一段关于时间本质的长长的、极富诗意的咏叹,诺埃尔·科沃德刻薄地评论道:"亲爱的,你太激动了。"《富贵浮云》是导演约翰·沃特斯(John Waters)喜欢的影片,他形容戈弗丝的完美装束"最终提升了这一角色"。他认为,该片"根本就不差,相反,这部电影是如此名副其实的美丽和可怕,以至于我们只能用'完美'这个词来形容它"。它是田纳西·威廉斯所有被改编的作品中,最受作者本人喜爱的一部。与《富贵浮云》一起,伯顿夫妇——特别是伊丽莎白——陷入争议中。

伯顿从来都没有真正喜欢过伦敦,因为媒体不停地在打听隐私。他更喜欢看到自己的妻子生活在像撒丁岛、达荷美、巴亚尔塔港那样的温暖环境中,在那里,他们做爱的时候可以不用穿袜子。伦敦不仅对他课以高额税率,还在考验着他的忍耐力。伦敦让他想起汉普斯特德和希比尔、杰西卡、凯特,他为了伊丽莎白而抛弃了这一切。(在日记中,伯顿已经描述过自己在凯特——而不是希比尔——和伊丽莎白之间做出抉择时的左右为难。他并不后悔自己的抉择,但是这一抉择却一直困扰着他。)如果说罗马将伊丽莎白以及随之而来的暴风骤雨带给了他,那么伦敦就惩罚了他,大概他是如此觉得的。在伦敦，新一轮的危机正蠢蠢欲动。

当年7月，伯顿夫妇逐渐从《富贵浮云》的糟糕评论中恢复过来，各自分别演了一部电影——伊丽莎白演了《沧海孤女恨》(Secret Ceremony)，理查德演了根据弗拉基米尔·纳博科夫（Vladimir Nabokov）写于1932年的小说改编的《黑暗中的笑声》。伯顿在电影中饰演了一名艺术品经销商。当在索斯比拍卖行实景拍摄时，他顺便花5.8万英镑（14万美元）买了一幅德加的绘画。伊丽莎白跟她的新朋友，南斯拉夫的伊丽莎白公主也一起参加了索斯比拍卖行的一次拍卖会，出价5万英镑（12万美元）竞得了莫奈的《法莱兹山谷》(Le Val de la Falaise)。有谣言称他们购买这两幅画的事惹恼了托尼·理查森，他认为这是在炫耀——公开表演"利兹和迪克秀"。甚至在影片开拍之前，理查森看起来还对伯顿很生气。

出于对纳博科夫的尊敬，伯顿参加了该项目，但是后来证明，这对他又是一次羞辱。影片开拍两周后，理查德在拍摄时迟到了三十分钟。那是一个星期天，他把丽莎接到身边，心想丽莎可能喜欢由他带出去玩。理查森对于伯顿的迟到非常生气，他当着丽莎和全体工作人员的面训斥了他。理查德当时就被惹火了，也反唇相讥。

伍德福尔制片公司发表声明称："理查德·伯顿将会离开《黑暗中的微笑》剧组，替代者是尼科尔·威廉森（Nicol Williamson）。"理查德由于"不守时和不专业"而被开除，而他此前从未被开除过。曾跟伯顿一起在奥地利山顶上拍过《壮士雄风》的演员罗伯特·比蒂（Robert Beatty）为他辩护，他告诉英国媒体，该片制片人的行为"好似一个不成熟的新娘仅仅因为自己杰出的丈夫吃饭迟到了一会儿就要跟他离婚"。

此次开除事件标志着1968年夏天一系列灾难的开始。此事伤害了伯顿跟托尼·理查森的关系，尽管绝大多数时候都是伯顿在生理查森的气。此后理查森还曾邀请伯顿参演改编自罗伯特·格雷夫斯（Robert Graves）同名小说的电影《罗马帝国兴亡史》(I, Claudius)；后来，他还邀请伯顿在改编自莎士比亚的《安东尼与克莉奥佩特拉》(Antony and Cleopatra)的新版电影中与瓦妮莎·雷德格瑞夫演对手戏。但伯顿仍然心存芥蒂，拒绝了这两次邀请。他告诉伊丽莎白："有人也许会想，他甚至不敢请我一起玩填字游戏了，但我们的托尼可不是那样的人。"伯顿丧失了两次精彩的表演机会：想象一下，他演那口吃的、优柔寡断的罗马帝国皇帝克劳狄斯和莎士比亚笔下的安东尼会是什么样？

理查德对自己被开除感到很恼怒，神经紧张不安，不断喝酒。他在日记中如实记录了自己的心态，以求让自己平静下来。伊丽莎白从未感到过紧张。她不是把所有事都憋在心里的人，而会把自己的真实感受说出来，从不把秘密写入日记中。她不需要坦白。理查德佩服——近似于嫉妒——她能坦率地面对全世界。他们俩同样都经历了这么多事情。这一年来，他们因为拍电影，足迹遍布非洲、伦敦、法国、意大利、撒丁岛、纽约、奥地利，最终又回到了伦敦。他们四海为家的生活和忙碌的社交活动也如影随行——更不用说他们那令人精疲力竭的工作日程了——这些最终纠缠住了他们。他们在英格兰待的时间已经够长了。如果再待几个星期，英国政府就会按照全年的税率对他们收税。理查德对这一点很敏感，但通常都是伊丽莎白在提醒他这一点。有些情况开始恶化。实际上，伊丽莎白常常感到身体剧痛，理查德对此非常担心。

伊丽莎白的疼痛加剧了，这把他们俩都吓坏了。理查德担心他会失去伊丽莎白，顾不上自己的健康问题。他虽然外表看起来很坚强、豪放，但是在感情上却很敏感，甚至很害羞，有一颗诗人般易受伤的心。而另一方面，伊丽莎白虽然看起来很脆弱——她的健康状况也确实很脆弱——但是内心却很强大。她必须要这样才能适应有关《富贵浮云》的极端评论，才能再次跟罗西合作，才能忍受持续不断的身体病痛。

《沧海孤女恨》是一部关于乱伦和强迫症的令人不安的心理剧，伊丽莎白将要再次跟罗西合作，但是这次没有伯顿。罗西请米亚·法罗跟伊丽莎白搭档，毫无疑问是希望借助米亚·法罗不久前凭《罗丝玛丽的婴儿》（Rosemary's Baby）获得成功而带来的人气。他还请了嗓音浑厚、睡眼惺忪的罗伯特·米彻姆（Robert Mitchum）饰演剧中人物阿尔伯特，那是一个名声不好却有吸引力的教授，爱上了他的继女。伊丽莎白饰演的利奥诺拉是一个在困难时期堕落的女性，被生活所迫而卖淫，由于自己的疏忽，她唯一的孩子几年前溺水身亡。法罗饰演的桑西是一个精神不正常的年轻女性，被爱她爱得发狂的继父猛烈追求。她把利奥诺拉带到自己家中，因为利奥诺拉看起来像自己不久前亡故的母亲。这是一部哈罗德·品特风格的电影，充满阴郁的静默、晦涩的对话、令人震惊的真相，还有米亚·法罗对一位童年遭遇过创伤的年轻女性令人信服的诠释。

该片很大胆地涉及女同性恋（现在这是欧洲电影中的一个时髦主题）情节，有一个两个女人在一起洗澡的场景。这让伊丽莎白感到非常害羞。在拍这个场景的时候，她从化妆间走出来，站在现场刺眼的灯光照不到的地方。当她准备进入浴缸时，现场有很多工作人员，似乎所有人都在看着她——看着伊丽莎白·泰勒，看着格洛里亚·旺德劳斯，看着玛姬，看着克莉奥佩特拉，看着特洛伊的海伦。所有人的眼睛都在她身上，伊丽莎白突然间僵住了。罗西走到她身边，对她耳语了几句，然后在她背后挥了挥手，示意清场。

当伯顿听说这件事的时候，他发现自己很吃醋。"我的妻子和乔·罗西正在工作中谈恋爱。"他对一名前来采访的《标准晚报》(Evening Standard)的记者说。虽然这件事并没有真正影响他们的关系，但是他们都能感到被对方冷落了。（后来，伊丽莎白送给罗西的妻子一大捧鲜花，以及一件巴亚尔塔港的墨西哥裙子，就是为了提醒理查德罗西是有妇之夫。）或许是为了看着罗西，也或许因为他不喜欢离开自己的妻子，伯顿开始更多地待在埃尔斯特里制片厂的拍摄现场。米彻姆表示不喜欢自己在片中的角色——他仅仅是为了钱才出演这个令人反感的角色（两个星期的拍摄能挣到15万美元）——所以，当剧组转到荷兰的海边小镇诺德维克拍一个星期外景时，伯顿对罗西毛遂自荐想代替米彻姆。尽管是一个令人讨厌的角色，但是理查德很适合演这一品行不端、派头十足的教授。不过他的愿望没有实现，或许是因为该片已经包含了一些能让人有意无意想起《灵欲春宵》的内容（包括假孕）。

有时罗西在拍摄伊丽莎白的姿态时会让人想起她在《夏日痴魂》和《春风无限恨》里的样子——满头蓬松的黑发披到脸上和肩上，在镜头前展示她那丰满的乳沟——1968年的伊丽莎白甚至更加丰满，因为她明显胖了，导演没有忽视这一点。他在此前的一场戏中调侃了一下这个事,在这个场景中伊丽莎白狼吞虎咽了一番后还打了一个嗝。后来,她看着镜子里的自己大呼:"我太胖了!"这很可能是个即兴发挥的场景,伊丽莎白简直就像个做游戏的小女孩。

回到伦敦后,伯顿夫妇下榻在他们常住的多切斯特酒店,米彻姆也住在那里。奇怪的是,尽管有相似的背景,但这两个男人并没有太多的共同语言。他们俩早年都失去了双亲中的一位,都体会过贫穷的滋味,都喜欢酒和女人,都有文学抱负。他们俩都喜欢诗歌,对自己的职业都爱恨参半,并且两人都不认为表演应该是一个男人的追求。但是他们互相之间似乎没什么交流——也许是两人的经历太相似了,或者已经过了建立起新的友谊的年纪。伯顿也许还对米彻姆亲近伊丽莎白感到吃醋,这是他出现在片场的另一个原因。米彻姆正好和伯顿一样是伊丽莎白喜欢的那种粗犷、阳刚的类型,而且两个男人都容易产生对性的占有欲——尤其是伯顿,虽然曾经对自己那斑斑点点的皮肤感到难为情。

拍摄过半时,由于身体疼痛,伊丽莎白无法再坚持工作。在经过一系列检查之后,她住进了伦敦的一所医院接受了子宫摘除手术。伯顿在日记中写道:"星期天早上,伊丽莎白的子宫被摘除了。手术从上午9点半开始,下午1点才结束。"他称这是自己一生中最糟糕的日子。在手术期间,为了分散注意力,伯顿读着迈克尔·霍洛伊德(Michael Holroyd)的《里顿·斯特拉奇的生活》(Life of Lytton Strachey)。他后来承认对读过的内容一个字都没记住。当伊丽莎白最终脱离危险,在家中恢复的时候,他写道:"我此前一切都好,没受过任何羞辱,没受过任何不公,工作和生活中没有我想不开的事……但这是我第一次见到心爱的人大喊大叫了两天。她由于服药而产生幻觉,有时知道我是谁,有时又不知道;上一分钟是泼妇,下一分钟又成了天使,觉得完全无助。"

在手术后,理查德在医院里住了一晚,紧挨着伊丽莎白的房间,结果却是通宵未眠。隔着极薄的墙壁,他听到伊丽莎白一直在呻吟,直到黎明时分。由于手术引发并发症,同时也为了减轻疼痛,伊丽莎白需要服药,但其副作用让理查德烦恼不已。正如他所描述的,"耸人听闻的幻觉"与"思维清晰的挖苦之词"交替出现。理查德看过许多喝得酩酊大醉的人——包括他父亲——但是没有任何东西能像此刻那样让他充满恐惧。他写道:"她认为她在凯丽丝玛号上。当鲜花送到病房时,她要求把花拿到楼下丽莎的房间里。"理查德试图让伊丽莎白看穆丽尔·斯帕克(Muriel Spark)[①]的书分散注意力,但是她突然从书上抬起头来,责备理查德不该对游艇上的服务员大喊大叫。"嘘,他会听见的。"她把手指放到嘴唇边说。她还认为电视上在放《浮士德博士》,而此时电视是关着的。

这种煎熬让他们俩真的成了乔治和玛莎。她会突然下床,理查德试图哄她回到房间里,称她为"淘气的姑娘",不听医生的话。伊丽莎白则对他说:"滚开!"当理查德要在房间里坐着陪她时,伊丽莎白则命令他坐到大厅里的椅子上,这样她就看不到他的脸了。但是五分钟后,她又大声呼喊理查德。更糟糕的是,媒体记者挤满了医院大堂,把急诊室里的病人都挤走了。伊丽莎白住院治疗的消息是每天的头条新闻,而且媒体上的消息每天都变得更耸人听闻。在药物作用的幻觉下,伊丽莎白想知道理查德是否还在医院里陪她,或者他是否已经抛弃了她。

伯顿在日记里写道:"她还在睡觉,午后时间已经过去大半了。我渴望见到她。"让他心烦意乱的是药物的副作用影响到了伊丽莎白对他的态度——那些恶意的、狠毒的表情以及她的咒骂。至少,理查德没有失去伊丽莎白,虽然当他们离开医院的时候再也没法有一个自己的孩子了,这一点让他们俩都深受打击。

这是最终的定论!伊丽莎白后来说:"我想跟理查德生一个孩子,这超过世界上的任何事。"现在那扇门被关上了。但是他们仍然很好地生活在一起,跟他们的大家庭在一起。他们还互相拥有对方,这才是最重要的事。成为"伊丽莎白和理查德"——"利兹和迪克"——绝非易事。他们不能再失去什么了。但是,另一个打击即将到来。

当《沧海孤女恨》于1968年年末上映时,评论是如此糟糕,以至于伊

[①] 苏格兰女作家,擅长写校园题材的青春小说。——编者注

丽莎白的票房地位从第六位下滑到第十位。仅仅两年前的1966年，她还曾处在第三位，位于朱莉·安德鲁斯和肖恩·康纳利之后。即使她住院进行子宫切除手术——这使得她恢复了更苗条、更年轻的身材——也没能像她此前患病那样提升这部电影的票房。朱迪思·克里斯特（Judith Crist）称这部影片"太令人恐怖了"，雷克斯·里德（Rex Reed）哀悼说："只能在一旁无助地眼睁睁看着她崩溃是一件非常令人伤心的事情，但是在她此前拍的四五部电影中，某些可怕的事已经发生了……泰勒已经在对自己进行拙劣的模仿。"

现在回想起来，伊丽莎白在《沧海孤女恨》中的表演很有说服力，其饰演的悲伤的母亲希望能再有一次机会以换回死去的孩子，真的令人感动。在所有评论中，几乎只有《卫报》的评论家力挺这部电影，称其为"非常美丽的作品"。但事实是，伊丽莎白希望演这样一个俗不可耐的角色，并且坚持在米彻姆饰演的阿尔伯特称她为"以硕大乳房著称"的奶牛而对她百般侮辱时令影片滑向拙劣的模仿。

尽管伊丽莎白参演的两部由罗西执导的影片反响都很差劲，而且事实上他们也受到了经济损失，但伊丽莎白这种愿意出演一些边缘题材作品的做法还是值得称赞的。她在欧洲艺术电影中找到了职业生涯的新方向。她希望优雅地老去，成为如让娜·莫罗（Jeanne Moreau）或者西蒙·西涅莱那样的人物。不幸的是，伊丽莎白太有名了，以至于无法消失在自己演的角色当中，这对任何一位严肃的演员来说都是一种尴尬。现在，更多的人对她的私生活和奢侈消费比对她演的电影更感兴趣。狗仔队似乎更渴望拍到伊丽莎白的一些不雅照，比如她看起来很胖的样子，或者正在吃吃喝喝的样子。她的朋友，同时也是其家庭摄影师的吉亚尼·博萨奇注意到了这一尴尬的趋势。他说："狗仔队拍到伊丽莎白的负面照片比拍到她的漂亮照片能挣到更多的钱。"他们时刻准备着撞见她最丑的样子。

7月份当伊丽莎白做完手术后,更多的坏消息随之而来。在手术两天后，理查德长期雇佣的园丁安德鲁·贝桑松（Andrew Besançon）被发现在其位于瑞士塞利尼家中的车库内上吊自杀。伯顿计划飞往日内瓦参加葬礼，同行的还有凯特和丽莎，他的兄嫂艾法和格温，以及现在已经是他助手的布鲁克·威廉姆斯。伊丽莎白不想让他去，只有当理查德同意住在她位于格施塔德的小屋里，而不是住在塞利尼那所已经闲置了两年的房子里时，她才同意。

关于园丁的死，伯顿在日记里是这样说的："我记得他在他妻子死后十二三年间已经得了神经衰弱。"他从1957年——十一年前——就认识了这个人。据了解，在自杀的前一天晚上，贝桑松即将去一家私立养老院。"他在最后一天晚上自杀了。我觉得极其愚蠢，甚至根本没想到。"

伯顿已经有两年没去过塞利尼的房子了，似乎它仍然有伯顿以前生活的影子，现在这里又发生了贝桑松自杀的悲剧。尽管如此，他们还是决定在这所房子里过夜，而不是开车回到格施塔德。一来到塞利尼，三个男人——理查德、艾法和布鲁克——就待在火车站里的一家咖啡店内。该店位于一座铁路桥上，从伯顿的住所出来穿过铁轨就到。当时外面大雨倾盆，他们仨却在吃鱼并开怀畅饮，喝光了三十七瓶半升装的白酒。凌晨三点左右，艾法离开咖啡店回家开门。自从五年前伯顿跟希比尔离婚后，这所房子就很少被使用了。

艾法在黑暗中跌跌撞撞，试图寻找开关打开外面的灯。他显然是滑倒了，碰到了烤架或者其他什么东西，撞到窗台上，摔断了脖子。布鲁克·威廉姆斯回忆道："他确实在黑暗中失足摔倒，瘫痪了。"

理查德受到了极大打击。

他曾经告诉过自己的弟弟格雷厄姆："在希丝之后，我最爱的就是艾法。他对我来说是最接近父亲的人。"实际上，当还是小孩的时候，理查德就很崇拜他那强壮和忠实的哥哥。艾法过去经常背着理查德，跑过庞什迪分大大小小的山头。后来，理查德在游泳比赛中劈波斩浪时，或者是在橄榄球比赛中踢得尘土飞扬时，艾法还为他加油鼓劲。艾法是他的"英雄、哥哥、父亲、倾诉的对象以及最好的朋友"。在伯顿早期小有成就之后，他把艾法带到好莱坞。在一次派对上，艾法因为亨弗莱·鲍嘉的一些言论很生气，他拎着鲍嘉的衣领把他举离地面，似乎这位超级巨星只不过是威尔士酒吧里的一个醉汉，伯顿乐坏了。当艾法因为伯顿与希比尔离婚的事谴责他时，在他看来这比他此前受到的来自梵蒂冈教廷和国际媒体的所有谴责都要严重。现在，这个男人中的男人不得不坐在轮椅上度过余生，颈部以下全部瘫痪。这让理查德难以接受，跟通常一样，他很自责。

当年9月，伯顿夫妇飞往巴黎，下榻雅典娜广场酒店，伯顿将加盟由斯坦利·多南（Stanley Donen）执导的前卫影片《楼梯》(Staircase)。在这部影片中，伯顿和他的好友雷克斯·哈里森饰演一对上了岁数的同性恋。在经过艾法瘫痪在床以及伊丽莎白做绝育手术的双重打击之后，出演这样一部具有挑战性的影片似乎是一个非同寻常的决定，伯顿发现自己不得不对媒体解释这件事。他像一个即将要过海关的人一样，不得不公开声明他不是同性恋——"我曾经试过。"他坦率地承认了这一点。

16岁的时候，理查德被埃姆林·威廉姆斯带到一个派对上。很快，他就发现那里所有的客人都是男同性恋，一些人还对他频送秋波。关于这件事，他如此写道："我能说什么？我能做什么？我的意思是，那里有一些英国最伟大的舞台剧演员。我不是同性恋，但是我很难拒绝。"后来，当他在牛津大学的艾克塞特学院接受六个月的皇家空军训练课程时，他是所有见习军官中唯一一个住单间的人，或许这是菲利普·伯顿安排的（他是塔尔伯特港499中队的指挥官，给了伯顿开始表演事业的机会）。一天，当所有的见习军官在牛津大学操场上排成方队行进时，理查德被命令向前一步。他被揪出了队列，被指责"在房间里取悦一名军官"。他没有被开除出队伍，很可能是由于他的指挥官菲利普·伯顿的影响，但是理查德回想起来，还是感到那是一件特别可耻的事，特别是作为一名威尔士矿工的儿子。

伊丽莎白已经帮助他克服了所有仍然可能有的羞赧。现在，在那个同性恋被视为犯罪的时代，他有一个饰演住在英格兰的悲情男同性恋的机会。这也给了他一个机会勇敢面对自己的过去，伊丽莎白让他有了这样做的勇气。

伯顿对媒体声明称他已经接受了这个角色，因为雷克斯·哈里森已经说过"如果你演的话，我就演"。出于对自己的一些同性恋朋友——如罗迪·麦克道尔、迪克·汉利、约翰·李、蒙哥马利·克利夫特、罗克·哈德森、文森特·明奈利、弗朗哥·泽菲雷利等——的情感，还出于赞同该片肯定了爱情的力量而无关性取向，伊丽莎白也鼓励他演这个角色。在伊丽莎白的帮助下，理查德更加从容地面对自己早期的性经历，并且在影片中饰演了一名同性恋理发师——虽然有时候只是一种模仿——也反映出他对自我经历的接受。人们很难想象，当时另外一些跟他有类似声望的演员——如约翰·韦恩（John Wayne）、弗兰克·辛纳特拉、保罗·纽曼、乔治·C·斯科特（George C. Scott）——会演一个同性恋角色。

即使伯顿夫妇演的一系列电影都票房不佳，他们仍然有足够的底气要求获得最高的片酬——每人125万美元——伯顿演了《楼梯》，伊丽莎白则演了《人间游戏》（The Only Game in Town），都是二十世纪福克斯公司出品。（当制片人同意了他们的要求之后，伊丽莎白打趣地说："他们一定是喝得烂醉如泥了。"）他们还要求，当他们俩不在一起拍片的时候，两人之间的距离不能超过一个小时的车程。这也是为什么两部电影都在巴黎拍摄，而不在故事发生地伦敦东区或者拉斯维加斯拍摄的原因。（在上两部电影《壮士雄风》和《沧海孤女恨》中，他们已经提出过同样的要求，两部电影都在埃尔斯特里制片厂拍摄。）二十世纪福克斯公司不得不在塞纳河畔的布洛涅制片厂搭建了复杂的布景，但是片方确信伯顿夫妇仍然拥有足够的号召力，对得起他们的高片酬。

之所以会有《人间游戏》这部电影，这事儿是从弗兰克·辛纳特拉想知道一种狗的名字起的头。辛纳特拉给伯顿夫妇打电话询问他们的宠物狗奥菲是什么品种的，因为他想给妻子米亚·法罗也买一条类似的狗。电话是他们的经纪人休·弗兰奇接的，而弗兰奇突然冒出了让伊丽莎白和辛纳特拉搭档演一部电影的念头。令人惊讶的是，他们此前居然从未在一起合作演过电影。弗兰奇开始营造《人间游戏》的剧本，并且把故事背景设立在辛纳特拉很适合的拉斯维加斯，伊丽莎白同意这样弄。故事是关于一个沉迷于赌博中无法自拔的钢琴师——当然是由辛纳特拉饰演——和他的拉斯维加斯舞女女友（伊丽莎白饰演）的，由弗兰克·D·吉尔罗伊［《昔日玫瑰》（The Subjuect Was Roses）的编剧］根据他自己创作的百老汇舞台剧改编。伊丽莎白职业生涯中遇到的第一个伟大导演乔治·斯蒂文斯将执导该片，正是他执导的《郎心似铁》和《巨人传》将伊丽莎白推上了巨星的地位。虽然对伊丽莎白来说，跟斯蒂文斯一起工作很辛苦，拍《巨人传》时尤其如此，但她在其他影片中的表演从来不及在斯蒂文斯的执导下那样光彩照人，而且她也相信他会再次施展自己的魔力。

然而，辛纳特拉在影片开拍前退出了，他的角色被沃伦·比蒂代替，后者刚刚因为在《邦妮与克莱德》(Bonnie and Clyde)一片中兼任制片人和主演而获得了巨大成功。但他和伊丽莎白并不是一对合适的搭档。沃伦·比蒂年轻帅气的面庞看起来似乎属于另一代人，他和泰勒之间的银幕爱情很不可信。他饰演的那个憔悴的赌场常客并不令人信服，伊丽莎白的形象也不适合穿超短裙和弹力裤。尽管比蒂和泰勒在银幕上很不搭，伯顿还是感到吃醋——比蒂的招蜂引蝶此时已颇为闻名——他在日记里称"那个年轻、有吸引力的男人明显爱慕她"。他以一如既往的方式发泄着自己的醋意——下午五点就猛灌自己，这次喝的是马提尼。他在日记里写道："我整天都感到绝望……我喝得太多，感到很累，以至于差点连衣服都没脱就睡着了。"理查德知道演电影对伊丽莎白来说很重要，但是，他承认："我不喜欢伊丽莎白在没有我的时候单独拍片。"

当达里尔·扎努克看到这两部在一起拍摄的电影的忙碌景象时，他确信二十世纪福克斯公司手上握着的是两颗票房重磅炸弹。但是这两部电影又都是赔钱货。赔到底儿掉！《人间游戏》亏损了800万美元，《楼梯》亏损了580万美元。很明显，扎努克和伯顿夫妇现在都已经不熟悉当代观众想要看的是什么了。诸如《逍遥骑士》(Easy Rider)和迈克·尼科尔斯的第二部电影《毕业生》(The Graduate)这样的低成本电影获得的成功将会在好莱坞引发一场变革，而伯顿夫妇逐渐变得似乎倒退回了另一个时代。伊丽莎白已经连续三次遭遇失败了，而且她接下来两年都没拍电影。

伯顿家族的事业陷入了困境。

为了安慰自己，伯顿通过清点二人的资产吃了颗定心丸，同时也在考虑退休的可能。"我保守估算了一下，到1969年年底的时候，我们有1200万美元。其中300万美元是钻石、翡翠、不动产、油画，所以我们的年收入差不多是120万美元。这是在一切顺利的情况下，没有战争、没有类似1929年的经济危机。"然而，伯顿仍然可以赚钱，因为《壮士雄风》是当年的票房冠军，在国内获得了2100万美元的票房。但是，他接下来演的影片《安妮的一千日》，将标志着伊丽莎白作为女主角的时代已经开始走到尽头了。

在巴黎的时候，伯顿夫妇依旧跟贵族们往来应酬，他们跟温莎公爵夫妇在一起消磨了不少时光。公爵夫妇去片场拜访了正在拍《人间游戏》的伊丽莎白，还去半英里之外探望了正在拍《楼梯》的理查德。在某种意义上，温莎公爵夫妇是伯顿夫妇唯一的同路人。在伯顿与泰勒的"丑闻"之前，温莎公爵夫妇的婚姻是当时最臭名昭著、最具杀伤性、最引人眼球的。为了能够迎娶离异的巴尔的摩女子沃丽斯·辛普森，爱德华八世国王放弃了王位。全英国都在为他们的国王退位而哭泣，媒体都在痛斥这对夫妇——特别是针对这个时髦、冷淡的美国女人，为了她，爱德华八世扔下了自己的国家。伊丽莎白后来指出："媒体的穷追猛打使得我们看起来像切碎的鸡肝。"公爵听任自己被放逐到了牙买加，被王室排斥。与此同时，他和他的新娘统治着一个规模较小的，由百万富翁、时尚名流、马屁精、花花公子、电影明星等组成的影子帝国。他们的故事对理查德来说显得格外辛酸，因为公爵也是威尔士亲王。为了表示尊重，公爵夫人通常别着"威尔士亲王"的胸针——由黄白相间钻石组成的威尔士的象征：三根羽毛和一个王冠。一次，在公爵夫妇位于巴黎的家中共进晚餐时，公爵夫人告诉伊丽莎白，这是公爵退位后，蒙巴顿勋爵（Lord Mountbatten）在收回所有王室珠宝时忽略的几件珠宝之一。（1986年，当公爵夫人去世之后，伊丽莎白最终拥有了这枚胸针，她在下一年索斯比拍卖行为艾滋病筹款的一次拍卖中，出价62.3万美元竞得。当时她是坐在洛杉矶居所中的游泳池旁通过电话竞拍的。她相信："自始至终，我都知道我的朋友温莎公爵夫人想让我戴上它。"）伊丽莎白喜欢待在温莎公爵夫妇那精致的巴黎豪宅中，公爵亲自设计了美丽的花园，亲自种下了各种各样的花草树木。

伯顿则不太喜欢花太多时间跟"没落的贵族"耗在一起。他已经厌倦了参加公爵夫妇的派对。他称这对夫妇"像你会放在壁炉台上"托托与南妮特"①，边缘有些裂纹，类似于那种仅仅在礼拜天才会放在客厅里的东西"。在1968年11月13日的一次派对上，他抱起公爵夫人，"像一个边唱边跳的苦行僧一样"满屋子转圈。伊丽莎白吓坏了。这对于有时一天能灌下三瓶伏特加的理查德当然无助于事。伊丽莎白大为恼火，当天晚上，她把理查德锁在雅典娜广场酒店那宽大的卧室里。理查德试图把门踢开，还砸碎了墙上的石膏涂料，第二天早晨又不得不收拾残局。他后来在日记中自责："我最好停止工作，因为昨天的行为相当丢人……喝得太多不是什么好事。没准我会因此错过所有孩子的婚礼……"

11月15日，他们启程前往费里耶尔古堡度周末，那儿是罗斯柴尔德夫妇美丽的乡村庄园。理查德本不想去。他抱怨道："我想单独跟伊丽莎白在一起待上两百年，但是我们连两天单独在一起的时间都没有。"

伊丽莎白的背部仍然疼痛，她在子宫摘除手术后仍然很虚弱。10月，她跟伯顿说，有时候她的脚会失去知觉，她害怕自己有一天会残废。"她问我，如果她要在轮椅上度过余生的话，我是不是还会爱她。我告诉她，无论是她的腿、屁股、胸部没有了，还是牙齿变黄了、头发秃了，我都不在乎。我是如此爱她，以至于有时候我都不相信自己这么幸运。她已经给了我很多。"然而，在11月底，伊丽莎白再次得到了伤心的消息。

1968年11月20日，在离自己的71岁生日还有一个月的时候，伊丽莎白的父亲去世了。跟蒙哥马利·克利夫特去世时一样，把这个消息告诉伊丽莎白的重任再次落到理查德身上。几年前在弗朗西斯·泰勒中风后，伊丽莎白对他的去世已经有心理准备，但她还是极为悲痛。或许，在某种程度上是因为她跟父亲之间总是有一种疏离感，不像跟母亲萨拉的关系那样亲密。而她现在再也无法接近父亲了。

伊丽莎白沉浸在深深的悲痛中，"像一头野兽。"伯顿写道。虽然弗朗西斯·泰勒此前不喜欢他女儿作为童星的表演生涯，并且，由于萨拉热衷于让伊丽莎白演电影还导致他们的婚姻出现了裂痕，但是，在某种程度上，他对此负有责任。首先，是他让妻子放弃了她成功的舞台生涯（虽

---

① 一对上了釉彩的陶瓷小人摆件，一男一女，穿着法国南部乡村的服装。——编者注

然他们同样来自堪萨斯州的阿肯色城，但是直到萨拉在伦敦西区的舞台上表演戏剧时，弗朗西斯·泰勒才开始追求她），因此，萨拉把自己在表演上所有未了的心愿全都灌注到伊丽莎白身上。在二战期间，当弗朗西斯·泰勒是洛杉矶的一名防空队员的时候，他就认识了同为防空队员的山姆·马克思（Sam Marx）。后来成为米高梅公司剧本编审的马克思告诉伊丽莎白的父亲，米高梅公司正在到处寻找一名英国小女孩出演一部名为《灵犬莱西》的电影。当天晚上，弗朗西斯随口跟萨拉提了一下这件事。剩下的就如历史所述了，但弗朗西斯并不喜欢这段历史最终的结果。伊丽莎白回忆道："他让我母亲在29岁的时候离开了舞台，而我母亲从我这里得到了极大的补偿。当然，我父亲对此感到非常生气。"当伊丽莎白挣的钱开始比她父亲还要多的时候，他们完美的家庭生活结束了。"那是破裂的开始。"伊丽莎白相信。

伯顿夫妇飞回洛杉矶参加葬礼，安慰萨拉·泰勒。六天后，他们回到巴黎，伊丽莎白重新开始了工作，她一直都是个老练的演员。

1968年12月，《玉女七试云雨情》上映。为了帮马龙·白兰度一个忙，伯顿在其中演了一个新奇的角色，像狄兰·托马斯一样的诗人，在大学校园里闲逛，跟女孩搭讪。这也注定了他在读到糟糕的评论时不可能高兴。只有《综艺》杂志一家称赞伯顿成功地"讽刺了他自己的风格。他献出了杰出的喜剧表演"。而在其他几乎所有人眼中，伯顿都被指责为没有喜剧天赋。尽管该片聚集了一大群极具吸引力的明星——马龙·白兰度、约翰·休斯顿、詹姆斯·库伯恩（James Coburn）、沃尔特·马修（Walter Matthau）、法国歌手查尔斯·阿兹纳弗（Charles Aznavour）、林戈·斯塔尔，甚至还有拳击冠军舒格·雷·罗宾逊（Sugar Ray Robinson）和滚石乐队吉他手凯西·理查兹（Keith Richards）的前女友阿妮塔·帕伦伯格（Anita Pallenberg）——但大多数评论家都对该片嗤之以鼻，称其为"一部疯狂的、结构不清的、全片几乎都很愚蠢的改编作品"。这就是跟马龙·白兰度混在一起，并且在喝酒的时候允诺帮朋友友情出演的后果。

从很多方面看来，1968年都是可怕一年。虽然这一年伊始，《壮士雄风》给理查德的职业生涯带来了一场必要的震动，改变了其方向（从情节剧演员变成了动作明星），还为伊丽莎白带来了传说中的克虏伯钻石，但在年终岁末，弗朗西斯·泰勒去世，且伯顿深爱的哥哥艾法发生意外而瘫痪。

然而，通过这一切事情的考验，他们之间巨大的激情仍然在延续。伯顿在年终的时候写道："她是一个令人发疯的爱神；她腼腆羞怯、言词诙谐；她大智若愚；她是一个杰出的演员；她的美超凡脱俗；她傲慢自大、固执己见；她又宽宏大量、充满慈爱……她容忍了我的无能和酗酒；当我不在她身边的时候，我的内心就会隐隐作痛；她爱我！……而我到死都爱她！"

第十一章 "戒指和鲸骨撑裙"

"这只是给利兹的一个礼物。"
——理查德·伯顿在谈到以110万美元买下卡地亚钻石时说

"有时他的喜悦不通情理,然后他又会情绪低落。"
——伊丽莎白·泰勒

1968年12月,当伊丽莎白还在巴黎陪伴她母亲的时候,理查德回到伦敦继续拍摄《楼梯》。在父亲去世后,伊丽莎白跟萨拉的关系更紧密了,更加珍爱她仍健在的母亲。在子宫摘除手术之后,二十世纪福克斯公司让伊丽莎白休息了一段时间,但她仍未完全恢复健康。背部的持续疼痛一直在困扰她,她不得不佩戴支架以支撑一天的拍摄。理查德担心她会在轮椅上度过余生。他对伊丽莎白没有好好照顾她自己感到非常生气,指出医生要求她至少要卧床休息一个月,但她没有照做。理查德很奇怪为什么伊丽莎白在服用强效止疼片时,医生没有禁止她喝酒。一直以来,他都不信任医生,声称他母亲在生第十三个孩子的时候,正是医生的"纯粹疏忽"才导致其死亡。但是他希望伊丽莎白能够听从医生的建议。理查德沮丧地写道:"这个世上我最爱的两个人伊丽莎白和艾法都要挂着拐杖蹒跚行走。"但是在提到艾法的病情时,他仍然在自欺欺人:他认为艾法的病情会稍微有所改善的,他会偶尔能够站起来,甚至是游泳,但是实际上艾法腰部以下仍然瘫痪,还需要依靠自动轮椅生活。

在1968年的最后一天,伯顿写道:

> 我最担心的……是伊丽莎白的健康。情况并没有好转,而她的所作所为也毫无裨益……例如,我昨天一天都躺在床上,而她一整天都坐在堂屋里唧唧喳喳说个不停,一直到后半夜。当然,她还不可避免地要喝酒。当她晚上喝酒的时候,我很担心……不准确地说……更让人害怕的是她已经变得对生活中的一切都很厌倦。她从不看书,至少一次看得不超过几页……我一直是个酒鬼,但是现在,由于我们这种半死不活的日子,我喝的是平常的两倍。结果有可能是我酗酒身亡,而她则会高兴地生活在自己那一半的世界里。

伊丽莎白继续喝酒,止疼药跟酒精作用在一起,对她造成了可怕的影响。有几天,她上床的时候处于"迷幻恍惚"的状态,完全不辨方向、语无伦次。这让理查德吓得不轻,以至于他暂时停止了喝酒,虽然他将酒视为在"这个险恶的世界"上极少数的人生乐趣之一。他在伊丽莎白身上看到了自己可能的将来,他不喜欢他看到的这一切。

1969年1月,伯顿夫妇飞往拉斯维加斯,完成《人间游戏》最后十天的拍摄。为了转移伊丽莎白对病痛的注意力——还因为那也使他遐想联翩——伯顿在索斯比拍得了另一颗传奇珍宝。"漫游者"珍珠是一颗罕见的梨形珍珠。1554年,西班牙的菲利普国王(King Philip)将其赠送给了亨利八世的大女儿玛丽·都铎(Mary Tudor)。这颗珍珠的来历非常有名,它有自己独特的身世,它最早由巴拿马湾的一个奴隶发现(为此他获得了自由)。在西班牙著名宫廷画家委拉兹开斯(Velàzquez)的两幅画中都有这颗珍珠:它曾被[腓力三世(Philip Ⅲ)的妻子]马格丽特王后(Queen Margarita)当作胸针佩戴,还曾被系于一条长长的项链上挂在她的儿媳伊莎贝尔王后(Queen Isabel)的脖子上。"漫游者"珍珠下一个著名的拥有者是十九世纪早期的波拿巴家族(the Bonapartes)。伯顿出价3.7万美元竞得,击败了阿方索王子(Prince Alfonso de Bourbon Asturias)①,后者曾想将这颗珍珠带回西班牙,许多人认为那儿才是它的合法故乡。但是"漫游者"珍珠继续在"流浪":索斯比拍卖行将珍珠快递到拉斯维加斯,送往伯顿夫妇当时下榻的恺撒宫的顶层。

当伊丽莎白从箱子里拿出这颗珍珠的时候,不由自主地呼吸急促起来。她深情地把珍珠放在脖子上,摸个不停,"像护身符一样"戴着它在酒店套房里走来走去。正如她后来写的,当时"像在做梦一样喜形于色,高兴得想大喊大叫"。她想跟理查德一起分享她的快乐,但是她看见理查德正处于他的"威尔士情绪"中。"有时他的喜悦不通情理,然后他又会情绪低落。"她了解理查德,知道自己此时最好不要扑到他怀中吻他,即使她想那么做。难以置信的是,当时身边并没有其他人来分享她的快乐。

突然,当她伸手去摸那颗珍珠的时候,发现珍珠不见了。她吓坏了——跑进卧室,跳到床上,把头埋在枕头里大叫。她是怎么弄丢的?她起身慢慢顺着足迹往回找,试图在理查德得知珍珠丢失的消息前找到它。理查德跟她一样喜欢这颗珍珠,很大程度上是因为其独一无二的、高贵的身世——他喜欢任何有历史感的东西。伊丽莎白脱掉鞋,这样万一赤脚踩到珍珠就能感觉得到。她双手着地、跪在地上寻找着地毯上的每一寸缝隙。珍珠不在那儿!

她来到客厅里继续寻找,在伯顿身边蹑手蹑脚,装成若无其事的样子。她眼睛的余光瞥到了房间角落里,注意到两只哈巴狗正围在它们的碗边。其中一只明显在啃骨头。这很奇怪,因为他们从未给狗狗们啃过骨头。当伊丽莎白进一步检查时,差一点高兴得叫出来。她在狗嘴里发现了"漫游者"珍珠——完好无损、毫发未伤。过了至少一个星期以后,她才告诉理查德发生的这一切。

对伊丽莎白来说,她对"漫游者"珍珠的喜爱又一次表现出她跟珠宝之间几乎略显神秘的联系。这颗珍珠被悬挂在一条可爱的白金珍珠项链上,但是,三年后,在卡地亚设计师的帮助下,伊丽莎白做了一个精美的设计

---

① 即现任西班牙国王胡安·卡洛斯,其1975年登基。——译者注

来展示它，其灵感来自十六世纪苏格兰女王玛丽一世①戴着珍珠的半身像。这一新设计是一个精美的镶有珍珠和红宝石的双层项圈，用五十六颗"东方珍珠精巧搭配而成"。这颗珍珠的历史也给了理查德巨大灵感，他计划根据其漫长的经历创作一部历史小说。

然而，"漫游者"珍珠带给他们的喜悦并没有持续多久。当年3月，他们经常大吵大闹，理查德甚至怀疑他们俩是否还能够在一起生活下去。伯顿写道："过去的六到八个月是一场噩梦。我过着自己的这一半生活，伊丽莎白过着她的那一半。我们互相激怒对方，到了分手的边缘。"伯顿甚至认真考虑过离开伊丽莎白，独自在热带雨林的窝棚里住一段时间，伊丽莎白则想去夏威夷跟她哥哥一起住。"当然，这些都不可能。我们被绑在一起了。无论去哪……"

或许，买下这颗珍珠对理查德来说实在太恰逢其时了。在把这颗珍珠送给伊丽莎白的几个月后，在哈尔·瓦利斯的影片《安妮的一千日》里，理查德成了英格兰女王玛丽一世②的父亲亨利八世。伊丽莎白非常想在该片中饰演安妮·博林，跟理查德演对手戏，但是这一次，她最想要的东西没有得手。瓦利斯告诉伊丽莎白，以她37岁的年纪饰演22岁的安妮·博林实在太老了。看着年轻貌美的法国裔加拿大演员詹妮薇芙·布卓（Geneviève Bujold）在镜头前追求理查德，伊丽莎白简直难以接受，她觉得这一角色理应属于自己。虽然还差3岁就将年满40岁——这是一个乔·曼凯维奇曾经警告过所有女演员的年龄——但她仍然很美，仍然受到公众的极度崇拜。不过她还是不得不面对众多女演员都要面对的事实：她们作为"女主角"的职业生涯已经开始走向尽头。毕竟，在由男人主宰的电影工业里，让二十多岁的女演员跟四五十岁的男主角搭档是司空见惯的事情。〔在《黄

---

① 玛丽一世（1542—1587），苏格兰女王（在位时间1542年12月14日—1567年7月14日）以及法国王后（1559年7月10日至1560年12月5日）。她与她的表姑——英格兰女王玛丽一世的生活时期和在位时期大致相同，经常被人们混为一谈。——译者注

② 玛丽一世（1516—1558），英格兰和爱尔兰女王。她是都铎王朝第四任君主，虔诚的天主教徒。她的主要事迹是曾经努力把英国从新教恢复到罗马天主教（1555年）。为此，她曾处决了差不多三百名反对者，因而被称为"血腥玛丽"（Bloody Mary）。从此以后，Bloody Mary在英语中就成了女巫的同义词。她的宗教政策在很大程度上被继任者伊丽莎白一世所颠覆。——译者注

昏之恋》(Love in the Afternoon)中，56岁的加里·库柏(Gary Cooper)就曾跟28岁的奥黛丽·赫本(Audrey Hepburn)浪漫地搭配在一起。]

出于对泰勒的忠诚，伯顿试图放弃饰演这个角色，但是环球公司威胁要起诉他。(他在日记里抱怨："当我穷的时候，我都没被人告过。")在去伦敦拍片前，伯顿夫妇回到了巴亚尔塔港的天堂，感到非常快乐：在那里，他们似乎有能力恢复清醒、恢复健康，并且能想起来为什么他们还在一起。

跟其他任何事情一样，现在的巴亚尔塔港与他们五年前发现的那个迷人小乡村已经大不相同。它已经从一个只有一千人的沉睡的海滨小镇变成了一个超过两万五千人的熙熙攘攘的城市和旅游景点，这都要感谢伯顿夫妇。无论何时来此居住，他们都是这个小镇非官方的市长和第一夫人。在卡萨金伯利安顿下来后，他们坐着吉普车在村里逛了一整天，顺便去了度假酒店、著名的餐厅和酒吧。无论他们到哪儿，人们都会神奇地蜂拥而至，抢拍照片、抢占有利位置为了看他们一眼。诸如詹姆斯·鲍德温(James Baldwin)这样的名人和作家也前来拜访。

当摄影记者和电视报道车都聚集在卡萨金伯利外面时，过多的关注变得难以忍受，使得他们几乎无法离开屋子。为了看起来更像亨利八世，理查德正试图蓄须。他躺在床上看书，而伊丽莎白则在宽敞的卧室里属于她的那个角落忙活着。有一次，理查德用他那优美的嗓音大喊："你在干吗？大块头！"

"玩我的珠宝。"伊丽莎白答道，高兴得跟小女孩一样。

跟往常一样，伊丽莎白在巴亚尔塔港显得更加妩媚。她在海里游泳，惬意地晒着太阳，读着《波特诺伊的抱怨》(Portnoy's Complaint)和《教父》(The Godfather)。她的皮肤被晒成了古铜色，健康状况也在逐渐改善，伯顿的热情也被再度点燃。他们之间的性激情战胜了所有的酒精、低落的情绪和身体疾病，理查德再次对伊丽莎白的美貌感到惊叹，在日记中写道："伊丽莎白现在看起来非常美丽，虽然这个懒惰的小家伙应该减点肥什么的，以使自己看起来处于最佳状态。"他还写道，"我一点都看不出她身上有衰老的迹象，"除了太阳穴那儿有几根白头发，"但是她的皮肤跟以往任何时候一样年轻、平滑、没有皱纹。"他们俩在一起已经六年半了，理查德仍然对伊丽莎白的身体乐此不疲。跟伊丽莎白在一起，理查德从来不需要想象她在黑暗中的样子——他更喜欢灯光下的伊丽莎白，这样，他就能欣赏她的胴体、她的乳房，以及他口中描述的那"紧致圆润"的臀部。后来，伯顿——他在写到性的时候总是感到不那么舒服，因为他很容易感到尴尬——忍不住称伊丽莎白为"永恒的一夜情人……挑逗情欲……伊丽莎白是一个接受者，一个持久的'回球手'"。

在他们休憩生活的间歇中，理查德对伊丽莎白的需要是如此强烈，以至于他不仅仅在日记里倾诉自己的衷肠，还通过便笺和情书向伊丽莎白表白。有时趁伊丽莎白在隔壁房间里睡觉的时候写，有时则趁她下午独自离开时写。1969年5月10日，他在巴亚尔塔港写道："当然，因为你太年轻了，你从来都不能理解孤独的感受。我对你的爱比将几桶水浇到热血沸腾的身体上、比干渴的嘴唇里含着一只冰激凌、比用理智抚平疯狂这些感受还要强烈……看到你开车离开是多么奇怪的一件事啊！"

就像亨利八世和他的随从坐船沿泰晤士河前往温莎城堡一样，1969年5月，伯顿夫妇乘坐凯丽丝玛号抵达伦敦，船正好停在英国国会大厦外。国会议员和他们的秘书都挤在窗前争相目睹伯顿夫妇抵达伦敦。但这事差点没能发生。早在巴亚尔塔港的时候伊丽莎白就不得不敦促理查德熟记他的台词。他们面临的是一场法律诉讼的威胁，而不是被理查德认为是"一堆平庸的垃圾"的剧本。环球公司的法律威胁迫使理查德穿上了亨利八世的华服，出演《安妮的一千日》。

理查德坚持要伊丽莎白在片场陪他，甚至还要其在片中临时客串一个角色，伊丽莎白也很高兴这么做——部分原因是能够看着理查德和他的小搭档，那个小巧玲珑的、洋娃娃一样的布卓（"无论从哪个方面来说，那个女孩都很小，无论是身高、体重还是声音。"伯顿这样描述她，"我轻轻一口气就能将她吹倒。"）。伊丽莎白使得片场的气氛非常轻松活泼。她知道如何让剧组的工作人员喜欢上她。理查德记得，在拍摄《一代情侣》期间，她铲除了埃尔斯特里制片厂外道路上的积雪；在拍《驯悍记》时，她为所有的临时演员化妆。在理查德的合同里有一个条款，那就是只要伊丽莎白高兴，她可以在任何时候来到拍摄现场探望理查德，此时他正忍受着英国那漫长而炎热的夏天，并勇敢地尝试着蓄起胡须，穿起国王长袍在影片中挥洒活力。一张帆布靠背椅会在那儿等着伊丽莎白，椅子上写着她名字首字母的大写"ETB"。

伯顿在日记里抱怨片中了无新意的对白："当我死的时候，我必须要有一个儿子来统治英格兰！想想办法，克伦威尔！想想办法，教皇、红衣主教、我的奥维托大主教。跟凯瑟琳离婚，跟安妮离婚，娶简·西摩尔！"他用每个演员都常用的花招来改变台词，但是他写道："这是一场败仗。"他比伊丽莎白更加不耐烦，因为片中的台词配不上他喜欢和尊敬的作家。如果他要饰演亨利，那么为什么福斯塔夫不演？如果演一个间谍，有谁能比约翰·勒卡雷塑造得更好呢？如果人们想看到他说精彩的台词，为什么不让格雷厄姆·格林，或是爱德华·阿尔比，或是田纳西·威廉斯来写呢？他不理解以伊丽莎白的表演方式处理的那些电影——她本可以成为一名杰出的默片明星。

或许，更重要的是，令伯顿感到不舒服的是台词的内容，而不是品质（毕竟，明白易懂的、语言精彩的剧本才能获得奥斯卡奖提名）。该片让他再一次被迫重温生命中的重大事件：他为了娶伊丽莎白而抛弃了广受尊敬的妻子希比尔，无可救药地甘心被伊丽莎白拴住。当他说"即使把地球像切苹果一样切成两半，都扔进虚空里，我都要娶安妮"的时候，肯定会不由自主地联想起他自己为了摆脱妻子娶另外一个女人而把世界切成了两半的那段时光。即使他能忘记这一点，剧本中还是充满让他回忆往事的内容：亨利称自己的第一任妻子凯瑟琳王后为凯特——这是伯顿珍爱的长女的名字，他为了娶伊丽莎白而把凯特抛下了。另外，这也是伊丽莎白三年前在《驯悍记》里完美演绎的角色的名字。影片中有两个"伊丽莎白"：安妮·博林的母亲，当然，还有博林跟亨利八世的孩子——伟大的英格兰女王伊丽莎白一世。他自己的伊丽莎白也临时客串了一把，戴着"漫游者"珍珠，看起来比任何女王都要高贵。伯顿对这份工作心灰意懒，每天都会从谢伯顿制片厂驱车两个小时回到伦敦的凯丽丝玛号上。

不过至少理查德回来与一些老戏骨一起搭档了——安东尼·奎尔

（Anthony Quayle）饰演红衣主教沃西，而迈克尔·霍登饰演安妮·博林的父亲（他称这个角色"一点都不垃圾，而且像蛇一样狡猾"）。奎尔和霍登对于自己的角色或拿捏精确或狡猾老到，伯顿对于他们那些依靠小技巧和流于世故的表演仍旧保持着足够的敬意。他发现："他们的每一个耸肩、点头、招手、侧身一瞥以及转眼珠的动作都似曾相识。"迈克尔·霍登需要说的全部台词只有："是的，恩上。"而这句话在霍登那准确无误的表演下只不过比《哈姆雷特》里稍微长那么一点。"

但是伯顿很讨厌自己的表演。一天，他在拍摄时问"镜头是什么景别"，被告知只是一个特写镜头。因此，他穿着自己的街头服装——斜纹布裤和平底便鞋——只穿了上半身的戏服。他穿着这些当天早些时候在谢伯顿制片厂对面那件酒吧里穿过的衣服就来演亨利八世，把导演、摄影师和其他工作人员都惊呆了。

对伊丽莎白来说，不幸的是，詹妮薇芙·布卓——她的表演不可思议——引起了她强烈的嫉妒，一种令伯顿夫妇都感到惊讶的非比寻常的嫉妒。这是自《柏林谍影》之后，伯顿第一次跟除伊丽莎白之外的人演有爱情关系的对手戏——这也是她当初警惕克莱尔·布鲁姆的起因。当理查德像自己年少时一样开玩笑地给詹妮薇芙取了个外号叫"杜松子酒"时，伊丽莎白想到了最坏的情况，因为他只跟与他上过床的女演员开这种玩笑。英国媒体也粉墨登场，猜测伯顿和布卓确实有一腿。

在拍摄期间，伯顿夫妇饱受煎熬。一天下午，他们想做爱的时候，伊丽莎白痔疮复发，开始大量流血。理查德尽力安慰她，但是那个下午的愉快氛围被打乱了，而且这使娇小年轻的"安妮"的存在更像是一根眼中钉、肉中刺。伊丽莎白还对伯顿把布卓跟费雯·丽做比较感到非常生气，因为她自己经常被拿来跟费雯·丽做比较。十年前，由于体型相似，伊丽莎白曾经代替费雯·丽出演过《象宫鸳劫》一片。她会像许多临近中年的女人一样，被更年轻的姑娘取而代之吗？

伯顿似乎没有觉察到伊丽莎白的担心。他驱车回到伦敦，试图让自己对这个角色产生兴趣。他决定将亨利塑造成"像恶魔一般有魅力的人……能够爆发出惊人的怒火，夹杂着卓越的愤世嫉俗的智慧"。他也令人信服地这样做了,但是这一角色中有太多理查德自己的影子,至少在遇到伊丽莎白之前,理查德也是一个能跟所有被他钓上钩的女人上床的人。在影片中,亨利向一个大臣厉声发话:"当我想她们的时候,我就能拥有她们。当我拥有她们的时候,我已经满足了她们。"后来,在听到他自己做的一首诗被谱上曲子时,亨利声称:"真正的诗歌和音乐都是从痛苦中而来。"这是伯顿在《灵欲春宵》片场跟欧内斯特·莱曼说的话的变奏。正如艺术继续在模仿生活一样,我们看到了那个伟大的国王、玩弄女性的人、感情受伤的人和最有名望的人——至少暂时是这样的——不由自主地爱上了一个女人。自始至终,亨利都痛苦万分,因为他知道自己有违道德。虽然有时候道德败坏,但他还是设法赢得了人们的同情。

虽然布卓更能容忍那个恃强凌弱的亨利,但是理查德却忍不住想:"如果是伊丽莎白来演的话会将这个角色塑造得多么了不起,会演得更加出色。"在拍摄《安妮的一千日》时,理查德患上了失眠。担忧伊丽莎白的健康使得他熬夜到很晚。当他最终睡着时,会做关于伊丽莎白的噩梦,关于流血、关于她的健康。据伯顿夫妇身边的许多人介绍,虽然伊丽莎白的健康问题深深困扰着理查德,但是却在此时展现出了一个最好的他。当他们的争吵平静下来,当全世界都离他们而去,当理查德能够在卧室里照顾伊丽莎白恢复健康的时候,那也就是他们通常最亲密的时候。

对伯顿来说,他对伊丽莎白有着一种普遍存在的嫉妒心,好像他们的互相嫉妒是深爱对方的一种标志。伯顿在日记里坦承:"我非常嫉妒伊丽莎白。我甚至嫉妒她对迪克·汉利的感情,那是一个60岁的老同性恋。我还嫉妒她跟任何人一起共进午餐,无论是女孩儿们还是狗狗们——我甚至嫉妒她的小猫,因为她对小猫的喜爱是至高无上的。不过他们都会在我之前死去,因此我才是最后的赢家!"

随着伊丽莎白被《安妮的一千日》冷落,伯顿夫妇都对他们职业生涯的状况不满意。由于做过手术,且仍然受到背部疼痛的折磨,伊丽莎白的最近两部电影是强撑着拍完的。他们俩都受到了负面评论——甚至是充满鄙夷的评论——的打击。他们打电话给律师艾伦·弗罗施,咨询是否能够就此息影。1969年,弗罗施正在与多发性硬化症做斗争,尽管如此,他还是飞到他们身边，给他们提供建议。他告诉理查德，他已经有将近500万美元的现金资产，伊丽莎白的现金资产略少，但不包括他们在墨西哥和瑞士的房产，以及油画、珠宝和凯丽丝玛号，而这些又价值400万美元。弗罗施告诉他们，如果他们不再拍片，将财产用于投资，每年至少将获得50万美元的利息维持生活开销。但是，在去掉继续支付迪克·汉利、鲍勃·威尔逊、理查德的秘书吉姆·本顿（Jim Benton）的薪水，抚养"教子教女们、侄儿侄女们"和萨拉·泰勒的费用，以及给伊丽莎白的哥哥霍华德买礼物的花销外，50万美元将只剩下一半，他们不得不以此来"勉强度日"。不过，弗罗施打消了他们的顾虑，由于他们过着四海为家的生活，他们几乎不用交税，实际上每年的总收入要比他们的朋友罗斯柴尔德家族高。

正如多次表达厌倦了表演生涯一样，伯顿再次起了退休的念头。他在日记里写道："毫无疑问，我必须停止表演……它是如此无聊。任何人都能演亨利八世。"他觉得他和伊丽莎白正处在职业生涯的顶点，在评论家"开始又一次把我们撕碎"之前（这种情况已经开始了），或许他们还能够最后一次谢幕。他后来写道："如果伊丽莎白和我有勇气放弃名利，我们至少能过得更加舒适一点。我也许甚至还能够给她买一两件珠宝。"

在拍完四十二部电影，受到被《安妮的一千日》拒绝的侮辱后，伊丽莎白似乎也渴望"结束"。或许她害怕的是将来伯顿仍然在工作，而她则逐渐被忽略——成为世界范围内广受欢迎的男演员的妻子。因此他们设想另外一种在一起的生活，将他们的时光分别消磨在格施塔德、巴亚尔塔港和凯丽丝玛号上。伯顿在日记中憧憬："我们将会偶尔溜到巴黎，给罗斯柴尔德举行一个派对；将乘坐横贯西伯利亚的快车从莫斯科到海参崴；将去克什米尔的度假胜地；将在希腊群岛上闲逛……将再去一次达荷美看看总统府里的绳子上晾晒的衣物。"在达荷美，他们能够在尘土飞扬的巷子里行走，不用担心被人认出来，也不会被人打扰。现在，他对持续旅行的生活热衷起来，对将来能最终成为一名一直想成为的全职作家满怀憧憬：

我们可以乘坐凯丽丝玛号沿着海岸线行走，去西班牙、西印度群岛、厄瓜多尔、巴拉圭、巴塔哥尼亚,沿着亚马逊河顺流直上。我们还要花一个月时间做一版法国的《米其林美食指南》①。天外有天,克利奥兰纳斯②。我可以写很多书,配上伊丽莎白拍的照片。

毕竟,如果他们一起息影,不做"迪克和利兹"而做"理查德和伊丽莎白"的话,能有什么损失呢?这一问题是由丽莎·托德带回家的,她或许是第一次关心起父母的职业。她刚刚看过《雄霸天下》,开始询问他们拍的其他影片。那些影片都好看吗?在孩子们面前,伊丽莎白从来不是一个电影明星。他们也从不羡慕父母亲作为世界上最有名的夫妻的地位,并不关心他们以拍电影来养家糊口的事实。伯顿夫妇也不在意孩子们的看法。但是丽莎的问题——"那些影片都好看吗?"——让这对夫妇认真思考起他们一起或单独拍的一长串作品来。

理查德告诉丽莎,他们演的绝大多数电影都是"垃圾,根本不值一看",她要更好地读书。但是,伊丽莎白说其中的一些作品,她真的为之感到自豪。伊丽莎白提出,她和理查德坐下来,像孩子们参加考试一样,写下各自认为自己演过的最好的电影作品。这一盘点工作早就该做了。艾伦·弗罗施刚刚才告诉他们,如果不再工作,他们的生活会是什么样子。这使得他们深吸一口气,开始评估在过去六年持续不断的工作期间都干了些什么,除了在认识对方之前拍过的几十部电影。

最后,伊丽莎白把她写的"卷子"交给了伯顿"教授":排序是《玉女神驹》、《郎心似铁》、《朱门巧妇》、《青楼艳妓》(在拍摄期间以及此后很长时间她都讨厌这部电影)、《夏日痴魂》、《灵欲春宵》、《富贵浮云》、《沧海孤女恨》、《驯悍记》和《浮士德博士》。伯顿给自己的排序是《雄霸天下》、《灵欲春宵》、《柏林谍影》、《驯悍记》、《富贵浮云》、《巫山风雨夜》、《浮

---

① 米其林公司旗下的明星出版物之一,有"美食圣经"之称,是世界上历史最悠久,也最具权威性的酒店和餐厅指南。100多年来,它一直以理性的文字和创造性地为餐厅评定星级的体系而赢得读者的青睐。——译者注

② 莎士比亚晚年撰写的一部罗马历史剧中的人物,本为罗马共和国的民族英雄,因性格多疑、脾气暴躁,得罪了公众而被逐出罗马。——编者注

士德博士》以及即将上映的《楼梯》。

事实很清楚了，他们最好的作品都是在离开各自所属的电影公司之后拍的——伊丽莎白离开米高梅，理查德离开二十世纪福克斯和华纳兄弟。伯顿把这两张表打印出来，粘贴在日记本中，评论道："对两个偶然陷入爱河并互相竞争的人来说，这个结果并不坏……我认为我们应该重新回归为优秀的业余爱好者。"

这两张表使他们意识到了一些事——工作中的乐趣和刺激全都已经消失了。不知为什么，当他们试图证明自己的时候，当他们试图向全世界证明自己的艺术技巧能使他们的爱情"丑闻"合法化时，演的作品会更好。伊丽莎白和理查德是艺术家，而"利兹和迪克"只是电影明星，他们最好的作品是由"伊丽莎白和理查德"演的。令人难过的事实是，他们将不会再有太多机会一起出现在大银幕上了。在《安妮的一千日》中短暂客串一把之后，伊丽莎白接下来两年都没有工作。

似乎每天拍完戏后回到凯丽丝玛号上才是他们真正的快乐时光。伯顿称泰晤士河在夜晚"宛如一个蓝灰色的幽灵"，河边所有的房子仿佛都睡着了一般。注视着伊丽莎白，他写道："没有哪个女人在睡着的时候能像孩童般美丽，一如我那迷人的、难对付的、倔脾气的、偏执的妻子。"

但是他们的脾气会在安谧环境中突然爆发——伊丽莎白对布卓的嫉妒，伯顿那些无来由的嫉妒以及他对自己的不满意，当酒瓶盖一脱离酒瓶，他们就会喝个不停并发泄心中的怒火。一年前曾在巴黎访问过伯顿夫妇的专栏作家利兹·史密斯知道，他们之间的争吵一直是二者关系的重要组成部分。史密斯回忆道："他们从一开始就争吵不休。我认为伊丽莎白将争吵跟爱情和婚姻视为一回事。如果你是一个电影明星，就会有一种表现癖，我认为她就是这样。被男人关注是她存在的证明——无论这给她带来的是礼物还是辱骂。来吧，来看看我们是如何生活在一起的——我们在打架。"

在"连续争吵"一周之后，在辱骂了伊丽莎白、然后咕哝着道歉、又再次攻击她之后，理查德像被一道闪电击中了一样："我真不愧是我父亲的儿子，偶尔让自己跟个卑鄙小人一样。"他记得他父亲是如何"因为同样的说话方式而坏了事……同样让事情陷入'暴力'之中"；同样对他母亲很忠诚，跟理查德对伊丽莎白一样；同样"对学问一知半解"；同样有攻击无辜的癖好，同时又充满内疚。他在日记中写道，如果他在清醒的时候也很像他父亲，那他宁愿继续喝酒，直到喝死为止。然而，他喝醉的时候才最像父亲狄克·詹金斯。正如利兹·史密斯观察到的："酒精激起了嫉妒，嫉妒又刺激了酗酒。我早就知道，如果我跟他一起在片场，最好在早上就得到我想要的东西，因为午饭后，他就会变得尤其刻薄。"

《安妮的一千日》快要杀青时，理查德和伊丽莎白抽空去看望了艾法，理查德坚信他哥哥的状况正在有所好转，四肢重新恢复了一些知觉。他们下榻在贝尔酒店，临近阿斯顿·克林顿，艾法在那里接受照料。伊丽莎白给艾法买了许多最贵的床单和毛巾，但是当它们运至的时候，理查德突然勃然大怒。伊丽莎白扑上去，用戴戒指的手打他的头。他把伊丽莎白推开，迈着重重的步伐走出了酒店，在附近的农场里走了很长时间。他后来写道："如果任何人敢这样做，我都会杀了他……我充分意识到要克制自己，否则我肯定要把她送进医院待上很长很长时间，或者是把她送进犹太教墓地待上更长的时间。"当看见艾法坐在轮椅里不能动弹时，出于自身的愧疚感，他说了很多自我谴责的狠话。毕竟，是他把艾法带到了他的世界里，把他带到了塞利尼。正如亨利八世将凯瑟琳王后夭折的婴儿称为上帝的惩罚一样，这难道就是他跟希比尔离婚转而娶"世界上最美的女人"给自己带来的惩罚吗？

无论是什么原因，事情已经到了一发不可收拾的地步。以前，他们的争吵更像是一种相互间的挑逗，而在争吵之后是最好的时光。但是现在已经不像《驯悍记》中的感觉，开始有点像《灵欲春宵》的感觉了。理查德写道："我们在争吵。到现在为止，已经吵了一年了，为了任何事、每一件事。我一直都是一个酒鬼，但是在过去的十五个月里，我差点被酒精杀死，伊丽莎白也是。我们都不让步，如果我们都不让步的话，有些事就会无法控制。"他开始指责正是伊丽莎白的出现让他的手发抖，但他忘记了，在拍摄《埃及艳后》的第一天，正是伊丽莎白把杯子递到他的嘴唇边，因为他的手抖得太厉害了。"那时我绝望了。如果我们不能互相理解，或者，最糟糕的是，如果我们不能容忍对方，那我们很快就会分道扬镳……"

《楼梯》于当年8月公映，评论褒贬不一。该片由查尔斯·戴尔（Charles Dyer）从他自己1966年创作的深受好评的戏剧改编而来，但是一些评论家抱怨，为了迁就大众的消费口味，该片的主题"稍稍做了一些净化"。然而，《综艺》杂志称赞雷克斯·哈里森和理查德·伯顿都塑造了"敢于冒险的角色……并取得了成功"。伯顿很在意《楼梯》和《富贵浮云》，他认为两部电影都很不错。然而观众们不这么认为。很明显，观众不想看到两个肌肉男在银幕上演同性恋，影片的票房很不理想。而《壮士雄风》则一直在主流观众当中很受欢迎。它刮起了一阵票房风暴，获得了2000多万美元的票房，击败了当年的所有影片。现在，伯顿等待着观众对《安妮的一千日》的裁决。虽然他并不喜欢这部电影，但是该片却像《驯悍记》一样，有获得票房和评论双丰收的潜力。伯顿暗地里希望该片能成为一颗票房重磅炸弹，因为他还要为"戒指、鲸骨撑裙和其他一些东西"付账。

9月，伯顿夫妇回到格施塔德。伊丽莎白给理查德买了一件非同寻常的礼物：全套"人人文库"①，共一千册书。理查德从12岁开始就一本接一本地读着那些书，把它们留在庞什迪分和塔尔伯特港的家中，留在伦敦、塞利尼。战争期间，当他还是一名英国皇家空军的军官时还留在牛津一些。他还曾经从查林十字路的弗伊尔斯书店里偷走过这些书来看。按伯顿描述的，一千册"编好号的、闪着光的"书用车运到了格施塔德。他充满深情地打开箱子，把它们放到书架上。他后来写道："在我的后半生我可以在这里随意翻看这些书，它们会占据房间里的一堵墙……一个奇妙的参考书阅览室，索引在我脑子里。"对一个喜欢读书的人来说，这是一件绝佳的礼物。

当月晚些时候，伯顿夫妇试图将艾法带离诊所，搬到他们在瑞士的农舍里长住。他们咨询了罗歇医生（Dr. Rossier）——他负责当地医院的截瘫病房——艾法需要什么样的床和其他的特殊设备。理查德和伊丽莎白不知道的是，艾法在睡觉的时候中风了。格温·詹金斯向伯顿夫妇隐瞒了这一最新的恶化情况。当护理员早晨走进房间做检查时，他们发现艾法已经失

---

① "人人文库"由英国出版商约瑟夫·丹特始创于1906年。一百多年来，已出版包括博尔赫斯、加缪、钱德勒、福斯特、海明威、马尔克斯、奥威尔、普鲁斯特、索尔仁尼琴等巨匠的多种著作。——译者注

去了他仅剩的一样东西：那优美的威尔士嗓音。

艾法的悲剧将会一直萦绕着理查德的余生。"如果不是在塞利尼发生的那次事故，他能活到90岁。"他在日记里沮丧地写道。他又一次把对艾法瘫痪这件事的烦躁情绪发泄到伊丽莎白身上，她是他最亲近的人，也是唯一能跟他一起承受艾法瘫痪所带来的巨大打击的人。

在拜访过罗歇医生后，伯顿夫妇决定去一家意大利餐馆吃饭。伯顿回忆这顿饭时，称其为一次"长久的静默和致命的侮辱"，由于伊丽莎白试图转移他的注意力。伊丽莎白知道理查德处在"糟糕的情绪中"，从桌子一边伸出手试图安慰他。

"理查德，来，抓住我的手。"

"我不想碰你的手。"他粗暴地回答，"它们又大又难看，红通通的，像男人的一样。"伊丽莎白收回了她那戴满珠宝的手。

理查德自己吓了一跳，被他说的那些恶毒的话吓呆了。他在日记里痛悔不已："该死的，我到底怎么了？我爱我的妻子胜过我的生命……总有一天会为时已晚。"

但是伊丽莎白不是一个沉迷于自己或者其他人的痛苦中的人，她很快将理查德那些粗暴言语转化成了给自己的好处，让她的丈夫为其说的那些不经过脑子的话付出了代价。她坚持要理查德必须马上去买下那颗曾让他们俩都目不转睛的钻石，即《电视指南周刊》（*TV Guide*）的创始人和前美国驻英国大使、亿万富翁沃尔特·安伦伯格（Walter Annenberg）的姐姐保罗·哈里雅特·埃姆斯（Paul Harriet Ames）夫人曾经拥有的那颗钻石。这颗重69.42克拉、长1.5英寸的石头被认为是世界上最大最贵钻石。它被镶嵌在一枚白金戒指上，两边各有一颗小钻石。"它会让我那又大又难看的手看起来纤细一些、好看一些！"伊丽莎白开玩笑地说。理查德第二天在日记中写道："那些该死的话……要让我破费了。毫无疑问！"

对这颗与众不同的钻石产生极大兴趣是很自然的事情。它将于1969年10月23日在纽约麦迪逊大道的帕克—伯内特画廊被拍卖（编号为133）。伊丽莎白已经得知希腊船王奥纳西斯去帕克—伯内特画廊参观过这颗钻石，人们都在猜测他将会买下这颗钻石送给杰奎琳·肯尼迪。奥纳西斯比其他任何人都极大地激发了理查德的好胜心。理查德和伊丽莎白要求将这颗钻石送到格施塔德供他们检视一番。当第一眼看见它的时候，伊丽莎白就知道自己要买下它。理查德给艾伦·弗罗施出了一个上限价格，100万美元，后者将在伦敦通过电话来竞价。

但是卡地亚的出价高过理查德·伯顿，以105万美元竞得这颗钻石，这在当时是为一颗钻石出的最高价格。

理查德的秘书吉姆·本顿打电话告诉了他这个坏消息。理查德和伊丽莎白当时已经回到了贝尔酒店去看望艾法。在那里，理查德站在酒吧里的一个付费电话旁，没有做好失败的心理准备。他冲着本顿大吼，要求接通艾伦·弗罗施的电话，马上！伊丽莎白试图安抚理查德，告诉他自己并不在意是否能拥有这颗钻石，"生命中还有很多比那些不值钱的饰物更重要的东西"，还说她"现有的首饰完全能够将就着戴。（其中包括迈克尔·托德送给她的钻石头饰和29.7克拉的钻戒、'漫游者'珍珠、一套宝格丽的翡翠钻石首饰、克虏伯钻石，等等。）"但是这番话反而更坚定了理查德要买下这颗钻石的决心。

他决定："我要买下它，即使要付出我的生命或者200万美元也不在乎，无论它们哪个更值钱。"在把可怜的弗罗施先生痛斥一番之后，他要弗罗施直接从卡地亚那里买下这颗钻石，不要在乎价格。跟亨利八世追求安妮·博林一样，他要定了这颗钻石。

接下来又是一个充满焦虑的二十四小时。理查德守在酒店狭小走廊里的电话机旁，把硬币不停地从电话机里插进去、倒出来，因为酒店里的硬币已经被他用光了。在酒吧里喝啤酒的一些当地人，看着他在酒吧门口紧张地走来走去，等着从纽约打来的电话。理查德能从卡地亚那里抢回这颗钻石给伊丽莎白吗？村里的一些老赌鬼开始打起了赌。

第二天，弗罗施的电话来了。钻石是他们的了。

付出110万美元后，理查德赢了。"利兹得到了那颗'桃色的梨子'。"《纽约每日新闻报》(New York Daily News) 大肆宣传。当他得知其中两个跟他一起竞争这颗钻石的人是文莱的苏丹和更重量级的奥纳西斯之后，他更满意了。希腊大亨在70万美元的出价时就"临阵退缩"了。

但这一切一如既往真的都是为了伊丽莎白。伯顿写道:"我想要这颗钻石,因为它无与伦比的可爱。它应该戴在世界上最美丽的女人身上。如果它戴在杰奎琳·肯尼迪或者索菲亚·罗兰或者亨廷顿夫人(Mrs. Huntingdon),或其他某某人的手上,我将会无法忍受。"从那时起,这颗曾经的"卡地亚"钻石将改名为"泰勒—伯顿"钻石而闻名天下,它会在纽约的卡地亚陈列室里展出,然后被带到芝加哥,在卡地亚新店的揭幕式上亮相,万众瞩目。每天有一万名观众来参观这颗钻石。珠宝商在《纽约时报》上作了大幅广告:

卡地亚
热忱邀请您参观

卡地亚钻石
正在第五大道52街

卡地亚陈列室主楼展出

从今天到11月1日周六

从上午9点到下午5:30

卡地亚钻石现属于

伊丽莎白·泰勒·伯顿

这颗钻石甚至还去了哥伦比亚广播公司的《埃德·萨利文秀》节目中"做客"。

当伊丽莎白最终得到她的战利品时,她发现作为戒指这颗钻石戴起来太重了,显得很笨拙,因此她又花8万美元将钻石做成了一条项链,这样这颗沉重的梨形钻石就能挂在脖子上了。珠宝商从纽约飞来,测量她的脖子,以使钻石戴起来能恰到好处地盖住其脖子上因气管切开手术而留下的疤痕。

三名专递员(其中两人是幌子)花了三个星期才将钻石项链送到伯顿夫妇手上,他们当时已经回到了停在摩纳哥的凯丽丝玛号上。三个人拿着同样的公文包从纽约乘飞机前往尼斯,其中只有一个里面放着"泰勒—伯顿"钻石,一名持枪保镖全程护送。他们从尼斯穿越摩纳哥边境线,凯丽丝玛号停泊在蒙特卡洛。一到蒙特卡洛,还有另一名(持冲锋枪的)保镖被雇来保护这颗钻石。

当这条美妙的、沉甸甸的项链从红色皮箱中取出来,第一次戴到她的脖子上时,伊丽莎白再一次屏住了呼吸。她偷看了一眼将"泰勒—伯顿"钻石运来的公文包,似乎里面还有什么。她敏捷地从里面抓起一把东西。三双价值50美分的长筒袜跟钻石一起从纽约被运来,因为它们是伊丽莎白所喜欢的,在其他地方买不到。像罗伯特·布朗宁(Robert Browning)在《我已故的公爵夫人》(*My Last Duchess*)里描述的那位费拉拉公爵夫人一样,伊丽莎白的心"很容易取悦……她看到什么都喜欢,而她又偏爱到处观看",廉价的丝袜跟世界上最贵的钻石给她带来的欢乐都是一样的。

伯顿夫妇去摩纳哥参加为庆祝格蕾丝王妃的40岁生日而在蒙特卡洛冬宫酒店举行的舞会。从任何角度来衡量,这都是一次奢侈的庆生活动。在这次生日宴会上,伊丽莎白首次戴着"泰勒—伯顿"钻石公开亮相,意外地(也许并不意外)抢了风头。为了跟那串炫目的项链搭配,她穿了一件精致的黑色天鹅绒披肩,披肩前面织了两只闪闪发光的蝎子,理查德和两名带机枪的保镖陪伴在她身旁(因为其向伦敦的劳埃德保险公司投保了100万美元),她怎么可能不出风头?

作为伯顿夫妇之间的一个小笑话,伊丽莎白在戴上了她的两颗最大的钻石——"泰勒—伯顿"钻石和克虏伯钻石——之外,还戴上了她最小的钻石之一"乒乓球"钻石,来参加这次奢华的生日宴会。"乒乓球"钻石——重1/8克拉,仅价值14美元——是她从理查德那里赢来的。一天,在格施塔德的小别墅里,他俩打赌,如果在打乒乓球时伊丽莎白能够赢理查德10分,他就会送给她一颗钻石。伊丽莎白回忆道:"好吧,那不是能让女人拒绝的事情。他输了,我赢了。该去购物了。"在舞会上,无论什么时候,只要任何人说:"哦,天啊,多么美的钻石啊!"伊丽莎白就会举起右手,晃着戴"乒乓球"钻石的小手指。"难道它不好看吗?它的底座很可爱,钻石也绝对很完美。"只有伯顿夫妇能够拿钻石开得起玩笑。

不过与"泰勒—伯顿"钻石那令人眩目的美相伴而来的，是一种沉重的负担——它更加限制了伊丽莎白四处走动的自由。劳埃德公司坚持钻石要被保存在金库里，一年只有三十天能在公开场合佩戴，而且无论何时伊丽莎白戴着它出现在公共场合，都必须有持枪保镖在场。一名英国作家观察说："她脖子上戴的更多是沉重的负担，而不是首饰。"最终，伊丽莎白不得不花2800美元打造了一个复制品，大多数时间在公共场合都戴着这个赝品。

拥有这颗钻石还惹来一个麻烦。卡地亚店外排着的长队已经引起了《纽约时报》的注意，他们发表了一篇社论谴责伯顿夫妇。该报认为，在一个物质匮乏的时代里，伯顿夫妇的嗜好显得很奢侈。编辑将他们树为"庸俗时代"的典范：

> 本周，农民们已经在卡地亚店外排队，为了看一眼像里兹酒店那么大的价值100万美元的钻石。它将被挂在理查德·伯顿夫人的脖子上……它跟停泊于巴哈马群岛或者地中海上的游艇不会显得格格不入。在那些地方，美丽的人们花很多时间给彼此留下深刻印象，而不在乎金钱。
>
> 在这个充满战争和贫穷之类小问题的庸俗的时代，要想每天做到真正的庸俗越来越难。但是如果能随便花上几百万美元，那就能做到真正的庸俗——甚至更糟，还能受到人们的崇拜。

正如布伦达·马多克斯在她写的伊丽莎白·泰勒的传记中风趣地评论道的那样："有多少女人曾经被《时代》周刊和梵蒂冈教廷批评过？"

除了给他们带来的巨大喜悦外，购买"泰勒—伯顿"钻石也被证明是一项英明的投资。甚至连精打细算的艾伦·弗罗施和理查德的秘书吉姆·本顿都看出来，通过投资"耐用的消费品"，在二十世纪六十年代晚期，他们的每一处财产都得到了保值增值。1977年，马多克斯写道："仅仅是卡地亚钻石，自从伯顿买下它以来，就已经升值到2500万美元。"她还猜测，伊丽莎白之所以会迷恋那些巨大的带有传奇色彩的珠宝，是因为它们能"确保在她的一生中，每当她走进一个房间时，所有的眼睛都能马上出于本能地被她吸引"。在他们职业生涯的此时此刻，珠宝是能够使他们在世界舞台上继续闪耀的一种方式。

虽然1969年的年初和年底，伯顿夫妇获得了两件著名的珠宝，并且理查德得到了一整套他心爱的"人人文库"，但是在许多方面，这都是糟糕的一年。因此，当1969年12月10日，《安妮的一千日》上映后，评论家称他塑造的亨利八世比斯科菲尔德两年前在另一部古装片《良相佐国》中演的托马斯·莫尔要更胜一筹时，理查德肯定获得了一些心理安慰（实际上，这是极高的评价，因为斯科菲尔德已经拿到了本应属于理查德的奥斯卡奖）。当理查德收到来自好莱坞的通知，由于在那样一部"平庸的垃圾片"中的精彩表演，他第六次获得奥斯卡奖提名时，他的"威尔士情绪"振奋起来——至少，振奋了那么一会儿。没有人比伊丽莎白更为他感到高兴，也没有人比伊丽莎白更想让他获奖。不像安妮·博林，伊丽莎白始终保持着清醒的头脑。

第十二章　过气的巨星

"在很长一段时间内，再也不会有人花100万美元请我们演电影了。"
　　　　——理查德·伯顿

"我们过着四海为家的生活。"
　　　　——伊丽莎白·泰勒

感谢上帝，一切都结束了。从许多方面来看，1969年都是糟糕透顶的一年——争吵、酗酒、疾病以及拍摄《安妮的一千日》带来的麻烦。伯顿夫妇已经在众人注目下一起生活了九年，结婚也有六年了，他们不顾一切地想要从"旋转木马"上下来。摩擦越来越多，因为理查德喝酒越来越厉害，伊丽莎白的健康状况仍然不佳。在新的一年，理查德对退休问题也考虑得越来越多——还有什么能够比最终拿到奥斯卡奖之后退休更好呢？伊丽莎白已经获得过两次奥斯卡奖，虽然理查德的职业生涯似乎正在稳步前行，而伊丽莎白开始被忽略，但在结束职业生涯之前，他还需要迎头赶上。他爱伊丽莎白，他需要她，但是有时候，他仍然需要跟她一起展开竞争。

他们回到了巴亚尔塔港。在那里，伯顿把主要精力都放在写作上，从他的日记中挖掘素材，开始写自传体小说，每天写两三个小时。他已经被牛津大学的圣彼得学院授予了一个教职——这是伯顿长期以来的夙愿。（"没有学位，却将要在牛津讲课，多么滑稽啊！"他在日记里坦承。）有传言称女王伊丽莎白二世也许会授予他爵士头衔，就像她授予约翰·吉尔古德爵士和劳伦斯·奥利弗爵士的一样。当他和伊丽莎白还在继续与酒精、争吵和奢靡的生活翩翩起舞时，伯顿仍然希望能有一个不同的未来，写作、教书、过着更安静的生活。他随身带着便携式打字机穿过卡萨金伯利，从较低的那一栋瓷瓦白墙别墅一直走到阳台顶上，又回到正厅，那里能够眺望大海和高耸入云的山峦。在几番调整和尝试之后，他的这本小说已经写了两万字。

为了保持跟牛津大学的联系，伯顿夫妇聘请了尼维尔·柯希尔的学生约翰·大卫·莫利（John David Morley）做丽莎和玛丽亚的家庭教师。莫利注意到，伊丽莎白非常喜欢跟孩子们一起玩，好像她是他们中的一分子；他还注意到，在巴亚尔塔港的时候，伯顿夫妇有多么喜欢一家人待在一起，并且，作为一对夫妻从围绕着他们的那些疯狂行为中解脱出来。即使他们现在还会偶尔互相厌烦——伊丽莎白会不厌其烦地详细描述她的病痛和手术情况，而理查德则喜欢拿他年轻时的有趣经历喋喋不休——但是他们还是找到了作为一家人的新的动力。伊丽莎白告诉前来采访的记者："没有任何一个孩子把他看做是继父，他是他们的父亲。他是所有孩子的伟大的父亲。"

但是到了3月，伊丽莎白担心起理查德持续不断地喝酒问题。她试图让他去看医生，这是理查德所一直抗拒的。他就是讨厌医生，尤其是当伊丽莎白在这些"该死的医生"手中接受了如此多的治疗后，再让他去看医生就更加困难了。他经常说："如果你是一个糟糕的演员，不会有人来找你演戏。但如果你是一个糟糕的医生，你仍然能给人看病。"尽管如此，伊丽莎白还是坚持要他去好莱坞的长老会医院进行一些身体检查，因此他们飞往洛杉矶。他们在医院里见到了伊丽莎白的老朋友，也是她信任的医生雷克斯·科内默（Rex Kenemer）。很久以前，正是科内默将迈克尔·托德的死讯告知了伊丽莎白。

科内默医生给理查德做了检查，仅用手触摸就能感觉到他的肝脏变大了。他要求理查德住院做进一步检查，这意味着理查德要在医院里待一晚上——这让他焦虑不已，他难以忍受冷冰冰的病房和枯燥的等待。伊丽莎白则在旁边的病房里住着陪他。

第二天，科内默医生通知伯顿，他面临着一个生与死的抉择：他必须戒酒。科内默医生告诉伯顿，他五年内很可能会得肝硬化。那时，无论他是否再喝酒，肝脏的病情都将会持续恶化。现在，他必须戒酒。

当科内默医生告诉他这个消息的时候，伯顿回答道："很好，我马上戒酒。彻底戒掉！"

他们回到了巴亚尔塔港。在那里，伯顿戒了两个星期酒。那是自从演《卡米洛》以来，他戒酒时间持续最长的一次。他发现，如果服用安定的话，他就可以不喝酒，虽然他希望不用服药也能"熬过最艰难的时刻"。早晨，他会匆匆忙忙穿上卡其布裤子、鸡心领毛衣和意大利平底鞋，为了防晒而戴上墨西哥草帽，爬上卡萨金伯利最高的阳台，坐在那里连续打字两三个小时。这对伊丽莎白来说很不幸，理查德因为戒酒而引发了自己的"威尔士情绪"。1970年3月28日，他写道："阳光明媚，这个屋子里环绕在我身边的人都很迷人，但是至少今天我不想见到他们中的任何人。"戒酒使伯顿迷上了乡村爵士乐，不再像往常那样交际应酬，也不再像往常那样喜欢讲故事；清醒的状态使他变得愤世嫉俗和沉默了，但至少，他自己反省认为，他节省出了对伊丽莎白重复讲他的故事的时间。不过，相比起理查德的沉默寡言，伊丽莎白更喜欢听他讲故事。当伯顿戒酒后，还有一件更基本的东西让伊丽莎白怀念——他的性能力。戒酒使得理查德失去了跟妻子做爱的欲望。

对像理查德那样享有盛名的情人来说，这是至关紧要的，伊丽莎白对此非常沮丧。她对自己的密友诺玛·海曼抱怨道："他有好几个星期都没跟我做爱了！"

在拍摄《富贵浮云》的时候，诺玛已经与约翰·海曼分手了（不久以后，约翰就跟乔安娜·辛库斯在一起了），但是她仍然跟伊丽莎白保持着密切的关系。一天，当诺玛来吃午饭的时候，伯顿夫妇陷入了不愉快的争吵中。

是一句恭维话激起了后面的一切。理查德告诉诺玛他已经戒酒了，体重也因此减轻，她夸张地说："你真了不起！"

随后，理查德指着桌子对面的伊丽莎白说："有那么些人永远也戒不掉酒。"

诺玛不假思索地脱口而出："恐怕她还对你的勇气怀恨在心呢。"像一些误导人的婚姻顾问一样，诺玛转向伊丽莎白说："但是你确实爱他，对吗？"

"不。我祈求上帝让他从我的生命中消失。"伊丽莎白答道，然后她对理查德说："从我的视线里滚出去。"

伯顿站起身，离开了餐桌，后来在日记里记下了整个事件的全过程。对理查德来说，这是他们之间关系的一个转折点。之前他们也这么互相说对方——但是从来不会在清醒的时候这么说，也从来不会在朋友们面前这么说。"我不得不面对伊丽莎白终有一天将会离开我的事实，或许这一天比我想象的要来得早。我心里偶尔会想到这一点……一次好的争吵比赛有时对心灵来说是有益处的，是心灵的净化剂、催吐药，但是我在清醒的时候懒得跟她争吵。"

正如想念往日的激情一样，伊丽莎白也想念起理查德跟她的对骂。她后来承认："当他戒了酒并且奇怪地一度不再跟我做爱了的时候，我愤怒地抱怨着。我本不应该这样。他需要找到一条出路，但我没有给他提供帮助。我们熬过来了，重新发现了彼此。我们的床就是争吵停止的地方。"

以前是伊丽莎白坚持要理查德去看科内默医生，但是现在，她发现自己很难适应一个戒了酒的丈夫。酒仿佛是他们婚姻中的第三者，当伯顿戒酒时，即使只戒几个星期，问题就出现了。跟理查德一起喝酒使得他们在精神上能找到共同点，有时能将他们与外界隔绝起来，不去理会名声带来的难以忍受的压力。很简单，这是他们能一起做的事。赋闲在家的几个月里，酒是一种奇怪的安慰剂。当他们不工作的时候，就会整天喝酒。当然，在科内默医生告诉他，如果还想活着就必须要戒酒时，理查德就已经最终醒悟了。但是，让伊丽莎白戒酒更加困难。理查德戒酒了，现在需要解决伊丽莎白的喝酒问题。而奥斯卡颁奖典礼在他们面前若隐若现。那时，整个好莱坞将会被香槟淹没。对理查德来说，走过贝弗利山酒店的大堂就像是穿过雷区一样。

随着奥斯卡颁奖典礼之夜的日益临近，他们发誓要停止争吵，不再互相挑刺。他们俩都非常期待理查德获奖。他们也知道，为了拿到奥斯卡奖，就必须形成统一战线。

伊丽莎白给理查德的礼物始终是她的明星地位。现在，为了能够帮助理查德赢得奥斯卡最佳男主角奖，她将会唤起自己最伟大的角色——电影明星。他们将要一起为此而努力：伊丽莎白、理查德和"泰勒—伯顿"钻石，都在展示着自己的魅力。

好莱坞无法抗拒如此强劲的魅力、如此伟大的才华、如此巨额的金钱。如果理查德的艺术成就不能令他获得他理所应得的成功的话，那么，伊丽莎白那无与伦比的明星力量将会照亮小金人，将其送入理查德的手中，那才是它应在的地方。虽然她凭借《灵欲春宵》获得奥斯卡最佳女主角奖时并没有出席颁奖典礼，但美国电影艺术与科学学院仍然青睐伊丽莎白。事实上，他们已经邀请她作为主要颁奖嘉宾出席此次奥斯卡颁奖典礼了。

伯顿在为再次出席颁奖礼做着准备，调理着身体——这是他第六次获得奥斯卡奖提名。除了戒酒之外，他还继续着低糖饮食，在两个星期内减掉了18磅体重，消除了脸上的浮肿，虽然他认为这样看上去像一个无聊的政府官员，但至少很适合出席奥斯卡颁奖典礼。伊丽莎白打电话请她的朋友，著名服装设计师伊迪丝·海德（Edith Head）为她设计了参加奥斯卡颁奖典礼的礼服。

她们第一次相识是在《郎心似铁》的化妆间内。在那里，这个大名鼎鼎的设计师为泰勒设计了其在影片中穿的服装。伊丽莎白在片中饰演年轻的社交名流安吉拉·维克斯，她穿的白色露肩雪纺晚礼服搭配绣有白雏菊的绣花胸衣影响了当时的时尚潮流。这件礼服的仿制品在全美国的十几岁少女中大受欢迎，她们纷纷穿着它参加班级舞会。虽然直到1972年，她们俩才再次合作，但是多年来，她们的友谊始终如故。伊丽莎白后来回忆起她们之间长达四十年的友谊时说，伊迪丝·海德"就像是我的第二个母亲，无论何时我陷入困境中，无论何时我需要一个地方躲避，我都会去伊迪丝·海德的家中"。伊迪丝和她的丈夫比尔没有儿女，他们把伊丽莎白当成自己的女儿。由于最近很难跟理查德在一起相处，以及他获得奥斯卡奖提名带来的压力与日俱增,伊丽莎白需要一些特别的照顾。

那位小巧可爱的服装设计师以她的短刘海、紧紧挽起的发髻以及标志性的墨镜闻名——蓝色的镜片使得她能看到其作品在摄影机前的效果。她总是带着一条伊丽莎白喜欢的项链,是由黄金和象牙制的维多利亚剧院门票构成。伊迪丝·海德后来在遗嘱里把这条项链留给了伊丽莎白。

1970年4月3日,伯顿夫妇回到洛杉矶参加于4月7日举行的奥斯卡颁奖典礼。弗兰克·辛纳特拉用自己的飞机将他们俩从巴亚尔塔港接过来,一路都很顺利,只用了两个半小时。他们下榻于他们喜爱的贝弗利山酒店的小屋,但是他们还是很惊讶——当他们在欧洲工作并跟名流贵族们一起应酬时,好莱坞已经发生了变化。

伊丽莎白的老东家米高梅公司正在进行拍卖,卖掉了它出品的三千部电影中的道具——包括约翰尼·韦斯默勒(Johnny Weissmuller)裹过的缠腰布、朱迪·加兰穿过的红宝石拖鞋、金·凯利(Gene Kelly)撑过的伞。与此同时,(差一点因为《埃及艳后》而破产的)二十世纪福克斯公司已经削减了百分之四十的经费。理查德拍摄场面奢华、极具艺术感的《安妮的一千日》的同年,一位名叫史蒂文·斯皮尔伯格(Steven Spielberg)的22岁加州州立大学学生正在拍自己的第一部短片,这部影片将使他获得环球公司的合同。老一代的电影大亨们正在被年轻的生意人所取代,大的企业集团收购了好莱坞制片厂,迫使仅凭直觉而投资影片的圆滑世故的制片厂首脑们纷纷出局。现在,百分之二十的人口都在30岁以下,他们占到了观影群体的百分之七十三。第一次,银幕上的演员开始跟银幕前的观众相吻合。大片也没落了。现在赚钱的是意气风发的新人们拍的低成本电影:《邦妮与克莱德》、《毕业生》、《午夜牛郎》、《逍遥骑士》。非传统的迷人的"具有异域特色的"演员,如阿尔·帕西诺(Al Pacino)、达斯汀·霍夫曼(Dustin Hoffman)和埃利奥特·古尔德(Elliott Gould)演绎着浪漫的主人公——他们与老一代那些让人神魂颠倒的演员,如大卫·尼文(David Niven)、加里·格兰特(Gary Grant)、伯特·兰开斯特(Burt Lancaster)或者斯图尔特·格兰杰等相去甚远。尽管有沃伦·比蒂作为伊丽莎白年轻的搭档,《人间游戏》还是"散发着霉味",比蒂年轻的粉丝们对此片避之不及,该片的总票房不到200万美元。

电影明星们的想法也在发生着改变。"我们再也不能拍让伯特·兰开斯特和黛博拉·蔻儿在一起互相摸的电影了。"米高梅公司的首席执行官詹姆斯·奥布雷（James Aubrey）当时说。"感谢上帝，"伊丽莎白心想，"他们没有提到我们俩。"尽管如此，似乎没有人可以高枕无忧。年轻人的大镰刀似乎正在将电影工业切成碎片。费·唐纳薇（Faye Dunaway）、达斯汀·霍夫曼、阿尔·帕西诺、罗伯特·德尼罗（Robert De Niro）、杰克·尼科尔森（Jack Nicholson）、丹尼斯·霍珀（Dennis Hopper）和简·方达取代了伯顿夫妇在其三十年电影生涯中认识的那些更熟悉的面孔。在好莱坞的派对上，或在诸如查森餐厅之类的地方，第一次，在场的人理查德和伊丽莎白一个都不认识。或许他们离开好莱坞的时间太久了。

伯顿在日记里写道："世界已经变了。我的意思是我们的世界。在很长一段时间内，再不会有人会花100万美元请我们演电影了。我已经因为《楼梯》和《富贵浮云》遭受两次票房惨败而暂时被冷落了，成了过气的明星。值得注意的是，我们在票房榜上逗留的时间已经很长了。"

似乎是为了让他们不受冷落，理查德花12.5万美元给伊丽莎白买了一件裘皮大衣。这件大衣由四十二只特别饲养的水貂的皮制成，每一只的体长都是普通水貂的三倍。由于这件大衣，过去曾刊登过关于伯顿夫妇的崇拜文章和迷人照片的《展望》杂志让他们形象大跌。该杂志称："对一个已经拥有很多此类衣物，还要求更多的过气的电影女王来说，这是世界上最昂贵的大衣。"《展望》杂志还配发了一张伊丽莎白在比基尼外穿着新大衣的照片，她身后的太平洋像钻石一样闪闪发光。在最炙手可热的明星现在都穿着蓝色牛仔裤而不穿戴"宝格丽"的好莱坞，该杂志的背后一刀进一步损害了伯顿夫妇的形象。

奥斯卡颁奖周以金球奖为开端，詹妮薇芙·布卓凭借安妮·博林的角色获得了金球奖最佳女主角奖。理查德听说她在发表获奖感言时"把她的表演归功于理查德·伯顿。他慷慨大方、友好体贴、乐于助人、机智风趣。慷慨大方是一个伟大的品质"。（布卓也获得了奥斯卡最佳女主角奖提名，但是没有获奖;《安妮的一千日》获得了最佳影片的提名，也没能获奖。）

即使这番话使伊丽莎白感到不舒服——毕竟，布卓曾经在银幕上跟她丈夫做爱，且取代伊丽莎白演了这个角色——但至少布卓的获奖也预示着理查德有可能获得奥斯卡奖。但是理查德没有想那么多，而是看着电视里转播的高尔夫球赛，同时还尝试着提高自己的台球技术，甚至试图学习西班牙语。这是他为了不去碰酒所做的努力。挺过这些没有酒的夜晚成为唯一能让他从奥斯卡奖中分心的事。

"整个世界都在取笑这个奖，但是每个演员都想获奖。"理查德写道。由于迫在眉睫的压迫感所带来的阴郁情绪，他特别提到："这是在每个演员的讣告中都会提到的东西……他们成就的总结。"作为一个努力不去考虑获奖机率的人，理查德还是像赌徒一样看了看提名名单。他深知观众在情感上喜欢约翰·韦恩，因为他在《大地惊雷》(*True Grit*，1969年版）里演了一个易怒的过气杀手。竞争最佳男主角的还有《午夜牛郎》中的强·沃特（Jon Voight）和达斯汀·霍夫曼，以及《万世师表》(*Goodbye, Mr. Chips*)中的彼得·奥图尔。他知道感情因素在奥斯卡奖的最终评选中会起很大作用，指出丽莎·明奈利（Liza Minnelli）很有可能凭借《何日卿再来》(*The Sterile Cuckoo*)而获奖，因为她的母亲、传奇影星朱迪·加兰在头一年刚刚去世。"我唯一的机会是我是肯尼迪—阿德莱·斯蒂文森（Kennedy-Adlai Stevenson）一派的，我是个鸽派。"他写道，"而韦恩是共和党员，是'无论对与不对，祖国第一！'的伯奇主义①分子的鹰派成员。好莱坞的艺术家群体通常都非常开明。"伯顿夫妇信任的约翰·斯普林格掌握着最新动向，他向他们汇报，事情很有可能如理查德所愿，因为很多人都认为理查德输给保罗·斯科菲尔德的时候是被人抢走了奥斯卡小金人。

那一天终于来到了。

当他们出现在多萝西·钱德勒剧院的时候，理查德以成功瘦身到169磅的体重穿着配有锦缎马甲的晚礼服，精神抖擞，他身边的伊丽莎白穿着伊迪丝·海德设计的礼服——一件下摆有褶皱的深蓝紫色雪纺绸低胸礼服。颁奖典礼跟往常一样持续的时间很长，最佳男主角奖在倒数第二个颁出。

---

① 指一种盲目的爱国主义。——译者注

当获得提名者的名字最终被大声宣读出来的时候，理查德正没精打采地坐在座位上，研究着一张纸，嘴唇在默默地动着，似乎在读着什么。坐在他旁边的人认为他可能是在记着《安妮的一千日》获得的奖项数量，也有可能是在背获奖感言，而事实上，他正在试图记住西班牙语中的一些不规则动词。

然而，最后，约翰·韦恩的名字被念了出来。

在电影界摸爬滚打了四十二年后，韦恩终于获得了他的第一个奥斯卡奖。在好莱坞的那个夜晚，喝醉的独眼牛仔击败了英格兰之王。四年前，另一个同样喝得醉醺醺的牛仔就在奥斯卡颁奖典礼上击败了理查德。当时，《柏林谍影》中的理查德输给了《女贼金丝猫》中的李·马文。

让伯顿夫妇更为痛苦的是，在理查德失利之后，紧接着，伊丽莎白还不得不上台颁发最佳影片奖。你能看到她脸上明显的失望之情，当她在热烈掌声中将最佳影片奖颁给《午夜牛郎》时，她的心真的很痛。《午夜牛郎》这部反英雄的影片意味着在《埃及艳后》之后，好莱坞及其电影业已经发生了非常巨大的变化。（这也是首部获得奥斯卡最佳影片奖的X级电影。）

接下来，伯顿夫妇还不得不忍受奥斯卡颁奖典礼之后举行的一系列常规庆祝活动，不得不在众人面前展现出他们最佳的一面。伯顿发现，如果用安定来代替酒的话，那么他就能戒酒。在一个派对上，伊丽莎白和理查德跟导演乔治·库克（George Cukor）、格里高利·派克（Gregory Peck）夫妇，以及《洛杉矶时报》的老板奥蒂斯·钱德勒（Otis Chandler）夫妇等人坐在一起。由于无法用烈酒浇灭自己的失望之情，于是理查德找伊丽莎白要了几粒"粉红色药片"。那是她为了缓解背痛经常服用的速可眠。药片似乎起作用了，帮助他度过了当晚最不走运的时刻。（理查德后来写道："它们无疑缓解了我的烦恼。当我下次被酒鬼们包围的时候，我还将用它们来代替安定。"）

接下来室内的气氛发生了变化。闪光灯亮个不停，许多摄影师聚集在伯顿夫妇周围，从各个角度给他们以及伊丽莎白的钻石拍照。理查德对此印象深刻，他暗自窃喜当晚的大赢家们被真正忽视了。"幻想自己是个大明星的芭芭拉·史翠珊（Barbra Streisand）彻底黯然失色了。"数以百计的人来到伯顿夫妇的桌前围观伊丽莎白，他们都对理查德被"打劫"表示同情。

伊丽莎白在理查德耳边悄悄说，所有这些人都说他们把票投给了理查德，"那么究竟是谁投票给了韦恩？"

当一切终于结束的时候，伯顿夫妇几乎无法走出房间。他们不得不向获奖者表示敬意，在摄影记者的夹道围攻之下落荒而逃，因为记者们想拍到伯顿夫妇的最后一张照片。他们的地位、他们的名声、他们的魅力、他们的传奇经历似乎都能冲刷掉失去奥斯卡奖的污点；似乎他们夫妇俩才是获奖者。他们的明星地位已经在当晚为他们重新获得了认可。

尽管如此，失去奥斯卡奖已经带来了苦涩的失落感。专栏作家利兹·史密斯相信，"在某种程度上，《安妮的一千日》是最后一击。他们俩都来到好莱坞，他们施加了自己的影响力，他们参加了金球奖午宴，伊丽莎白戴上了她的新戒指。为了让理查德能获奖，他们尽了一切努力。他们出席了奥斯卡颁奖典礼，伊丽莎白同意颁发最佳影片奖，伊迪丝·海德为她设计了服装。但是发生了什么呢？约翰·韦恩获奖了。伊丽莎白还不得不紧接着起身给《午夜牛郎》颁发最佳影片奖。你所能看到的不仅仅是她的愤怒，上帝才知道在酒店套房里等着她的是什么。"

在贝弗利山酒店，他们的房间里充满了朋友和祝福的人。当然，布鲁克·威廉姆斯也在，诺玛·海曼满脸泪珠地出现了，因为她说每个人都离开了她。甚至连喝得醉醺醺的约翰·韦恩也来了，为他赢了理查德而前来道歉。他把奥斯卡小金人放到了理查德的鼻子底下，说："你这个混蛋，你应该获奖，而不是我。"整晚都在跟喝酒的欲望做斗争的伯顿被韦恩呼出的酒气熏吐了。他们迫不及待地让他离开了。

伯顿后来在日记中写道："我又输了。我现在是奥斯卡奖历史上获得提名次数最多而从未获奖的男主角。"理查德酸溜溜地写着，称他至少因为某件事而出名了，在奥斯卡奖的历史上刻下了属于他自己的位置。正如利兹·史密斯观察到的："如果他当年获得了奥斯卡奖，那么在他眼中，他跟伊丽莎白的地位就平等了。伊丽莎白也可以松一口气，说：'好吧，他现在获奖了。我的任务完成了。'我一直觉得，在那个晚上，伊丽莎白就知道他们的婚姻走到了尽头。"

伯顿夫妇现在被卡在一个伟大的代际交替中。好莱坞老一代的电影人，也就是好莱坞电影工业的奠基者人们——正是他们把奖颁给了约翰·韦恩——仍然对伊丽莎白和理查德早年在罗马拍摄《埃及艳后》期间给好莱坞带来的"丑闻"愤愤不平。实际上，这一"丑闻"给好莱坞带来的震动与其在这个国家的其他地方带来的震动是一样的。理查德·伯顿仍然因其在罗马的出轨行为而在老一代好莱坞人当中名声败坏。这些人并不在意他们俩已经结婚且感情很好，也不关心在1962年至1966年间，他们俩一起拍的七部电影总共获得了超过两亿美元的总票房。因为尽管如此，理查德和伊丽莎白还是破坏了两桩婚姻，他们在拍摄《埃及艳后》期间哗众取宠的行为几乎让二十世纪福克斯公司遭到毁灭性地打击。对这帮老卫道士来说，这些都是不可饶恕的罪过。而对年轻一代来说，伯顿夫妇的行为又恰恰没那么严重。他们大手大脚的消费行为在嬉皮士时代看起来很受质疑。伯顿夫妇的生活方式和衣着打扮让他们想起他们的父母。查理·卓别林的儿子迈克尔不是写过一本叫做《我不能在我父亲草坪上抽大麻》（*I Couldn't Smoke the Grass on My Father's Lawn*）的书吗？老一代的好莱坞人不肯原谅他们，新一代的好莱坞人不在乎他们。难怪有一份报纸的大标题是"对伯顿夫妇来说，百万美元的传奇时代结束了"。

伊丽莎白敏锐地决定为奥斯卡奖的失利者举行一场派对，或许她是将其作为跟新一代好莱坞演员建立起联系的一种方式。她告诉理查德，归根结底，"他们比我们更难过"。理查德一直很欣赏伊丽莎白的幽默感，能轻易化解如此多的废话——媒体的敬意和恶意。因此他们全都来了——获奖者则不允许参加。那是一个欢乐之夜，除了伯顿之外的每个人都喝酒了。简·方达来了，径直奔向伯顿夫妇，跟他们谈了一个小时关于艾尔德里奇·克利弗（Eldridge Cleaver）、鲍比·西尔（Bobby Seale）和黑豹党（the

Black Panthers）①，离开的时候带走了6000美元捐款。当理查德和伊丽莎白最终回到房间时，已经将近晚上11点了。

伊丽莎白从派对一开始就在喝酒，还在电话里跟她母亲发生了争吵，理查德劝伊丽莎白在派对后再跟她母亲说话，但她没有心情听理查德告诉她应该怎么做。隔着房间的墙，理查德能听到伊丽莎白正跟萨拉·泰勒争论着什么，接着又是一通平常的电话，这意味着她们离和解不远了。

突然，伊丽莎白又开始流血。她坚持要请科内默医生来酒店，因此，医生在半夜里紧急赶来，不过在此之前血基本已经被止住了。伯顿在日记中写道，科内默"给她屁股包扎了一下，逗留了一个小时"。但是理查德当晚却没有对伊丽莎白进行细心看护。某些事情确实发生了变化。伊丽莎白的病情是非常真切的，而且通常很严重，但从她丈夫那里得到的同情却正在逐渐变少。理查德被伊丽莎白为了引起他的注意而大声哭喊搞得心烦意乱，这让他既感到害怕又感到沮丧。作为夫妻，他们之间的情况开始变得危险。随着伊丽莎白的满身伤病变得众所周知，理查德开始担心没人会再请她拍片了。

理查德陷入了另一种痛苦中。当他看到伊丽莎白喝酒的时候，就好像看到了镜子中的自己。他仍然在戒酒，但伊丽莎白没有跟他一起戒。现在，他独自一人在坚持。他们等不到回巴亚尔塔港了，虽然那里能给他们一种过平常生活的假象。理查德和伊丽莎白仍然在为成为"利兹和迪克"而付出代价。他们的传奇经历正在埋葬他们自己。没有什么比接下来的一次冒险——演一集《我是露西》（*Here's Lucy*）更能证明这一观点了。

1970年5月10日，伯顿夫妇飞回洛杉矶参加露西尔·鲍尔（Lucille Ball）的电视节目秀的彩排。这一集故事充分利用了最近成为媒体头条新闻的购买事件所带来的轰动效应——克虏伯钻石和"泰勒—伯顿"钻石。伯顿对出现在喜剧节目中感到非常兴奋。他的脑海里一直有着一个想法，那就是，也许拍电视情景剧是一条安全的、不错的谋生之道，因为现在他们在拍片时再也得不到百万美元的片酬了。即使这意味着要讽刺他们"利

---

① 美国二十世纪六十年代一个活跃的黑人左翼激进政党。前文提到的鲍比·西尔为其创始人之一，而艾尔德里奇·克利弗则为其早期领袖。——编者注

兹和迪克"的形象，那也无所谓了。然而，理查德对跟那个工作狂和偏执狂露西尔·鲍尔一起工作有点担忧。截至目前，伯顿已经戒酒了十个星期，这也许是他自16岁以后，第一次在没有酒的情况下进行工作。由于抽烟很厉害——差不多一天一百支——理查德的体重已经降到了160磅。他太瘦了，以至于伊丽莎白开玩笑地称他为"米亚"，声称跟他一起睡觉就像跟米亚·法罗睡在一起一样。

虽然伊丽莎白仍然受着病痛的折磨，而且决定在5月18日进行痔疮手术，但她还是同意出演。

剧情很简单：理查德为了避开疯狂的粉丝们化妆成了一个水暖工。露西没有认出化妆后的理查德，让他去修理水龙头。当理查德脱下身上穿的水暖工工作服后，露西在他口袋里发现了克虏伯钻石，这样才认出他来。露西试着戴了一下这枚戒指，但戒指戴上后就卡在她手指上摘不下来了。伊丽莎白原本将戴着这枚戒指出席当晚的一个新闻发布会，在此之前，伯顿发现了这一情况。由于戒指无法摘下来，于是，伊丽莎白出席新闻发布会的时候，露西一直站在她身后的帘子后面，把手伸出来向台下那些羡慕不已的记者们展示。由于伯顿夫妇的影响力，新闻发布会的拍摄现场挤满了货真价实的好莱坞资深记者，包括埃米·阿切尔（Army Archerd）、詹姆斯·培根（他曾在巴亚尔塔港的外景地采访过他们）和乔伊斯·哈伯（Joyce Haber）。

不幸的是，伯顿对跟露西尔·鲍尔一起工作的担心被证实了。对连一夜又一夜地演《哈姆雷特》都感到厌烦的伯顿来说，他无法理解露西尔节奏单一的工作是如何一个星期又一个星期，一直持续了十九年的。在一次彩排后，当露西尔轻轻拍了一下他和两个搭档的脑门时，伯顿吓了一跳。她把他们都叫到自己的化妆间里，教他们应该如何演这场戏。伯顿警告导演，如果露西尔敢那样对待他的妻子，她"将会亲自见证千万吨级的氢弹被引爆"。但是伊丽莎白成功地让自己保持着平静，像往常一样，非常职业。伯顿再一次对伊丽莎白强有力的舞台表现感到惊叹。观众热爱她，热爱那有着鲜明的伊丽莎白特点的一举一动，一颦一笑。理查德已经见证过两次伊丽莎白对现场观众的影响力——当他们在牛津大学一起演《浮士德博士》

时,"她像老虎钳一样紧紧抓住了观众",还有一次是六年前跟理查德一起在百老汇登台朗诵诗歌,她闪耀全场。

尽管彩排很恐怖,而且理查德对跟露西尔·鲍尔一起工作充满愤恨,这一集还是获得了某种程度上的成功,表明伯顿夫妇都有真正的喜剧天赋。这一集的收视率是《我是露西》这部漫长的系列剧中最高的一次,证明公众仍然被伯顿夫妇吸引着。伊丽莎白和理查德甚至考虑过回归戏剧表演——或许会演《麦克白》,这一念头已经在理查德的脑子里停留很久了。

1970年5月18日,伊丽莎白来到西达斯西奈医院做手术,这将是她那相对年轻的生命中第二十八次手术。科内默大夫和她的外科医生斯沃德罗大夫(Dr. Swerdlow)很担心伊丽莎白为了缓解持续的背痛而服用的速可眠的数量。他们都希望这将是她做的最后一次手术。手术非常成功,但是伊丽莎白的康复成了一个问题,因为医生试图帮她戒掉对止痛药的依赖,把2.5毫升的杜冷丁减少到很少一部分。在没有强效止痛剂的情况下,她不得不忍受手术后的疼痛。他们很快将杜冷丁换成了一种温和的止痛剂,希望能帮她戒掉对药物的依赖。泰勒的医生告诉伯顿,他们无法缓解泰勒在药物脱瘾过程中的痛苦,这让伯顿很难受。

除了超级不适应住在医院以外——这点理查德在任何情况下都难以忍受——伊丽莎白的隐私还不断被陌生人打扰。由于当时缺乏严密的安保措施,有时人们甚至能够信步走进她的房间盯着她看。一名声称代表"爱情部门"的妇女在试图接近伊丽莎白病床时被逮捕了。一名"嬉皮士"走进病房,说他仅仅只想"看一眼"伊丽莎白,但理查德把他扔了出去。后来,还有一次,当理查德在伊丽莎白病房的沙发上打盹时,有两个人拿着一个鸟笼进来,将其挂在墙上作为送给伊丽莎白的礼物。所有这一切都让人紧张不安,因为头一年刚刚在洛杉矶发生的查尔斯·曼森(Charles Manson)家族凶杀案[1]仍然让人记忆犹新。科内默医生开玩笑地称,抢劫在医院宽

---

[1] 1969年8月9日,一个名叫"曼森家族"的邪教组织头目查尔斯·曼森命令自己的支持者杀死了著名导演罗曼·波兰斯基的妻子、怀有八个月身孕的好莱坞明星莎朗·泰特和四位在她家度周末的朋友;8月10日,他们又杀死了居住在贝弗利山庄的利奥和罗丝玛丽-拉比安克夫妇,案件震惊全美。曼森和他那套邪恶哲学至今仍是美国某些反人类团体的精神图腾。——译者注

大的走廊里并不常见，却更加剧了这种恐怖气氛。当伊丽莎白不再需要接受药物注射治疗时，伯顿就说服医生让她回家休养。他们制定了周密的计划以避开那些窥探的眼睛，特别是摄影记者，以便能让她偷偷离开医院。由于当时电影工业正在经历一场翻天覆地的变化，制片经费枯竭，在这种情况下，伊丽莎白坐轮椅的照片登在头版很可能对任何将来的拍摄计划造成"寒蝉效应"。

他们在弗兰克·辛纳特拉位于棕榈泉的家中休养，伯顿称那里"无论是在形状上还是在创意上，都是一个超级汽车旅馆"。伊丽莎白很喜欢这个俏皮的歌手，一直有个从未被证实的传言称他们俩早年曾经有过一腿。当弗兰克·辛纳特拉退出《人间游戏》时，伊丽莎白曾经很失望。事实上，他们从未一起演过电影。他们上一次出现在一间屋子里，还要追溯到三月份，理查德当时对伊丽莎白向辛纳特拉"暗送秋波"感到十分嫉妒。如果辛纳特拉没有勾引他的妻子，他同样会感到生气。他特别提到，他略微有一点优越感，那就是虽然辛纳特拉书房里塞满了书，却都是由餐厅经理迈克·罗曼诺夫（Mike Romanov）①挑选的。

三个星期后，在120度的高温下，伊丽莎白手术刀口的一根缝合线裂开了，鲜血瞬间流满了卫生间的地板。伯顿火速将她送到沙漠医院，斯沃德罗大夫从洛杉矶赶来。"我一下老了10岁。"理查德在日记里写道。当伊丽莎白坐在轮椅里被推去再次接受手术时，她对理查德大喊："我爱你，理查德。"

"我也爱你，宝贝。"他答道。他渐渐明白伊丽莎白将不得不继续待在棕榈泉休养康复，而与此同时，他正在着手准备自己的下一部电影，该片已经于当年夏天在墨西哥的沙漠里开拍。

到目前为止，他已经戒酒三个月了。

理查德已经决定加盟环球公司出品的另一部硬派历史惊险故事片，战

---

① 好莱坞著名的餐厅经理和演员。在二十世纪四五十年代，他的罗曼诺夫餐厅广受好莱坞明星们的青睐。——编者注

争史诗《沙漠之狐隆美尔》(Raid on Rommel)。如果这类电影是唯一能挣钱的电影,如果他继续被奥斯卡奖冷落,为什么要演那些有风险的艺术片?为什么要演莎士比亚作品,或者是马洛甚至是田纳西·威廉斯的作品?因此,他同意参演这部哈里·塔特尔曼(Harry Tatelman)监制的作品,由于该片原本就打算在电视台播放,因此用了一些此前电影中的片段,如阿瑟·希勒(Arthur Hiller)四年前拍的《浴血狂沙》(Tobruk)。经验丰富的导演亨利·哈撒韦(Henry Hathaway)增加了影片的影响力,否则该片的卡司中甚至都没有能跟伯顿处于同一级别的明星。(具有讽刺意义的是,这位要求严格、脾气火爆的导演刚刚执导过《大地惊雷》,约翰·韦恩凭借该片中的表演赢得了奥斯卡奖。)伯顿在片中为他的弟子布鲁克·威廉姆斯谋得了一个小角色(上个月,当他们在参演《我是露西》时,布鲁克·威廉姆斯也在现场观众前演了一个角色)。由于演了《壮士雄风》和《沙漠之狐隆美尔》,伯顿现在变得更像是一名动作演员,但是,由于关节炎恶化以及颈部疼痛,他这位动作明星有时会行动不便。

《沙漠之狐隆美尔》在墨西哥沙漠里的圣·菲利佩拍摄了二十一天。这是伊丽莎白和理查德分开时间最长的一次,这也是理查德戒酒时间最长的一次。在伊丽莎白接受了两次痛苦的手术之后,理查德非常想念她。他通过写情书的方式来倾诉其对伊丽莎白的思念。这些情书有时诙谐、有时忧伤。

他在6月30日的情书中描述了沙漠里露出地面的岩石,提到他们的好朋友迈克·尼科尔斯正在附近的同一段沙漠里拍摄《第二十二条军规》(Catch-22),这是他自《灵欲春宵》以来执导的第三部电影。由于这两部影片都是关于战争的,伯顿指出,一些当地的墨西哥人会偷窃道具枪支弹药,并开枪驱赶他们。他用信笺打了一封长达三页的两倍行距的信,用了他称呼伊丽莎白的许多昵称中的一个:"亲爱的犹豫不决的小虾米"。他怂恿伊丽莎白来墨西哥看他,因为在那里"空气像葡萄酒一样"。

……我爱你,想你,比你能想得到的还要想你……毕竟,我们离棕榈泉只有100英里的距离……我住的汽车旅馆完全是封闭的，还有警察在站岗。一旦仅有的几个旅行者被劝离后，你就会被独自一人留下来……

现在是早晨7点整，我喝了两杯雀巢咖啡，我爱你那受伤的屁股……

我并不介意在这块或那块（露出地表的岩石）上建一座房子，并且住在这里——这里真的是惊人的美丽！气候很像棕榈泉，附近还有海……所以，你为什么不来看看我呢？我可以让你过得很愉快……我爱你。没有你，真是非常非常非常离奇古怪地让人乏味啊！

给你几百万个吻和拥抱。这里的床很大！

他没有告诉伊丽莎白的是，圣·菲利佩这座小城只有八百人，平均气温113度，只有两家像样的餐厅，整座小城只有不超过两三打床位能供游客居住，海水里有鲨鱼出没，现在还处于飓风季。伯顿非常兴奋地听到伊丽莎白说她感觉非常良好，能来看他。她是如此的想念理查德，以至于会看着他的袜子发呆。

7月9日，伊丽莎白飞往圣·菲利佩。她到达的时候伯顿正在拍片，躺在沙漠里看着天空，被吹得满嘴都是沙子。他睁开眯着的双眼看见伊丽莎白的飞机正从头顶上飞过，逐渐靠近了拍摄地。飞机上除了伊丽莎白之外，还有诺玛·海曼、丽莎、玛丽亚和凯特。后来，在他们的酒店套房内，理查德对凯特不冷不热的问候非常失望。他发现房间里超级热，因为他们没有开空调。理查德站在那里，满身灰尘，极其肮脏，脸上涂着化妆油，而伊丽莎白跳着进了房间，倒在他的胳膊里。那一晚，他们一起出去在城里两家餐厅之一的鲁本餐厅共进晚餐。但是，团聚的欢乐被伯顿默默生的闷气搞没了。伊丽莎白提起早些时候她打电话给马龙·白兰度，跟他在电话里聊了一个小时，伯顿发现自己很吃醋。当她告诉伯顿，白兰度在"密切关注"他时，他非常生气。

第二天早晨，伊丽莎白出现在片场。她在那里陪他待到了下午，使得全体演员和工作人员都精神振奋。每个人——从脾气火爆的亨利·哈撒韦到最底层的剧组工作人员——都对她的到来很高兴，他们都告诉理查德这是他们拍摄期间最高兴的一天。伊丽莎白一直都对剧组工作人员非常友善——她需要这些人把她拍得好看——但这是一片真情。良好的气氛持续了整个晚上，理查德和伊丽莎白最终回到酒店做爱。尽管伊丽莎白刚刚做了手术，炎热的天气也让人筋疲力尽，但他们找回了全部的旧日激情。她的出现和她的身体振奋了伯顿的"威尔士情绪"，他们好像刚刚相遇一样，因为伯顿是在完全清醒的情况下跟伊丽莎白做爱的。而令人惊奇的是，他所有的激情都回来了。沙漠里的高温使得一直困扰伯顿的囊肿性痤疮复发了，但是伊丽莎白完全不在乎，亲吻着他背上和肩膀上的脓疮。伊丽莎白在炎热的天气下总是楚楚动人，现在的她确实是容光焕发，他们俩狼吞虎咽地互相亲吻着——手、嘴唇、舌头。

伯顿一百四十天没喝酒了。

7月13日，伊丽莎白和孩子们回到了洛杉矶。

九天后，由于太想念伊丽莎白，理查德写了一页半纸的信给她，声称他在拍片时踢了吉普车的车门之后，担心"痛风会不会再次发作"（"脚仍然很酸痛，但不是痛风发作……"）。伊丽莎白刚刚丢掉了一只牙套，伯顿很同情她。在信的最后，他写道："我全部的爱。长时间以来，我都茶不思饭不想地思念你。我非常想要你，舍贝丝。——里奇。"

这时理查德已经决定参演一部即将在伦敦开拍的低成本惊悚片《恶人》(*Villain*)。他们计划乘坐超级酋长号火车前往芝加哥，再到纽约，然后乘伊丽莎白二世女王号游轮前往英国。他们还考虑过共同出演他们的第十部电影《奇男奇女奇情》(*Hammersmith Is Out*)。这是一部有关浮士德神话的喜剧，部分场景在精神病院拍摄。又是一部浮士德电影！制片人亚历克斯·卢卡斯（Alex Lucas）把剧本拿给伯顿看，他们讨论了在墨西哥拍摄全部影片的可能性，因为理查德已经喜欢上那里了。7月25日，他在给伊丽莎白的信中写道：

最亲爱的牙痛病人：

我今天也许能去看你，但是直到现在还不知道是否能去……吉姆告诉我说我们将在8月1日乘坐超级酋长号火车，8月6日乘坐伊丽莎白二世女王号，那么，你会带些什么样的书呢？你愿意跟我一起吃早餐，看着火车逐渐驶离堪萨斯州，进入伊利诺斯州吗？

（卢卡斯）把剧本拿来了。我们讨论了在墨西哥拍摄全部影片的可行性。可能性非常大，如果你考虑这样做的话……由于片中有一些豪宅里的戏，所以我们能使用阿卡普尔科的一些豪宅；由于片中有疯人院的戏，所以我们能使用任何一间大房子，在里面塞满床，在窗户上钉上几块木板，干得很起劲！

……

我非常非常非常爱你。希望很快能见到你……

又过了四天了……

里奇

第二天，7月26日，星期日，在早晨吃完炒腊肉，读了一会儿书之后，理查德又给伊丽莎白写信，鼓励她接演一部能够展现她自己风格并且当他在拍摄《恶人》时也能一起在伦敦拍摄的影片——该片由哥伦比亚公司根据艾德娜·奥布莱恩（Edna O'Brien）的小说《爱情你我他》（Zee & Co.）改编。"亲爱的远方的那个人，"他写道：

……当我不喝酒的时候，我很不擅社交。当你不在身边的时候，也毫无乐趣……我希望你的小牙现在不疼了……你愿意接拍这部电影吗？你爱我吗？你想成为一个懒惰的家伙，再也不工作了吗？一旦我停止喝酒，我就不喜欢工作。但是我们不能这么做。

他们还有另外一个原因要回到伦敦：伊丽莎白的大儿子小迈克尔·威尔丁将于10月在卡克斯顿大厅迎娶他的未婚妻贝丝·克拉特（Beth Clutter）。十八年前的1952年，伊丽莎白和迈克尔·威尔丁就是在卡克斯顿大厅举行了婚礼。

坐在超级酋长号火车上一路向东行驶，伊丽莎白和理查德终于有了一个难得的独处机会，这是一年多来的第一次。那是田园诗般的，他们很享受在快速行驶的火车上做爱的乐趣。伊丽莎白取笑着理查德的"新技术"，他坚持随着火车在铁轨上呼啸只简单地伴随着车身的摇摆和晃动而运动。虽然伊丽莎白的医生不希望她坐火车旅行，但是她显然已经从手术当中恢复过来了，他们很好地利用了这次机会。但是不愉快的种子也在火车上被种下了——四个月来，理查德第一次喝酒。

他在8月2日的日记里承认："忘掉那个要命的消息，昨天吃晚饭的时候，我喝了杰克丹尼威士忌、苏打水、两杯纳帕谷红酒。我感到自己太大胆了，而且喝下这些东西之后让我非常困，没有任何兴奋感或诸如此类的感觉。"几天后，他就着炒肝和熏肉喝光了一整瓶勃艮第葡萄酒。在他们穿过大西洋前往英国取回凯丽丝玛号，驶往波托菲诺的旅途中，伯顿重新开始酗酒了。

伯顿喝酒有很多原因：很明显，这是遗传自他父亲的基因，但是喝酒对伯顿来说也象征着一种他一直全身心信奉的大丈夫气概。这很像跟一个拳击手一起在拳台上，正如他的朋友专栏作家吉米·布雷斯林（Jimmy Breslin）曾经对他说的："别忘了你一直在斗争。斗争的对象就是酒。你在逃避，一直在逃避，但是总有一天，它会牢牢地钉住你，除非你万分小心。"这是家族遗传性的：有一些资料称，伯顿12岁的时候就开始喝酒了，跟伊丽莎白在一起后，他找到了一个理想的喝酒伴侣。他不需要为再次喝酒找借口。"我有一个坏消息，"伯顿写道，"我要喝酒了。还有一个好消息，我要喝酒了。"一段时期的抑郁或一段时期的欢乐，一次失败或一次胜利，无聊、旅行、空闲——这些都无所谓。危险的诱惑一直在那里等着他回来。

他在日记里写道："很想念昨天，因为我喝了一整天，多少有些烂醉如泥。"跟酒精如影相随的就是可怕的争吵——在凯丽丝玛号上的八名船员的围绕中，他们在每一件事上都有分歧，永远针锋相对。

眼见着他们天堂般的火车旅行如此快就变成了地狱，伯顿夫妇意识到当他们离开了那些助理在一起独处的时候，是他们最快乐的时光。"利兹和迪克"需要这些助理，但他们却困住了"理查德和伊丽莎白"。然而，独处是一件难以完成的事情——仅仅是从凯丽丝玛号上回到日内瓦就像是一次军事行动。他们需要找到港口停靠游艇，需要预订一架飞机。他们一到格施塔德，一架直升飞机就等在那里将他们载到位于瑞士山谷里的一家小酒店。在那里，他们受到了热烈欢迎，厨师也讨好般地吻了伊丽莎白的手，熟知他们晚餐需要些什么。在乘坐游轮、飞机和直升飞机抵达目的地之后，他们来到餐厅，其他所有客人都鼓掌欢迎他们。他们无法逃避自己的身份：世界上最著名的夫妻。

回到伦敦的多切斯特酒店后，伯顿夫妇为他们17岁的儿子将于10月6日举行的婚礼做着准备。从迈克尔这样的年纪看来他还完全是个孩子样，满头乌黑的直发松散地披在肩上。他参加婚礼时穿的是一件栗色天鹅绒外衣、喇叭裤和凉鞋，看起来像个嬉皮士。贝丝·克拉特穿着一条白色薄纱裙。她是一名海洋学家的女儿，迈克尔在夏威夷跟舅舅霍华德住的时候遇见了她。跟往常一样，伊丽莎白让新娘黯然失色——所有人的眼睛都在她身上。她穿着白色针织裤套装和长外套，而伯顿看起来非常威严，他的鬓角开始变得灰白，跟伊丽莎白一起穿过摄影记者的重重包围。

绝大多数父母都会反对自己的孩子在17岁时结婚。在动荡的二十世纪六十年代末，跟同时代的其他父母一样，在关于对孩子来说什么才是最好的这一点上，理查德和伊丽莎白持有不同观点。伊丽莎白对孩子有着近乎放纵的宽容。她说："他们很了不起。因为上帝知道，根据所有规则，我过的生活对于他们来说都应该是很要命的事。他们的生活起起伏伏，因为我们像吉普赛人一样四海为家。"她放纵孩子们，但是她很佩服他们能适应因父母而被大众所关注以及流浪般的生活。伯顿夫妇送给这对年轻的夫妻一辆美洲虎汽车、一张3.5万美元的支票和位于汉普斯特德的一栋价值4.37万美元的房子，紧挨着伯顿拥有的那栋乔治王朝时期的房子，但伯顿已经很少去那里住了。

迈克尔跟他的弟弟克里斯托弗一样，都遗传了他们母亲那吸引人的眼睛和让人印象深刻的肤色。作为一个男孩，他已经拥有了表演的天赋，能够背诵《仲夏夜之梦》(*A Midsummer Night's Dream*)里迫克的台词。伊丽莎白认为在她所有的孩子中，迈克尔是最有希望继承父母事业的一个。他在一些学费昂贵的寄宿学校里生活过，不过最终还是跟霍华德·泰勒一家生活在夏威夷。迈克尔对未来没有明确规划，似乎把时间都花在了抽烟和看漫画书上。伯顿眼见着所有这一切，迈克尔不想再继续上学让他困惑。（后来，当凯特·伯顿考入布朗大学学习俄罗斯语言文学的时候，伯顿非常自豪，在写给她的信里称她为"我最亲爱的'常春藤联盟'①小姐。"）在他看来，17岁的年龄结婚太小了，但是如果伊丽莎白高兴，他就会随他去。小迈克尔·威尔丁在公共场合就这一话题保持着沉默。

婚礼结束的几周后，贝丝和迈克尔·威尔丁声称贝丝怀孕了。38岁的伊丽莎白即将成为奶奶了——实际上，她对此非常高兴。

1970年11月10日，理查德45岁生日那天，在白金汉宫举行的仪式上，女王伊丽莎白二世授予伯顿大英帝国最优秀勋章中的司令勋章②。他想不出比这更令人失望的事情了。实际上，伊丽莎白想让他拒绝这一荣誉，因为他们都坚持要获得爵士头衔。由于理查德深爱的姐姐希丝参加了这一仪式，因此理查德不得不强颜欢笑。毕竟，他所一直追随着的吉尔古德和奥利弗已经被封为爵士了。而他们的好朋友诺埃尔·科沃德既被授予了大英帝国最优秀勋章，后来也被封为爵士。尽管正如伯顿后来在日记中发牢骚时说的，科沃德实际上已经把他的财产都转移到了瑞士银行的账户里。他认为自己之所以受到冷落，是因为他没有像吉尔古德和奥利弗那样一直在英国本土发展，而在英国之外生活的时间太长了。无论如何，他确实意识到，大英帝国最优秀勋章对一个从未有此追求的人来说是一项极大的荣誉。他"很高兴，因为这意味着我们不再声名狼藉，而是正式成为了上等人"。他还安慰自己说，毕竟爵士头衔或许不是那么遥不可及。

---

① "常春藤联盟"由美国东北部八所学校组合而成：布朗大学、哥伦比亚大学、康奈尔大学、达特茅斯学院、哈佛大学、宾夕法尼亚大学、普林斯顿大学、耶鲁大学。——译者注

② 或译为不列颠帝国勋章，由英王乔治五世于1917年6月4日创立。共设五种级别，分别为爵级大十字勋章、爵级司令勋章、司令勋章、官佐勋章、员佐勋章。只有获"爵级大十字勋章"和"爵级司令勋章"的英国或英联邦成员国公民才算取得骑士爵位，可以在他们的英文名前加上爵士头衔。理查德·伯顿只获得了"司令勋章"，所以下文才会说他和伊丽莎白·泰勒对此很失望。——译者注

在12月上旬，《纽约时报》的记者伯纳德·温特劳布（Bernard Weintraub）在布拉克内尔的外景地拜访了伯顿，那是伦敦西郊30英里远的地方，伯顿正在那里拍摄低成本的惊悚片《恶人》，他放弃了自己的百万美元片酬，只要求获得总票房的百分之一。伊丽莎白在伦敦的多切斯特酒店里，她打算跟《爱情你我他》的作者、爱尔兰作家艾德娜·奥布莱恩见面。

当温特劳布在布拉克内尔的林农酒店的酒吧里见到伯顿的时候，伯顿正患着感冒，喝着马提尼。他注意到45岁的伯顿仍然很强壮，"笼罩着无可争议的明星光环"。他告诉温特劳布，《恶人》中那个多愁善感、残酷成性的黑道人物是其第一次在大银幕上饰演如此"沉重"的角色，与他早年演过的国王和王子的角色大相径庭。他还特别指出，这一角色是个同性恋。

伯顿呷了一口酒，又毫无顾忌地对媒体公开表达他一直以来都对表演这一职业的不屑。"让一个四五十岁的人去掌握别人写的东西，并且其中的大多数内容都很糟糕，仅仅是为了挣一点钱，这看起来很荒谬。我不是一个有奉献精神的人，从来不是，虽然如此，我还是不得不继续表演……这是停不下来的。我想，这已经几乎没有什么挑战性了。我没有强迫自己演李尔王。麦克白呢？是的，我想成为麦克白。"

后来，在更衣拖车里采访伯顿时，温特劳布注意到，当伯顿点烟的时候，他的双手抖个不停，使得他看起来身体虚弱。他继续抱怨将表演作为职业这件事，指出："没有那么多好剧本奉献给热爱我们的人。"接着，他又呷了一口马提尼酒。

他告诉温特劳布："所有这一切都是他妈的有害无益。名声有害无益。钱也是。当然，别误会——我不想过穷日子。我不想再过从前那样的生活。再也不想！"

采访被伊丽莎白的电话打断了，伯顿的秘书吉姆·本顿通知他接电话。在跟伊丽莎白讲了两句之后，伯顿重新回来接受采访，叹息了一声。

他告诉温特劳布："她想让我早点回到多切斯特酒店，因为她正在跟艾德娜·奥布莱恩谈一个她想接演的剧本，但是她很害怕，非常害怕。她总是害怕见陌生人。"他还补充说，伊丽莎白想去参加在皇家阿尔伯特大厅举行的BS&T乐队的演唱会，但是伯顿担心她的安全。

"她他妈的怎么还敢去皇家阿尔伯特大厅？她需要有人保护。她还没吸取教训。"伯顿一脸诧异地摇着头说，"我们过去认为，或许有时候人们会停止围攻，或许在我们合法结婚之后，所有的胡言乱语都会停止。但是情况却变得更糟糕。伦敦还可以，这或许是最适合我们居住的城市。纽约也不错。但是罗马很糟糕，还有波士顿——在所有地方中，我们在波士顿受到的围攻是最严重的。"

伯顿服下一片感冒药，又点了一根烟。在采访中，他坦承了自己对所有的毒品有多么害怕和恐惧。"你抽过大麻吗？"他问，"我想我试过一次。它让我非常恐惧。我一直这样说。但是这千真万确。伊丽莎白和我是一对正在步入中年的老夫妻。"

他们还谈论了电影工业正在发生着哪些变化，伯顿非常清楚地意识到了这个事实，他还感慨地说出了他多次提出的退出电影圈的计划。但是有一件事使得他还要继续下去——实际上是两件事——他需要继续挣钱养活他的助理们和规模日益庞大的家庭，以及游艇和飞机，还要维持他和伊丽莎白奢侈的生活。也许，仅仅是也许，正如他告诉温特劳布的，"也许我正在接近我的鼎盛时期。"

第十三章 "蓝胡子"事件

"在我一生中,我想我总是在背地里为自己是一名演员而感到羞耻……"
——理查德·伯顿

"不要那些'蓝胡子'女郎。"
——伊丽莎白·泰勒

1971年,伊丽莎白最信任的密友迪克·汉利去世。当伊丽莎白跟迈克尔·托德结婚后,她就把汉利从路易斯·B·梅耶那里挖了过来。从那以后,汉利一直在打理她的家庭事务,细心照顾她。这是自两年前父亲去世后,伊丽莎白遇到的又一个沉重打击。特别是对伊丽莎白来说,汉利已经成了一个父亲般的人物。他曾当过梅耶的行政秘书,熟知制片厂系统内外的运作方式,是连接伊丽莎白过去的一座桥梁。令伊丽莎白感到宽慰的是,汉利和伯顿都能接受彼此,虽然有时候伯顿会开玩笑地抱怨称,他对伊丽莎白喜爱迪克·汉利感到吃醋。

伊丽莎白有一张著名的照片,拍摄于《哈姆雷特》纽约巡演的最后一场结束后举行的派对上,她站在菲利普·伯顿和迪克·汉利中间,满脸微笑地看着时年11岁的儿子迈克尔。在这张照片中,两个戴着眼镜的60多岁的老男人把伊丽莎白夹在中间。她已经亲眼见证了旧的片厂制度的消亡,现在,就在最近,好莱坞迎来了新一代的电影人,他们威胁要把伯顿夫妇扔到牧场里。伴随着汉利的去世，曾属于伊丽莎白的世界也一去不复返了。她陷入了陌生领域中。

在汉利的葬礼后，每个助理都升了一级。但是缺少了汉利对伯顿夫妇的事务井井有条的打理，夫妇俩那些值得信赖的老朋友更难接近他们了。他们变得更加孤单。连柯希尔也无法见到伯顿夫妇，他绝望地想跟伯顿取得联系："伯顿夫妇被秘书们保护起来了，而那些秘书们又被他们的秘书们保护着，一个人都不回信……我现在理解了为什么古代很多帝王的守卫都是聋哑人。"

由于刚刚在伦敦开拍《爱情你我他》，因此伊丽莎白无法飞回洛杉矶，但是她为在贝弗利山酒店举行的葬礼和古老的爱尔兰守灵仪式花费了巨资。她还送了一捧巨大的鲜花，上面插的卡片上写着几个简单的字："我永远爱你——伊丽莎白。"

《爱情你我他》将要拍摄十四周。伯顿一直陪着她——当伊丽莎白发现自己得像只鹰一样盯着他，并且对艾德娜·奥布莱恩特别吃醋的时候，这种陪伴就变得让她喜忧参半。奥布莱恩对伊丽莎白构成了双重威胁，因为她是一个红头发的爱尔兰美女，同时也是一位广受欢迎的小说作家。这部电影是关于三角恋的故事：伊丽莎白饰演的是一位试图挽回丈夫心的妻子名叫兹，而迈克尔·凯恩（Michael Caine）饰演的丈夫跟一个年轻的寡妇［柔弱的金发美女苏珊娜·约克（Susannah York）饰演］出轨了。为了达到挽回丈夫的目的，兹勾引了这个金发女郎。

甚至当伯顿夫妇不在一起拍电影的时候，他们俩的个人生活仍然在影片中有所反映，为导演和编剧的想象提供着素材。凯恩在片中演的是一个类似于理查德·伯顿的角色，并且剧本有多处都暗示这正是伯顿夫妇的婚姻。例如，他们那会突然爆发的、类似于乔治和玛莎那样的争吵。伊丽莎白的角色兹是一个声音沙哑、大嗓门、充满激情的人，用艾德娜·奥布莱恩的话说，是一个"无情的幸存者"。兹和她丈夫在口头上和肢体上发生着激烈冲突，言语极其难听。实际上，她的角色被媒体描述为另一个玛莎，戴着乱蓬蓬的假发，暴增的体重也有损形象。（虽然从影片的剧照中，你能看到伊丽莎白远没有那么胖，但是或许除了她年轻时那苗条得令人心碎的美丽之外，公众不能接受她的其他任何形象。她每多长一点体重都被人指指点点,说长道短。她也无法像普通女人那样让自己变老。)伊丽莎白继续在媒体面前为她跟伯顿之间的争吵辩解。她告诉《妇女家庭杂志》的记者:"我们俩都通过互相大喊大叫来发泄。但是这并不算什么。大喊大叫之后,我们俩都觉得好多了。这就是我们之所以争吵的原因……在发怒和动手之间还是有区别的。"

与通常一样,伊丽莎白带着助理们出现在片场。据迈克尔·凯恩所言,全体工作人员和演员都开玩笑地称,如果仅仅是她的那些助理们都买票去看电影的话,影片的票房也会大卖。迈克尔·凯恩后来说:"她身边的人让你觉得自己似乎是在跟自由女神一起工作。"她的出场锣鼓喧天,好像是女王屈尊来到了片场。在她抵达之前,信使们会飞快跑进来宣布她即将大驾光临。"她离开了酒店……她在片场……现在她在化妆……她已经化好妆了……她在做头发……她做好头发了……她在穿衣服……她已经穿好衣服出来了!"当她最终带着助理抵达片场时,抱着一大罐红玛丽鸡尾酒。她想跟她的搭档迈克尔·凯恩一起分享,递给他一杯酒,为即将开始的拍摄而干杯。尽管如此,凯恩还是对她的专业水平印象深刻,认为她是"我合作的演员当中,唯一一个从没说错过一句台词的人"。

凯恩在第一次见泰勒这个"活着的传奇"时很紧张,而在见理查德·伯顿时同样很紧张。曾有人警告过他,伯顿来到片场是为了监视他的,迈克尔·凯恩在当时被认为是大情圣——一个现实版的阿尔菲①。但是伯顿通常会在喝得大醉后整个下午都在伊丽莎白化妆间的长沙发上睡觉。温特劳布注意到他的手抖得愈发厉害了。有时由于手抖得太厉害,以至于伯顿担心这会使伊丽莎白难堪,在那些日子里,他就会离片场远远的。他在写于《爱情你我他》拍摄日程表背面的一封情书中称:

亲爱的傻瓜讨厌鬼:

我的手抖得如此厉害,这时候来片场的话,简直是要了我的

---

① 1966年,迈克尔·凯恩在影片《阿尔菲》(Alfie)中饰演男主人公阿尔菲。那是凭着自己英俊的长相和油嘴滑舌四处拈花惹草,跟不同女人鬼混的角色。迈克尔·凯恩凭借该片获得了1967年的金球奖和奥斯卡奖提名。——译者注

命。这里没有停电,我不冷,但是我的手仍然在颤抖。所以,今晚来这儿吧。恐怕我还要喝一次,但是在你到家之前不会再喝了。尽量早点回来吧,这样我们就能看卡修斯·克雷(Cassius Clay)①的比赛了……我爱你,很想见你,但是我不想让你难堪。我也需要用我颤抖的手做一些事情。这难道不好吗?

在情书的末尾处,他对她跟迈克尔·凯恩一起拍戏婉言警告道:

我爱你、想你,你是世界上最值得拥有的女人。记住,不要张嘴接吻,或是过分投入,诸如此类。否则,我在片场会不高兴,而某人就要吃苦头了。我爱你,我的小抽筋!——你的丈夫。

即使有理查德颤抖的手做前车之鉴,伊丽莎白似乎也没有表现出对酒精的恐惧。她自己仍然喝酒喝得很厉害,直到现在他们也不认为伯顿是个"酒鬼"。理查德后来对一个朋友说:"她并不是真的要鼓励我戒酒,但是后来她又抱怨我还在喝酒。"然而,伊丽莎白已经清楚地知道,理查德喝酒是因为他仍然沉浸在过去受的伤害和委屈之中。他在采访和工作中把自己过多地贡献给了公众。多年来,伊丽莎白"已经压抑了(她的)真情实感,担心其被大众知晓。多年来掩盖伤痛和保持镇静已经造成了很多伤疤",因此她喝酒是为了舒缓自己的情绪,正如理查德喝酒是为了麻醉自己一样。

尽管仍然在喝酒,伯顿夫妇还是投身于忙碌的拍片日程中,但是他们接下来演的四部电影,无论是单独演的还是一起演的,都没有明显区别,票房都很差。对理查德来说,还有一些施展伟大演技的机会以及获得一次奥斯卡奖提名的前景等在他面前。但是它们并不存在于他和伊丽莎白一起演的最后三部影片中。

自从《埃及艳后》以来,没有哪一行像电影业的变化那么大,并且他们接下来三部电影的投资都来自意想不到的地方。1971年开始于一个伯顿

---

① 即拳王阿里。——编者注

自己心甘情愿的工作，因为他回到了威尔士拍摄影片《牛奶树下》(*Under Milk Wood*)，那是狄兰·托马斯创作的抒情的"用声音来演绎戏剧"。这部伯顿向他的朋友和同乡致敬的作品由一家小公司泰门/阿尔特拉国际电影公司和他的经纪人休·弗兰奇联合出品。

这是一部小成本的艺术电影，但是仍有其可取之处：该片在伯顿的出生地拍摄外景。无论何时，只要伯顿觉得自己的生活即将偏离正常轨道，他都会回到威尔士。

当年1月，伯顿独自回到威尔士，跟小说家和历史学家安德鲁·辛克莱尔（Andrew Sinclair）见面，后者已经买下了《牛奶树下》的改编版权。这部广播剧在1954年首度向全世界播出时伯顿就曾经参与过。该片的预算很低——仅仅只有30万英镑——辛克莱尔邀请跟伯顿一起演过《雄霸天下》的老朋友彼得·奥图尔饰演船长，那是一位瞎眼的渔民，耳边始终萦绕着他淹死的手下的声音。伯顿将作为剧中的第一人称来叙述，描述威尔士一个虚构的小渔村"Llareggub"["屁事没有"（bugger all）这几个字反过来读，这是理查德和伊丽莎白都喜欢的一个小笑话]里几个村民一天的生活。伊丽莎白在里面演了一个小角色罗茜·普罗伯特，一个评论家厚脸皮地将其描述为"威尔士卖淫业历史上最有魅力的妓女"。跟在《浮士德博士》里一样，伊丽莎白将她的角色视为一段小品，所以不计报酬，不过他们的名字放在一起仍然具有魔力，因此他们俩的名字都出现在片名之前。其他演员还有格林尼丝·约翰斯（Glynis Johns）、薇薇安·麦钱特（Vivien Merchant）、希安·菲利普斯（Sian Philips，当时她已经嫁给了彼得·奥图尔）以及他们从《驯悍记》就结交的威尔士老朋友维克托·斯皮内蒂（也是理查德的同辈诗人）。

狄兰·托马斯是个诗人，这是理查德长久以来都梦寐以求的职业。伯顿跟他很有共鸣，以至于很多人认为托马斯在写《牛奶树下》时，脑海里浮现的是理查德那如泣如诉的声音："要从头说起：那是一个春天，在小镇上，夜晚没有月光，没有星星，伸手不见五指……"这部影片揭开了一个理查德过去十八年来一直保守的秘密。他对辛克莱尔承认，1953年秋天，狄兰·托马斯向他借200英镑，以使自己不用去美国开始朗读之旅——为生存而朗诵诗歌。虽然理查德当时是老维克剧院的一名演员,并不富有,但他本可以到处凑钱借给他。他觉得,正是他的拒绝才导致托马斯前往美国。正是在那次旅行中,托马斯在纽约的格林威治村的白马餐厅喝下了十八瓶纯威士忌,醉酒致死。像往常一样,伯顿很自责。

然而,拍摄初期独自一人在威尔士,身边没有伊丽莎白和助理的那些日子,确实是伯顿所需要的。这段时间让他得到了滋养。在他的整个一生中,他肯定会穿一点象征威尔士国旗的红色,还有,他从来不会在3月1日的圣·大卫日工作(圣·大卫是威尔士的守护圣人)。在探望他的一个姐姐时,他手里拿着一杯伏特加懒洋洋地躺在浴缸里,看着窗外晾在绳子上的洗好的衣服,再远处是威尔士的群山,在那里他能听见猫头鹰的叫声。

伯顿喜欢讲关于他父亲狄克·詹金斯的故事。这时他想起来,詹金斯以前常常在周六晚上坐在"矿工之臂"酒吧外。伯顿解释道:"在喝下几罐啤酒之后,他会用他那喝得晕乎乎的大眼睛注视着同伴,用威尔士语说着:'Pwy sy'n fel ni?'他们会回答:'Neb。'

"'Pwy sy'n fel fi?'

"'Neb'。"

翻译过来就是"谁像我们这样?没人像。谁像我这样?没人像。"伊丽莎白一直都很喜欢这个故事,因为这个故事同样适用于她自己和理查德。他们过去是,也将一直会是独一无二的。

或许理查德回到威尔士的原因之一是想找回一些他父亲的印迹,当理查德还跟希比尔在一起时,他父亲就已经去世了,现在只有关于他的趣闻轶事以及一大堆笑话。吉亚尼·博萨奇仍然作为他们的家庭摄影师跟伯顿夫妇四处旅行,他说他"从未听伯顿认真地谈起过他父亲"。在博萨奇看来,理查德"为他的兄弟姐妹们做了太多太多",但是却似乎一直在压抑着对生下他的那个男人的所有记忆。博萨奇认为这是难以理解的。"首先,他父亲无时无刻不在喝酒。即使在清醒的时候,他也颤抖得很厉害。肯定有一些东西遗传到了伯顿身上,但这一直是碰不得的话题。你从来都不能从他那里得到这方面的信息。一点都没有。这是为什么理查德把气都憋在心里的原因。"博萨奇相信,"他必须压抑自己。这种感觉将占据他的一生。"

拍摄这部抒情剧对伯顿来说是一件很快乐的事情,他很乐意教彼得·奥图尔如何才能准确地说这些台词,他还对伊丽莎白逼真的威尔士口音大为惊讶。她对狄兰·托马斯作品的演绎具有巨大吸引力,并且,看到伊丽莎白变成一个"威尔士妓女"肯定让理查德非常高兴,那是他年轻时做的春梦的主要对象。但是当这部影片在同年晚些时候上映时,却很少有人去看。评论家却一改过去在描述伯顿演的影片时习惯用的悲伤、冗长、不适合等字眼,转而称赞伯顿对狄兰·托马斯作品充满真情的上佳演绎。一位过去对伯顿从不客气的评论家朱迪思·克利斯特(Judith Crist)写道:"时下获赞的电影应该是《牛奶树下》……(伯顿的)威尔士嗓音在银幕上得到升华。"即使是同样不粉伯顿的宝琳·凯尔也在《纽约客》上撰文称她喜欢"仅仅是静静地坐在那听着……你就能感觉到演员的情感,能一起分享这种情感"。虽然这部影片不出所料票房很差,但伯顿很高兴他已经履行了自己的承诺,仿佛这让他在一定程度上还清了他对狄兰·托马斯,对诗歌,以及对生他养他的祖国,或许,也包括了对他父亲所欠的债。

如果说《牛奶树下》是伯顿心甘情愿拍的,那么黑色喜剧《奇男奇女奇情》就是一个错误选择了,虽然当时看起来这似乎是个好主意。毕竟,这部影片是浮士德神话的一个喜剧变奏,并且由最有文采、最幽默的彼得·乌斯蒂诺夫执导。他们可以在离巴亚尔塔港不远处的墨西哥的库埃纳瓦卡拍摄。这又是一部严格意义上的低成本电影,由一个房车生产商投资。年轻的博·布里奇斯(Beau Bridges)饰演的比利·布里德洛夫是一名精神病院的男护士,他被一名叫做汉默史密斯的犯过罪的精神病人引诱,这个人将布里德洛夫变成了一个有钱有势的人。伊丽莎白·泰勒饰演一名金发服务员吉米·琴·杰克逊,戏仿了她曾饰演过的马洛的《浮士德博士》中的特洛伊的海伦。彼得·乌斯蒂诺夫饰演了医院里的主任医生。

在签下布里奇斯之前,制片人曾考虑过罗伯特·雷德福,但是在看过他主演的《虎豹小霸王》(Butch Cassidy and the Sundance Kid)后,伯顿对他没留下什么印象。他在日记里写道:"久仰大名的雷德福让人失望,幸好他拒绝了《奇男奇女奇情》,因为他很沉闷无聊。我很容易就看明白了为什么他花了如此长时间才出名。"

事实证明，雷德福并不是如此糟糕，他很明智地拒绝了这一角色：该片是一个巨大的灾难。评论特别指出伯顿目光呆滞的眼神和不健康的外表。理查德的一名同事认为他不仅仅是饮酒过度，而且还吸食可卡因，在拍摄《恶人》的时候他沾过这玩意。然而，正如伯顿跟温特劳布所承认的那样，考虑到他害怕药物，吸食可卡因似乎不太可能。他并不喜欢为了戒酒而服用的安定，或者是偶尔服用的速可眠。相比起那些处方药或非处方药来说，他一直都更喜欢酒。

快年满40岁的伊丽莎白通常表现得极其倦怠，并且对理查德很恼怒。她也不来片场看他表演，虽然理查德一直都坚持去片场看伊丽莎白表演。他们似乎在媒体面前保持着对对方的恭维。梅尔文·布拉格称他们俩像"两个重量级冠军，互相打得筋疲力尽，却无法分开"。这将是他们一起拍的第十部电影，也是连续第五部失败之作——考虑到电影业面临的紧张状况，好莱坞的制片人是否还会再次在伯顿夫妇身上赌一把是很值得怀疑的。

伯顿夫妇确实正在跑一场没有尽头的马拉松。在拍摄《沙漠之狐隆美尔》期间，理查德在沙漠里曾经二十一天滴酒未沾，但接下来却卷土重来，给身边的每个人都造成了伤害。但是伯顿夫妇仍然在媒体面前互相称赞对方以及他们的婚姻（伊丽莎白告诉《妇女家庭杂志》："我跟理查德每一天都过得充满激情，甚至就好像我们还没有结婚呢。"），但是他们互相却不说爱对方的话了。如果有什么不同的话，那就是理查德开始害怕伊丽莎白会离开他了。

5月，《恶人》公映，绝大多数评论都认为该片很差劲。文森特·坎比（Vincent Canby）在《纽约时报》上问："究竟在理查德·伯顿身上发生了呢？"

坎比称这部影片为"他近来最无趣的一部烂片"，他还认为伯顿的表演"了无生气"，不屑一顾，然后继续对伯顿二十一年的职业生涯进行了回顾。坎比仍持有老一套观念，认为伯顿在来美国演电影之前，就已经在伦敦的舞台上达到了其作为一名莎士比亚戏剧演员的事业顶峰。在一番陈词滥调之外，他又加入了新的谴责：伯顿除了是一名旧派的电影明星以外什么都不是，跟伊丽莎白属于同一类，"更加属于沃尔特·温切尔（Walter

Winchell）① 的时代，而不属于我们的时代"。有人认为伯顿是一名被财富和名声毁掉的伟大天才，还有人认为一部诸如《恶人》这样的影片"是伯顿过去也原本就可能演的，没有人走上歪路，有的只不过是非凡的运气，比任何一个心智正常的人所能希望的都要好得多的运气"。坎比对这些观点都不屑一顾。

这是一个苛刻的评价，但具有讽刺意味的是，正处在黑暗时期的伯顿却很同意这一观点。一天，伊丽莎白和所有的孩子都聚在一起在凯丽丝玛号上观看《埃及艳后》，理查德在冷不丁进屋撞见之后，很快就出去了。他仍然无法勇敢面对自己在银幕上的形象。"我对自己的职业、过去、现在，或者是将来，对自己几乎所有的一切都缺乏兴趣。"他后来在日记里坦承：

> 在我一生中，我想我总是在背地里为自己是一名演员而感到羞耻，并且随着年龄的增长，愈发感觉到羞耻……自从二十世纪五十年代早期我来到好莱坞，媒体多年来一直在说同样的话——我是或者曾经可能是世界上最伟大的演员以及吉尔古德、奥利弗等人的接班人，但是我却挥霍了自己的才能，将自己"出卖"给了电影、酒精和女人。获得一个有趣的名声绝对不无聊，但无论如何都不真实。

或许那就是当伯顿接到劳伦斯·奥利弗爵士的一封信，信中给他提供了一个接手管理英国国家剧院的机会时，他写了一封长信回绝了这个邀请的原因。他的借口是"老伊顿人会在五个月内把我逼疯"。

伊丽莎白一直比理查德更能适应自己的电影和职业，也比他更加现实。第二天早晨吃早饭的时候，她跟理查德说起自从《埃及艳后》1963年首映后第一次再看这部电影的感受："你知道，它并没有那么糟糕。"

如果说酗酒、争吵、拍摄了无生气的电影占据了伯顿夫妇的生活的话，那么唯一看起来能让他们感到快乐的就是家庭。因此，当1971年8月26日，

---

① 美国报纸和广播新闻评论人，于1972年去世。——编者注

迈克尔和贝丝·克拉特·威尔丁夫妇的第一个孩子莱拉降生时，伊丽莎白成了"世界上最迷人的奶奶"，一切都——至少是暂时的——恢复了正常。

那时候伯顿夫妇已经摆脱了《牛奶树下》和《恶人》带来的令人失望的评论，他们正乘坐凯丽丝玛号环游地中海。当他们在蒙特卡洛得知孩子降生的消息时，马上赶回了伦敦。伊丽莎白出现在希思罗机场上，穿着白色的花边热裤和白色及膝的高筒靴，完全看不出是个当奶奶的人。她告诉一小群记者自己现在有多么高兴。"这是我和理查德想要而无法要的孩子。"她眉开眼笑地说。他们为迈克尔和贝丝在汉普斯特德买下了一座房子，位于理查德的房子隔壁，这样伊丽莎白就可以给这个新生的婴儿买各种各样的礼物，对其呵护无微不至。她很喜欢莱拉，为其买了迪奥的婴儿服装。她总是那么慷慨大方，也很欢迎贝丝，但是所有一切都发生得太快了，其乐融融之下问题开始浮现。

丝毫不奇怪，她那十几岁的儿子并不喜欢依靠母亲和继父的慷慨解囊生活下去。伊丽莎白已经给迈克尔找了一份工作，让他在《爱情你我他》的片场给博萨奇当助理。她和理查德还资助了这个年轻的小家庭，但是就像二十世纪七十年代早期的任何父母一样，当迈克尔将他在伦敦的家变成了类似于嬉皮士经常光顾的临时住所时，伯顿夫妇并不高兴。伯顿夫妇在他们房子的安保上花费了巨资，但是就在隔壁，各种各样的无家可归者正在进进出出。不久，迈克尔巧妙避开了父母给他的特殊待遇，带着贝丝和莱拉跑得远远的。他们离开了伦敦，加入了庞特鲁伊德的一个群居村。庞特鲁伊德是离庞什迪分不远的一个威尔士山区小城。理查德是否被迈克尔追寻他自己足迹的反常表现所感动呢，正相反，他可没有表现出这点来，而是勃然大怒。他完全感到莫名其妙，说："我努力往上爬，但是这个孩子正在试图爬下去。我不想干涉，但这仍然使我很抓狂。尤其是当我想到自己是如何爬出来的时候！"

伯顿对迈克尔很严厉，认为他没有真正意识到他母亲是个多么有天赋的演员，而误以为她的成功仅仅是由于美貌。除了古怪的脾气，45岁的伯顿开始遇到更多的健康问题——令人痛苦的痛风发作，手抖个不停，肩部和颈部的旧伤开始影响到手臂的活动。1971年7月，他写道："我的左手和手腕现在完全不听使唤……我昨晚很不舒服，床上最轻微的动静都能让我哼哼，像个痴呆一样。"不久以后，一位医生来给伊丽莎白做检查，理查德不让他检查自己的手臂。医生最终说服了伯顿服药，他给他开了止痛药，能够暂时缓解疼痛，但是伯顿很快就发现他的左手几乎无法抓住或捡起任何东西。

9月，伯顿夫妇前往南斯拉夫的杜布罗夫尼克，伯顿将在那里拍摄《苏捷斯卡战役》(*The Battle of Sutjeska*)一片，饰演铁托元帅，该片得到了南斯拉夫政府的资金支持。铁托本人曾在二战期间跟法西斯作战，很喜欢理查德演的关于二战的影片《壮士雄风》，他自以为理查德看起来很像他年轻时候。

理查德再一次被警告不要接拍这部电影。剧本长达250页，完全用塞尔维亚—克罗地亚语写成。但是伯顿崇拜真正的战争英雄，他想演这个角色。他也许已经意识到，如果他演历史上的伟人，那他就只能继续从事这一伟大的职业。但好莱坞是不会再投资了。

制片人尼古拉·波波维奇（Nikola Popovic）想为伊丽莎白安排一个小配角，但这一次她拒绝了。他们在杜布罗夫尼克停下来买了一些书放上游艇。跟通常一样，伊丽莎白出现在大街上时能吸引一大群人。他们乘坐的凯丽丝玛号停靠在杜布罗夫尼克南部的港口小城卡弗塔特，伯顿每天会乘坐军用直升飞机前往南斯拉夫山中拍摄外景，那里是二战期间铁托和两万名游击队员突破德国军队包围的战场。

铁托元帅邀请伯顿夫妇去他那富丽堂皇的官邸度周末，用他自己的林肯大陆汽车（那是萨格勒布市送给他的礼物）载着他们在他的庄园里兜风。虽然伯顿崇拜铁托，但是他很快就对整部电影以及铁托的陪伴都感到厌烦了，不仅仅是因为任何东西都必须通过翻译来过滤，在翻译开始之前，他们还必须听关于铁托和他妻子的冗长故事。或许和伟人在一起比演一位伟人更加无趣。他在日记里写道："事实上，如果不是因为伊丽莎白喜欢权力及其带来的所有荣耀的话，我会尽我所能撒腿就跑——无聊的压力是如此之大。"整部电影完成拍摄遥遥无期，经费短缺，不断地聘请及解雇编剧和导演。他自己大部分时间都在铁托的棚屋里坐着，喝着雀巢咖啡，试图看完尼尔·西蒙（Neil Simon）的剧本《华而不实的女士》（*The Gingerbread Lady*），伊丽莎白对这个剧本很感兴趣。虽然他想出去走走，但这不可能。更糟糕的是，每日乘坐直升飞机有时真是种折磨，他一度担心自己会在飞回凯丽丝玛号的路上一命呜呼。当他看见伊丽莎白躺在游艇床上看书时，灵光闪现，突然记起了威尔士诗人阿伦·刘易斯（Alun Lewis）诗中的句子："如果我要离开/亲爱的人儿/千万别说/他已经将我遗忘/而你还在切切等候/我在梦中的低低吟唱。"

说来也怪，伊丽莎白对理查德有一种不祥预感。一天，她陪理查德来到直升机停机坪，看着她的丈夫跟化妆师罗恩·伯克利和另一位助理登上飞机。她后来在写到关于此次事故时说："突然，我有一种不祥的感觉。"

"大家快下飞机。"她大喊。

他们疑惑地看着伊丽莎白。

"理查德，快下飞机，下来！"

他没有跟她争辩。他们上了另外一架直升飞机。后来，伯顿和他的化妆师回来时，"明显在发抖。"伊丽莎白回忆道。他们原打算搭乘的那架直升飞机在山谷中坠毁，机上所有人全部遇难。

这不是伊丽莎白第一次有这种预感。几年前，甚至在迪克·汉利和科内默大夫走进卧室告诉她迈克尔·托德因为乘坐的利兹号飞机撞上新墨西哥州的祖尼山而遇难之前，她就已经有预感了。在其好友、演员加里·库柏去世的前夜，伊丽莎白已经梦见他死于癌症，她醒来后在床边的纸巾盒上写下了当时的时间：凌晨12时25分，这实际上是第二天晚上加里·库柏去世的时间。

自始至终，伯顿夫妇、博萨奇和妻子克劳德，以及伊丽莎白的秘书雷蒙德都住在铁托元帅的官邸里，虽然伯顿通常更喜欢跟玛丽亚和丽莎一起躲在凯丽丝玛号上。伯顿特别指出，在五个大人当中，只有伊丽莎白仍在喝酒。他想再次戒酒，而成加仑地喝雀巢咖啡和茶。但是作为一位节俭的威尔士男人，理查德注意到他们酒水账单的数额非常巨大。他惊诧地发现，甚至当他们的游艇上带了绝大多数像皇冠伏特加和杰克丹尼这种南斯拉夫买不到的酒时，酒水单的数额仍然很大。他在日记中写道，在他们五个人当中，"只有伊丽莎白喝酒，但是她只喝船上自带的酒。我慢慢地尽我所能地不喝酒，并且保证只偶尔一天喝三瓶伏特加……但是不会连续喝两三天，也不会持续一两个星期。否则，我就将去见我那长眠的父亲了。"

在伊丽莎白身边，伯顿要想远离酒精非常困难，他正在感受到戒酒的压力和拍摄的无聊，并且注意到，由于没有工作，伊丽莎白似乎正陷入极度的无精打采之中。一天，当14岁的丽莎问他是否能收养拍片用的狗时，伯顿正在气头上，他说不，因为它会整晚冲着主人狂吠。

丽莎执意要，说："但它是你的狗。"

"别犯傻了，"他反驳道，"它不是我的狗，正如你不是我女儿一样。"

丽莎目瞪口呆，但是勇敢地回击道："那再好不过了。"伊丽莎白无意中听到了这些，吓了一跳。后来，理查德无休止地责备自己。"我想哭或者自刎。"他写道，因为他确实很爱他和伊丽莎白的这些孩子们，尤为喜欢精明可爱的小丽莎。但是他意识到，那些话已经对丽莎造成了伤害。

对理查德来说，最可怕的是，那些残酷的、不经过大脑的话是在他清醒的时候说出来的。他担心酒精已经扭曲了他的性格，更平添了几分与酒精做斗争的恐惧。

对于一个经常对自己职业表示出蔑视的人来说，伯顿从来没有停止工作。整个1971年，伊丽莎白继续在走下坡路，只拍了两部电影（《牛奶树下》里的一个小角色和在《奇男奇女奇情》里担任联合主演），而理查德拍了三部电影（《牛奶树下》《奇男奇女奇情》和《苏捷斯卡战役》）。10月，他还将演第四部电影，在《刺杀托洛茨基》(*The Assassination of Trotsky*)里饰演托洛茨基，那又是一部由约瑟夫·罗西导演的电影，再次票房惨败。实际上，该片的反响如此糟糕（当该片第二年在纽约电影节上于爱丽斯·杜莉厅放映时，甚至有人喝倒彩），以至于使63岁的罗西几近崩溃，他在位于西四十四号大街的亚冈昆酒店的套房里来回踱步，气喘吁吁地往嘴里喷哮喘药，非常想喝酒。在德克·博加德和马龙·白兰度都拒绝加盟该片之后，伯顿实际上是罗西的第三选择。罗西那混合了哈罗德·品特式的缄默以及风格化的、附庸风雅的作品有时候会使他的电影倾向于一种无意的戏仿，评论家们有机会大鸣大放了[《电影月报》

(*Monthly Film Bulletin*)将其比作《富贵浮云》]。尽管"罗西—伯顿"组合的效果不佳,但他们三人仍然是好朋友,理查德总是为罗西辩解,他认为罗西是一位很有天赋的导演。

虽然该片在墨西哥拍了一些外景,但绝大多数镜头还是在罗马摄影棚里搭建的托洛茨基的别墅中拍摄的。经过艰难的拍摄之后,伯顿回到凯丽丝玛号上,迈克尔、贝丝和莱拉·威尔丁前来看望理查德和伊丽莎白。伯顿夫妇都暂时停止了喝酒,理查德在日记里提到了伊丽莎白看起来多么美——重新恢复了苗条和健康——迈克尔一家跟他们待在一起让他们多么快乐。他写道:"实际上,停止喝酒让伊丽莎白发生了了不起的变化,她更有活力、更有精神、同时更加放松。她看起来甚至比此前更美。"他和伊丽莎白都非常喜欢莱拉,伊丽莎白非常溺爱这个可爱的快乐小宝贝。

但是到11月10日,他们清醒的田园诗生活结束了。为了庆祝自己的46岁生日,午后,伯顿为自己和伊丽莎白准备了很多马提尼。几天后,理查德写道:"伊丽莎白试图让我在午餐前喝一点马提尼,因为她自己想喝,又不想一个人喝……正如我不厌其烦地跟她解释的,我发现喝一杯根本不够。我觉得喝两三杯烈性酒才舒服,但是那意味着我又会逐渐成为酒鬼,我简直无法忍受回到那样的生活……"对伊丽莎白来说,她似乎并没有像理查德那样表现出受到酒精的不良影响。她可以跟理查德争吵,口吐脏字,但是从来不会冷酷无情。

伯顿夫妇回到伦敦后参加了两场重要的社交活动,这让理查德那脆弱的戒酒努力遭到了进一步的考验。第一个活动是12月2日,罗斯柴尔德夫妇在他们那广阔的庄园——位于塞纳—马恩省的费里耶尔古堡——举行的普鲁斯特舞会。所有参加的客人都被要求打扮成普鲁斯特[①]在《追忆似水年华》(*A la recherche du temps perdu*)里写的人物。让人印象深刻的请柬上

[①] 普鲁斯特(1871—1922),法国意识流派作家。他的小说中夹杂了大量的议论、联想、心理分析,过去、现在、未来可以在意识流中颠倒、交叠、相互渗透。《追忆似水年华》的创作始于1908年,到1922年他去世前匆匆写完最后一卷。——译者注

鼓吹这是一场"世纪舞会",为了与"美好时代"①相契合,要求女士们在头发上配戴珠宝,因此,毫无疑问,伊丽莎白需要亚历山大陪她一起出席。她装扮成普鲁斯特小说里巴黎上流社会的统治者之一盖尔芒特公爵夫人,除了她自己从宝格丽买来的翡翠钻石胸针之外,她还从梵克雅宝珠宝店借了一些珠宝,亚历山大巧妙地将其与她那精致的头巾搭配在一起。星光闪耀的来宾中包括前法国总统乔治·蓬皮杜(Georges Pompidou)、摩纳哥的格蕾丝王妃、温莎公爵夫人、奥黛丽·赫本、安迪·沃霍尔、已故肯尼迪总统的新闻秘书皮埃尔·塞林格(Pierre Salinger)、制片人山姆·斯皮格尔(Sam Spiegel)以及著名摄影师塞西尔·比顿(Cecil Beaton),他穿梭在宽阔的餐厅里给客人们拍照。其中一张照片上,伊丽莎白身着华服,佩戴的钻石和翡翠闪闪发光。女士们的身上佩戴了如此多的珠宝,以至于有一打警察在古堡外站岗。

在餐桌上,理查德努力自始至终滴酒不沾。他坐在法国电影导演路易·马勒(Louis Malle)的前妻、风情万种的安妮—玛丽·德肖(Anne-Marie Deschodt)身边,对面坐着安迪·沃霍尔。伊丽莎白则跟罗斯柴尔德男爵、摩纳哥王妃格蕾丝·凯利殿下和(已经有些"略微发福"的)温莎公爵夫人坐在主桌,玩得极其开心。

伯顿夫妇跟格蕾丝·凯利一起乘车从巴黎到法国乡村兜风,在奢华的庄园里占了两个客房。两个小时的车程被交通堵塞推迟了,他们还要绕道捎上格蕾丝王妃,路上一直都要听这位王妃殿下赞美伊朗国王的美德。出生于矿工家庭却具有贵族天赋的理查德在格蕾丝王妃面前经常感到别扭。他觉得她相当沉闷,放弃了自己在好莱坞的职业生涯而嫁给了贵族,是"明知自己处于错误位置"的一类人。

他们原计划于晚上21点10分从客房中下来,准备参加21点30分举行的晚宴,理查德总是很守时,他发现自己正在等着"我的姑娘们"跟他一

---

① "美好时代"是欧洲社会史上的一段时期,从十九世纪末开始,至第一次世界大战爆发而结束。这个时期被上流阶级认为是一个"黄金时代"。此时的欧洲处于一个相对和平的时期,随着资本主义及工业革命的发展,科学技术日新月异,欧洲的文化、艺术及生活方式等都在这个时期发展得日臻成熟。——译者注

起出席——"温莎公爵夫人和摩纳哥王妃,当然,还有我自己的'姑娘'。"但是跟往常一样,伊丽莎白迟到了(因为亚历山大的原因),他们直到22点30分才下来。由于他们是主客,因此晚宴也为他们而推迟了。

落座后,理查德称其为"一个多小时绝对痛苦的经历",因为他把所有倒给他的酒都递给了同桌的马勒夫人,包括香槟、拉菲白葡萄酒和一杯伊甘酒庄的副牌白葡萄酒①。他发现自己被桌子对面那个"形容枯槁的"男人吸引住了,他一头灰白的头发,但是没有睫毛或者眉毛。那个怪模样的男人斜靠在桌子上,问他:"我的伊丽莎白在哪里?"理查德朝罗斯柴尔德男爵的桌子那边指了指。那个男人叹了口气,显然对跟理查德而不是跟伊丽莎白同桌感到失望。别忘了,那个客人是安迪·沃霍尔,他用自己创作的令人惊叹的丝印肖像画强化了伊丽莎白的偶像地位。有一天,他会声明他宁愿化身成伊丽莎白·泰勒手上的一颗钻石。

坐在房间对面的伊丽莎白试图控制自己不笑出声来,因为温莎公爵夫人的头发上沾了一大堆羽毛,不时掉进汤里、酒里和冰激凌里,还飘到了主人的脸上。公爵显然对出席这样一个盛大舞会没有做好充分准备,但是公爵夫人邀请伊丽莎白和理查德在离开格施塔德之前来看他。

晚宴后,罗斯柴尔德男爵让伊丽莎白帮他摘下嘴唇上沾的胡子,那东西很不舒服。他们躲进宴会厅附近的一间洗手间里,男爵的一个仆人站在旁边看着。与此同时,客人们都在猜他和伊丽莎白在女厕所里是否实际上是为了"亲热一番"。

理查德注意到那些出身高贵、非常富有的客人们在整晚狂欢时,都在偷偷看着伊丽莎白和格蕾丝王妃,暗中窥视着她们的美貌,他非常自豪。说来奇怪,伊丽莎白并不认为她自己——也不认为格蕾丝·凯利——有多漂亮。她觉得如果太完美、太讲究、太刻意——"以至于你能感觉到这背后的虚荣"——就会使得美貌令人厌烦。她理想中的美女是诸如莱娜·霍恩和艾娃·加德纳那样的女人。

---

① 副牌酒兴起于二十世纪八十年代,是酒庄为保持头牌酒的水准,用较次的葡萄酿制而成的。——译者注

早晨7点音乐才最终停止,大多数盛装的狂欢者都喝得醉醺醺的。他们钻进汽车,需要面对早晨往巴黎方向拥堵的交通。

四天后,伯顿夫妇拜访了温莎公爵夫妇,参加了他们举行的一场晚宴,正如伯顿后来描述的,那里"有半打巴黎最完美的讨厌鬼"。他发现公爵夫妇气色不好,公爵健康状况欠佳,需要拄着拐杖行走,公爵夫人的记忆力也时好时坏。当晚最感人的部分是公爵夫妇回想起爱德华曾经是多么好的一位英国国王。这对上了年纪的老恋人现在看着他们的影子帝国逐渐消逝。他们的恋情举世闻名,曾经不惜冒着风险,也为此失去了很多。

伯顿夫妇作为好莱坞王室的统治时代也开始消逝,但是他们在欧洲仍然吃得开。

1972年1月,理查德和伊丽莎白乘坐私人飞机飞往布达佩斯,下榻于洲际酒店的总统套房内。理查德即将演自己的第四十部电影《蓝胡子》(*Bluebeard*),那是一部关于传说中曾杀死过七名妇女的连环杀手冯·瑟珀男爵的黑色喜剧。跟此前一样,他放弃了自己的片酬,要求利润分成(如果有的话),但是要求得到8万美元的生活费。在1968年票房排名前十位的影星当中,伊丽莎白位居末席,并且在1969年和1970年的票房排行榜上都没能上榜。伯顿已经开始接演那些甚至事先都没看过剧本的角色了。《蓝胡子》就属于这一类。

无论何时伯顿夫妇为了一部新片而定居某地,他们都要加强睡前锻炼,为即将开始的工作强身健体,这已经成了例行公事。伊丽莎白在锻炼期间一脸严肃,在跑步的时候双手分别抓住一边的乳房,理查德看到她这个样子都会忍不住笑出来。("它们很坚挺,"理查德写道,"更像是属于一个30岁的人,而不是40岁。它们非常大,因此而产生的起伏摇摆很奇怪,也让她感觉糟糕。这非常吸引眼球。")

与此前的三部电影一样,《蓝胡子》是一部"拼凑"起来的电影,由四个欧洲国家合拍,由"好莱坞十君子"之一的爱德华·迪麦特雷克(Edward Dmytryk)执导,他曾上过"黑名单",在监狱服刑了六个月,被迫在众议院非美活动委员会公开宣布放弃原来的信仰。爱德华·迪麦特雷克曾经在好莱坞有一个漫长的、体面的职业生涯,曾执导过硬汉侦探片《爱人谋杀》(*Murder, My Sweet*)［歌舞片明星迪克·鲍威尔（Dick Powell）在其中饰演侦探菲利普·马洛］，执导过亨弗莱·鲍嘉参演的《凯恩舰叛变》(*The Caine Mutiny*)，执导过马龙·白兰度和蒙哥马利·克利夫特参演的《百战雄狮》(*The Young Lions*)。他还曾于1957年执导过伊丽莎白和克利夫特参演的《战国佳人》(*Raintree*)。当时，在灾难性的车祸几乎毁掉克利夫特的脸之后，他被迫拍克利夫特周围的演员。但是在从艺将近五十五年后，他沦为了旧的制片厂制度下的B级片导演。伯顿对迪麦特雷克走下坡路的职业生涯轨迹感到可惜，但是迪麦特雷克却为理查德和伊丽莎白而倾倒。

《蓝胡子》有一系列问题。首先，布达佩斯的冬天并没有伯顿夫妇期待中浪漫的吉普赛人的氛围。冬天的布达佩斯是一座阴沉、黑暗、寒冷的城市。他们习惯了地中海的温暖和阳光。其次，更重要的是，伯顿将与"一堆世界级美女"演对手戏，她们饰演他的妻子和情妇，其中包括新的性感偶像拉蔻儿·薇芝（Raquel Welch），还有维尔娜·丽丝（Virna Lisi）、娜塔丽·德隆（Nathalie Delon）和年轻而顽皮的乔伊·希瑟顿（Joey Heatherton，她不太像是伯顿的搭档）。伊丽莎白对此相当警惕。她很肯定理查德在过去九年间一直对她很忠诚，实际上，他也的确忠于伊丽莎白。不仅仅因为他们彼此如胶似漆，而且当他们不同时演电影时，肯定会出现在对方拍片的现场和外景地。伊丽莎白的占有欲很强，最近两年来，她会一直在片场陪着理查德，因为她不想失去他。她深知理查德对女人的吸引力（她有时挖苦地称其为"迷人的查理"）。菲利普·伯顿特别指出过，即使在15岁的时候，理查德身边已经有一大堆女孩了，她们就像"追逐奶油的猫"一样围绕在他周围。在"伊丽莎白时代"之前，舞台剧演员塔米·格莱姆斯（Tammy Grimes）曾被理查德迷得神魂颠倒，称其为"一个天才"，他"让女人都觉得自己很美丽。他的表演具有如此强烈的悲剧品质……他是一个酒不离手的男人，想法瞬息万变，脾气暴躁。他喜怒无常，完全无法捉摸，总是魅力惊人、非常朴素、极端敏锐，是一个自命不凡的人，一个英俊的男人。"

伯顿师奶杀手的名声使得他特别适合演冯·瑟珀男爵，这个名字的字面意思是"猎艳杀手"。这是一个在一部装模作样的电影里的做作的角色：

当男爵的妻子们发现他性无能时，他用富有想象力的方式杀死了自己的每一个妻子，把她们的尸体冰冻在别墅里的一间秘密房间内。伯顿知道演这一角色"常常需要言不由衷。我试图记住那位大师——叫什么来着——文森特·普莱斯（Vincent Price）①是如何演这类角色的，一定是很可笑的一本正经"。在整部模拟哥特氛围的影片中，伯顿"弹奏管风琴，一只隼在四周飞来飞去，一只小猫会被杀死"（这让伊丽莎白感到不安）。文森特·普莱斯肯定对此非常在行。但是无论剧本多么糟糕，伯顿总是很职业。"如果他把自己卖掉，也绝对值那个价钱。"迪麦特雷克观察道。

为了增加票房吸引力，该片的投资人要求迪麦特雷克在片中加入一些裸体镜头，他照做了（试图拍得"优雅"）。许多美女在银幕上袒胸露乳，甚至理查德也被要求脱去衣服，不过这被他拒绝了。这是《柏林谍影》之后第一次，伊丽莎白对理查德的女搭档非常妒忌——对象不是性感的拉蔻儿·薇芝或是娇小迷人的金发女郎乔伊·希瑟顿，而是希比尔·丹宁（Sybil Danning）。她曾是《花花公子》的模特，在片中饰演一个半裸的妓女。伊丽莎白每天都来片场，坚信那个前模特在跟理查德演爱情戏时过于投入。伊丽莎白非常愤怒，据说在一次拍完后，她抬起手给了丹宁一巴掌。但是她真正嫉妒的是娜塔丽·德隆，她是大众情人、法国演员阿兰·德隆（Alain Delon）的前妻。

早在1964年，伊丽莎白就已经意识到她和理查德"都是情绪多变、嫉妒心强的人"。她承认自己嫉妒那些理查德过去征服的对象——她们人数众多——她也意识到理查德不会一直对她忠诚，甚至"在幸福的婚姻中，伴随着人到中年，生活中的一系列改变，男人们都围绕在年轻漂亮的女孩周围"。她后来觉得，如果——一旦——理查德有外遇，她就会"下定决心"做任何必要的事来挽回他们的婚姻。"我会像爱他一样爱他给我造成的伤害，"她相当受虐地写道，并且还称"我真的完全相信那样的情况永远都不会发生"。但是现在，在他们的婚姻中，第一次，这种情况即将发生。

---

① 一位以奸诈或虚伪的反面人物形象给观众留下深刻印象的美国演员，二十世纪五十年代经常出现在《蜡像馆》、《苍蝇》等恐怖片中。——编者注

更加让伊丽莎白心神不定的是，2月27日，她即将年满40岁。伟大的英国时尚摄影师诺曼·帕金森（Norman Parkinson）来为伊丽莎白遭遇的这一灾难性事件拍照：好莱坞女演员事业滑坡，又欲罢不能，同时开始步入中年，更年期在望。对伊丽莎白为数众多的粉丝们而言，他们是跟着这个美丽的童星一起成长的，也意味着向自己的青春年华做最后的告别。对伊丽莎白而言，这意味着向银幕女神的形象永别了。伊丽莎白曾说过，她很喜欢中年的皱纹和白发，但是当这一切已露端倪，她又不得不忧心如何才能把她那有名的英俊轻佻的丈夫紧紧拴在身边。

当理查德仔细打量着这些照片时，他再次被伊丽莎白的美貌迷住了，想起自己"曾经是如何爱上她的……好似被万有引力吸引住了一样"。但是他不喜欢自己的样子。"摄影师并没有把我照得看起来吸引人。"他在情人节那天的日记里写道，特别指出他很反感自己那稀疏的头发。"我从来不是——至少有大约二十年了——现在也绝不可能是那种迷人的类型。"为了纪念伊丽莎白的40岁生日，诺曼·帕金森的照片被公开发表了。照片上的伊丽莎白和理查德流露出忧郁的情绪，穿着相同款式的黑色皮草，克虏伯钻石在伊丽莎白手指上隐约闪现着，布达佩斯缥缈的灯光在他们身后摇曳。那确实是冬日里观察这对夫妇的一个角度，他们为了抵御严寒穿得很多。然而这张照片令人难忘，是伊丽莎白最喜欢的照片之一，直到今天仍然挂在她卧室里闪闪发光的椭圆形镜框内。

拍摄期间，尽管整个城市的氛围很忧郁、剧本很平庸、搭档很诱人，片场还有警惕的伊丽莎白，但伯顿一直都在努力戒酒。他为了庆祝伊丽莎白的40岁生日而召开了一场奢华的生日派对，更是对他戒酒的一次严峻考验。

跟《驯悍记》在多切斯特酒店首映时召开的盛大宴会一样，伯顿用飞机把他庞大的詹金斯家族从威尔士接来。请柬是以伊丽莎白的名义发出的电报：

> 在2月26日到27日那个周末，我们热忱欢迎你们来布达佩斯做客，跟我一起庆祝我的40岁生日。酒店跟希尔顿很类似，

理查德跟伊丽莎白的孩子们关系密切,他们还于1964年收养了玛丽亚·伯顿。从左至右为:丽莎·托德、小迈克尔·威尔丁、克里斯托弗·威尔丁和玛丽亚·伯顿。
(Bob Penn / Camera Press / Retna Ltd.)

格雷厄姆·格林的《孽海游龙》里的一个场景,他们再次饰演了一对偷情的恋人。理查德的片酬第一次超过伊丽莎白。
(Collection Pele / Stills / Gramma-Rapho)

（上）1967年，伯顿夫妇和孩子们在尼斯机场。伊丽莎白后来说："我们过着四海为家的生活。"他们很快就会买一架私人飞机。
（Globe Photos Inc.）

（左）1966年，伊丽莎白和理查德主演《浮士德博士》，为理查德钟爱的牛津大学戏剧学社登台演出。根据该戏改编的同名影片反响不佳，打消了伯顿亲自执导他和伊丽莎白参演的《麦克白》的念头。
（Terrance Spencer / Time Life Pictures / Getty Images）

1967年在"拯救威尼斯"化妆舞会上。伊丽莎白的头饰由亚历山大精心打造。在伯顿夫妇接下来的一部电影，约瑟夫·罗西的《富贵浮云》中，伊丽莎白戴的头饰与之类似。
（SSPL / Getty Images）

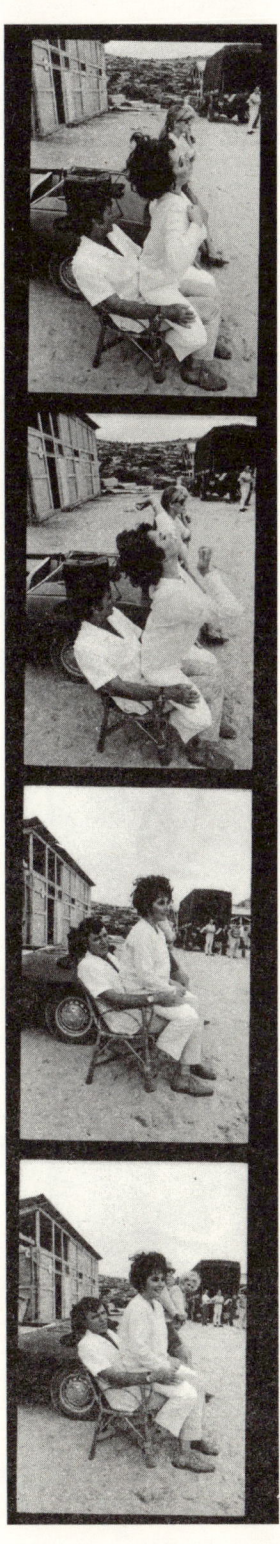

（左）在撒丁岛《富贵浮云》的片场休息，该片根据田纳西·威廉斯的话剧《牛奶车不再在此停留》改编。
（© Henry Grossman）

（上）在哥哥艾法去世后，理查德的酗酒越来越严重了。伊丽莎白则将成为第一个去贝蒂·福特康复中心寻求治疗的名人。该照片摄于1967年。
（A.P. Images）

（上）1967年9月29日，理查德和伊丽莎白在巴黎歌剧院。
（Keystone / Gamma-Rapho）

1967年11月11日，理查德、伊丽莎白和11岁的凯特·伯顿穿过纽约冬园剧院外拥挤的人群，参加一场日场演出。这是他们最近两年来第一次造访美国。
（Corbis）

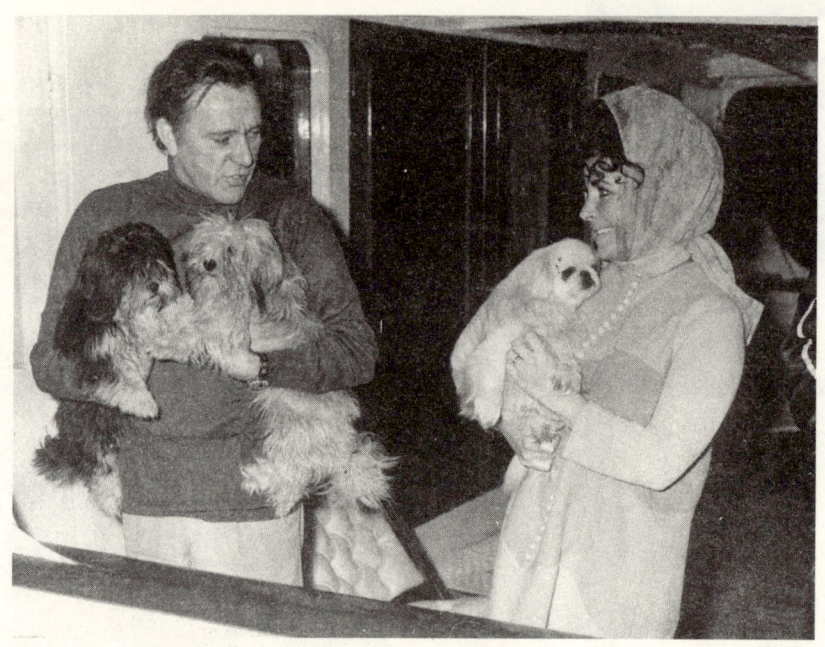

1968年2月，理查德和伊丽莎白在泰晤士河上的游艇里，他们租这艘游艇是为了他们的哈巴狗和约克夏犬，规避英国的隔离措施。他们的奢侈遭到了英国人的严厉批评。
（Bob Aylott / Keystone / Getty Images）

（上）1968年5月20日，伊丽莎白在展示33.19克拉的克房伯钻石，那是理查德送给她的礼物。她后来说："我曾经想过，如果有一个像我这样优秀的犹太女孩拥有它，那将是多么完美啊。"
（Express / Hulton Archive / Getty Images）

（右）1969年5月，理查德跟法裔加拿大女演员詹妮薇芙·布卓在《安妮的一千日》里。伊丽莎白被认为年纪太大而不适合演年轻的安妮·博林，但是伊丽莎白还是作为临时演员大放异彩。理查德因为饰演亨利八世再次获得奥斯卡奖提名。
（© Trinity Mirror / Mirropix / Alamy）

（左）如果说伊丽莎白对《安妮的一千日》里的布卓大吃干醋的话，那么理查德则对《人间游戏》里与伊丽莎白搭档的沃伦·比蒂万分警惕。
（20th Century Fox / mptvimages.com）

（上）1970年，理查德在伊丽莎白的这张照片上写下："她就像潮汐一样，来来去去。她跑向我，正如这张令人盛赞的照片中一样。在我贫穷的、饱受折磨的年少时光中，我一直都梦想这个女人。现在，当这个梦想偶尔重现时，我张开了手臂，她就在那里……在我身边。如果你没见过她，不知道她，你的生命中就失去了太多。"
(Courtesy of the University of Wisconsin Press)

（右）1970年3月13日，理查德和伊丽莎白在她母亲萨拉·泰勒位于贝尔艾尔的家中，接受《60分钟》节目的采访时中间休息。
(Photofest)

（左）伊丽莎白昂贵的貂皮大衣和她那百万美元的卡地亚钻石（也就是"伯顿—泰勒"钻石）引发了人们对他们奢侈生活的声讨。

（下）最终的家，在他们花费19.2万美元购买的奢侈的私人游艇凯丽丝玛号上，以他们的三个女儿凯特、丽莎和玛丽亚的名字重新命名。船上有十四间卧室和九名船员。

（左）伊丽莎白、理查德和他们的司机加斯顿·桑斯，跟温莎公爵夫妇在一起。"他们受到的媒体拷打使得我们看起来像是被切碎的鸡肝。"伊丽莎白在谈到温莎公爵夫妇时说。

（来自伊丽莎白·泰勒爵士的私人档案馆）

（左）伊丽莎白和理查德在岸上准备离开蒙特卡洛。二十世纪七十年代早期，伯顿夫妇乘坐凯丽丝玛号环游地中海。
（Keystone / Gamma-Rapho）

1970年9月14日，理查德、露西尔·鲍尔和伊丽莎白在《露西见伯顿夫妇》中，这是CBS的《我是露西》中的一集。理查德很讨厌跟这个露西尔·鲍尔一起工作，认为这是他表演生涯中最糟糕的时刻。
（CBS / Landov）

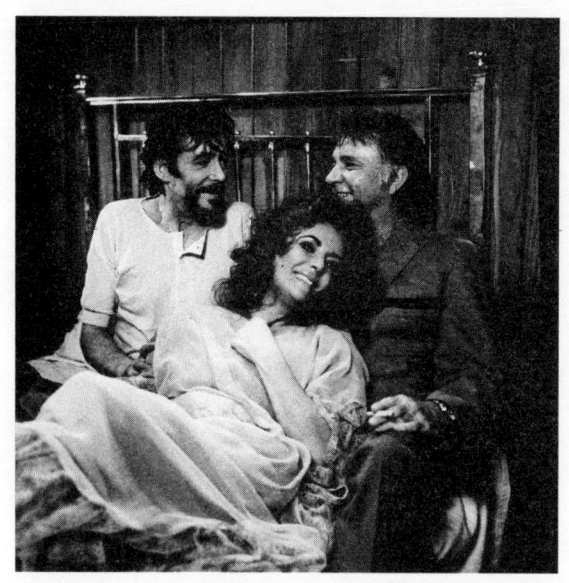

(上)伊丽莎白、理查德跟彼得·奥图尔(左一)一起在演狄兰·托马斯的《牛奶树下》。理查德心甘情愿演该片。他非常钦佩他的这位威尔士同乡和诗人。这也是伊丽莎白爱意满满的表白。
(Rex USA / BEImages)

(上)1972年在塞纳—马恩省的费里耶尔城堡,伊丽莎白和理查德化妆参加罗斯柴尔德男爵夫妇举办的普鲁斯特化妆舞会。
(Courtesy of the Cecil Beaton Studio Archive at Sotheby's)

(下)好莱坞王室:1971年8月,理查德旁边站着伊丽莎白和摩纳哥的格蕾丝王妃,在摩纳哥的红十字晚会上。
(Keystone / Hulton / Getty Images)

伊丽莎白怀疑理查德跟《蓝胡子》里的搭档娜塔丽·德隆有一腿,她命令:"让那个睡在我床上的女人滚出去!"该照片拍于《蓝胡子》片场,该片于1972年在布达佩斯拍摄。
(© Odile Montserrat / Sygma / Corbis)

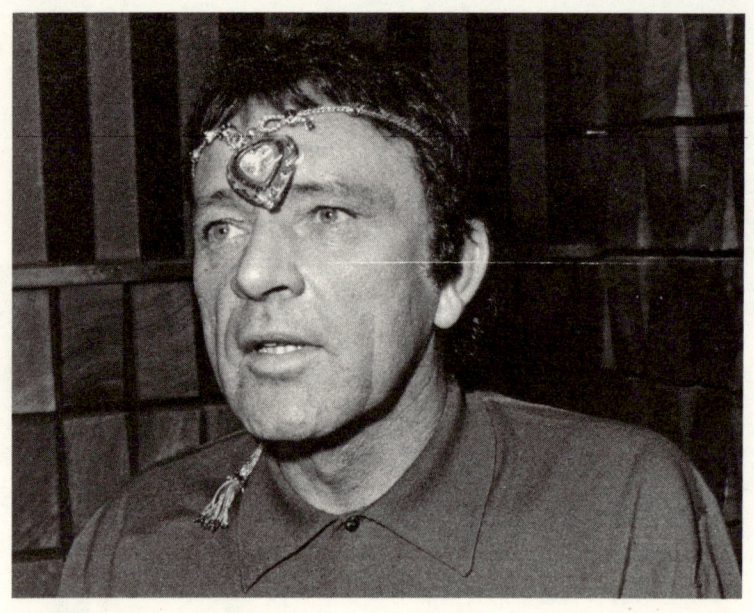

理查德买下泰姬陵钻石作为伊丽莎白40岁生日的礼物,试图修复二者的关系。他在布达佩斯的一场新闻发布会上展示了这颗钻石。伊丽莎白在多瑙河国际酒店开了场盛大的派对庆祝自己的40岁生日。
(A.P.Images)

在拍完《蓝胡子》之后,伯顿夫妇分手,伊丽莎白开始跟贝弗利山的公子哥儿亨利·温贝赫交往。理查德从来就没说对过他的名字。
(Friedrich Rauch / Camera Press / Retna Ltd.)

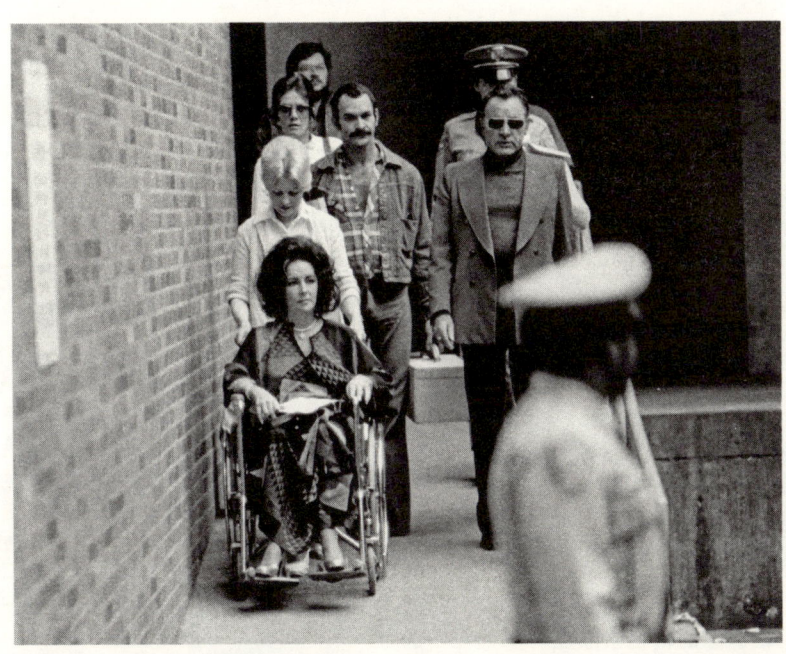

1973年12月,伊丽莎白在医院接受治疗,理查德从罗马飞往洛杉矶,取代亨利·温贝赫陪伴在她身边。1973年12月,伯顿夫妇被拍到正准备离开医院。
(© Tony Korody / Sygma / Corbis)

1972年11月，伊丽莎白和理查德在《缘尽情未了》中，这是他们拍的第一部电视电影，也是一起拍的最后一部电影。如同他们共同演的许多影片一样，该片也反映了他们的私生活。
（Courtesy of the University of Wisconsin Press）

（上）1974年，理查德跟重拍版的电视电影《相见恨晚》的搭档索菲亚·罗兰在一起。伊丽莎白担心理查德跟这个美丽的意大利女影星"行为不端"。
（Steve Wood / Express / Getty Images）

（下）头条新闻：1975年8月，伊丽莎白和理查德宣布复婚。
（John Frost Newspapers）

1975年10月10日,伊丽莎白和理查德在博茨瓦纳复婚。他们的第二次婚姻持续了不到十个月,于1976年7月29日结束。
(Argus / A.P.Images)

在第二次离婚后,1976年8月,理查德娶了前模特苏西·亨特。苏西让他戒了酒,但是她同时也使得理查德远离了朋友们。五年后,他们离婚。
(Popperfoto / Getty Images)

（右）伊丽莎白跟来自弗吉尼亚州的美国参议员约翰·华纳的婚姻持续了六年。这是她的第七次婚姻。在这六年间，她跟伯顿通过电话保持着密切联系。
图为：华纳、美国前总统杰拉尔德·福特和伊丽莎白。
（John Full / UPI / Landov）

（上）1982年2月28日，在伊丽莎白的50岁生日派对上，她跟理查德短暂相遇，他们乘车抵达伦敦的传奇夜总会。
（© Alan Davidson）

（左）1983年，伊丽莎白怂恿理查德跟她一起搭档演出诺埃尔·科沃德的《私生活》，商业上大获成功，但是评论反响糟糕。伊丽莎白说："每个人都买票来看装腔作势的'利兹和迪克秀'。我们就给他们想要的。"
（John Frost Newspapers）

在《私生活》巡演期间,理查德娶了他的年轻助理萨莉·海伊(左二)。伊丽莎白宣布与律师维克托·卢纳(右一)订婚,但他们最终没有结婚。
(© David McGough / Time Life Pictures / Getty Images)

(右)1984年8月,理查德生命中最爱的两个女人——抚养他长大的姐姐塞西莉亚·詹姆斯(左)和伊丽莎白——出席理查德·伯顿的悼念仪式。关于伊丽莎白,理查德写道:"我将爱她至死。"
(Mirrorpix)

1984年8月14日,伊丽莎白来瑞士日内瓦看望理查德,撑伞挡住自己,不让在墓地等候的记者们拍到。
(Graham Wood / Daily Mail / Rex / BEImages)

(右)1965年3月,在《哈姆雷特》演出结束后,伊丽莎白和理查德离开蒙特利尔的剧院去参加他们的婚宴。
(© Henry Grossman / 来自伊丽莎白·泰勒爵士的私人档案馆)

但是有一些有趣的地方值得一去。周六晚上在黑暗的酒窖里要穿长裤，而周日晚上则充满乐趣且赏心悦目。二者期间不会百无聊赖。深爱你们的伊丽莎白和理查德。

又，敬请尽快答复至布达佩斯的洲际大酒店，好让我知道要订多少间房。

他们邀请了摩纳哥、伦敦、巴黎和洛杉矶的两百名宾客，包括格蕾丝王妃、林戈·斯塔尔和他的妻子芭芭拉·巴赫（Barbara Bach）、迈克尔·凯恩和他的未婚妻夏奇拉·巴克什（Shakira Baksh）、约瑟夫和帕特里夏·罗西、卡地亚、宝格丽、亚历山大。伊丽莎白的前夫迈克尔·威尔丁和他的现任妻子、演员玛格丽特·莱顿（Margaret Leighton）也收到了邀请。为了取悦理查德，大卫·尼文以及英国诗人斯蒂芬·斯班德（Stephen Spender）也在受邀之列。

七个国家的大使都来给伊丽莎白捧场。伊丽莎白的母亲萨拉和哥哥霍华德也飞来了。出席的还有尼维尔·柯希尔和另一位牛津大学的教师弗朗西斯·华纳（Francis Warner），他借此机会授予理查德"名誉院士"称号，以使他能够在牛津大学的圣彼得学院教课。（伯顿非常激动："这是朝着文学博士迈出的坚实一步，这是我唯一真正渴望的荣誉。"）孩子们也来了——克里斯托弗·威尔丁和丽莎、玛丽亚，当然，仍然不认同他父母炫耀性挥霍的小迈克尔·威尔丁缺席了。他们原本还邀请了七位"蓝胡子女郎"中的其他六位，但是由于宾客名单太长，伊丽莎白把她们的名字划掉了（尽管如此，拉蔻儿·薇芝还是出席了）。

派对是理查德重申他对伊丽莎白誓言的一个机会，或许也是为了向她保证片场里那些关于他不忠的谣言仅仅只是谣言的机会。其他人会认为这个奢华的宴会是伊丽莎白让世界记住她的一种方式，表明虽然现在她的演艺生涯逐渐褪色，但是她仍然能控制国际媒体。她投入了巨大的热情来筹备这场宴会，造访了设计师拉里·巴彻（Larry Barcher）的私宅，将他从巴黎请来重新装饰洲际酒店，挂满了借来的名画和银器，将其变成一幢奢侈的公寓，以使得她那些更高贵的客人们会觉得像回到家一样。

记者们都涌向布达佩斯。他们来自各个地方——日本、印度、斯里兰卡、欧洲、美国。伯顿发现需要召开一个新闻发布会来安抚一下他们,他也确实这样做了,并展示了他给泰勒的新礼物:50克拉的心形"泰姬陵"钻石,镶嵌在一条用黄金和红宝石打造的项链上,价值35万英镑。

伊丽莎白知道她得到的是什么。她已经爱上了这条钻石项链背后的拜占庭式故事。1627年,这条项链由莫卧儿帝国皇帝沙·贾汗吉尔(Shah Jahangir)作为礼物送给了他的皇后努尔·贾汗(Nur Jahan)。努尔·贾汗后来又给了她的儿子沙贾汗(Shah Jahan)——他就是为了纪念他心爱的妻子蒙泰姬皇后(Queen Mumtaz)而建造了泰姬陵的那个皇帝。这颗黄色的钻石上用帕西语刻着一串铭文:"爱是永恒的。"有趣的是,这颗钻石是在伊丽莎白的生日之前,他们在肯尼迪机场中途逗留时购买的。当他们在等候下一班航班时,卡地亚接待了他们,将一大批珠宝带到机场供他们挑选。"泰姬陵"项链就在被挑选对象中间。理查德告诉伊丽莎白,如果有办法将其运到格施塔德,他就会为她买下"泰姬陵"项链,这让伊丽莎白非常高兴。

理查德独自出席了新闻发布会,他开玩笑地用项链遮住了前额,后来又把项链挂在了一个信步走进新闻发布会大厅的匈牙利男孩的脖子上。

宴会持续了两天。第一天晚上举行的鸡尾酒会上,理查德非常高兴地把11岁的玛丽亚引见给她的威尔士伯伯、叔叔和姑姑们。她现在已经出落得修长苗条,所有人都很高兴地用威尔士语对她评头品足。亲戚们被玛丽亚那酷似理查德女儿凯特的天真无邪的面容打动了。理查德租了一架英国的三叉戟飞机将他们接了过来。伯顿的一些亲戚,如他的哥哥凡尔登,此前从未坐过飞机。能坐飞机、从酒店卧室里就能看到多瑙河,以及能见到格蕾丝王妃(第二天晚上,王妃殿下在舞厅里领舞了一段康加舞),这些都让他们感慨不已。詹金斯家族的兄弟们送给他们一卷16毫米胶片拍的英国雄狮们的比赛集锦,那是威尔士橄榄球队在新西兰的胜利之旅,他们所有人都轮流观看、欢呼,伯顿也在他们中间("老天作证,他们真的很棒……")。

第二天晚上的舞会晚宴上,伯顿身着黑色夹克和白色高领套头衫亮相,而体重已经降到128磅的伊丽莎白穿了一件白色希腊长袍,头发上雍容华贵地插着白色仙客来花,"泰姬陵"钻石挂在脖子上,左手手指上得意地展示着克庑伯钻石。与理查德同桌的是他的姐姐希丝和格蕾丝王妃,还有斯蒂芬·斯班德和英国驻匈牙利大使。当人们在享用俄式炸鸡、水果沙拉,和一块点燃了四十根蜡烛的巧克力蛋糕时,几千只充满氢气的金色气球漂浮在他们头顶上。气球上挂满了白色丁香花和红色郁金香。香槟酒到处都是,供每个人享用,但是理查德没喝,他仍然在戒酒。

伊丽莎白坐在迈克尔·凯恩和美国驻匈牙利大使中间,对面是林戈和他的妻子。当客人们排队来欣赏她的戒指时,她正在讲笑话。但是"泰姬陵"项链吸引了绝大多数羡慕的眼光。值得赞扬的是,伊丽莎白将自己视为那些传奇珠宝的"保管人",在下一个主人拥有它们之前,她只是负责照看它们。她总是非常高兴将这些珠宝展示出来,甚至有人要求试戴的时候也会答应。她后来写道:"总有一天会有其他人拥有它们,我希望那个人也能跟我一样爱这些珠宝,用心呵护它们……我从来从来都没将这些珠宝视为战利品。我只是来保管它们、照料它们的。"

但不是每个人都在赞美。

埃姆林·威廉姆斯的儿子艾伦(布鲁克的弟弟)参加了第一天晚上的"酒窖舞会"。舞会在老杜马酒店的酒窖中举行,理查德让《蓝胡子》的布景师为地下酒窖里增加了一点蜘蛛网、发霉的瓶子和包装箱(希丝一度试图将它们打扫干净)。但是艾伦·威廉姆斯被这两天展示出来的奢华财富惊骇了,尤其是在一个社会主义国家。作为一个参加过1956年匈牙利革命的小说家和学生,他谴责伯顿在一个无产阶级国家里缺乏敏感性,这番话让伊丽莎白哭了。他是如此让人扫兴,以至于他们的黑带司机兼保镖加斯顿·桑斯将其开除。

匈牙利媒体也相当不满,当伯顿夫妇第一次抵达布达佩斯,花了一个小时从飞机上取下行李、数箱伏特加和波旁威士忌时,他们就开始惊愕了。他们没有意识到的是,对伯顿来说,花多少钱,以及如何花钱几乎不再是个问题。跟他对表演与日俱增的厌倦相伴随的,是他对金钱与日俱增的漫不经心。尽管如此,在两天的派对之后,理查德机智地化解了媒体的批评,承诺会将这次宴会的4.5万美元花费捐给联合国儿童基金会。

伊丽莎白对派对的每一分钟都难以忘怀。她喜欢礼物，习惯成为众人关注的中心，并且，她也需要把人们的注意力从关于伯顿身边"围满了世界级美女"以及关于他可能不忠的谣言上转移过来。私下里，她通常会说即使是跟理查德和她的孩子们一起住窝棚都会很高兴，但是世界需要"利兹和迪克"，而他们就是"利兹和迪克"。

最后，在伊丽莎白的生日派对几周以后，他们长期以来一直担心的消息终于来临了：1972年3月21日，艾法·詹金斯去世了。

理查德非常震惊。其实在他最后一次去看他那尊敬的哥哥时，艾法的样子已经使理查德希望他能早日解脱。1971年7月，理查德在日记中写道："艾法的生命快走到尽头了。死亡写满了他的脸庞。我昨天来看他的时候他都不认识我了。他几乎无法说话。他差不多已经死了。我希望他早日解脱。"在那天看望艾法回多切斯特酒店的路上，伊丽莎白一路都在啜泣。现在伯顿的愿望成真，他再次被内疚感淹没。在记下艾法的死讯之后，伯顿收起了日记本，此后八年间再也没有记下任何东西。

他们飞回英国，然后又回到威尔士，将艾法火化，随后参加了他的葬礼。艾法曾是能把詹金斯家族聚集在一起的人，"对我来说，他是最接近父亲的人。"理查德通常跟他弟弟格雷厄姆这样说。

伴随着艾法的去世，理查德来之不易的戒酒行动也宣告结束。在回到布达佩斯继续《蓝胡子》的拍摄时，他又开始喝酒了，再次自暴自弃，下定决心要毁掉自己，毁掉他跟伊丽莎白的生活，毁掉他日益恶化的健康状况，以及毁掉上帝赐予他的礼物：他的嗓音、他的才华、他的激情。

第十四章　缘尽情未了

"我将怀着巨大的激情和巨大的遗憾思念你。"
——理查德·伯顿

"或许我们太爱对方了……为我们祈祷吧。"
——伊丽莎白·泰勒

在参加完艾法的葬礼三天后,理查德回到布达佩斯,迪麦特雷克认为理查德整个变了一个人。现在,伯顿每天早晨都会喝一大杯兑橙汁的伏特加。当他出现在片场时,从劳斯莱斯汽车里下来走到化妆室的路上,鲍勃·威尔逊和加斯顿·桑斯不得不在两边搀扶着帮他站直。他只能工作几个小时,然后就会回到酒店,剩下的时间都用来喝酒。迪麦特雷克真的很喜欢伯顿夫妇,他对酒精给理查德造成的影响深感失望。他发现现在无论伯顿去那里身边都跟着威尔逊和桑斯,"理查德需要他们的保护,因为在喝醉的时候,他会变得很让人无法忍受,如果没有他们在身边,也许他会在什么地方让人干掉。"

在英国大使举行的一场官方晚宴上,理查德的崩溃变得特别明显。当晚的开场非常美妙,理查德为大使十几岁的儿子们背诵了狄兰·托马斯的诗。然而,一旦伯顿夫妇坐下来吃饭,理查德就安静得令人恐怖,拒绝碰任何食物。他整个晚上都在喝酒。一度,他盯着同桌瑞士大使的妻子,脱口而出:"你让我想起一只饥饿的秃鹫。"当大使试图打圆场时,伯顿对他说:"你们瑞士是个非常糟糕的地方。"

"理查德!"伊丽莎白已经受够了,厉声制止。伯顿让加斯顿开车将他送回酒店,而伊丽莎白则勇敢地留了下来,试图通过亲切地闲聊来挽回局面。第二天早晨,她又给大使夫人送花表达歉意。

理查德一度试图控制自己,意识到伊丽莎白对他在场内场外的行为感到厌烦了。他通常都会留一些小便条和书信给伊丽莎白,即使是他们在一起的时候也这样。1972年4月18日,他写道:

嗨,小糖块:

  我想我度过了最困难的时刻——不是用你想的那种方式,傻子——而是我这种方式!我只喝了三杯茶,我很抱歉像踩躏你一样踩躏了两根冷肠。我吃了一片安定和半片速可眠——我将在工作时把每种药都带上一片。为我留在这里。我不会离开你……我觉得非常奇怪,或许是因为戒酒的缘故。即使有点奇怪,那也是一段美妙的经历。你能相信你的丈夫回家时还能保持清醒吗?我自己都几乎无法相信,但是我会做到。这一次我是认真的。我身体里的那个讨厌鬼已经决定屈服,哭着喊"叔叔"。那么,读读我的日记吧,其中有一点点关于你的内容。我认为你可能想知道干你的时候是什么感觉。

  匆忙写就!

你的丈夫

但是他的戒酒尝试没有持续太长时间,他很快就又喝了起来。迪麦特雷克在其职业生涯中已经跟很多酒鬼合作过,其中就包括《战国佳人》里的蒙蒂·克利夫特。他回忆道:"斯宾塞·屈赛会定期喝酒,有时会节制几个月,随后的一两个星期他会变得抓狂和暴躁。克拉克·盖博(Clark Gable)在下午5点半之前是不喝酒的,因此你可以和他工作一天。"至于伯顿,他的导演"能看到他每一周都在变老。我们通过一些照明技巧来掩盖这一切"。

一天，伯顿两个14岁的女儿丽莎和凯特出现在他的化妆间，试图解决她们父亲的酗酒问题。她们恳求他不要再喝了。凯特后来责怪起她父亲的助理。他们似乎一直都等在后台或片场，手里拿着随时可以奉上的红玛丽鸡尾酒或者伏特加马提尼。伯顿的一个助理对凯特说："你对你父亲太没礼貌了。"但是她必须要这样做。她告诉父亲，如果他不停止喝酒，她就再也不想见他了。

但伯顿依然如故，无法停下。

在追溯往事时，迪麦特雷克认为伊丽莎白当时跟理查德喝得一样多，或者说几乎一样多，但是酒精似乎并没有像在伯顿身上一样在她身上起什么作用。他觉得"她在各方面都比理查德强壮"。然而，当大卫·弗罗斯特（David Frost）为《大卫·弗罗斯特秀》（*The David Frost Show*）而来到布达佩斯采访伯顿夫妇时，他们俩似乎都喝多了。采访在《蓝胡子》的片场进行，持续了两个小时。理查德谈了他的养父菲利普·伯顿，背诵了《圣经·旧约》里的篇章——令人惊讶的是，他的记忆力并没有受到酒精的影响。伊丽莎白戴上了她那著名的泰勒—伯顿钻石，以及她的小"乒乓球"钻石，谈了关于这两件珠宝的故事。

1972年3月20日和21日，弗罗斯特接连两天完整播出了采访内容，清楚地展示出了醉酒状态下的理查德和伊丽莎白。弗罗斯特曾是他们信任的人，跟理查德一起演过《一代情侣》（在片中，那个孩子气的电视节目主持人就是在演他自己），但是他没有刻意去剪辑伊丽莎白因为在整个采访过程中都在镜头外喝着杰克丹尼而造成的长时间的沉默和缓慢的语调。伊丽莎白后来承认她自己出了大洋相，但是伯顿对此并不在意。

但有些事真的让他受够了。艾法的死带来的悲伤和内疚让伯顿难以承受，他认为唯一的解决办法就是通过酒精来化解心中的痛苦。对伯顿来说，艾法代表着真正的父亲。他是伯顿唯一真正了解的人，他身上能体现出所有伯顿希望拥有的阳刚气和纯朴的美德。理查德觉得是自己的漫不经心才导致了艾法的瘫痪和离世。不像伊丽莎白，理查德从来不知道如何在公众场合隐藏自我，他将悲伤都写在脸上。这是伊丽莎白在理查德成名之后无法教会他的事情。她在1965年出版的自传《伊丽莎白·泰勒》中曾经解释过："我欠那些买票来看我演的电影的人一份情，我能报答的只有给出最好的表演。至于我自己的私生活是什么样，我只需要跟最亲密的人一起分享。"但是伯顿无法将自己的私生活和公众生活分开，最终被压力撕裂了。

对伯顿来说，在《蓝胡子》拍摄过程中一直都有七个半裸美女在跟他演激情戏，那几乎是连环画式的诱惑。当影片于当年8月公映时，理查德在银幕上看起来像一个机器人，坚忍地抵挡着她们扭动着的身体的魅力。但是在镜头外，他会跟搭档们调情，为此泰勒已经给了希比尔·丹宁一个响亮的耳光，因为她在跟伯顿演激情戏时太过投入。

为了缓和伊丽莎白对可能的婚外情的猜疑，理查德给她写了一封推心置腹的信，或许，其中有关于自己死亡的奇怪预感：

布达佩斯多瑙河酒店
亲爱的：
  我想我最好在一间小卧室里跟自己搏斗一下，也试着休息一下。如果你不时把脑袋——你那美丽的脑袋——伸进门里（当然，首先要打开门）看一眼我是不是还活着的话，我会万分感激。我知道我有时是一个可怕的骗子，但是请相信，无论是在言语上，或是在身体上，或是在精神上，我都从未背叛过你。我只不过是太爱你了。让我献殷勤或者被人献殷勤都太轻而易举了。这只是酒的问题。我的所作所为像个白痴一样。有一大堆人都想把我从你身边带走，但是唯一能把我从你身边赶走的人就是你自己。如果你离开我，那么，美女，我拒绝对自己负责。我将会像李尔王一样发疯。愿上帝保佑当时在场的任何人。我也许会杀了他们。再会了，我希望不超过几个小时。检查一下，以确定我没有跟讨厌的、可怕的马屁精们在一起。我并不是指拉蔻儿·薇芝或者娜塔丽·德隆……请再坚持十二年。当然，如果你想离开的话，我该怎么阻止你呢？你对我施加的任何伤害都是我应得的，只要你跟我在一起，我愿意承受这一切。

你的丈夫（我希望是）

但是在一次拍夜场戏时，理查德和娜塔丽·德隆却悄悄溜走了，当时他们正在排练一个二人走在街道上转过街角的场景。他们一离开人们的视线，就没再出现。他们溜到了伯顿的劳斯莱斯汽车里，迪麦特雷克和全体演员都在枯等着他们回来。当晚的拍摄不得不取消。第二天，理查德向迪麦特雷克书面道歉："亲爱的艾迪，请相信你昨晚看到的理查德不是真正的理查德·伯顿。"但是伤害却无可避免。

伊丽莎白听到这一消息时非常愤怒。她当时已飞往罗马，在那里为拍摄下一部电影《守夜》(*Night Watch*)做准备。5月6日，她在罗马的第一晚，跟曾与理查德一起竞拍过卡地亚钻石的奥纳西斯一起共进了一顿亲密晚餐，杰奎琳不在场。将近三十名狗仔队成员听到风声，埋伏在周围等着他们俩，将一场二人晚宴变成了一场众声喧哗。伊丽莎白独自一人逃回了酒店套房，但是她无法入睡。她知道有些事发生了——不仅仅是出自她的直觉，还有她的助理们向她汇报。凌晨5点，她打电话到洲际大酒店，要理查德"让那个睡在我床上的女人滚出去！"

在电话里，伊丽莎白迫使理查德坦白，在他们的八年婚姻中，他第一次违背了自己的誓言。理查德总是认为，唯一使这桩原本源于丑闻、背叛、通奸的婚姻合法化的途径就是对伊丽莎白完全忠诚。八年来，他一直都做到了。直至今天。

伊丽莎白回到伦敦，在那里，惊悚片《守夜》即将开拍。她饰演一名贵妇，穿着华伦天奴品牌的服装，满身珠光宝气，被劳伦斯·哈维饰演的丈夫逼疯了。劳伦斯·哈维是她的老朋友，二人曾合演过《青楼艳妓》。这对伊丽莎白来说将是一段艰难的时光，不仅仅是因为伯顿的不忠和酗酒，还因为劳伦斯·哈维显然生了重病。

理查德恳求伊丽莎白让他回家。她最终答应了，伯顿回到了多切斯特酒店。在那里，他继续与酒精做着斗争，同时正如他在一封信里建议的，他希望与伊丽莎白达成协议，使得她也能少喝酒，并且不再滥用药物。在多瑙河酒店的信笺上，他给伊丽莎白写道：

最亲爱的孩子：

回家的感觉多么好啊！谢谢你让我回来，但是就像乔治·华盛顿一样，我不会说谎，我的手抖得厉害，所以就喝了点啤酒。那玩意儿很糟糕，闻起来有点尿骚味，但是确实很管用。如果你真的像我一样感觉糟透了，我建议你试一下。看在上帝的份上，告诉我你不是被迫达成昨晚的协议的。既然酒精将你变成了一个魔鬼，那么就喝一点吧，但是请千万千万不要喝多了。我知道你无论如何都不会喝多。在3点到5点之间，当时间似乎彻底停滞了，干着急也没用。假如我曾经听到过，那也是狄伦式的台词。乔治·华盛顿·伯顿从不撒谎，我承认喝了第二杯，但是请别担心，我不会"再犯了"。实际上，在喝酒之前，我都无法刮脸。

最爱你的理查德
你的丈夫

关于刮脸：在我第一次尝试的时候，差点刮掉了一边眉毛。

在理查德送给她的大号蓝宝石戒指的帮助下，伊丽莎白试图抚平伤口。（据说，当她向一个朋友展示的时候，她说："这是给娜塔丽的。"）理查德还说服伊丽莎白周末跟他一起去维也纳，试图消除他跟娜塔丽·德隆的一夜情给伊丽莎白带来的持续伤害。他们下榻于维也纳歌剧院旁指环路上奢华的帝国酒店。当他们得知帝国酒店曾是希特勒最钟爱的酒店之一时，理查德要求住进这位元首曾经住过的套房。正如伊丽莎白曾经对一个"犹太女孩"最终拥有了克虏伯钻石而感到非常满足一样，理查德脱掉鞋，跳上床，大喊："这是生存对死亡的胜利！"在附近的广场上，卡尔亲王（Prince Karl）[①]那神情严峻的雕像正看着他们，用伯顿的话说，他们正在"做爱做的事"。

当他们回到伦敦，伯顿宣布他打算离开伦敦，接受在牛津大学讲授文

[①] 施瓦岑贝格亲王卡尔·菲利普（1771—1820），奥地利陆军元帅和外交家，曾在莱比锡会战中打败拿破仑的军队。——译者注

学课的邀请，而伊丽莎白则在拍《守夜》。对理查德而言，如果不是戏剧或者电影召唤他的话，他很有可能走上文学道路。没有高等学历却能在牛津大学教课，让他感到特别满足。

他们在牛津郡借了一所房子，伯顿在圣彼得学院讲了一学期课。丝毫不奇怪的是，他在那里是一名广受学生欢迎的教授。更早些时候，在1968年，当弗朗西斯·华纳第一次向他发出邀请时，他在日记里写道："英文带给我兴奋感，就如同和一位可爱的女人在一起的感觉一样……"他承诺会教导他的学生们"直到他们的鼻孔里能发出抑扬格的五音步诗①时。他们几乎不知道他们正在用人类发明的最伟大的语言交流、阅读、思考。我要让他们知道这个。"牛津大学也给了理查德一个尝试离开助理们生活的机会——其实伊丽莎白的助理比理查德的多得多。但是鲍勃·威尔逊、加斯顿·桑斯和罗恩·伯克利跟他们在一起更像是一家人。吉亚尼和克劳德·博萨奇也是一家人，迪克·汉利对伊丽莎白而言是父亲一样的人物。理查德需要吉姆·本顿，他帮理查德处理堆成山的信函。只要伊丽莎白和理查德还在拍电影，他们就需要经纪人休·弗兰奇、律师艾伦·弗罗施、聪明的公关人员约翰·斯普林格在身边。因此，离开这些助理比理查德希望的要难得多。毕竟，伊丽莎白习惯于别人对她整个生活的崇拜关注，她热衷于一大家子人热热闹闹地在一起。伯顿发现他喜欢且需要兄弟们的保护，即使现在艾法已经去世。威尔逊和桑斯填补了艾法的角色。

1972年11月，伯顿夫妇同意一起参演另一部影片《缘尽情未了》(*Divorce His Divorce Hers*)，该片分成两部分，是关于即将解体的婚姻的，这部影片将会再度让人联想起他们的私生活。该片由约翰·海曼制片，34岁的英印混血瓦利斯·侯赛因（Waris Hussein）执导，将在哈力克电视台首播。尽管相对年轻，侯赛因已经是当时英国顶级的电视电影导演之一

---

① 英语诗中某种重读与非重读音节的特殊性组合叫做音步。如果一个音步中有两个音节，前者为轻，后者为重，轻读是"抑"，重读是"扬"，一轻一重，故称抑扬格音步。若每行诗含有五个音步，则称五音步。英语中有大量的单词发音都是一轻一重，所以抑扬格很符合英语的发音规律。百分之九十的英文诗都是用抑扬格写成的。——译者注

[他凭借执导科幻电视系列剧《神秘博士》(Dr. Who)开始了其职业生涯]。由他来指导伯顿夫妇是一个妙招,他很兴奋能有这个机会。

四年前,伯顿已经同意加入哈力克勋爵(Lord Harlech)新成立的电视台的董事会,那是南威尔士成立的第一家电视台。伯顿的加入事实上奠定了这一冒险事业成功的基础。哈力克电视台(HTV)播出的第一个节目就是揭秘克疕伯钻石。伯顿为电视台捐款,同意为这一羽翼未丰的企业演一部电影,但是一直拖到现在。为了让伯顿履行诺言,约翰·海曼提出拍摄该片,同时让伊丽莎白一起出演。该片的几乎全部投资都来自海曼自己和纽约的美国广播公司,超过100万美元。即使伊丽莎白和理查德演的电影不再票房大卖,二十世纪七十年代的美国电视观众仍然渴望看到这对夫妇,他们曾经出现在《我是露西》中就已经证明了这一点。或许这一招仍然适用。

与《罗生门》(Rachômon)的风格一样,《缘尽情未了》通过丈夫和妻子的视点按时间顺序交替讲述了一桩离婚案。故事发生在罗马,该片也将会在罗马和慕尼黑拍摄(理查德曾经试图想让该片在墨西哥或法国南部拍摄,在那里他就能更接近卡萨金伯利或者凯丽丝玛号,但是没能成功)。《缘尽情未了》通常被称为艺术模仿现实的另一个案例,但实际上,它更像是艺术预言现实,因为当时伯顿夫妇正在非常努力地试图挽救他们的婚姻。

伯顿仍然像溺水者抓住最后一根救命稻草一样坚持戒酒,而伊丽莎白决定,给他们的关系带来新鲜空气的最好方式是再领养一个孩子。她向各种犹太收养机构打听,但一无所获。她甚至询问过铁托元帅那令人畏惧的妻子布罗兹夫人(Madame Broz),请她帮忙在南斯拉夫寻找一个孩子收养,但是布罗兹也没有为伊丽莎白和理查德找到合适的孩子。他们甚至还计划去越南带回一个美国军人和越南妇女生的战争孤儿,这些孩子通常被他们周围的人排斥,但同样没有成功。

《缘尽情未了》剧本的第一稿是约翰·奥斯本写的(根据他的早期戏剧《愤怒的回顾》改编的同名电影曾帮助伯顿成名),但是当伯顿夫妇声称他们不喜欢这一剧本时,奥斯本被解雇了。制片人重新聘请了一位作者,剧作家出身的电视剧编剧约翰·霍普金斯(John Hopkins)。由于其剧本的文学素养很高，霍普金斯在英国非常有名、备受推崇。他已经给英国电视台写过一些著名作品，包括另一部《罗生门》式的影片《与陌生人交谈》（Talking to a Stranger），该片从四个不同的家庭成员的视点出发讲述了一次事故，由年轻的朱迪·丹奇（Judi Dench）主演。

伯顿夫妇并不是都对这一作品很热心，但这是理查德向哈力克勋爵履行诺言的时候。电视台长期以来一直希望理查德和伊丽莎白能参与一部为他们量身打造的影片，将在英国商业电视台播出，然后会被卖到世界各地。《缘尽情未了》看起来刚好就是这种作品。

据瓦利斯·侯赛因回忆，该片跟传统的电视电影一样用四台摄影机拍摄，他们还计划在哈力克电视台总部所在地布里斯托尔拍摄，靠近浪漫的中世纪古城巴斯，伯顿夫妇将会在那里安家。HTV安排巴斯当地所有的五星级酒店都腾出最好的房间以供伯顿夫妇和他们的助理们下榻。万事俱备！

但是首先，伯顿夫妇想见见他们的导演，因此侯赛因被叫到汉普斯特德来跟理查德见面，而当时伊丽莎白正在伦敦拍摄《守夜》。对伊丽莎白来说，那是一次艰难的拍摄经历，因为她只能眼睁睁看着劳伦斯·哈维慢慢向癌症屈服，病魔最终会夺去他的生命。侯赛因记得他当时这样想："她命中注定总是跟即将走到生命尽头的演员或者因拍片而受伤的人一起工作。伊丽莎白整个人都被宿命色彩包围着。"

当导演出现在伯顿夫妇位于汉普斯特德的家门口时，理查德正等在那里。侯赛因被他如此的"迷人和冷静"迷住了，他"喝毕雷矿泉水的表演非常传神"。两个男人"打得火热"。侯赛因回忆道："他这个威尔士人和我这个印度人都被英格兰征服了。"侯赛因是剑桥人，他曾经为BBC执导的《亨利八世的六个妻子》（The Six Wives of Henry VIII）令伯顿印象深刻。

"我该怎么称呼你？"理查德问。理查德在陌生人面前有点下意识地放不开，如果能称呼对方的昵称的话，会让他放松一些。"我能叫你'瓦利斯托'吗？"

"随便。"

"但是永远不要称呼我'迪克'。"

侯赛因同意了，在那之后，他觉得理查德似乎接受了他。

然而，接下来的工作并不轻松，他将要去见伊丽莎白。

约翰·海曼开车带着这位导演去了伦敦的片场，伊丽莎白仍在那儿拍《守夜》。他很快就被带进伊丽莎白的化妆间。"一间大房子，四周到处都是薰衣草。"他回忆道。但是伊丽莎白当时并不在，侯赛因就在那等着。"那就像在电影里，因为我坐在那里很害怕。我所有的器官都僵住了。"

突然，他听到了"那个声音"，正如他后来描述的，听起来并不高兴。

"我甚至都不知道究竟是怎么回事！"那个声音抱怨道。"我从没读过剧本。他是个什么样的人？"那个声音问。

那个声音越来越近，门被打开了，伊丽莎白脸上笑得很灿烂地出现在门口。她穿了一件长袍，侯赛因回忆道："看起来非常有伊丽莎白·泰勒的范儿。"

她告诉导演："看，我只有几分钟。你能否给我介绍一下我需要做什么以及我为什么要这么做？"侯赛因开始给她讲述影片那错综复杂的故事情节，但是他看到伊丽莎白的目光开始呆滞。（侯赛因回忆道："这是一部非常复杂的作品，如果你试图在五分钟内解释清楚，那么它一开始听起来就像一场潜在的车祸。"）

"停停停，"伊丽莎白打断了他，"我从哪儿开始演？我的角色有多大年纪？"

"在剧本中，你是20岁出头和将近30岁的年纪，然后就会进入四五十岁。"

"哦，好吧……OK，亚历山大！"

突然，那个著名的巴黎发型师出现了，不知道从哪儿冒出来的。

"亚历山大，你听见他说的吗？我看起来要像20岁的人。现在，你看看能把我化妆成演《郎心似铁》时的样子吗？"

伊丽莎白报出了她拍摄过影片的名单，亚历山大在疯狂地记笔记。

"我现在要走了，"她告诉侯赛因，"但是亚历山大将会向你展示你不在的时候他设计的发型。"然后她快步走出了房间。

当亚历山大向导演展示他画的草图时，它们看起来似乎跟侯赛因即将执导的影片没有任何关系。他回忆道："那些都是精心设计的发型，你也许可以打扮成那样去参加一场舞会。除了知道片中故事的时间跨度很大以外，我认为她根本没有听懂我说过的那些话。"侯赛因后来在伊丽莎白的好友伊迪丝·海德设计的服装上碰到了类似问题。

当伊迪丝·海德穿着她那标志性的干练套装、戴着深蓝色眼镜加盟该片时，她警告侯赛因："我会按照你想要的来设计，但是你要知道，她对每一件东西都有否决权。"海德将她的设计送到伊丽莎白下榻的多切斯特酒店一周后，她拿一支红笔在每一处不喜欢的地方都作了记号，那就是，每一件衣服都有一个高领，掩盖住了理查德非常喜欢的胸部。她告诉导演她要穿她想穿的裙子，戴她想戴的珠宝，就从"漫游者"珍珠开始。

当侯赛因解释道她的角色不可能买得起诸如"漫游者"珍珠这样的东西时，伊丽莎白简单地回答道："好了，我要戴上它。"她告诉导演她知道观众想看见她是什么样子，包括她的那些珠宝。侯赛因开玩笑地告诉她，在影片中，每一次她弯腰吻孩子们时，她都会让他们晕倒。伊丽莎白大笑了一声，但她还是要戴上那些珠宝。

当侯赛因告诉伊丽莎白他们将会在布里斯托尔拍这部影片，"因为那里是哈力克电视台总部所在地"时，伊丽莎白问："你什么意思？什么电视台？"事到如今侯赛因觉得履行对哈力克电视台的义务这个主意对伊丽莎白来说根本是不合理的。她演这部电影是为了帮理查德的忙，但是当时——在娜塔丽·德隆事件之后——她并不想帮理查德任何忙。

"我们什么时候开拍？"伊丽莎白想知道，"有没有人算过我能在这个国家逗留多长时间而不交税？如果时间太长而要交税的话，我就不能留在这里了。我需要跟某些人谈谈。"如果她超出了每年能在英国逗留的最长时间，那么她和理查德就会欠英国政府200万英镑的补缴税款。

很快，侯赛因接到了约翰·海曼的电话："我们将不在英国拍摄。伊丽莎白对纳税状况并不满意。"

在罗马拍摄外景的计划也遇到了麻烦，在霍普金斯的剧本中，那对疏远的爱人是在罗马相识的。海曼和他的搭档能筹集全部资金的唯一办法就是跟一家德国公司达成协议，这意味着外景在罗马拍摄，但是片中的其他部分需要在慕尼黑的摄影棚里完成。

因此，1972年11月，理查德独自一人抵达罗马，因为伊丽莎白仍在拍《守夜》。他们拍了一个星期。理查德自始至终都滴酒未沾。用侯赛因的话说，他"绝对平易近人，非常配合。他只想知道他该怎么做。我认为这个男人非常棒"。

在一个星期即将结束的时候，他们在晚上沿着孔多蒂大街拍摄，那里有伯顿夫妇的诸多回忆。为了拍夜景，街的两边现在灯火通明，理查德走在街上，刚刚遇到了片中的妻子。对于刚发生的一切，他陷入了沉思。那场戏并不难拍——只需沿着孔多蒂大街漫步，摄影机则在一旁转动。伊丽莎白并没有如期抵达。

突然，远处一阵骚动：人声鼎沸，还有高音喇叭在响。随着一群人的出现，灯光闪烁。那是伊丽莎白。她已经于两天前抵达。跟往常一样，狗仔队突然出现，干扰了拍摄。

"现在，每个人都争着'搬一把椅子'、'帮她拿衣服'，问'你要来杯饮料吗？'"侯赛因回忆道，"以至于当我们平静下来，让她歇歇时，她说：'对不起打扰了。我只是想来看看进展顺利吗？'"

侯赛因和他的工作人员环顾四周。理查德在哪儿？他已经消失了。侯赛因让副导演去找他，他现在失踪了。

"有什么问题吗？"她问道。

"我们希望没有。"

"好吧。没问题，一切都很好。"她坐在椅子里，裹着大大的裘皮大衣，而此时工作人员正在寻找理查德。突然，他们看见了他。侯赛因记得："他正在街上漫步，像一个醉汉一样走着。"

侯赛因尽量拍完了他的镜头，所有人都回家去了，理查德和伊丽莎白一起离开。侯赛因相信："那只是刚刚开始。他喝得酩酊大醉。我无法说出为什么会发生这事，我只能说出已经发生了什么。我不能告诉你他生命中的悲剧，能告诉你的只有那浮士德式的协议。"

在拍摄过程中，伯顿夫妇的助理们似乎分成了两大阵营：理查德的助理和伊丽莎白的助理。侯赛因观察道："他们俩都有各自的食客。伊丽莎白有她的发型师和摄影师。理查德有他的发型师和化妆师。顺便说一句,他的化妆师想当导演,过去常常到理查德这里来打小报告。"

一天,理查德对侯赛因抱怨道:"我听说我在银幕上看起来像一座他妈的火山,我脸上的疤看起来像火山口。"

"什么?"

"特写镜头的时候。"

"理查德,我不这么认为。"侯赛因确信是理查德的化妆师罗恩·伯克利对他说的。

更糟糕的是,侯赛因觉得伊丽莎白从一开始就已经下定决心让他靠边站。在回顾这段经历时,他意识到他并不知道如何跟伊丽莎白相处。在拍摄期间,他一度问她:"你能否给我一些你曾经用过的暗示?"然后他开玩笑地建议:"也许你可以停下来擤擤鼻涕之类的。"

"我从不在银幕上擤鼻涕,我现在也不会这么做!"她答道。

"我不是这个意思,伊丽莎白!你能给我一些其他的暗示吗?"

这样,在"动作上",侯赛因回忆道,伊丽莎白朝摄影机走过来,玩弄着肩上的披肩,吻了一下摄影机镜头,说"拜拜",然后就走了。"那是我第一天跟她一起拍片,因此我知道我该站在哪儿了。"

在回忆中,侯赛因承认,在伊丽莎白看来,他很可能太礼貌、太顺从了。他知道她喜欢对付那些"不修边幅、有更强个性的"导演,诸如乔治·斯蒂文斯,抑或是乔·曼凯维奇,又或是约翰·休斯顿。但是,正如他自己描述的,对伊丽莎白·泰勒来说,他这个"有着英国口音的印度人"太寡言少语了。侯赛因认为:"或者,如果我一开始就充分弥补这一点并且不断改进的话,也许就能让她敞开心扉了。但现实是,我太沉默寡言了。"

在一次跟伯顿夫妇正式共进午餐时,瓦利斯·侯赛因忍不住注意到他们两人之间的言词看起来剑拔弩张。他被邀请到一个长长的白色餐厅,带着白手套的侍者上了四道菜和精心挑选的葡萄酒。他已经发现其他的导演们必须要面对的是什么了,"伯顿夫妇在拍片时,大部分时候午餐时间都能从中午一直持续到下午3点,如果他们还喝了很多酒的话,那么吃完饭后就什么都做不了了。每个人都等在那里准备继续拍摄,我们不能这么做。"他回忆道。

"如果你有幸能与他们共进一顿午餐，那真跟王室一样。一天，片场的电话铃响了：'瓦利斯，伯顿夫妇想让你跟他们一起吃午饭。'于是，我放下手头的所有事，赶往餐厅，那儿还有一名保镖。我必须表明我的身份，然后才能上楼。他们坐在一张长长的、坐满人的餐桌上正吃着，伊丽莎白头发上裹着一条毛巾，看起来美极了。"

侯赛因发自肺腑地欣赏理查德。他坐在他身边，告诉这个即将47岁的演员，他在老维克剧院看到他演的《哈姆雷特》时的感受。理查德突然放下酒杯，问："你看见我了吗？"

"是的，我看见了。我一个星期的时间都在恍恍惚惚地四处走动，因为我觉得你的表演太精彩了。我非常崇拜你。"

"这是别人跟我说过的最好听的话。"理查德接着开始讲了一些在老维克剧院表演的老故事。例如，有一次在开始表演前，为了让自己在舞台上放松，他穿着盔甲喝了许多酒。但是，然后，他跟伊丽莎白的目光交汇，就不再说了。

他说："我们不应该讲这个故事。毕竟，我们正在拍电影，我很感谢坐在那边的那位夫人在电影表演上给我的帮助。这是我的生活。她教会了我所知的一切。"所有人的目光都聚集在伊丽莎白身上。

"哦，理查德，求求你，别这么动情好不好。"她挖苦道，"我们都知道你在戏剧领域是一位多么伟大的演员。"

"不，不，"理查德说，"我们现在谈的是电影。"

"是的，我知道。但是瓦利斯刚才跟你说你演的哈姆雷特多么棒。我们不想听我如何教你在电影里表演。"

侯赛因回忆道，从那时开始，"现在是乔治和玛莎在对话。理查德提及他们曾收养了的一个生病的孩子，是当地病情最重的一个孩子，以及伊丽莎白如何选择了那个孩子，照顾那个孩子，使之恢复健康和活力。说到此处他眼里闪着泪光。'她是一个人所能遇见的最好的人，'理查德说，'我们的女儿玛丽亚。'但是很明显，他谈的是她们俩，关于伊丽莎白和她的女儿。"他试图将所有正面临分开危险的人和事都联系在一起。

在和娜塔丽·德隆的一夜情之后，伊丽莎白似乎对她丈夫的占有欲更强了。侯赛因说："我确实记得，她就是对他绝不放松。"理查德是"一个十足的男人，我的意思是他在各个方面都是个猛男，英俊而魅力十足，任何女人都想得到他。而她得到了他。这对她来说已经很难得了。我认为她并不是漠不关心"。在一个发生在一家意大利酒店的特殊场景中，理查德饰演的角色要走到电话机旁，而就在他身后是一群说着英语的女孩儿。不过，在即将开拍前，侯赛因的助手告诉他，这一场景中的所有女孩儿都必须离开。据侯赛因说，因为其中有一个女孩儿曾被邀请到理查德的化妆间，伊丽莎白当时正躲在化妆间的沙发后。据说她跳出来，挥舞着一个打破的伏特加酒瓶，一直将那个吓坏了的女孩儿追出了房间。导演被无条件地告知"不得有其他女人出现在片场"。

对崇拜理查德·伯顿的侯赛因来说，理查德的醉态简直令他心碎。看到一个有着如此超凡魅力并且依旧才华横溢的人逐渐颓废，对侯赛因震动很大。除了其他原因外，喝酒已经成了唤起理查德对艾法无尽回忆的一种方式。有一次来到《缘尽情未了》的片场时，理查德甚至无法在椅子上坐直，他的身体摇摆得如此厉害，以至于摄影师都无法跟焦。还有一次，在一长段对话中——这种场景以前他睡着都能演完——伊丽莎白耐心地坐在那里等着拍她的戏份。突然，理查德"从喉咙里发出了一个极为响亮而刺耳的声音。整个片场都在颤抖。所有人都呆住了"。理查德几乎是被人扛着回家的，只听见他在大喊："我本来可以成为李尔王。我本来可以成为李尔王！"吓坏了的侯赛因逃回了自己的办公室，当天剩下的时间一直都待在那里。

正如侯赛因后来观察到的，整个拍摄过程已经支离破碎。尽管遇到了棘手的难题，但是侯赛因仍然很同情伊丽莎白和理查德。他对伊丽莎白曾遭受的身体疼痛感同身受，能理解她曾多次走到了死亡的边缘，以及名声给她带来的巨大孤独感。然而，尽管他们夫妇二人不停争吵，理查德持续酗酒，他们俩之间却仍然情欲高涨。

理查德似乎拥有超人的体力。他们的爱情生活在酒精的滋养下明显蓬勃发展。正如理查德回忆的，当伊丽莎白躺在床上读书时，她的大腿从"他喜爱的蓝色睡衣"里瞬间伸到毯子外,那就意味着房门会砰的一声关上,他们俩将要做"爱做的事"。这让他们觉得好像回到了曾经是非法情人关系的时代,当时,他们的生活被"一种蔑视一切的勇气滋养着,在二十世纪六十年代这种勇气给予了他们亡命天涯的力量"。

但是,他们的关系不再非法,正如一个作家描述的,他们不再是"从制片厂和政府那里获得战利品的海盗"。理查德是否最终厌倦了穿着价值1000美元的西装跟在狗狗后面收拾它们的便便?是否厌倦了被人们嫉妒地围观?是否厌倦了被称作"伊丽莎白·泰勒先生"?而一如吉亚尼·博萨奇曾经观察到的那样,伊丽莎白是否最终受够了理查德的威尔士作息时间?是否受够了他的酗酒?是否受够了他们互相之间时而恶意的宣泄?

然而,正如伯顿写给泰勒的一封亲笔信中所揭示的,他们仍然保持着互相之间的性吸引力。在信中,伯顿感谢了泰勒在当年年末送给他自来水笔作为圣诞礼物:

> **12月27日**
> 我继续在用这支笔给你写信。你假装自己是一个普通人根本没有用。很明显,正如这支笔一样,你不是普通人。等等,我没有恶意,你在任何方面都跟一支笔没有可比性。然而,你确实如此,和这支美妙的笔一样,你能同时既轻且重……没有任何东西能跟你相比。你像这支笔一样重——你的屁股、乳房、平滑(优雅)的背部,如此的迷人。但是它们很重。钟摆(原文如此)[①]想要一座非常渴望拥有它的钟……如何才能看到一张清教徒式的脸慢慢显现出渴望的神情?如何才能看到这注视令它窒息,并且一点点、一点点、慢慢地变成所有男人都在他们的女人身上寻找的动物?既然我们在谈论钢笔和你,那么如何才能看到墨水由笔中挥洒而出……从神圣的肉体深处冲出来。顺便说一句,你下午是否能允许我干你一下?

[①] 原文为"pendulumed",伯顿在此处有个笔误,应为"pendulum",即"钟摆"。——译者注

此致（此时你已经进屋了）！

理查德·伯顿

当约翰·海曼在一个镜头都没看到的情况下就将《缘尽情未了》卖给美国广播公司的时候，该片刚刚勉强拍完。即使退居到电视屏幕，伯顿夫妇仍然应付自如，人们也仍然想看他们在一起演戏，或者至少ABC的主管这么认为。但据侯赛因描述，当当时还在ABC任职的巴里·迪勒（Barry Diller）最终看到完成片时，"他恨死这部电影了。"

与此同时，海曼还要为伯顿夫妇在酒店里的花费买单。据海曼回忆，四季酒店的损失是"天文数字……地毯、家具和镜子被损坏，房间里的动物粪便需要清理。简直像狗窝一样"。伯顿夫妇走后，四季酒店的员工们在地下室里举行了一个小型派对，庆祝这对夫妻终于离开了。"他们离开的时候，酒店的员工非常高兴。"海曼说，"他们曾经那么神经紧张地迎合着这对夫妇的每一个怪念头。"

1973年2月6日和7日，《缘尽情未了》终于在美国播出，"批评家们正拿着刀等在那里。"侯赛因说，那"是你一生中听到过的最糟糕的"评论。《时代》周刊称这部两段式的影片是"两次搭配得当的重磅灾难"；《好莱坞报道》将其描述为"对两个肤浅人物摇摇欲坠的婚姻的一次冗长无趣的研究"；通常对伯顿夫妇比较友好的《综艺》杂志写道，看这部电影时"包含了冷眼旁观尸体解剖时的所有满足感"。

今天很难来评论这部电影，因为可看到的影像声音质量很差，使得《缘尽情未了》犹如一部配音糟糕的外国电影。看来编剧霍普金斯好像喜欢将伯顿夫妇的真实生活纳入他的剧本中，一如他此前的许多同行所做的。泰勒的角色简·雷诺兹抱怨他们四海为家的生活，伯顿饰演的马丁·雷诺兹东奔西走非常频繁，"他在同一个地方待的时间从来不超过十分钟"。而马丁·雷诺兹抱怨道："我的一个女儿都不想见我了。"他还曾经说道："当然，我带着一大群助理东奔西走。"这种做法曾经是票房大卖的诀窍；而现在，则正极其危险地近似于拙劣的模仿。

奇怪的是，尽管侯赛因对伯顿非常崇拜，而跟泰勒合作很不顺利，但是最终他们两人在影片中的表现却和人们预期的效果截然相反。伯顿的嗓音由于喝酒而变得很粗重,在影片中他从头到尾走路都像僵尸一样,他的后背现在由于陈年旧患变得如此僵硬,以至于使他再次看起来像一个机器人。但是伊丽莎白是整部电影的情感中心,她在表演时理解了夸张的台词的含义,唤起了人们对她饰演的这个美丽的普通女人的同情。这一年里她经历的种种磨难使得她的表演非常成功,不仅仅显得很职业,还能真正打动人。她仍然很美丽——正如低领衫上的"漫游者"珍珠一样。

至于瓦利斯·侯赛因,他为了躲避熟人已经飞赴洛杉矶,他的职业生涯"刚刚经历了失败。如果我出门时不戴帽子就站在日落大道上,那我根本找不到工作。《缘尽情未了》像一颗引爆的炸弹,我就是那个被它炸死的人。没有其他人遇害"。实际上,侯赛因很快振作起来,在电视电影领域取得了成功,他后来拍摄了包括1978年的《爱德华和辛普森夫人》(*Edward and Mrs. Simpson*)、1982年的《亲爱的格洛丽亚》(*Little Gloria…Happy at Last*)、1983年的《黛西公主》(*Princess Daisy*)、1988年的《世界首富奥纳西斯》(*Onassis, The Richest Man in the World*)以及1998年的《中心人物:帕梅拉·哈里曼的故事》(*Life of the Party: The Pamela Harriman Story*)在内的诸多作品。但是与伯顿夫妇一起合作对他来说确实是一次痛苦的经历。

他回忆道:"几年以后,我见到了罗迪·麦克道尔。他说:'你不应该对他们怀恨在心。'我说:'但是她从来都不喜欢我。'罗迪说:'不,不,你错了。如果你再去看看她,情况就会完全不同。你当时正好夹在两个正要分手的人中间。'"

《缘尽情未了》是伯顿夫妇作为夫妻在一起拍的第十一部,也是最后一部电影。布伦达·马多克斯写道:"对电影明星来说,如果有比票房失利更糟糕的事情的话,那就是在电视领域也遭遇失败。"在电视领域遭遇失败注定了伯顿夫妇在大银幕上饰演夫妻的日子走到了尽头。他们还将继续有机会单独演一些欧洲电影——特别是理查德——但是对伊丽莎白和理查德正在努力维持的婚姻来说,"利兹和迪克秀"现在退居次要地位了。

1973年1月,在《缘尽情未了》公映之前,伯顿夫妇正在罗马,理查德在《罗马大屠杀》（*Massacre in Rome*）一片中饰演一名德国党卫军官，该片由卡洛·庞蒂（Carlo Ponti）担任制片。理查德对罗马有一种迷信，觉得一些坏事情通常发生在那里——然而，那里也是他跟伊丽莎白坠入爱河的地方，在拍摄《驯悍记》时，夫妻俩还重燃了对罗马的爱火。

在饰演陆军中校赫伯特·卡普勒这样一名纳粹军官时，伯顿努力尝试给这一角色注入人性元素，一如马龙·白兰度1958年在《百战雄狮》里饰演的德国军官一样。他的表演后来获得了评论界的一致好评——这种情况正越来越少——但那是两年后的事情了，因为该片被推迟到1975年上映。

5月，伊丽莎白在《春回情断》（*Ash Wednesday*）里饰演了一名富有的50岁妇女芭芭拉·索耶，为了让亨利·方达（Henry Fonda）饰演的丈夫不跟她离婚，而进行了整形外科手术。实际的整容场景是由一名跟伊丽莎白·泰勒极其相像的人代替完成的。对于饰演一名需要整容的女性来说，时年41岁的伊丽莎白过于美丽了，但是为了让这一角色的困境显得更加可信，化妆师在她脸上化了浓妆，以使她显得更加苍老。化妆需要持续两个小时，卸妆也需要两个小时。她脸上的妆化得非常像一张面具，她觉得为了不让她那张著名的脸受到伤害，必须拿出100万美元投保。

由多米尼克·邓恩（Dominick Dunne）担任制片的《春回情断》在意大利阿尔卑斯山的滑雪胜地科尔蒂纳丹佩佐拍摄。伯顿夫妇在米拉蒙蒂酒店里占据了十个宽敞的房间。邓恩后来回忆说，他曾经"被这对夫妻迷住了，即使当时我被他们搞得抓狂"。无论何时伊丽莎白和理查德出现在公众面前，都有一大群人围在他们周围欢呼。邓恩住在米拉蒙蒂酒店的另外一层，在拍摄期间每天都能看见伊丽莎白，觉得她的"美貌正处在顶峰"。当他第一次在元旦前夜见到伊丽莎白时，他做了一件他曾向自己保证不会做的事：惊讶得倒吸了一口冷气。"她生活中甚至比在银幕上更美。"他后来写道。

但是自从伯顿处于非工作状态以来，他变得跟通常一样非常难受。他在酒店周围四处闲荡、读书、喝酒。用邓恩的话说，他"生着闷气旁观着"。在伯顿夫妇于元旦前夜举行的派对上，他们第一次见面。邓恩注意到伯顿穿着一件绿色天鹅绒晚礼服，手上和膝盖上都放着纸巾，上面有狗的粪便，一只没有管教好的西施犬在房间里蹿来蹿去。他还不可避免地注意到伯顿夫妇仍然被一大群助理簇拥着，他们的头儿是伊丽莎白的瑞士秘书雷蒙德·维格纳（Raymond Vignale），其在派对上穿了一身镶有宝石扣子的白色貂皮大衣，带着卡地亚的手表。这架势看起来像让奥斯卡·王尔德（Oscar Wilde）做了自己的私人秘书一般。维格纳会说五种语言，很迷人，也很装模作样。当伯顿夫妇从一家酒店转到另一家酒店时，他确保一切都能丝毫不差，带上他们的三十个大箱子和伊丽莎白的珠宝，甚至在必要时要把她的药藏起来。

到目前为止，伊丽莎白的酗酒和滥用药物状况令人担忧，但是她很少表现出任何醉酒的状态。该片的导演拉里·皮尔斯（Larry Peerce）[他是大都会歌剧院的伟大演员杨·皮尔斯（Jan Peerce）的儿子]注意到，她"喝了一大瓶香槟"，但是不像理查德那样，她从未失去对食物的胃口。她并没有试图通过这种方式寻求自杀，食物在她的身体里吸收了过量的酒精。虽然她的体重每周都在发生变化，但是她却可以做到喝酒的时候不喝醉。

伯顿再次腾出手来给杂志写文章，他喜欢称自己为作家，而不是演员。他不仅对伊丽莎白在工作而自己赋闲在家感到愤愤不平，也不喜欢她拍的这类电影，也就是他们俩曾一起演过的那类电影：它们都在表现富人们的两难选择（如《一代情侣》、《富贵浮云》、《缘尽情未了》）。

理查德重新发现了他工人阶级的归属感，以至于对《春回情断》大肆抨击。他告诉伊丽莎白："我不喜欢你演这部电影，因为它代表了最糟糕的一类人。"他告诉布鲁克·威廉姆斯："你知道，我真的不喜欢那些名流。他们让我厌恶。"——讽刺的是，这句话居然出自理查德·伯顿之口，而正是他在二十世纪后半叶跟伊丽莎白一起向人们表明了成为名流将意味着什么。那些传说中的疯狂购物行为——跟奥纳西斯一起竞拍世界上最大的宝石，买了一架飞机和一艘游艇，买了不计其数的皮草和多栋房产——意味着什么？他买下这些是因为他买得起，也因为这是一个工人阶级的孩子的游戏，还因为这是伊丽莎白习以为常的能给她带来欢乐的方式。这是成为"利兹和迪克"的冒险的一部分，或许是他们最伟大的角色。但是现在，他古老的"威尔士情绪"再次显露出来，他对过去十年间的生活方式感到难为情。

吉亚尼·博萨奇在伯顿身上察觉到过这种感觉。"理查德·詹金斯，理查德·伯顿——他们是两个人。'如果我还是理查德·詹金斯的话，我会过着完全不同的生活。'——理查德·伯顿会这么说。我有时会看到理查德需要找回自我，不是后来的那个他"，而是最初的那个他。

当那年泽菲雷利在罗马见到他们夫妇的时候，他对理查德因为伊丽莎白的嫉妒而大动肝火感到非常惊讶。伯顿跟娜塔丽·德隆的风流韵事已经明显增强了她的占有欲。现在，当她开玩笑地打他的胳膊一拳时，那是结结实实的一拳；当伯顿全神贯注地跟一个性感女郎聊天时，伊丽莎白会大喊："理查德！"声音之大，在房间另一头都能听见。泽菲雷利曾经跟伯顿夫妇一起合作过，在他们电影事业的巅峰期、在他们对彼此爱得最深的时候——他们真正的蜜月期——而六年后，他又痛苦地见证了他们之间关系的瓦解。

邓恩相信伊丽莎白仍然对理查德迷恋得发疯，但是在拍摄《春回情断》时，"他们之间的爱中断了"。拍摄伊始，他们就陷入了痛苦的、充满嫉妒的争吵中。理查德声称伊丽莎白跟她的合作者之一，在片中饰演她年轻情人的、英俊的赫尔穆特·贝格（Helmut Berger）有一腿。邓恩和皮尔斯通常被喊来见证他们的争吵。伊丽莎白处在绝望中。维格纳不止一次抱着她，试图安慰她，而她在他怀中伤心地哭泣。一次，在跟亨利·方达演一场戏时，伊丽莎白迟到了两个小时，导演试图劝服她。但当她在拍摄另一个场景压根就没露面，然后失踪了一个星期去治疗风疹时，导演开始担心《春回情断》会成为"一部缩小版的《埃及艳后》"，与理查德和伊丽莎白在《埃及艳后》中正走到一起不同的是，他们现在正走向分手。

拍摄完成后，伊丽莎白飞往纽约。这一次，理查德没有跟她一起前往。他去了洛杉矶，下榻于贝弗利山酒店。1973年6月25日，他给伊丽莎白写了一封醉醺醺的、发自肺腑的信，信上标明"非常私密和个人"：

我的小糖块：

你离开了，老天作证！我几乎不敢相信，因为我很不习惯任何人离开我。但是反思一下，我想知道为什么此前没有人这么做过。我所关心的——说实话——是你能开心，我不太关心你跟谁在一起能感到快乐。我的意思是只要他是一个友好的家伙，对你好、对你体贴就行。如果他不是那样的人，我就会拿着锤子和砖头来找他。上帝的眼睛也许在云雀身上，但是我的眼睛一直在你身上。

我从未忘记你奇怪的美德。从未忘记在粗声粗气地语言的表象之下隐藏的是一个引人注目的、清教徒式的女士。我是一个很好的讨厌鬼，你在如此长的时间内对我不离不弃就是你对我的忠诚的象征。我会怀着的巨大激情和巨大的遗憾思念你。

当然，你知道，我天使般的人，我（我们）拥有的每一件东西都是你的，因此你会觉得相当宽裕。然而，别让你的下一个"情妇"（原文如此）[①]用它，否则我会有一点生气。我不喜欢人类。我不喜欢他丑恶的嘴脸。如果他占有了我的前妻，给你施加压力，跟你发生冲突，我将狠狠抽他，笑他撞他砍他扔他，等等。天啊，我在胡言乱语。真糟糕。（喝多了，你觉得呢？）所以现在，祝你过得愉快。

……

你大可放心，我不会跟别的女人发生关系。我对你之后的任何人都"索然无味"（原文如此）[②]。我心情差了很多，忧郁地凝视着那难以置信的距离，演一些——基本是在舞台上——让我能糊口的戏，但是主要的、最重要的是，我要写点儿东西。我得赶紧补充说明一下，不是关于你的。还有其他一些人、其他一些荒唐事和一些人间喜剧能让我写。

我把宣布分手的权利留给你，而除了写给你的这封告别信外，我将不会说一个字或者写一个字。试着照顾好你自己。非常爱你！

别忘了你也许是世界上最伟大的女演员。正如他们从来不会

[①] 原文为"inamorata"，意为"情妇"，伯顿在此处应是笔误。——译者注
[②] 原文为"disinteresting"（索然无味），似应为"disinterest"（不感兴趣），伯顿在此处应是笔误。——译者注

停下对"水门事件"发表意见一样,"此时此刻",你是有史以来最好的。我希望能借一小点你的激情和承诺,但那就是你——冷酷无情就是冷酷无情,正如冰就是冰一样……
……

几天后,理查德躲进了艾伦·弗罗施位于长岛夸格的小别墅里,距离纽约75英里。在那里,理查德感到安全。在为伯顿夫妇服务之前,弗罗施曾经是理查德的律师,当时理查德还跟希比尔在一起。当理查德最终决定跟希比尔离婚,跟伊丽莎白结婚时,正是弗罗施给希比尔·伯顿的瑞士银行账户内存入了100万美元,并且此后每年都给她汇50万美元,一直持续了十年。伊丽莎白觉得"他们就像兄弟一样。他悉心照料了理查德和我,永远是我们的律师。"现在,理查德躲在艾伦·弗罗施长岛的家中,跟伊丽莎白达成了分手协议。

理查德仍然在喝酒。他给伊丽莎白打电话,要求她来见他,目的是为了平息事端,为像以前一样继续生活下去而做最后一次努力。他在伊丽莎白停靠在肯尼迪机场的飞机上见到了她。但是一登上汽车,坐在她丈夫身边,伊丽莎白就意识到她的丈夫已经崩溃了。在开往弗罗施家中的长长的路上,理查德曾经对伊丽莎白说:"为什么你总是不想回来?"他们抵达夸格时,已经关于他的喝酒问题争吵得非常激烈,以至于伊丽莎白要求司机将她送回纽约。她住进了公园大道的丽晶酒店。在《哈姆雷特》巡演取得巨大成功的那一年,他们曾经住在丽晶酒店里,非常开心。

回到纽约后,她按照理查德建议的"宣布分手的方式",起草了一份关于跟理查德分手的个人声明,发给媒体。毕竟,那是她的行为方式。她属于公众的部分跟她属于自己以及属于理查德的部分一样多。她需要给公众一个解释。她始终都很了解媒体。1973年7月4日,伊丽莎白手写了一份声明,内容如下:

> 我相信,如果理查德和我分开一段时间,对我们将是一个有益的、积极的信号。或许我们太爱对方了。我从不相信这样的事

情会成真。我们一直都形影不离,除了生离死别之外从不会分开,但是我相信正是由此导致了我们之间暂时的交流破裂。我完全相信分开将最终把我们带回我们应该在的地方——那就是复合。我想几天之内,我将会回到加利福尼亚,因为我母亲在那里,还有一些多年的老朋友也在。朋友们可以互相帮助,难道不是吗?难道这一切不都是应该的吗?如果有人从这份声明中读出了一些挑逗性的内容,我所能说的是这只存在于读者眼中,我或我朋友或我丈夫都没有这个意思。希望我们都能挺过这一段困难的时期。为我们祈祷吧!

随着伊丽莎白的离开,理查德第一次寻求医生的帮助来戒酒。他坚称自己不是一个酒鬼,而仅仅是一名"醉汉",像他父亲一样是有选择性地喝酒。他一定知道这是他拯救自己婚姻的最后机会,并且,很有可能也是拯救自己生命的最后机会。

第十五章　离婚与复婚

"如果你离开我，我将会自杀。我怕离开了你，生活会了无生趣。我害怕。"
——理查德·伯顿

"我永远不想再次深陷爱的漩涡里了。"
——伊丽莎白·泰勒

虽然是理查德挑起了这一切，大概也是他有意为之，但伊丽莎白出其不意地公开宣布分手还是让他受到了打击。三个月前在罗马，当伊丽莎白在隔壁屋子里睡觉的时候，他还给她写了一封真诚表白的情书。在其中，他谈到了他的坏习惯（他的"滥情"和"嫉妒心理"）、他对于爱情这个概念的冷嘲热讽，以及伊丽莎白如何以某种方式彻底击溃了这种冷嘲热讽。

3月的最后一天
我亲爱的睡猫：
……
……在你面前我很奇怪地感到害羞。我仍然将你视为一个……不可侵犯的存在。你就如子宫孕育生命的过程一般神秘。我不是自负……除了你之外，我一般对女人很不好，通常很蔑视她们。我像傻瓜一样努力用同样的方式对待你，但是没有成功。

总有一天，我将会醒悟过来——我想我已经醒悟了——意识到我的真爱。我发现很难让我的整个生活都依靠在另一个人身上。出于天生的傲慢，我发现自己同样很难相信爱情的真谛。我对自己说，根本没有这回事。当然，有的只是欲望、滥情和嫉妒，急不可耐以及发泄情欲，但没有一种叫做爱情的白痴东西。谁发明了那个概念？我绞尽脑汁都找不到答案。但是当人们死去的时候……那些被从我们身边带走的人是永不回来的了。永不、永不、永不、永不、永不（李尔王谈到科迪莉亚时说的话）。我们就是一对命中注定的傻瓜。不幸的是，我们很清楚这一点。

因此，我已经在一两秒钟之内做出了决定，隔壁的你是这个世界上唯一值得我为之活下去的东西。你死后这个世界上将只剩下另外一个人，那就是我。或者，我觉得可能反过来亦然。

撕心裂肺的爱！

爱你的里奇

随着伊丽莎白7月4日公开声明二人分手，已经无法对媒体隐瞒什么了。为了等待伯顿对分手声明的反应，记者们直奔夸格，聚集于通向弗罗施家的车道上。伯顿藏在庄园的小别墅内，但还是被伦敦《每日邮报》(*Daily Mail*)的记者奈杰尔·邓普斯特（Nigel Dempster）找到了。伯顿面前放着一瓶伏特加（他此时尚未开始戒酒的生活），他充分发泄了一通对与泰勒的婚姻的牢骚，怪罪除了他自己酗酒之外的每一件事——他们喜怒无常的性格、她施加于他的各种需求等等。他自言自语，自我保护似的抱怨道："或许我对伊丽莎白个人问题的漠不关心导致了这种状况。我一天只有二十四个小时。我要读书、写作、拍电影。伊丽莎白不断地挑这样或那样的毛病。她担心她的形象、她的家庭、她牙齿的颜色。她希望我放下所有事，专注于解决那些问题。"他甚至尝试对这种状况表现得满不在乎，说自己被它"逗乐"了。但是当被问到接下来是否会离婚时，他改变之前的腔调，坚称伊丽莎白并不是真的离开他。

他严肃地说："我们之间的爱情和对彼此的忠诚是毫无疑问的。"

他几天前就说过:"我甚至不认为伊丽莎白和我已经分开了……我手上甚至还有伊丽莎白的护照。这难道看起来像她已经离开了我吗?"虽然已经意识到了两人之间难以调和的差异,但他还是从夸格给伊丽莎白写了一封三页纸的情书,再次宣称他需要她:

> 我爱你,可爱的女人。如果有人敢伤害你,只要给个信,说声"赶快"或"十万火急",甚至只需要一个有魔力的单词"伊丽莎白",我就立刻会以超音速赶过去。当然,你一定知道我有多爱你;当然,你也一定知道我对待你有多么糟糕。但是最基本的并且是最残酷、最严重、最无法忍受、最无法改变的事实是我们完全误会了对方……我们的交流不在同一个波段。你像"维纳斯"一样遥远——我指的是那颗行星[①]——我在音乐领域是个音盲。但是无论如何就这样吧(威尔士政治家的陈词滥调)。我爱你,永远爱你……尽快回到我身边来吧……

理查德意识到自己的酗酒已经无法控制,最终到一名纽约的内科医生那里寻求治疗。或许,如果他真的彻底戒酒的话,伊丽莎白还会回到他身边。而且他也需要为下一部电影,由卡洛·庞蒂制片的《旅行》(The Voyage)恢复身材。在该片中,伯顿的搭档是庞蒂的妻子索菲亚·罗兰,其美貌和性感可与伊丽莎白相媲美。伟大的意大利新现实主义导演维托里奥·德·西卡(Vittorio De Sica)将执导该片,这将是他的最后一部电影。伯顿担心如果他住酒店的话,会被媒体骚扰,问庞蒂他是否可以住在他位于罗马郊外住所的客房里。他们爽快地答应了。1973年7月12日,伯顿前往庞蒂的庄园,那是位于罗马郊外阿尔班山的一栋有着十五间房的十六世纪别墅。在那里,伯顿可以舔舐自己的伤口。他带的助理数量大为减少,只有他的新医生和护士、一个秘书以及两个保镖。

伊丽莎白飞往洛杉矶,部分原因是要陪伴她那孀居的母亲萨拉,但

---

① Venus既指爱神"维纳斯",又指金星。——译者注

实际是想让自己远离理查德无休止的酗酒以及他们之间无休止的争吵。她成功地躲过媒体，躲在她的朋友伊迪丝·海德及其丈夫比尔位于冷水峡谷的家中。她喜欢他们那西班牙风格的房子，有一个游泳池和一个网球场。她发现那儿是"一个避难所，在那里我可以离开每个人，自行解决自身面临的问题"。另一个吸引她来伊迪丝那安全港湾的原因是，这两个女人都喜欢喝杰克丹尼。伊丽莎白记得，无论何时伊迪丝工作完回家，她们都会"一起喝一大杯美味的杰克丹尼"。她们如此亲密，以至于伊迪丝在通往楼上客房的楼梯上放了一个牌子，写着"伊丽莎白·泰勒睡在这里"，这一下把伊丽莎白彻底逗乐了。她一生大部分时间都用来重建家庭观念，伊迪丝·海德的住所也是伊丽莎白另一个替代性的家。鉴于她跟理查德的家庭已经解体了，伊迪丝·海德的家就显得更为重要。

于是，伊丽莎白重返好莱坞，在那里她度过了自己的童年以及经历了与迈克尔·托德短暂的婚姻。她开始跟很久以前在《玉女倾城》(*Julia Misbehaves*)里的搭档彼得·劳福德去到处逛逛。拍那部电影时伊丽莎白还是一个纯真少女，但是已经具有了女性的妩媚，暗恋那个温文尔雅的英国演员（他让伊丽莎白献出了银幕初吻，但是在浪漫地接受这个16岁少女时犹豫不决）。与已故肯尼迪总统的妹妹帕特·肯尼迪(Pat Kennedy)离婚后，劳福德现在正在走下坡路，沉迷于服用安眠酮、可卡因和伏特加。伊丽莎白还在好莱坞见了邓恩，以及多年的好友罗迪·麦克道尔。她发现自己做了一些从来都不会跟理查德做的事情，诸如，白天乘坐直升飞机去郊外远足，她跟邓恩和他的女儿多米尼克、劳福德和他的儿子克里斯托弗、罗迪·麦克道尔一起去了迪斯尼乐园。一架直升飞机在穆赫兰道载上他们，破天荒地第一次被允许降落在巨大的迪斯尼乐园内。他们一进入迪斯尼乐园，人们就开始聚集在伊丽莎白和她的伙伴们身边，于是他们退到了加勒比海盗的游乐设施内，在那里，大人们互相传递着装满杰克丹尼的酒瓶。那是一种不顾一切的乐趣。

但是当罗迪·麦克道尔和18岁的克里斯托弗·劳福德带伊丽莎白去雷文斯伍德公寓见梅·蕙丝(Mae West)时，她感到很不舒服。那位胖胖的81岁的前性感女神身着一身银色长袍迎接他们。她长长的、铂金色的头发披在僵硬的脸上,像棉花糖一样。两个大块头保镖站在一旁。在十五分钟紧张的交谈后,伊丽莎白探过身子,跟罗迪耳语道:"我们能离开这个鬼地方了吗?"若干年前,伊丽莎白曾受邀出演《永远的媚拉》(*Myra Breckinridge*)——改编自戈尔·维达尔(Gore Vidal)的讽刺小说。在该片中,梅·蕙丝给出了异乎寻常的辉煌的银幕表演(这可是二十七年来的第一次)。伊丽莎白拒绝了该片的邀请,但是她一看见那个矮小的一坨肉冻一样的天后,就想知道这是否就是她的将来。她会处在这一切的边缘吗?没有理查德,她能从这一边缘卷土重来吗?在出名的众多代价中,维护自己无休止被复制的银幕形象(每一个都不是真实的)——像沃霍尔拍的那些有关她的精彩照片一样——预示着她将会陷入虚幻的陷阱之中。她和理查德是否正在变得像伦敦杜莎夫人蜡像馆里那些生硬的肖像一样?当伯顿夫妇发布分手声明后,他们的蜡像被分别放在了屋子两头。她赶紧打住了这些念头,不敢再往下想。

  伊丽莎白还见了小说家杜鲁门·卡波特(Truman Capote),自从《埃及艳后》时期开始,他们就相识了。卡波特见证了伊丽莎白和理查德九年的婚姻中"充满爱意的争吵"。卡波特认为:"他们真的会互相激怒对方,我总是觉得他们是故意这样做的,以便能够在床上得到巨大补偿。"但卡波特还是对伯顿一开始的动机抱有怀疑。他一直觉得伯顿与泰勒结婚是为了提升他的职业生涯前景。他相信:"她爱他,但是他并不爱她。"在他们分手后,好莱坞电影界开始谴责理查德——那里是伊丽莎白真正的地盘,因为好莱坞从不待见伯顿——但是伊丽莎白比任何人都清楚卡波特完全错了。证据不仅仅在于他们之间的耳鬓厮磨、他对孩子们的关爱、他们在一起的数千个夜晚、他给她买的那些著名的美丽珠宝,还有一封接一封的情书。他在其中倾诉着对她的爱,他需要她。在公开宣布分手十天后,伊丽莎白接到了一封理查德从罗马发来的电报:

    亲爱的白痴,我非常想念你……我现在凭借《罗马大屠杀》获得了多纳泰洛奖[①],比你略胜一筹,我准备去领奖。

---

  ① 意大利电影界的权威奖项。——译者注

跟许多老一代的好莱坞人一样,劳福德并不真的喜欢理查德·伯顿。他给伊丽莎白介绍了另外一个社交名人,荷兰商人、摄影师、二手车经销商亨利·温贝赫(Henry Wynberg),一个时髦的单身汉,在好莱坞老少通吃。温贝赫说着一口极具魅力的带着荷兰口音的英语,个头挺拔、非常迷人,而且已经离婚。他比伊丽莎白小五岁,似乎过着一种休·海夫纳(Hugh Hefner)①幻想的生活,公寓里有毛绒沙发和一面墙大小的水族馆,那是他跟女性求爱的地方。他也是半个犹太人。伯顿曾经在日记里指出伊丽莎白非常容易被犹太男人吸引,诸如迈克尔·托德、艾迪·费舍尔、马克斯·勒纳,甚至是大腹便便、身材走样的作家沃尔夫·曼考维兹,还有乔·曼凯维奇(或许,还有他自己,如果他声称自己具有的犹太血统是真的话)。伯顿写道:"伊丽莎白一直很喜欢犹太人。她似乎跟他们相处很融洽,而她跟普通的盎格鲁—撒克逊人可不是这样。"现在,温贝赫在安慰伊丽莎白,带她去跳舞、四处兜风、泡吧——理查德很久以前就已经对所有这些失去了兴趣(如果他事实上曾喜欢过这些的话)。维格纳说:"对当时的伊丽莎白来说,派对就是生活。"但那是温贝赫当时跟她在一起的全部内容——他只是一个迷人的护花使者——因为伊丽莎白计划回到罗马,她将在那里演一部新片《全体一致》(*The Driver's Seat*)。那是她的第四十九部电影。而且她还要去看看理查德。

理查德再次从罗马给伊丽莎白写了两封情书,尤其表明了因为身边没有伊丽莎白而引起的深深绝望,并暗示如果她不回到他身边的话,他将会自杀:

> 好吧,首先,你一定意识到了我很爱你。第二,这看起来有点喋喋不休,我爱你。第三,我丰富的语言能力又回来了,离开你我就活不下去了。第三,我的意思是第四,你将要负巨大的责任,因为如果你离开我,我将会自杀。我怕离开了你,生活会了

---

① 《花花公子》杂志创始人。——译者注

无生趣。我害怕！很害怕！就我的生活而言，那将会变得恐惧、迷失、孤独、枯燥无味、无言以对（那将会是这样的日子）。第五，希望我永远没有罗嗦，我想要你。我打赌，如果你爱我，你会一切都好的，诸如此类。第六，我打赌，如果你劝我停止表演——那是我一直以来都很反感的工作——我也能找到一个维持生计的方式，直到55岁。那就是写作……

说来奇怪，伊丽莎白似乎并没有回复任何一封情书，虽然她在余生里将它们珍藏起来，私下保存了四十年。她后来说："理查德的字里行间显示出其对生活充满如此多的激情。"然而她将更多的精力投入目前的生活中。她没有回信还有另外一个原因：自从幼年时起，她就被告诫要学会掌握什么可以公之于众，这意味着她要对其所写的内容和所写的对象十分谨慎。伊丽莎白·泰勒写的信很容易被盗。直到1983年12月5日，当她第一次走进贝蒂·福特康复中心时，她才意识到自己为保守这些秘密所付出的代价：她压抑了内心最深处的真情实感。

与此同时，她和理查德的老朋友及老同事的慰问信和电报从世界各地雪片般飞来。乔·罗西读到了分手声明，他从伦敦写信给理查德："我不会跟伊丽莎白讨论目前的情形……我唯一能说的就是，这是一场可悲的误会。"

这个月底，《苏捷斯卡战役》在莫斯科国际电影节上获得了最佳"反法西斯"影片奖，这是理查德将会继续饰演一些"伟人"的先兆——在铁托之后他演了温斯顿·丘吉尔，丘吉尔之后演了理查德·瓦格纳（Richard Wagner）。然而在给伊丽莎白写的又一封信中，伯顿继续在抱怨自己的职业：

> 我从来就没能克服这一事实，那就是，我认为，恐怕我仍然这么认为，一个男人——一个真正的男人——从事"表演"这一行太娘娘腔了，而且相当可笑。我跟庞蒂和罗兰一起拍这部电影纯粹是出于贪婪——为了挣钱。毫无疑问，我还将拍更多的影片。但是跟你不同，我的心始终不在这上面。法语中有一个单词可以

形容我现在的样子，叫做"壮志未酬"（manqué），意思是没有实现自己的欲望……我在每一件事上都"壮志未酬"。我是一个壮志未酬的演员、一个壮志未酬的哲学家、一个壮志未酬的作家，因此，我也是一个令人无法忍受的讨厌鬼（恐怕这不是"壮志未酬"）。

在他们发布分手声明的两周内，理查德发电报给乔·罗西："你很老练，没有相信你在报纸上读到的内容。伊丽莎白下个星期五将要回来，回到罗马……很简单这只是酩酊大醉之后的一时冲动。我还在戒酒，瘦了，更漂亮了。"

1973年7月20日，理查德穿着红色外套、白色棉套衫，乘坐劳斯莱斯汽车前往罗马的菲乌米奇诺机场迎接伊丽莎白的航班。将近四百名记者来到机场，二百名警察在维持秩序。这难道是"丑闻"时期的重现？或者是克莉奥佩特拉进入罗马城？又或者是《一代情侣》中的一个场景？——就好像是人们谴责"利兹和迪克"无休止地过着电影里的生活一样。汽车停在停机坪上，他们看见理查德没精打采地坐在汽车后座里，等着伊丽莎白的到来。

伊丽莎白生命中许多重要的事都发生在罗马。她租用了一架飞机从洛杉矶飞来，里面有两只狗、一只猫和九大箱行李。她走下飞机，穿着蓝色牛仔裤，一件超大号的橙色T恤，戴着泰勒—伯顿钻石。伯顿仍然坐在汽车后座里，一动不动。许多媒体猜测这是他们玩的一场游戏——都不想先有所行动。

伊丽莎白走进了海关。

伯顿坐在劳斯莱斯里，耐心地等着。

她终于离开了机场，警察为伊丽莎白在记者和狗仔队包围下打开一条通道，闪光灯在她周围闪个不停。

理查德仍然静静地坐着，一动不动，直到车门被打开，伊丽莎白在一大群摄影记者的包围下准备上车。当记者们通过昏暗的车窗看到理查德吻了伊丽莎白的脸，将头埋在她胸前，闻着她身上的味道时，他们才最终满意。

汽车在人群中缓慢挪动，驶向13英里外庞蒂的别墅，一路都有狗仔队尾随。

让伯顿夫妇庆幸的是，一如《富贵浮云》里弗罗拉·戈弗丝的小岛一样，庞蒂的别墅守卫森严，有电子门和武装警卫，还配备有被拴住的咆哮的德国牧羊犬。劳斯莱斯汽车最终抵达了那栋宏伟的别墅。索菲亚和卡洛手里拿着酒欢迎他们。他们在那里吃了一顿丰盛的午餐，有"意大利肉汁烩饭、帕博烤鱼、水果和白葡萄酒"。

伊丽莎白曾一直提防着索菲亚·罗兰。几年前，当有人建议让这个高挑丰满的意大利电影女王跟理查德一起出演《一代情侣》时，伊丽莎白曾命令："让索菲亚待在罗马！"她自己演了那个角色。索菲亚是一个个子更高、皮肤更黑的地中海版本的伊丽莎白。作为一名演员，她为大众所欣赏；作为一个性感女神，她为大众所崇拜。她的质朴和热情受到人们的爱戴。她身材高挑、有帝王气质，而伊丽莎白则身材矮小，喜欢炫耀卖弄。当天，（在飞行了一整夜之后）伊丽莎白穿着棉T恤和牛仔裤出现了，而索菲亚则穿戴着"一身迪奥套装，以及与之相配的坤包和鞋子"迎接他们。不过，她们俩还是互相分享了对珠宝的喜爱和欣赏。早先，索菲亚就伊丽莎白和理查德追逐泰勒—伯顿钻石做出过评论。她告诉《电影故事》杂志"那颗石头曾拿给卡洛看过"，但是"他估摸了一下，判定它不值这个价。我向你保证，卡洛很了解珠宝的价值"。互相较劲的天后们通常会通过电影杂志一决高下，但是伊丽莎白过于自尊而不屑于在杂志上勾心斗角。

尽管庞蒂的庄园清净、奢华，但伯顿夫妇的和解却只持续了九天。首先，理查德又喝酒了（他将他的医生撵走了），伊丽莎白对此终于忍无可忍。而理查德已经听说了有关亨利·温贝赫的一些事，他一直轻蔑地称其为"温斯伯格先生"或者是"温斯坦"，甚至简单地称之为"二手车商"。现在，伊丽莎白又在怀疑理查德跟他那风情万种的搭档有一腿，特别是当她偶然看见理查德为《妇女家庭杂志》写的文章草稿时。此前，他从未给另外一个女人写过这些溢美之词——当然不是为了给大众消费。他称赞索菲亚"高挑苗条、气质非凡、胸怀宽大。修长的大腿……美丽的棕色眼睛镶在一张绝妙的、狡猾的，几乎像魔鬼一般的面庞上……"但是当他称其为"跟春梦一样美"时，这句近似他早年描述伊丽莎白时说的比"春梦还要美"的话令人感觉不快。伊丽莎白现在觉得她掌握了证据,能证明这两个人不仅仅是朋友那么简单。

在经历了在布达佩斯拍摄《蓝胡子》期间发生的那些事情之后,伊丽莎白再次狂怒不已。她回忆道:"我知道他转过头就去调情。她也跟他调情,两人都说着意大利语,这让我觉得极其荒谬地被忽视了。我想,我无法坐在这里目睹这一切。让他们俩见鬼去吧!"

于是,伯顿夫妇再次分开了,伊丽莎白住进了罗马大酒店里一间巴洛克风格的、拥有七个房间的套房。第二天,她就开始拍摄《全体一致》。糟糕的是,她到达片场时迟到了很长时间。然而在那里,她被全体演员和工作人员的起立鼓掌欢迎深深感动。她告诉制片人弗朗哥·罗西里尼(Franco Rossellini),她从未想过有一天会像迈克尔·托德去世的那天一样感觉如此糟糕透顶,但是她错了。她告诉弗朗哥·罗西里尼:"今天是我生命中第二糟糕的日子。我很悲伤绝望。"她和伯顿都打电话给艾伦·弗罗施,开始离婚程序。

正如在《春回情断》里饰演的那个孤独的芭芭拉·索耶一样,不拍片的时候,伊丽莎白就躺在床上消磨时间。她告诉一个朋友:"我永远不想再次深陷爱的漩涡里了。我不想再这么投入。这让我很受伤。我毫无保留,献出了所有……我的灵魂、我的肉体,所有。"她向安迪·沃霍尔寻求安慰,他来到了罗马,在《全体一致》里饰演了一个配角。在一顿漫长的午餐期间,伊丽莎白向他倾诉衷肠,喝了很多酒,流了很多泪,还心烦意乱地扯下了餐桌旁边一棵装饰树上的所有叶子。但是与安迪·沃霍尔的午餐最终不欢而散。她发现沃霍尔用最先进的微型录音机偷偷录下了她的痛苦言词,准备登在他刚刚创办的《访谈》杂志(Interview)上。伊丽莎白暴跳如雷,用长指甲将磁带从磁带盒中抽出来毁掉,然后转身离开。这让沃霍尔后来问了这样一个问题:"咳!她拥有一切——魅力、财富、美貌、智慧。可她为什么还不高兴呢?"

因此,她再次与《春回情断》里的芭芭拉有了共同点,她需要一个情人——时刻准备着的亨利·温贝赫很快从洛杉矶飞来罗马安慰伊丽莎白。

7月31日，约翰·斯普林格宣布艾伦·弗罗施正在为伯顿夫妇起草一份离婚协议。当然，他们俩都意识到了离婚给孩子们带来的影响。迈克尔组建了自己的家庭，但是17岁的克里斯托弗仍然在上学，跟舅舅霍华德一起住在夏威夷。16岁的丽莎和12岁的玛丽亚在瑞士的寄宿学校里。16岁的凯特在纽约的联合国学校上学，当她不跟理查德和伊丽莎白团聚的时候就跟希比尔住在一起。他们仍然将理查德视为自己的父亲，虽然理查德常常提醒迈克尔和克里斯托弗要记住迈克尔·威尔丁才是他们的生父，提醒丽莎要缅怀迈克尔·托德。父亲的身份对理查德来说一直都至关重要。贯穿伯顿夫妇九年婚姻始终的是，他们尽了一切努力来保护孩子们免受狗仔队和记者的骚扰。不上学的时候，孩子们就会在"漂浮的动物园"凯丽丝玛号上度过一个精彩的假期，要么就在他们位于巴亚尔塔港的私人海滩上追逐蜥蜴，在温暖的阳光照耀下的海浪中嬉戏。三个大一点的孩子曾经在《驯悍记》里充当过临时演员，陶醉于他们的母亲那无尽的魅力中。无论他们父母的混乱生活——以及酗酒——给他们造成了多么大的情感代价，他们都会保守秘密，除了凯特。凯特后来在托尼·帕尔莫拍的一部关于伯顿的杰出纪录片《重获认可》中，细述了她是如何告诉父亲，让他戒酒，否则她将再也不会见他。

至于伊丽莎白，她唯一一次在读了有关她的文章之后大哭，是因为《生活》杂志质疑她作为一个母亲对孩子付出了多少关爱。她爱她的孩子们，试图尽她所能让他们过上"普通人"的生活。伊丽莎白后来承认："让我们面对它，我是个怪胎。"直到55岁左右，她才看了生平的第一场棒球比赛。"我从未参加过高中舞会。我不是一个正常的青少年。甚至我哥哥或者街对面的女孩玩的我都没玩过。"

理查德唯一隔绝在自己生活之外的孩子就是杰西卡。她住在长岛的福利院里，理查德支付了所有的费用，从未间断。

在公开宣布他们即将离婚的几天后，理查德开始拍摄《旅行》，往返于庞蒂的别墅和停靠在巴勒莫的凯丽丝玛号之间。他拒绝接伊丽莎白的电话。他住在游艇上那空荡荡的大房子里，喝着白葡萄酒，在船上招待记者。这仅仅因为他很孤独，即使有船员和助理们环伺左右。他想念他的孩子们，而最想念的是伊丽莎白。

虽然索菲亚接受邀请来游艇上住了一个星期,但伯顿一直否认他们有婚外情。婚外情似乎不太可能,因为索菲亚忠于她的丈夫,实际上,他们俩大部分时间都在谈论伊丽莎白或者玩填字游戏(索菲亚通常能赢理查德,这让他很惊讶)。即使他有这个条件,但理查德会以跟女主人偷情这种方式来回报庞蒂夫妇的热情款待也是让人难以置信的事。当不玩填字游戏,也不跟庞蒂夫人调情的时候,理查德还在试图戒酒,但没有成功。

伯顿躲在凯丽丝玛号上,保尔会跟船员们一起去巴勒莫酒店里喝一杯。现在,船员们需要仔细照看他。不久以前,还跟伊丽莎白在一起的时候,他跟吉亚尼·博萨奇在酒吧里度过了一整夜,差一点被淹死。伯顿站在船坞边缘,跳进海里准备游回凯丽丝玛号上。既不会喝酒也不会游泳的博萨奇也跟着跳了下去。第二天早晨,他问博萨奇头天晚上他们是如何回来的。为了救他而差点淹死的博萨奇生气地回答道:"你这个该死的英国人!"

"威尔士人!"伯顿纠正他。

"英国人!威尔士人!我当时都以为我们要死了!"

德·西卡也很关心伯顿,因为他看起来像下定决心要喝死自己。"他颤巍巍地来到片场,精神恍惚。看到他这样我的心都碎了……"

10月,《妇女家庭杂志》也在它们那广受读者欢迎的专栏里撰文分析伯顿夫妇的婚姻以及分手的情况,文章名为《这桩婚姻还能挽回吗?》。文章一一列出了他们面临的诸多挑战,只差没有改名叫《为什么这桩婚姻无法挽回?》了:"公众的压力使得他们始终要展示出那些被人为制造出来的特质——要喜形于色、神采飞扬,而不顾疲劳、消化不良或宿醉的影响";"在一起太亲密无间";"饮酒过多,派对过多";"伊丽莎白严重的背伤及其他健康问题……在任何婚姻中都要面对的情感压力";以及,最后一点——委婉地说——"理查德的'酒后问题'"。他们的评估准确无误。这篇文章没有提及,作者也无从知晓的是,理查德面临着一个标准的进退两难的困境:他觉得离开伊丽莎白就活不下去,而他跟伊丽莎白在一起也活不下去。

理查德仍然在给伊丽莎白写情书,但是即使他希望能够重新复合,其

所作所为也使得这一切变得不可能。10月9日,他在罗马给伊丽莎白写道:

伊丽莎白·泰勒·伯顿:
　　这很有可能是你最后一次姓伯顿,我的意思是你的姓在我前面,但是我敢跟你打一个不可能的赌,当我临终的时候,在接近那永恒的彼岸之时,我的嘴里也会一直念着伊丽莎白·伊丽莎白·伊丽莎白·伯顿这个名字。

　　11月,伊丽莎白·泰勒和亨利·温贝赫回到加利福尼亚,在伦敦短暂停留了一下去看望劳伦斯·哈维。他身患肺癌,正处于弥留之际。伊丽莎白抱着他。41岁的伊丽莎白已经送别过许多亲朋好友——迈克尔·托德、蒙蒂·克利夫特、弗朗西斯·泰勒、迪克·汉利、艾法·詹金斯,甚至还有她那不幸的第一任丈夫尼基·希尔顿。42岁那年,他在位于霍姆比山有六十四个房间的豪宅中孤独地离世,身边只有三名男护士。当医生强行将希尔顿带到门宁格精神病医院时,他还坐起身跟医生打了个招呼,手里拿着一把上了膛的手枪。几个月后,他死于心脏病。
　　接下来的四个月里,理查德的状况持续恶化,跟一大堆年轻女子鬼混。菲利普·伯顿非常挂念他,跟他保持着电话联系。虽然伯顿表面上饮酒作乐,但是他实际上饱受着失去伊丽莎白的煎熬。在飞往纽约前,他从威尼斯给伊丽莎白写了一封情书。

　　丹涅利大酒店 / 威尼斯

　　你要我写一些关于我们俩的真实情况……我患有严重的"傲慢自大"症,唯我独尊。普罗米修斯永远受到上帝的惩罚,并且我们所有人仍然因为发现了火,从上帝那里窃取火种而受到惩罚。我点燃了烈火却又将它扑灭,为此,我受到了上帝永久的惩罚。那烈火,当然就是你……
　　你毫无疑问是世界上最好的女演员,再加上出众的美貌,使得你无与伦比。也许只有杜丝①才能跟你相提并论（嘉宝和伯恩哈特让我笑掉了大牙）。作为一名演员，当你希望自己有幽默感时，你就真的比W.C.菲尔茨②更有趣；作为一名演员，当你希望自己能有悲剧色彩时，你就真的是一出悲剧……

……我们之间越来越厉害的争吵让人莫名其妙……然而（无论我怎样揶揄），爱情都是其中压倒性的因素。这将永远伴随我，无论你是否跟我在一起……严格来说，这跟我没什么关系，但如果我偶然看到你在夜店里跟另外一群不知名的人大笑，那将在我那已经受伤的心里再撒一把盐。

……

1973年11月28日，伊丽莎白在加州大学医学中心进行了一次手术，这次是摘除一个卵巢囊肿。亨利·温贝赫当晚睡在隔壁房间里。但是他的存在并不足以令伊丽莎白获得安慰。当伊丽莎白在三个小时的手术后苏醒过来，听到劳伦斯·哈维去世的消息时，她感到一种巨大的失落，于是她做了唯一能做的事情来缓解痛苦。她打电话给理查德，告诉他她无法忍受孤零零地活着或者孤零零地死去。伯顿曾在写给她的情书里说："如果有人敢伤害你，只要给个信，说声'赶快'或'十万火急'，甚至只需要一个有魔力的单词'伊丽莎白'，我就立刻会以超音速赶过去。"

伊丽莎白吃力地说出了以下几个字："我能回家吗？"

这一次，理查德接了电话。理查德从片场告假三天（他每离开一天就要偿付庞蒂4.5万美元），从位于西西里岛的外景地飞往洛杉矶，这是一次飞越北极的筋疲力尽的航程。当他走进伊丽莎白位于洛杉矶的病房时，嘴里蹦出的第一句话是："你好，小糖块，感觉怎么样？"

伊丽莎白高兴得几乎晕了过去，回答道："嗨，麻子。"

---

① 意大利女演员艾利奥诺拉·杜丝（Eleonora Duse，1858—1924），以诠释莎士比亚笔下的角色和十九世纪法国戏剧里的女主角而闻名。——译者注

② W.C.菲尔茨（1880—1947），美国喜剧演员，因其嘲讽中产阶级小毛病的机智、刺耳的声音及球根状的鼻子而闻名。——译者注

伊丽莎白后来回忆道:"我知道接下来将要发生什么。他在我身边,我们紧紧相拥,彼此亲吻,抱头痛哭。他说:'请回到我身边来。'你从来都没见过有人恢复得如此之快。好像是一位大师把手放在我的刀口上治愈了我。"

伯顿用他那曾完美演绎过亨利八世的嗓音对一个护士说:"我是她丈夫。我需要一张床。"

亨利·温贝赫知趣地离开了医院,开车回家去了。

第二天,理查德用轮椅将伊丽莎白推出了医院。他顾不上考虑如果被人看见他推着坐在轮椅上的伊丽莎白会对他们的电影生涯造成什么影响。只要她一切都好就足够了,只要他们一起离开医院就足够了。他们飞回意大利,伯顿重新开始拍片。

他们复合的新闻迅速传遍世界。NBC的新闻主持人约翰·钱斯勒(John Chancellor)略带嘲讽地宣布:"伊丽莎白·泰勒和理查德·伯顿又复合了,是永远,而不是暂时。"在伦敦,杜莎夫人蜡像馆的工作人员将伯顿夫妇的蜡像重新放到了一起,尽管两个蜡像之间的距离没有先前那么近了。

伯顿夫妇在巴亚尔塔港的卡萨金伯利度过了那一年的圣诞节。他们也许在那里一直都是最高兴的,伯顿送给了泰勒一颗38克拉的钻石。但是直到,或者说除非在理查德能最终正视他的恶习而完全戒酒之前,按他的话说,他们都是"一对命中注定的傻瓜"。

三个月后,伯顿夫妇飞往加利福尼亚北部的奥罗维尔,理查德将在那里演了一部派拉蒙公司投资的影片《三K党徒》(*The Klansman*)。该片是关于民权时代①之前在南方一座小城发生的种族暴力事件,剧本由受人推崇的南方编年史家威廉·布拉德福德·休伊(William Bradford Huie)操刀。在间隔了很长一段时间后,伯顿最终又在美国拍了一部电影。他的搭档李·马文是一个"更能喝的人"。八年前,理查德在奥斯卡最佳男主

---

① 第二次世界大战后美国黑人反对种族隔离与歧视,争取民主权利的群众运动。美国学者一般认为它开始于1954年美国最高法院对J·布朗控诉托皮卡教育委员会一案的判决,结束于1965年选民登记法的通过。——译者注

角角逐中曾输给了他。实际上,马文是醉汉中较好的一类,神智相对清醒,因为他很少像伯顿一样一天喝三瓶伏特加。泰勒也一直在喝酒,但是没人能赶得上伯顿。

尽管与伊丽莎白复合,但是理查德仍然在自杀性地喝酒,从早到晚,他已经无法控制住手的抖动。他目前已经处在酒精中毒的最后阶段。奇怪的是,他仍然否认这一点。除了药物干预外,已经没有其他办法能救他了。

在《三K党徒》中,伯顿饰演了一名雄风不再的南方农场主,瘸腿,带有南方口音。瘸腿是真的,因为理查德痛风复发。李·马文曾经亲眼见过理查德的病痛带给他怎样的痛苦。有一次他疼得连台词都无法说对,差点哭了出来。他还患有急性坐骨神经痛,左胳膊的老伤也疼痛难忍,肩膀不得不一直耸着。"他竟然还能活动,这真是个奇迹。"马文后来评论道,"他太有勇气了,我很钦佩他。他从不抱怨病痛。我曾问过:'里奇,你觉得怎么样?'他说:'只有一点不舒服。'不舒服!上帝啊,那家伙其实是钻心地疼。"

伴随着喝酒失控的是,理查德又开始追求女性。他一开始跟一些希望搭上名演员的小演员打情骂俏。他在当地监狱外遇到了一名18岁的女服务员,邀请她到他的房车上,第二天,给她买了一枚450美元的戒指。这名女服务员是前"比尤特县的百事可乐小姐",她登上了当地报纸的头版。他还一度跟一名有三个孩子的已婚妇女鬼混,直到她丈夫来到片场,威胁要开枪打死理查德才作罢。

伯顿自己也知道无法控制自我。吉亚尼·博萨奇看见理查德因为自己对伊丽莎白的欺骗而饱受折磨。博萨奇回忆道:"那已经是到最后了,喝酒变得危害极大。我记得理查德眼里含着泪水,对我说:'吉亚尼,我为什么要这样做?我是如此爱这个女人。'他不仅仅是用酒精毁了自己,负罪感也毁了他。"

记者们捕捉到了一丝风声,蜂拥而至。二十世纪七十年代中期,嗜酒的人仍然是被嘲笑的对象,是人们的笑柄。酒精中毒跟糖尿病一样是遗传疾病的观念,并没有在公众脑中扎根。即使是该片的宣传人员也利用了这一情况,意识到任何关于该片的报道都是有总比没有好。他邀请媒体来见证伯顿公众形象的瓦解。记者们喜欢故意给他下套，大喊："跟我们讲讲狄兰·托马斯！跟我们讲讲威尔士！"然后，他们将伯顿描述成一个身心俱损的人，胡乱记下他那极度痛苦的酒后之言并刊登出来，而他则像丢弃一枚毫无价值的硬币一样随口胡说："我父亲是个酒鬼，我是个酒鬼，李·马文也是个酒鬼。世界上我最想待的地方就是回到威尔士农村，蹲在小酒馆里，跟矿工们一起喝酒聊天。一个人喝酒是因为生活太大了，让你盲目。"他慷慨激昂地说："诗和酒是地球上最伟大的东西，还有女人。有些东西意味着死亡，有些东西意味着真理，我们穷其一生都在追寻。酒会帮助我们。"

伊丽莎白看到理查德身上发生的这一切，被吓坏了。她在外景地只待了一个星期，一看到媒体上刊登的关于450美元戒指的消息，马上就飞回了洛杉矶。具有讽刺意味的是，理查德后来确信是李·马文救了他的命。他告诉演员兼作家迈克尔·马恩（Michael Munn）："如果不是马文我不可能活下来。我本来会喝得非常多、非常快，而那样就离死期不远了。"李·马文认为理查德"并不是出于高兴而喝酒，而是因为他非常需要，我怀疑他是否知道自己成什么样了。也许那是因为伊丽莎白。但不管是什么，他很痛苦，喝酒是为了止痛。我以前也这样"。

《三K党徒》的导演特伦斯·杨（Terence Young）看到伯顿身上发生的一切时也被吓坏了。杨曾执导过两部"詹姆斯·邦德"电影，一度还考虑过让伯顿饰演这个秘密特工，但是杨记得，伯顿现在有时候无法"准确地说出一句台词。他试了一遍又一遍，但还是说不对。他非常绝望。看到这个伟大的演员在我们所有人面前崩溃很让人难过"。拍摄即将结束时，杨还要拍一个理查德的镜头：他演的角色死亡的场景。当导演看见理查德躺在地上，对他的化妆师罗恩·伯克利说："你给理查德化的妆非常棒！"

"我根本就没碰他。"这位化妆艺术家回答道。

一切就这么着了。导演终于关机，请了一位医生来给伯顿做检查。他断定："这个男人快死了。"

伯顿被迅速送往圣莫尼卡的圣约翰医院。理查德的医生告诉他，如果不戒酒的话，他就会在两个星期内死亡。他高烧104度，肾脏濒临崩溃。他还患有流感和支气管炎。他被紧急输血，以清除体内的酒精。理查德将会在医院里待上六个星期，最开始的几天他产生了幻觉，处在死亡边缘。他经常梦见自己的哥哥艾法，整个人直挺挺地站在他面前，要他做出决定：生存或是死亡。后来，他缓慢康复，在医院的花园里偶遇苏珊·斯特拉斯堡。十七年前，他曾跟这个黑发的年轻女演员有过一腿。她几乎认不出理查德了。他的手在剧烈抖动，脸色惨白，身体非常虚弱。他还不到50岁。

伊丽莎白通过电话跟理查德保持着联系，但是她对此再也无法忍受了。她飞到格施塔德，在那里平静地签署了离婚协议。1974年4月25日，他们公开宣布即将离婚，理查德宣布他会把伊丽莎白想要的任何东西留给她——凯丽丝玛号、巴亚尔塔港的卡萨金伯利、价值700万美元的珠宝以及他们多年来收购的无价油画。伊丽莎白还拥有玛丽亚的监护权。他们非常喜爱1964年收养的这个随伯顿姓的女儿。他似乎想抛弃整个生活，虽然他保证仍然会供养那些威尔士的直系亲属——兄弟姐妹及其配偶，还有侄子、侄女共二十九个人。他想让伊丽莎白和他们所有的孩子都安然无恙、得到很好的照料。那是他现在的角色，养活人数越来越多的一大家子，做一个父亲，虽然他从未享受过父爱——因为狄克·詹金斯从来没养过任何人。

1974年6月26日，伊丽莎白在瑞士小镇沙里宁一间木结构的小法庭里陈述了他们之间无法调和的差异，正式确认离婚。理查德仍然病重，无法出席庭审，递交了一份医生开具的证明。法官问了他必须问的问题："跟你的丈夫一起生活真的变得无法忍受了吗？"

"是的，跟理查德一起生活变得无法忍受。"伊丽莎白轻轻地回答道，穿着一身棕丝套装，戴着黑墨镜。其实事实比这复杂得多——这段婚姻是他们生活中最大的一次冒险，但是他们将近十年的婚姻现在只剩下了例行公事的对话。她告诉法官她尽了一切努力来维持他们的婚姻，但是现在一切都结束了。并不是她不爱理查德了，而是他们无法在一起生活。

二十分钟后，她打电话给理查德，问："你觉得我们做得对吗？"对理查德而言，他无法想象失去伊丽莎白的生活，但他们在一起时他又无法戒酒。"一生的冒险"结束了，他大概是这样想的。6月27日，理查德在病愈并逐渐恢复过程中乘坐法国号游轮前往欧洲。

亨利·温贝赫陪伊丽莎白一起乘坐凯丽丝玛号环游地中海。伊丽莎白永远是幸存者，她重新尝试着曾跟伯顿一起过的生活，在摩纳哥跟雷尼尔亲王和格蕾丝王妃一起吃饭，在格施塔德的农舍里打发时间。温贝赫试图填补理查德的空缺，带伊丽莎白去慕尼黑看足球比赛（而不是去威尔士看橄榄球赛），带她去阿姆斯特丹的家中见他的父母（而不是去庞什迪分和塔尔伯特港看望伯顿的大家族）。然后，还送给她珠宝——2400美元的珊瑚项链（而不是现在以伊丽莎白的名字命名的110万美元的卡地亚钻石）。温贝赫请求贝弗利山的珠宝商将其"做大一些"。

当年8月，理查德重新投入工作。索菲亚·罗兰对这位陷入困境的朋友一直很热心，她让他代替罗伯特·肖（Robert Shaw）出演了根据诺埃尔·科沃德的剧作《相见恨晚》（*Brief Encounter*）改编的同名电视电影。从卡洛·庞蒂的作品中抽身出来的肖在史蒂文·斯皮尔伯格导演的《大白鲨》（*Jaws*）中饰演了那个经验丰富的猎鲨人（顺便说一下，这一角色其实很适合理查德，也很可能会让他的职业生涯焕发第二春，可以吸引年轻一代影迷的注意）。但是即使理查德考虑过这一角色，他对这类角色也不再有耐性。相反，他选择了在难以为继的二战题材情节剧中饰演浪漫的男主角。伯顿在这部电视电影里看起来很虚弱、瘦削，而索菲亚·罗兰又太美了，不像一个普通的中产阶级女性，因此这部作品并没有引起太大反响。伯顿仍然在从药物煎熬中缓慢恢复，他发现自己现在只能用浑厚的嗓音来表演：因此他会继续饰演历史人物，那样他就可以静静地站着，发表伟大的演说。

与此同时，伊丽莎白回到了洛杉矶，试图减少助理的数量。她的老朋友、记者和自由派专栏作家马克斯·勒纳注意到："她的助理只剩下了一个秘书、一个司机、一个男管家和亨利。"她在贝尔艾尔租了一栋意大利风格的别墅，在那里，她和温贝赫决定从事一些商业投资——成立了一家钻石销售企业和一家化妆品公司。这对伊丽莎白来说是一个令人激动的新前景——那是她尚未征服的领域——她身边的一些人认为温贝赫已经更多地成了她的一名商业伙伴而不是一个情人（尽管以他自己的能力来说，他是一个不同寻常的爱人）。利兹·史密斯后来注意到，当她去看望他们的时候，伊丽莎白并没有称呼温贝赫任何昵称，诸如"宝贝"、"甜心"、"亲爱的"或"丑鬼"，那些都是她称呼理查德·伯顿的亲热话语。她也并不回避跟理查德之间频繁通电话。

如果说伊丽莎白试图在生活中用亨利·温贝赫来代替伯顿，那么理查德很快就跟另外一个伊丽莎白约会了——38岁的南斯拉夫的伊丽莎白公主，她刚刚跟她的银行家丈夫尼尔·巴尔弗（Neil Balfour）离婚。她是一个出名的美人，曾跟肯尼迪总统传出过绯闻。六年前，伊丽莎白公主曾去巴黎的片场看望过伯顿夫妇。当时伯顿曾称她"美丽但粗鲁无礼"。当雷克斯·哈里森忘记台词时，她会马上笑出来；当沃伦·比蒂约她出去时，她又欣然应允。但是如果世界上最著名的电影明星会采取进一步行动的话，南斯拉夫公主是个还不错的选择。理查德想结婚，想有家的感觉，甚至想再次当孩子的父亲，他也需要这一切。失去伊丽莎白仍然让他很沮丧。当他拍摄《相见恨晚》时，人们试图不让他看报纸，因为小报上充斥着关于伊丽莎白和亨利的故事，以及讨论他们结婚的可能性。

因此，在离婚仅仅四个月后，理查德宣布订婚。当伊丽莎白得知这一消息时，背部立刻严重痉挛，不得不接受牵引治疗。她坚称病情跟理查德的订婚无关，但是受伤或者生病是她面对生活中的精神负担和挫折时的一种应激反应。贝尔艾尔的别墅里放进了一张病床。

理查德与伊丽莎白公主游览摩洛哥旧城来庆祝他们的订婚。在那里，伯顿很惊讶地听到戴头巾的老人称呼他为"圣·贝克特"或"史密斯少校"，那是他在《壮士雄风》里的角色。他发现该片在丹吉尔市的电影院里放映时获得了巨大成功。

由于伊丽莎白公主的贵族身份，她将伯顿介绍给了温斯顿·丘吉尔爵士的遗孀丘吉尔夫人。当年10月，伯顿开始演一部九十分钟的传记片，在《与命运同行》（A Walk with Destiny）里饰演丘吉尔。那是 NBC 和 BBC 联手打造的《霍尔马克名人堂》（Hallmark Hall of Fame）节目［在美国上映时叫做《铁血风暴》（The Gathering Storm）］。跟《相见恨晚》一样，伯顿的片酬只有20万美元，外加两名秘书的薪水，以及拍片期间使用劳斯莱斯汽车的费用。这跟他此前的100万美元片酬外加票房分成相去甚远，他现在意识到自己在离婚后囊中相对羞涩。

1974年12月，理查德与伊丽莎白公主的婚约走到了尽头。在里维埃拉拍摄《中大奖》(*Jackpot*)一片的外景时（该片由于缺乏资金而未能完成），理查德跟美丽的美国黑人女演员兼模特简·贝尔（Jean Bell）重逢了。她是第一个登上《花花公子》杂志封面的黑人模特。虽然在这部影片中并没有出演角色，但这位女演员在《三K党徒》的外景地已经与理查德初次相识。当伊丽莎白公主在一张英文报纸上看到理查德和简·贝尔手挽手在里维埃拉漫步的照片时，所有的猜测都烟消云散了。伯顿带着简·贝尔回到了塞利尼的房子里。

与此同时，伊丽莎白·泰勒接演了另一部电影。1975年1月，她带着温贝赫来到列宁格勒。在那里，她答应出演第一部苏美合拍片《青鸟》(*The Blue Bird*)，片酬急剧缩水至每周3000美元，外加票房分成。最终她自掏腰包花掉8000美元用于重新设计她的服装。该片由76岁的乔治·库克执导，其漫长的职业生涯已经接近尾声（他很快就爱上了一个年轻的匈牙利男孩，对电影失去了兴趣）。该片由另外一个美女三人组联袂主演：艾娃·加德纳、简·方达和西西莉·泰森（Cicely Tyson）。伊丽莎白在片中演了四个充满寓意的角色：母亲、光女王、母爱和女巫。伊丽莎白和温贝赫（他在片场拍剧照）下榻于列宁格勒大酒店。伊丽莎白由于服用了受污染的冰块而感染上了阿米巴痢疾，很快就病倒了，体重迅速下降了18磅。（她告诉雷克斯·里德："我看起来从来没有像现在这样好，但这是一种多么残酷的减肥方法啊！"）温贝赫陪伴左右照顾她，他们吃的是从伦敦的福楠梅森食品店空运来的培根薄片。当伊丽莎白得知理查德的婚约取消时，她马上打电话给他。他们在电话里聊了好几个小时，亨利·温贝赫直接回避了。

过去十四个月，理查德和伊丽莎白过着各自的生活。他们分别演了一些票房惨淡甚至票房惨败的电影，跟新伴侣一起四处旅行，互相频繁通电话。现在，他们同意在瑞士洛桑见面，那是当初他们在"丑闻"达到高潮之前重聚的地方。她带着温贝赫飞到格施塔德，而伯顿仍然跟简·贝尔和她的13岁儿子特洛伊一起住在塞利尼。伯顿已经给特洛伊在瑞士的贵族学校里报了名。简试图让伯顿远离酒精。他已经几乎滴酒不沾了，但他的手仍然抖得厉害，仍然受到痛风、关节炎和坐骨神经痛的折磨。

1975年8月，伊丽莎白结束了跟温贝赫的关系。几乎是作为一种离别赠礼，伊丽莎白跟他变成了一种合作关系，将自己的肖像权租给他，用于宣传推广和销售化妆品（他们的商业伙伴关系最终也解散了）。她和理查德在伊丽莎白洛桑的律师办公室里见面，表面上是讨论财产处置问题。但是理查德一见到伊丽莎白就被吸引住了，她看起来太美了，又重新瘦了下来。理查德不再喝酒，在伊丽莎白眼里也很帅。他们紧紧抱在一起，泪如泉涌。8月21日，约翰·斯普林格宣布他们再次坠入了爱河。

简·贝尔离开了塞利尼，亨利·温贝赫飞回了洛杉矶。没有人能与他们的名人效应竞争，哪怕是暂时的、替代性的。不仅仅是名人效应，伊丽莎白和理查德还过着非同寻常的生活，没有人有过这样的经历或记忆，能与他们相配。他们是世界上仅有的能够理解他们所经历过的一切的两个人。正如那些曾登上过月球的人一样，他们没有知音，无法跟其他人一起分享他们在一起时那疯狂、奢侈的生活中的点点滴滴。

伊丽莎白对理查德的爱从来没有停止过。也许现在，随着"利兹和迪克"的影响力日衰（他们共同的电影生涯肯定结束了，他们单飞的职业生涯也是失败的），对伊丽莎白和理查德来说将会是个重新开始的机会。但是，他们很快发现，当他们出现在公共场合时，"利兹和迪克"仍然会导致骚乱。伊丽莎白对理查德施压，要求复婚，但是他却对重新走上那条道路犹豫不决。

尽管如此，这对刚刚复合的夫妇还是一起飞往以色列观光旅行，并参加了一系列的慈善活动。在以色列举行的一次慈善音乐会上，伊丽莎白朗诵了《路得记》(Story of Ruth)，理查德朗诵了《诗篇》之第二十三篇（The 23rd Psalm）。无论他们何时离开大卫王大酒店，都会被无法控制的人群团团围住，他们发疯般地想看这对声名狼藉的夫妇一眼。情况是如此糟糕，以至于时任美国国务卿的亨利·基辛格（Henry Kissinger）都准备将自己的安保卫队（七十名美国海军陆战队员和将近一千名以色列士兵）提供给伯顿夫妇使用。他当时跟夫人南希也下榻于该酒店。伯顿夫妇婉言谢绝了，但是基辛格夫妇也是追星族，他们为伯顿夫妇举行了一个派对。

第十五章　离婚与复婚　347

在以色列待了一个星期后，他们回到格施塔德，计划参加一场在南非约翰内斯堡举行的名人网球赛，这是另一场为医院筹集基金的慈善活动。（在离开的前一天早晨，伯顿写信给凯特："今晚……我们要飞往约翰内斯堡……每个人都会被我戒酒后极佳的状态吓一跳，我还可能就'种族隔离'问题力陈己见。"）从头到尾，伊丽莎白都在给理查德留一些充满爱意的小纸条，说她将把问题留给理查德，让他决定该怎么办。她很想复婚，但伯顿坚持不干，直到有一天，伊丽莎白去医院检查肠道不适。X光检查发现了她肺部的一个阴影。医生认为这也许是癌症。在接下来的二十四小时里，她都吓坏了。她后来在一份十七页的档案文件中记下了这件事，是用女学生般的字迹沾上墨水手书的（后来刊登在《妇女家庭杂志》上）。"我思考了一整晚……当你认为你活不长了，还有很多事情想做，有很多东西想看一看、闻一闻、摸一摸时，会是多么的滑稽可笑。这些其实都是多么简单的事啊。"当她拿到检查结果报告，得知肺部的阴影是少年时所患的轻微结核病留下的疤痕组织时，狂喜不已。她写道："我给了他一片安定——他默默地念着诗——我们狂吻……非常幸福！我的生活回来了。我要你，理查德。"

当时理查德单膝跪地，提议复婚。伊丽莎白写道："我想是我先提出来的，而他甜蜜地回避了。"理查德勇敢地问她："你愿意嫁给我吗？"当然，她接受了。她后来回忆道："我们把所有人都赶出了房间，包括孩子们，我们喝得昏天黑地。"所有的老习惯都在等着他们，而那些都是理查德试图避免的。

当晚，他外出喝得大醉。

1975年10月10日，伊丽莎白和理查德——或者说是"利兹和迪克"？——在博茨瓦纳乔贝禁猎区的乔贝河岸边举行了复婚仪式。伊丽莎白写道："那里是我想再次双宿双飞的地方。丛林包围在我们四周。"他们选择博茨瓦纳作为复婚的地点很有趣。除了这是一个他们能走在大街上而不被看客和摄影师打扰的地方外，正如精神病学家和作家凯·雷德菲尔德·杰米森（Kay Redfield Jamison）曾指出的，非洲通常是象征着人们重新振奋生活理想的地方——它生机勃勃的美有抚平伤口的力量。在婚礼前夜，伊丽莎白发现自己像一个少女那样辗转反侧、充满期待。

来自茨瓦纳部落的一个非洲地区的首领履行了二十分钟的典礼仪式。在仪式上，他们被问道是否"明白婚姻的重要性"。也许地球上没有第二对夫妻比他们更能理解婚姻的重要性了。伊丽莎白回忆道，乔贝河中的"两只河马见证了"他们的复婚仪式。理查德穿了红色丝质高领衫和白色长裤。新娘穿了一身绣有珠子和鸟类羽毛花纹的绿色长裙，那是四年前的圣诞节艾法和格温·詹金斯送给她的礼物。这是她第一次穿上这件衣服。她这么做是为了理查德，为了纪念艾法，虽然这并不是理查德想重新唤起的记忆。

唯一美中不足的是理查德的状态。婚礼当天早晨，他两眼通红地醒来，因宿醉而感到轻微不适。在伊丽莎白在给《妇女家庭杂志》写的关于此次婚礼的文章中，她对此并不在乎，但是她未能意识到理查德跟她在一起无法戒酒，也无法保持冷静。酒精是驱使他们生活在一起的燃料，除非伊丽莎白不喝酒，否则理查德就无法戒酒。不同的是，伊丽莎白能够驾驭酒精，而酒精却能杀死理查德。

伊丽莎白看到她那新鲜出炉的丈夫这种状况并不高兴，但是她写道，尽管他有缺点，但"我深深地、真诚地、永远地爱他"，并且补充道："他拥有我所见过的最非凡的恢复能力，这很有可能是他为什么现在还活着的原因。感谢上帝！"

婚礼结束了，他们登上一辆恭候多时的陆虎览胜汽车，开始在东非游猎度蜜月。伊丽莎白热情极高，她给理查德写了一张小纸条：

最亲爱的"丈夫们"——

我这样称呼你，你觉得怎么样？你再一次成为了我的丈夫，我有个消息要告诉你，我们绝不会再结婚了——也不会再离婚。

我们就像沾上沥青的鸡毛一样沾在一起——永远都相爱。

你有没有意识到我们将要一起变老？我知道最好的就是未来将要来到的。

你真诚的妻子

但是，当理查德生病后蜜月就取消了。他被诊断为患有疟疾。一位名叫车妮娜·山明（Chenina Samin）[后来简称为陈·山姆（Chen Sam）]的药剂师乘直升飞机赶来。她是一位40岁出头的极为称职的埃及女医生。在她的调理下，理查德恢复了健康。伊丽莎白对她的印象非常深刻，邀请这位标致能干的女医生做她的助理。她答应了，在接下来的三十年间成了伊丽莎白的秘书、新闻发言人以及不可或缺的朋友，取代了（如果可能的话）迪克·汉利对伊丽莎白生活的那种充满关爱但很严格的控制。而理查德则暂时恢复了健康。

媒体在报道此次婚礼时可以大显身手了——这可是伊丽莎白的第六次，理查德的第三次婚礼。艾伦·古德曼（Ellen Goodman）在《波士顿环球报》(Boston Globe)上写道："雷（Sturm）与鼓（Drang）①复婚，人世间平安依旧……在这样一个友好离婚后仍能保持暧昧关系的时代，他们的婚姻成了供全民消费的事件，而不是一种互相帮扶的关系。他们对彼此的自由毫不在意，而是说：'我离开了你就活不下去。'哇！"

9月10日，伊丽莎白回到伦敦，在多切斯特酒店的兰花厅为伯顿举办了50岁生日宴会。伯顿仍然努力戒酒，有些人觉得他看起来气色不好——一个参加生日宴会的英国作家写道："像一个魂不守舍的人一样。"伯顿是二百五十名宾客中唯一一个喝矿泉水的，但是婚后的几个星期，他又再次开始喝酒了。他和伊丽莎白又回到了老样子，争吵、和好。他们的保镖布莱恩·海恩斯（Brian Haynes）认为婚姻从一开始就注定如此："但是我能看出来他们似乎需要彼此……当他离开的时候，她无法忍受他不在身边。他们经常互相厮打，两个人都说了很多赤裸裸的脏话。"

当伊丽莎白因为背部和颈部疼痛反复发作而再次入院，她坚持要伯顿来陪她。这一次，他没有答应。他觉得压力重重和喋喋不休，并且，由于他在努力戒酒，这种压力正在变得无法忍受。他叼着烟，推着轮椅把伊丽莎白送进了医院。当无处不在的摄影记者要求夫妇二人在镜头前

---

① 语出自德国的"狂飙突进"运动（Sturm und Drang）。十八世纪六十至八十年代兴起的"狂飙突进"运动强调感性与激情，这一特点也与伊丽莎白·泰勒和理查德·伯顿的个性相契合。艾伦·古德曼在此处有调侃之意。——译者注

吻一下时，伯顿拒绝了。

12月，他们回到伊丽莎白位于格施塔德的阿里尔木屋度过圣诞假期。正如《富贵浮云》里戈弗丝的别墅一样，伊丽莎白也安装了对讲系统，将她和她秘书的房间以及厨房连接起来——但位于木屋另一头的理查德的卧室没有安装。现在，理查德又开始喝酒了，晚上在房子里徘徊，伊丽莎白的占有欲使他消耗巨大。他跟一直陪伴左右的布鲁克·威廉姆斯一起成功地设法遛到了邻近的滑雪场，算是一次难得的远足。

在滑雪场，理查德偶然看见了一个高挑的美女，一下让他屏住了呼吸。那是位有一双绿眼睛的27岁的前模特，名叫苏西·亨特（Suzy Hunt）。她当时正在跟著名的一级方程式赛车手詹姆斯·亨特（James Hunt）办理离婚手续。她跟理查德过去遇见的所有有着水汪汪的大眼睛、乌黑闪亮的头发的女人——如苏珊·斯特拉斯堡、克莱尔·布鲁姆、伊丽莎白·泰勒——都完全不同。

她令他着迷，伴随着一股能够促成一次新的开始的力量。伊丽莎白对此还不知情，但是理查德·伯顿刚刚遇见了自己的未来。

第十六章 "利兹和迪克"

"人们买票去看……'利兹和迪克'。我们就给他们想要的。"
——伊丽莎白·泰勒

"我从未找到一个像饰演伊丽莎白·泰勒的丈夫这样好的角色。"
——理查德·伯顿

1976年1月对理查德来说是一个转折点。不仅因为他开始与苏西·亨特走到了一起,而且他在纽约有了新经纪人,奥地利戏剧经济人罗伯特·兰兹(Robert Lantz)。兰兹花了三个月的时间帮他取代了安东尼·帕金斯(Anthony Perkins),在彼得·谢弗(Peter Shaffer)的新剧《恋马狂》(Equus)中争取到了出演主角的机会。他认为,当时百老汇演出正处于淡季,即使是有些过气的电影明星也能为票房增加一些刺激。

亚历克·麦考恩(Alec McCowen)在伦敦老维克剧院出演过这部原创戏剧的主要角色,饰演心理医生马丁·代萨特。而伯顿的威尔士同乡安东尼·霍普金斯已经先于帕金斯在百老汇出演过这个角色。这出有争议性的戏剧——关于一个戳瞎了六匹马眼睛的异端青年和一个治疗他的心理医生的故事——在大西洋两岸引起了轰动。剧中会出现男性裸体(年轻男人的)和一些让人感到恐慌的话题。

伯顿仍和伊丽莎白住在格施塔德,他们分房而居。他绕着小木屋踏雪漫步，读着谢弗的剧本，沉浸在其完美的台词中。他能很好地理解文字传达的意蕴，但自从1963年的《哈姆雷特》，以及1966年的《浮士德博士》之后，他就没有再踏上过戏剧舞台。

当无法筹集到足够资金拍完影片《中大奖》时，伯顿肯定能感觉到他的电影生涯实际上已经结束了。他继续抱怨表演是"娘娘腔"的艺术，但是不仅仅是因为他想要并且需要挣钱，而且因为除了阅读和写日记之外，表演仍然融在他的血液中，仍然对他充满挑战，仍然是他能做的最能令他有满足感的事情。但是他很厌烦那些欧洲合拍片，称之为"巴别塔电影"，因为在这些电影中有一半演员说着不同的语言，而且跨越国界的四处转场是必须的！当他告诉伊丽莎白他现在是一个不同于以往的男人，身心俱疲，再也不想像以前那样生活的时候，他不是在说谎。

但是再次接演一个戏剧角色令伯顿紧张——特别是因为这次自始至终他都不能喝酒。

他离开格施塔德飞往纽约为历时十二个星期的巡回演出进行排练，搬进了位于公园大道第五十六街的伦巴第大酒店第二十层的套房中。不像多切斯特酒店，伦巴第是一个很小的欧洲酒店，既不壮观也不宏伟。布鲁克·威廉姆斯仍然作为他忠实的朋友和个人助理陪在他身边。

苏西·亨特也是。虽然伯顿已经在格施塔德滑雪场被她的美丽所折服，但是当他再一次在一个聚会上遇见这位苗条的金发女郎时，他的心真的全部都在她身上了。当时她整个身子都趴在地上找遗失的隐形眼镜，伯顿起初以为她是喝醉了。他很快就发现，曾在修道院接受过教育的苏西对任何喝醉的人都相当坦率。这位律师的女儿由于前夫詹姆斯·亨特广受欢迎而习惯了人山人海，她能够胜任接下来的挑战，帮这个闻名世界的男人摆脱伊丽莎白的影响，确保他不再酗酒而把自己逼到死亡的边缘。

伯顿的离开使泰勒既气愤又倍感羞辱，她开始与来自马耳他的一名37岁的广告公司经理彼得·达尔马宁（Peter Darmanin）交往。她曾经在格施塔德的洞穴舞厅见过他，当时她跟陈·山姆一起去了那里。理查德去纽约演《恋马狂》之前，她曾警告过他："你有铤而走险的勇气——你知道他们会攻击你的。"十二年前，正是泰勒给了伯顿重返舞台的勇气。现在

第十六章　"利兹和迪克"

她提醒理查德，他已经成为了评论家冷嘲热讽的对象。很多人磨刀霍霍正在等着他。

也许是作为对理查德背叛的报复，伊丽莎白计划卖掉美丽的25克拉粉色钻戒，那是理查德花了100多万美元买来送给她作为复婚纪念的。她已经打算用这些收益在博茨瓦纳建一所医院。但是当她得知理查德想要见她，问她是否愿意来到纽约在伦巴第大酒店跟他见面时，她突然燃起了一丝希望。理查德对她说："请回来吧。我需要你。"

"什么时候？"她问。

"现在。"

也许，如果有第三次机会，他们会让一切都平息下来。

伊丽莎白从瑞士打电话给该剧制作人亚历山大·科恩（十三年前，正是他制作了伯顿演的《哈姆雷特》）。她有一个很好的想法：为什么不组织一个派对来庆祝理查德重返舞台以及1976年2月27日——她的44岁生日呢？这将会是一个邀请三十六位客人的私人聚会，在格林威治村的阿尔弗雷德咖啡厅举办。科恩也参与策划过托尼奖的年度颁奖，他知道如何呈现出一出好戏，所以她将细节工作留给他做。甚至有人提议想让伯顿夫妇联合主持当年的托尼奖。

在现场观众面前担纲这样一个重要而且有难度的角色让伯顿感到很紧张和担心，所以他决定在周六的日场中代替帕金斯演出测试下自己的毅力，尽管他一直在排练那个角色的戏份。那天下午，在帷幕升起来之前，一个响亮的声音宣布："在这场表演中，马丁·代萨特的角色将不会由安东尼·帕金斯来扮演。"观众们开始抱怨表示不赞成。然而这个响亮的声音继续说道："马丁·代萨特的角色将由理查德·伯顿来扮演。"于是观众们开始纷纷起立鼓掌，欢迎伯顿重返纽约舞台。

就在试演即将开始之前，理查德在肯尼迪机场跟伊丽莎白见了面。她裹着一件皮草外套，戴着黑色墨镜。他们用深情的一吻来彼此问候。第二天早上，这些都出现在利兹·史密斯为多家报纸联合撰写的专栏上。但是当他们抵达伦巴第大酒店的时候，伊丽莎白单独住进了一间的套房。她身处此地的消息走漏了风声，这使《恋马狂》的演员和工作人员们非常担心——现在大家都知道伯顿在她身边想要戒酒有多不容易。彩排进行得很顺利——他代替帕金斯的表演非常成功——但这对理查德来说是一个很艰难的转变。他后来说道:"这是我生命中第一次没有喝酒就出现在舞台上,我从未如此惊慌失措。"风险是非常大的——他冒着被当众羞辱的风险,并且,随着其电影生涯日益没落,他还在拿自己作为一名演员赖以维持生计的手段冒险。

当伊丽莎白满怀着跟伯顿破镜重圆的期待入住伦巴第大酒店时,她很快察觉有些事情不对劲。他看起来是那么疏远,并且犹豫不决。这时候他告诉她,他想离婚。

利兹·史密斯重述着当时的情景:"马上,周围房间的人们都听到了极大的争吵声,因为理查德邀请她去纽约,只是为了告诉她他已经爱上了苏西·亨特。"

"你让我大老远跑来,就是要告诉我这些,到底是为什么?"伊丽莎白哀号着。

伊丽莎白发现苏西·亨特和理查德一直在一起。有人多次目击,21日,他们在位于百老汇中心加拉格尔的牛排店吃饭,去布卢明代尔百货公司购物,布鲁克·威廉姆斯一直形影不离。理查德与苏西在一起的时间越来越多,他越来越觉得,对他来说她是在正确的时间遇上的正确的那个人。

记者们在周一晚上该剧预演时包围了普利茅斯剧院。利兹·史密斯和她的助手丹尼斯·费拉拉(Denis Ferrara)记得有一大群粉丝在伦巴第大酒店外等着伊丽莎白。费拉拉回忆道:"她出来了。从远处看,她看起来很好,每个人都走过去对她欢呼。但是走近之后,她看起来就像是知道自己的家庭已经被彻底毁掉了一样。在普利茅斯剧院外,即使这是伯顿重回百老汇的演出,但另一群人仍大叫着'利兹!利兹!'他们想看的是她。"

表演结束之后,在萨尔迪餐厅,伯顿站起来,在伊丽莎白面前拥抱了苏西·亨特。利兹·史密斯回忆着:"这就是结局。当他们从萨尔迪餐厅出来之后,伊丽莎白完全处于魂不守舍的状态,理查德则非常清醒。他送伊丽莎白上了车,但是她知道一切都结束了,第二天就离开了纽约。"

他们的世纪婚姻就这样结束了。伯顿没有给伊丽莎白庆祝生日,而是跟苏西和布鲁克·威廉姆斯在圣·米歇尔山餐厅用矿泉水庆祝了他的新生。

当伯顿的《恋马狂》2月23日公演时,坐在观众席里的是苏西·亨特而不是伊丽莎白,很多人将此描述为一场戏剧性的胜利。观众们很钦佩伯顿,再次长时间起立为他鼓掌;买票的队伍排成了长龙,而且他所有演出的票都很快销售一空。绝大部分评论(尽管不是所有)都欣喜若狂。"……在我看来,他在《恋马狂》里的表演是其一生中最好的表演。"《纽约时报》的沃尔特·克(Walter Kerr)这样写道。克莱夫·巴恩斯(Clive Barnes)称其为"一场明星级表演"。光芒又突然照耀到理查德·伯顿身上。在戏剧的巡演过程中,无论他和苏西什么时候走进餐厅,都会得到人们的掌声。伯顿信守了他对亚历山大·科恩的承诺,在托尼奖颁奖典礼上作为主持人出现,并且得到了一个特殊的纪念章,上面写着"欢迎回到百老汇"。

伯顿成功的首演之夜后,苏西·亨特回到理查德的化妆间为他祝贺。等待她的是一件令她大吃一惊的事:来自伊丽莎白的留言。在试演之后,伊丽莎白曾去理查德的化妆间祝贺他精彩的表演。当她发现房间里没人之后,她就从钱包里拿出了一支眉笔,像《青楼艳妓》中的格洛里亚·旺德劳斯那样,在他的镜子上写道:"你很棒,亲爱的。"伊丽莎白的留言在这儿有多久了呢?为什么伯顿不擦掉它呢?苏西第一次意识到,伊丽莎白仍是一个不可忽视的力量,而且在某种程度上,她一直是理查德生活的一部分。

在同意离婚之后,伊丽莎白飞到洛杉矶,住进了贝弗利山酒店的小屋——住进任何一间她和理查德一起生活过的房子都太痛苦了——所以她离开了那儿,让科恩取消了她计划中的聚会,并宣布她不会在托尼奖颁奖典礼上担任联合主持。回到洛杉矶后,亨利·温贝赫正在那儿等着她。

这是第二次,也是最后一次!在艾伦·弗罗施拟定的离婚协议中,她要带走一切:凯丽丝玛号和卡萨金伯利的所有财产、所有珠宝和艺术品,理查德留下了伊丽莎白送给他的"人人文库",还有他被《黑暗中的笑声》剧组炒鱿鱼之前在伦敦的一个拍卖会上竞得的一小幅毕加索作品。理查德留下了婚前在塞利尼买的房子,还有从格施塔德的小木屋搬来的数以千计图书。更难以解决的纠纷是他们的商业利益以及一起创办的公司:泰伯制作公司、牛津制作公司、哈力克电视台的股份和巴黎的维奇迪尔时装店。他们的法定代理人列出了一份明细。

在十二个星期的巡演之后，理查德和苏西应杜瓦利埃之邀去了海地。伯顿接受这样一个邀请很让人惊讶，因为他和泰勒在那儿拍《孽海游龙》时，由于揭露杜瓦利埃的残酷政权而受到过死亡威胁。也许杜瓦利埃一直只是一个电影粉丝，而伯顿的明星力量胜过了他参演过一部政治揭露影片的失礼。也许伯顿是觉得几乎已经没有地方能让他远离伊丽莎白的影响了。他和苏西买了一座35英亩的庄园，在那里他们可以离群索居，1976年8月1日，理查德也是在那里最终完成了与伊丽莎白的离婚程序。二十天后，也就是在苏西收到与詹姆斯·亨特的离婚判决书之后，理查德和苏西在弗吉尼亚州的阿灵顿举行了四分钟的结婚仪式。在与伊丽莎白离婚和与苏西结婚中间的这段时间里，理查德飞赴好莱坞拍摄了《驱魔人2》（*Exorcist II: The Heretic*），导演是华纳公司的约翰·保曼（John Boorman）。反响非常糟糕，他的新妻子告诉他："你再也不要拍这样的电影了，即使有100万美元也不要去。"谢天谢地，在《驱魔人2》之后，在参演了根据《恋马狂》改编的电影后，他获得了第七次奥斯卡奖提名。在前几次与奥斯卡奖擦身而过后，这一次他很可能会获奖。

新组合而成的伯顿夫妇在理查德位于塞利尼的家中安顿下来，苏西忙于重新装修和收拾屋子，这让理查德觉得很安慰，充满希望地渐渐从艾法发生意外的记忆中恢复过来。苏西把曾给鸽子栖息用的阁楼清理出来，将其变成了一个宽敞的空间，可供理查德阅读、学习和写作，还配有壁炉、舒服的椅子、放打字机的桌子和特制的书架。她沿着房间的整面墙做了书架，上面放着伯顿的数千册宝贝书籍（伯顿喜欢这样说："弗朗西斯·培根不是说过，书是最好的家具吗？"）。这不是唯一的巨大变化：她让伯顿的助理们——除了他的朋友布鲁克·威廉姆斯——与他保持距离。她认为他们是导致理查德酗酒的部分原因——他们会轻易给他酒喝。多年后，当凯特·伯顿看到苏西在她父亲的生活中起到了良好作用，帮助他戒酒时，说道："我认为苏西·亨特给了他一个非常重要的礼物。她使他能够离开伊丽莎白而生活了。"

回到洛杉矶之后，伊丽莎白非常痛苦。当伯顿得到大家的认可，人们都在赞扬帮助他重获新生的年轻妻子时，伊丽莎白则躲在贝弗利山酒店里开始酗酒。她决定继续她的生活。她租了个房子，而且经常能看到她与亨利·温贝赫一起，但是再鲜艳的玫瑰也会凋谢，就像二手车商会因为把一些售出的汽车里程表调少而遭到起诉一样。更糟糕的是，温贝赫还因为一张照片而受到了道德谴责，拍摄于他家中的这张照片涉及四个贝弗利山中学的女学生。温贝赫最终因对未成年人行为不良的罪行而被判九十天拘役。

但是伊丽莎白的生活即将发生改变。在柯克·道格拉斯（Kirk Douglas）和他妻子在棕泉市举办的派对上，伊丽莎白再次遇到了基辛格夫妇，由此受邀参加了华盛顿特区的多场慈善舞会。那是1976年春天，美国独立两百周年，华盛顿有很多慈善活动和庆祝活动。在那里她结识了伊朗大使阿尔德希尔·扎赫蒂（Ardeshir Zahedi），并与他建立了一段短暂却深厚的友谊，她还特意飞到德黑兰参加了一场在扎赫蒂宫举行的盛大派对（那时伊朗在沙阿①政权统治之下，处在伊朗革命前几年）。她喝了香槟和伏特加，吃了鱼子酱。她还受邀参加在英国大使馆举行的伊丽莎白二世女王的招待会，她同意了，但是这个"世界上最美丽的女人"没有伴儿。有人给她介绍了一个人：独立两百周年纪念委员会的主席，他就是富有的弗吉尼亚州共和党人小约翰·华纳（John Warner Jr.）。

华纳与凯瑟琳·梅隆（Catherine Mellon）的第一次婚姻使他变得很富有（在离婚这件事上，他的岳父站在他这边，认为女人不要管钱）。他的岳父还很有争议地帮他得到了一个职位，在杰拉尔德·福特（Gerald Ford）总统的政府中担任海军部长。

华纳是一个个子很高的、杰出的、很有政治手腕的乡绅。他在弗吉尼亚州的马匹之都米德尔堡镇拥有一个2.5万英亩的农场阿托卡。他温文尔雅、彬彬有礼，但奇怪的是，他跟理查德·伯顿和迈克尔·托德的外貌极为相似——大方头，粗犷且英俊，犹如用好土烧制出来的一样。他与伊丽莎白开始互相约会。

---

① 伊朗国王巴列维1941年至1979年在位，在1979年伊朗伊斯兰革命中被推翻。——译者注

当伊丽莎白得知理查德和苏西·亨特的婚讯时,她正在维也纳,获得了《小夜曲》(*A Little Night Music*)中的角色。该片根据斯蒂芬·桑德海姆(Stephen Sondheim)的音乐剧改编。实际上,她的角色要一直唱歌。而在所有歌曲当中,她勇敢地并自我调侃地唱完了那一曲令人伤感的《小丑进场》(*Send in the Clowns*)。她发电报给理查德表示祝贺,还要求华纳来维也纳陪她。他答应了。

他们于1976年11月4日结婚。很快,华纳利用伊丽莎白的明星力量作为公开武器,摸清了美国国会参议员选举的底细。他最终在参议院中赢得了一席之地——其在共和党初选中获胜的对手理查德·奥本沙因(Richard Obenshain)由于私人飞机坠毁而丧生,缺席了选举。赢得选举之后,华纳成为了一名来自弗吉尼亚州的国会参议员。华纳现在拥有了他想要的一切。作为一个共和党好丈夫,他认为女人应该待在家里,让伊丽莎白放弃她的职业。伊丽莎白应允了——在读过有关《小夜曲》的激烈评论之后,她的这一举动似乎并不是自我牺牲。

一旦华纳胜选的喜悦结束之后,伊丽莎白就没什么可做的了。她注意到自己的自尊心正在极度下降——参议员妻子的身份并不能让这个闻名世界、见多识广且天资聪慧的女人感到满足。理查德从未把她仅仅当作妻子或性伴侣或黄脸婆——他总是尊重她的想法,而且她一直是一个完美的搭档。但是华纳参议员大部分时间都在华盛顿,将她独自留在他们的大庄园里。她后来反思道:"跟很多华盛顿政客的妻子和很多其他女人一样……我无事可做。"共和党人的太太团把她拉到一边并且告诉她不要再穿紫色——那是她标志性的颜色——因为"它太激情"了,这给了她致命一击。她抱怨了一阵子,就收起了她的豪斯顿套装,拿出"庄重的共和党小套装",同时也将自己的激情封存起来,专心做起了参议员妻子。

她通过暴饮暴食和酗酒来排遣心中的烦闷和无用之感。她在弗吉尼亚乡村没什么可做的,因此,体重从130磅涨到了180多磅。她后来承认:"吃能打发空虚的时间,我放任自己吃吃喝喝。"豪斯顿为她设计的套装越来越大,除了紫色之外任何颜色都设计过。她自言自语地说:"在二十世纪六十年代早期,伯顿夫妇'世俗的'浪漫与华盛顿(肯尼迪夫妇)'神圣的'

浪漫针锋相对。曾有一份报纸将理查德·伯顿和我在海滩上的照片放在比肯尼迪夫妇在白宫的照片还优先的位置上,现在则无所顾忌地刊登我这不再苗条的身材。"这是她生命中第一次沦为笑柄——不是关于她的多次婚姻,正如奥斯卡·黎凡特打趣地说的:"总是新娘,永远不是伴娘。"——而是关于她的身材。这种嘲讽从琼·里弗斯(Joan Rivers)在约翰尼·卡森主持的《今夜秀》(the tonight show)节目中肇始,一直持续了很多年。唯一没有嘲笑她的人是理查德·伯顿。理查德可以开玩笑地称她为"我胖胖的犹太馅饼"或"无聊的蠢蛋",但世界上的其他人不能这样。后来,当琼·里弗斯的丈夫埃德加·罗森伯格(Edgar Rosenberg)自杀之后,伊丽莎白给她送了鲜花和便条进行慰问,展现出她真正的风度。

　　除了事业和衣柜之外,伊丽莎白在其婚姻中还做出了其他牺牲,包括将著名的泰勒—伯顿钻石卖给了纽约珠宝商亨利·兰伯特(Henry Lambert),来帮助他们摆脱入不敷出的困境(或许,这样做也是想去除他们婚姻中理查德挥之不去的影子)。她解释道:"它代表了我生命中的一个不同阶段,一个有趣的阶段。"兰伯特付给了她300万美元,这是伯顿当初买来价格的两倍。

　　伊丽莎白习惯了热闹的社交生活,而华纳更喜欢安静。她回忆道:"约翰和我从来没让人来过家里,我们也几乎不出门。绝大多数晚上他会问:'你为什么不上楼去看电视呢,胖胖?'"(他也称她为他的"小母牛"。)终于,她受够了。伊丽莎白从柜子里拿出紫色的豪斯顿套装,穿上它以自己的名义参加了一个共和党人夫人的午宴。她知道必须改变自己的生活。

　　当伊丽莎白最终面对自己,在跟华纳共同居住的乔治城的房子中的三面镜前盯着自己与日俱增的体重时,她决定要解决这个问题。她尽力去回想那些跟理查德在一起的回忆——他们在一起时令人难以置信的云霄飞车般的生活,对彼此的迷恋——还有那些能赐予她"重塑一个新梦想的力量"的回忆。那个梦想可能涉及理查德,且可能会将他们俩都带回舞台。

　　这个想法很有可能是她在一次鸡尾酒会上跟伯特·雷诺兹(Burt

Reynolds)的谈话中埋下伏笔的。伯特告诉伊丽莎白,因为其片约越来越少,所以在佛罗里达州的朱比特岛上建了个餐馆剧院①。伯特问她是否有兴趣跟他一起演戏剧版的《灵欲春宵》。她婉拒了,但是在《浮士德博士》中演过特洛伊的海伦一角之后,伊丽莎白一直想重返舞台。她喜欢冒险,而且在现场观众面前表演会让她肾上腺素加速分泌,但她知道她没有接受过舞台训练,也肯定没有出众的声音条件。然而她觉得这都是可以努力的,就像她能坚持瘦身一样。

同时,理查德也遇到了自己的问题。1978年3月29日,凭借《恋马狂》,他最后一次作为获得最佳男主角提名者(他的第七次提名)出现在洛杉矶的多萝西·钱德勒剧院。当"胜利者是理查德……"的声音响起时,伯顿就准备从座位上站起来。这个奖终于属于他了!然而主持人继续说:"……德莱弗斯!"一丝痛苦和难以置信的表情从他脸上划过。30岁的理查德·德莱弗斯(Richard Dreyfuss)凭借在尼尔·西蒙的《再见女郎》中的喜剧角色赢得了奥斯卡奖。伯顿再一次被奥斯卡奖忽视,实际上,那个角色挽救了他几乎日益没落的表演生涯,这点是有目共睹的(不过好在他的精彩表演帮他赢得了金球奖)。毕竟,也许好莱坞真的从未接受过他,在离婚这件事情上都是站在伊丽莎白这一边。而且伯顿带着伊丽莎白远离好莱坞在欧洲拍了差不多十年的电影。在某种程度上,他们从未原谅他跟伊丽莎白结婚,也从未原谅他跟伊丽莎白离婚。

之后,理查德·伯顿演了很多中等水平的电影:《魔力》(*The Medusa Touch*)、《野鹅敢死队》(*The Wild Geese*)、《星战任务》(*Absolution*)、《突围》(*Breakthrough*),与16岁的塔图姆·奥尼尔(Tatum O'Neal)一起拍的不幸的《十六岁的爱》(*Circle of Two*),以及《爱情魔法师》[*Lovespell*,根据《崔斯坦与伊索德》(*Tristan and Iseult*)改编的一部电影]。他仍想出演莎士比亚笔下的伟大角色李尔王,而且与亚历山大·科恩一起做了策划。然而,他没有精力进行长达八个星期的巡演(只有这样才能获取足够的利润),因此这一计划最终被取消了。

---

① 餐后有戏剧表演。——译者注

在苏西·亨特的监督下，伯顿自始至终都滴酒未沾，虽然有时候他觉得她管得太多了，甚至到了帮他读剧本，决定他要拍哪部电影的程度。她做过一些很糟糕的选择，促使很多人认为伯顿仅仅是为了挣钱而出卖自己的天赋，拍了诸如《魔力》、《星战任务》、《突围》、《十六岁的爱》这样的电影。苏西对理查德关心过度，一遍又一遍地给他梳头；确保助理们离得远远的；她接管了助理们的所有任务，将他跟助理们隔离开来。约翰·斯普林格、罗恩·伯克利甚至他的新经纪人罗伯特·兰兹发现他们都受到了冷落。理查德感觉自己被控制着，像一个老人一样被对待，伊丽莎白从不会这样做。苏西也并不开心，因为无论什么时候她都能看到很多理查德以前和伊丽莎白生活的痕迹。1980年拍《星战任务》时，他们曾前往巴亚尔塔港度假，直到现在那里还是一个繁华的度假胜地。最后他们在那里买了个别墅，哪怕有关伊丽莎白的印记随处可见，比如一个欢迎牌上写着：这里是世界上最美的地方，世界上最著名的夫妇之一在这里寻找到了真爱。

1980年7月，伯顿获邀参演新版《卡米洛》，演出费为一周6万美元，一共在美国巡演了十二个月。这不仅对理查德来说是一次感伤之旅，对成群结队来看他表演的观众同样如此。他们仍沉浸在他的过去以及他跟伊丽莎白童话般的婚姻中。在回到纽约之前，该剧开始了在多伦多的巡演。当苏西看到一张伊丽莎白和理查德一起微笑的照片在多伦多奥基夫剧院作为纪念品出售时，她震怒了，说："不要让它出现在这里！"因此，剧院的工作人员花了一整晚撤下了那些让她不快的照片。这对夫妇之间的另一个紧张关系是由于苏西对来看理查德表演以及表演结束后给他敬酒的那些人一个都不认识产生的。在基辛格夫妇举行的派对上，理查德不得不低声向苏西解释每一个著名的人物——那是著名的政治小说家乔·艾尔索普（Joe Alsop），那是威廉·F·巴克利（William F. Buckley），那是尼尔森·洛克菲勒（Nelson Rockefeller）的妻子赫比·洛克菲勒（Happy Rockefeller，他解释道，她丈夫死在另一个女人的怀里，她"其实很不快乐"[①]）。

在纽约《卡米洛》的开幕演出上，苏西非常烦恼，因为无论他们到哪

[①] 洛克菲勒夫人的名字"happy"有"快乐"的意思。——编者注

里总有人盯梢，而且还要接受仔细检查。苏西是一个害羞的女人，不习惯陌生人检查她的头发、首饰、化妆品，甚至跟着她到洗手间，试图看得更真切。她没有伊丽莎白在公共场合保护隐私——拉低面纱——的能力。

一旦巡演开始，理查德颈部的神经痛以及持续不断的旧伤就让他感觉到相当大的痛苦。他发现自己的右手不听使唤，苏西不得不替他打理一切，这使他觉得自己太无能。亚瑟王尤其是个难演的角色，在这部戏里，他不得不在巨大的圆形剧场里向观众舞动长剑、高声歌唱。他渴望"万灵的酒"。（他抱怨道："双倍冰冷的伏特加马提尼，玻璃杯上凝结了一层小水珠，直线上升然后直线下降，止痛药般的温性食物刺激了胃，又刺激了大脑，带来了一小时甜蜜又郁闷的快感。我要吃一粒药片。真令人作呕。"）他为了缓解神经痛而服用了止痛药，这让他感到恶心，有时不得不在转场时跑回后台呕吐。

纽约开幕演出之后不久，理查德在舞台上似乎有点站立不稳。观众席里突然有人大喊："让他再喝一杯吧！"大幕落下，一名候补演员代替伯顿出演；几百名观众生气地走出了剧院。但是理查德并没有喝醉。他只是跟他的老朋友理查德·哈里斯喝了一两杯。多年前，当理查德拒绝参演电影版的《卡米洛》时，理查德·哈里斯代替他演了这一角色。酒与镇痛药混合服用的效果太厉害了。

也许是为了安抚公众，他仍然努力做到处之泰然，伯顿连续四个晚上出现在《迪克·卡维特秀》（*The Dick Cavett Show*）上，言词诙谐，看起来状态良好，其行为举止与他的身份和魅力很相称。接下来的时间里，他的表演赢得了观众长时间的起立鼓掌。实际上，有些歌曲以一种神奇而强有力的方式影响了公众。一名男性观众愿意支付全体演员1000美元，只要他们重唱这场戏的最后一幕。当他唱到"如何对待一个女人"时，剧院里没有一个不流泪的。观众们都认为在他心里，这首歌是献给伊丽莎白的。其实，当该剧在新奥尔良巡演时，有传言说伊丽莎白在观众席里，所以理查德实际上是唱给她听的。

但是一周八场的演出加剧了他的疼痛，他的体重从175磅降到140磅。当巡演来到西海岸时，他在一场演出之后晕倒，立即被送到了圣莫尼卡

第十六章 "利兹和迪克" 363

的圣约翰医院，那是1981年3月26日。七年前，这个医院曾救过他一次，那次是因为酒精中毒。在那里，他接受了颈椎板切除手术，这是一个风险很大的手术。医生提醒他手术可能会让他更痛苦。然而，他太绝望了，决定孤注一掷铤而走险。医生的话语最终成真：他病情更加严重，陷入了持续性疼痛中。理查德不得不放弃《卡米洛》剩下的演出，与此前一样，由理查德·哈里斯代替他出演亚瑟王。

苏西努力照顾他，试图帮他恢复健康，但结果并不如意。10月7日，理查德因为溃疡穿孔再次被送进了医院。他是一个疾病缠身的人，对苏西恶语相向。他憎恨自己的所作所为，但又无能为力。她最终离开了他。1982年2月20日，他们宣布分居。在签订离婚协议书时，她得到了巴亚尔塔港的房子和100万美元。他没有责怪她；对苏西来说这些太沉重了。但是伊丽莎白可以应付自若。

1982年，伯顿接演了最后一个"伟人"的角色，在一个八小时的电视连续剧中饰演威严的德国作曲家理查德·瓦格纳。该剧由托尼·帕尔莫导演，在维也纳拍摄。伯顿的精神状态并不是很好，一天要抽四五包烟，而且又开始酗酒。讽刺的是，因为喝酒的缘故，曾被遏制住的轻度癫痫偶尔又会发作。对理查德来说，因为《瓦格纳》（Wagner）这部戏，他与英国最棒的三位舞台剧演员再次重逢——他的英雄、他的朋友和他的眼中钉：约翰·吉尔古德爵士、拉尔夫·理查德森爵士（Ralph Richardson）和劳伦斯·奥利弗爵士——约翰、拉尔夫和拉里。唯一一个没有爵士头衔的是理查德。他被认为是他们的继承者，"他这一代最伟大的舞台剧演员"，但是现在伯顿再也没有精力来扮演莎士比亚最伟大的悲剧中那个痛苦的国王了。他不确定在科迪莉亚死去的那场戏中，自己是否还有体力抱起她走下舞台。

这四位老牌演员轮流为剧组举办晚宴。伯顿是最后一个，晚宴设在维也纳著名的施瓦森伯格宫。出席的还有导演托尼·帕尔莫和著名摄影师维托里奥·斯托拉罗（Vittorio Storaro）。这是一个美妙的夜晚，人们都很尽兴，理查德一直没碰摆在他面前的酒。但最终，他还是去拿了一杯，喝了起来。

这一转变就像"化身博士"一样。托尼·帕尔默回忆道，理查德异常邪恶地攻击了这"三位爵士"。他称奥利弗为"古怪夸张的演员。都是靠演技而已。没有真实情感"。吉尔古德是下一个，伯顿讽刺了他的同性恋往事（伤感而又刻薄地侮辱了这个可能在三十二年前跟他有过一腿的男人）。他告诉拉尔夫爵士，他的传奇经历其实只是健忘的结果，通过提示卡来"飞一般地读"他的台词。这三位老演员一言不发地盯着他看。尽管这么多年来伯顿拍了一部又一部糟糕的电影，他们对他感到惋惜，但他们一直尊重他，甚至很爱护他。后来，帕尔默回忆说，理查德痛斥了自己，悲叹道："噢，上帝啊！噢，上帝啊！我做得太过分了！"

1981年12月，伊丽莎白与约翰·华纳分手了，理查德也在三个月后与苏西正式离婚。利兹·史密斯相信，这两段婚姻"对彼此来说都太'他妈的折磨人'了。苏西·亨特拥有伊丽莎白所没有的一切——高挑、纤瘦而且金发碧眼。约翰·华纳如此英俊、稳重、卓越，从前海军部长成为参议员。这是一场相互攀比的连续游戏"。但是这两段婚姻都是必要的。伯顿需要人帮他戒酒，回归更安静的生活。而与华纳一起的四年里，伊丽莎白在农庄里享受生活，帮他竞选，最终还是找到了她一直需要的东西：表演的机会，以及永远都想看到她的观众。她的粉丝团从未成为伊丽莎白的负担——她一直跟他们有联系，就像真正的王室一样，因为粉丝们的忠诚才能维持伊丽莎白的统治。

泰勒随着《小狐狸》（*The Little Foxes*）剧组来到伦敦，伯顿也在拍摄《瓦格纳》（*Wagner*）的间隙从维也纳到伦敦短暂休息，出现在舞台上朗读《牛奶树下》。此时，有传闻称他们可能会再次牵手。当时，利兹·史密斯认为："她肯定能让他回来，因为理查德无法抗拒伊丽莎白的诱惑。"

九个月前的1981年5月7日，《小狐狸》开始在纽约首演，连续六个月满座，之后剧组转场新奥尔良和洛杉矶进行巡演，现在来到了伦敦。自从1967年安·斑克里夫特（Ann Bancroft）饰演了这个诡计多端的狡诈的南方女人瑞嘉娜·吉登斯以来，这是该戏第一次登上百老汇舞台。[当编剧莉莲·海尔曼（Lillian Hellman）得知伊丽莎白——她坚持称呼她为"利兹"——将饰演这一角色时,大吃一惊。]尽管支气管感染了两周,伊丽莎白还是完成了123场表演,全部满座。迈克·尼科尔斯注意到她在舞台上没有用扩音设备,但她的表现证明其他人都错了。虽然有些评论家嗤之以鼻,但她还是获得了托尼奖提名。

1982年2月27日,伊丽莎白在伦敦的传奇夜总会庆祝了她50岁生日,这次派对由52岁的以色列制片人泽夫·巴夫曼(Zev Bufman)组织。他曾与伊丽莎白联合制作了《小狐狸》,而且二人共同成立了一个戏剧制作公司,即伊丽莎白剧团。那次派对有一百二十多位宾客,其中不乏国际知名人士,像鲁道夫·努里耶夫,当然还有伊丽莎白的孩子丽莎和新婚的玛丽亚·伯顿·卡森,还有华纳参议员的两个女儿玛丽和弗吉尼亚。那晚的伊丽莎白看起来容光焕发——身材苗条、洋洋得意。

刚与约翰·华纳分开的她与理查德·伯顿手挽手来到了现场。

当晚,他们在一起轻歌曼舞、卿卿我我、耳鬓厮磨,然后理查德用他的戴姆勒汽车将她送回她在切尔西的夏纳步道二十二号租住的别墅中。她邀请他进屋,当看到全部用薰衣草重新装饰过的房子时,伯顿笑了。他们一起聊天,就像他们在过去四年多里通过电话聊天一样,聊他们的孩子:玛丽亚已经长成了一个高挑、活泼又美丽的姑娘;他们的孙辈都在伊丽莎白身边。会说两种语言的优秀的凯特已经从布朗大学毕业,获得了国际关系学位,但是她决定接手家族事业。她已经上了耶鲁大学戏剧学院。难以捉摸、精力充沛的迈克尔·威尔丁和克里斯托弗·威尔丁兄弟,最终也似乎找到了他们自己的人生道路,这让伯顿非常安慰。

媒体都欣喜地欢迎两位前恋人的回归,他们显然非常高兴这两位能重新在一起,这引发了他们很多猜测。大家想念"利兹和迪克",他们比约翰·华纳夫人和洁身自好的伯顿能引发更多的故事。

第二天的晚上,理查德重温了他喜欢的狄兰·托马斯的广播剧《牛奶树下》,在约克公爵剧院为公众朗诵,为威斯敏斯特大教堂的诗人角集资建纪念碑。当他聚精会神地对着观众朗诵时,伊丽莎白安静地走进了剧院,悄悄走上舞台,站在他身后,理查德对此并不知情。观众们看到她都非常兴奋,伯顿很奇怪大家为什么这么兴奋。穿着牛仔裤和宽松毛衣的伊丽莎白突然抢了他的风头,向台下围得水泄不通的观众行屈膝礼并飞吻。然后,她用标准的威尔士语轻声对理查德说:"我爱你。"

伯顿答道:"再说一遍,再说一遍,亲爱的。再大声一点儿说。"

于是,伊丽莎白对着观众重复:"Rwy'n dy garu di(我爱你)。"

这句话让全场炸开了锅。伯顿慌乱之中,忘了自己的台词,连忙向观众道歉。这让这个老道的演员措手不及,但是伊丽莎白就是那样做了。当晚,剧院里有一个年轻的爱尔兰演员叫加布里埃尔·拜恩(Gabriel Byrne)。据拜恩回忆:"这也许是我在舞台上见过的最戏剧性的一刻,最令人难忘的事情。我永远都不会忘记。"

之后,理查德带伊丽莎白去加里克俱乐部①吃晚餐,那是一个为戏剧从业者开的著名酒吧。服务员把加了冰的杰克丹尼递给伊丽莎白,为理查德倒了双倍伏特加。晚餐后,理查德开着伊丽莎白的巧克力色劳斯莱斯将她送回家,这辆车是泽夫·巴夫曼送给她的礼物。

他们到达之后,像往常一样,受到了伊丽莎白助理们的欢迎。不过这次伯顿明确表态让他们都离开。他喊到:"出去。"然后,他们都分散到房子的其他地方。

伊丽莎白深情凝视着他,然后说:"嘿,讨厌鬼。你瘦了。你不亲我一下吗?"伯顿抱着她,吻着她。

她轻声说:"我不敢相信发生在我们身上的这一切。"

他在她那儿过夜了。

接下来的几天夜里,人们经常能看到这对夫妇,而且伯顿似乎又被伊丽莎白迷住了。他告诉一个记者:"伊丽莎白和我注定要重新在一起的。我不能没有她。我爱这个女人。"他甚至用钢笔在餐纸上写了首小诗:"我认识一个甜心又害羞的女人/我常常看到她经过/我不知道为什么我的心陶醉了/我会爱她直到我死。"但,矛盾仍然存在,他告诉另外一位记者:"我不能跟她再在一起了。作为我的前妻和孩子的母亲,作为一个传奇,我跟她还有关联。她是一个宝贵的、甜蜜的、完美的传奇,也是一个小泼妇。"

---

① 英国伦敦戏剧、司法界名人的高级俱乐部,成立于1831年。——译者注

第十六章 "利兹和迪克"

伊丽莎白则更谨慎,或许是更腼腆,她给报社的评论里写道:"我跟他没有关系了,也不打算再有关系。他只是我的过去。"

然而,伊丽莎白找到了让他们重新在一起的方法。不是作为伊丽莎白和理查德,而是作为"利兹和迪克"。

《小狐狸》的成功促使伊丽莎白寻找一部能让理查德跟她共同出演的戏剧。她想到了田纳西·威廉斯的《浓爱痴情》。该剧讲述了一个过气女演员与比自己年轻的恋人交往的故事,主线很明显:"当你退出电影圈时,除了被遗忘,没有别的结局。"但这不适用于她所力图展现的东西。她后来说"我知道这个迟暮的南方美女角色适合我",但是没有适合理查德的角色,"对于切恩斯这个角色来说,他太老了"。后来,保罗·纽曼在根据该剧改编的电影里饰演了这个年轻的浪子。她选择了诺埃尔·科沃德的《私生活》,那是一个关于过气影星的老掉牙故事。诺埃尔·科沃德一直想让他们饰演阿曼达和艾利奥特这两个角色。那是一对离婚夫妻,在同其他人结婚之后重新发现了彼此。诺埃尔·科沃德写这个剧本是为了表现他和女演员格特鲁德·劳伦斯(Gertrude Lawrence)之间的故事。这是他在上海因流感而休养时,用四天时间创作出来的。

这对理查德来说是一种诱惑,他已经决定多演一些戏剧,如尤金·奥尼尔(Eugene O'Neill)的《长夜漫漫路迢迢》(*Long Day's Journey into Night*),并且,他还一如既往地希望演李尔王。理查德——清醒,看起来很健康,如果再瘦一点——飞到位于贝尔艾尔的伊丽莎白的家中讨论这个项目的剧本。她一周付给他7万美元,巡演将历时七个月。伯顿接受了。

八年来,伯顿第一次写日记,在日记里他写下了对接受这个角色的顾虑。他对以这样一种公开的方式与伊丽莎白重聚有所顾虑。他知道他正在面对的是多么严峻的考验,因为他们的关系世人瞩目,而且,无论伊丽莎白到哪儿,关于她和他的一些疯狂的谣言都会如影随形。虽然他跟媒体提过他们可能会重新在一起,但他并不能确定这是好是坏。他一方面想跟伊丽莎白在一起,一方面又对此犹豫不决。在电话里,伯顿跟吉尔古德讨论了这件事,吉尔古德似乎已经原谅了他以前那些过分的言论。

约翰爵士劝他拒绝:"你不会真的要去演《私生活》吧?"

伯顿答道:"我期待伊丽莎白会让我来演。"

因此,1982年9月23日,伊丽莎白和理查德在贝弗利山酒店召开新闻发布会,宣布他们计划再次携手演出《私生活》。第二天早上,报纸抓住了关键点:"利兹和迪克秀"重装上阵。现在已经无路可退。尤其是该剧在《纽约时报》上登了大幅广告,一支箭穿过一个巨大的心脏,旁边写着:"再聚首!"伊丽莎白总是能很好地驾驭媒体。她宣布:"我已为新纽约做好了准备。"

1983年3月的第二周,他们开始在西四十六街的鲁特—方特恩剧院彩排,这是理查德许久以前成功演出《哈姆雷特》的地方。伊丽莎白搬进了贝雷斯福德西八十一街的罗克·哈德森的公寓,在那儿能看到中央公园迷人的景色。伯顿住进了伦巴第大酒店。第二天,玛丽亚带着她刚出生的孩子来看伯顿,然后他们去看了伊丽莎白。这是一次愉快的家庭团聚。伯顿环视了罗克·哈德森的公寓,注意到——毫无疑问带着一声冷笑——这个地方一本书都没有。

伯顿仍然在戒酒,但在剧中饰演被抛弃的丈夫维克多·普林的约翰·库尔曼(他曾在《哈姆雷特》里饰演雷欧提斯)在彩排时看到伯顿如此脆弱,吃了一惊。库尔曼回忆道:"他身上的体重都消失了,他的声音还是一样,但不像以前那样强壮有力了,他曾经一直那么爷们儿。不过他以此来检验自己的能力。"库尔曼认为这个经历太离奇了。他说:"这是一个奇怪的组合。我来告诉你,她才是老板。"伊丽莎白后来反驳道:"相信我,我会处理好,不会让理查德知道现在他在给我打工。"但是理查德已经意识到了。

伯顿记下了他与伊丽莎白一起工作时的挫败感,她以前的坏习惯又回来了。"伊丽莎白……又在喝酒。还没读剧本!那就是我的女人!……这将会是漫长的七个月。"但是到了3月27日,伊丽莎白突然灵光乍现,并将之整合到一起,情况一下子变得"非常棒";"我第一次这么享受彩排。"伯顿记道。

库尔曼也发现跟伊丽莎白一起彩排很困难,绝大部分原因是她其实并不喜欢彩排。作为一个女演员，库尔曼相信："伊丽莎白是一个天才。她是你见过的演技最精湛的女演员之一。她只是舞台经验不多。例如，当我第一次见到她时，我建议我们对一遍台词；但她不想，我觉得她认为这样可能会减弱表演的效果。对电影来说这样很好，但如果想要每场表演都能撑起来，这样做只会毁了你。"

库尔曼注意到，在彩排期间，伊丽莎白处理不好特定的台词。当她一说到法国里维埃拉的多维尔市的一家酒店就打磕绊时，"理查德开始大笑，伊丽莎白就发火了，大叫：'你到底在笑什么？你个笨蛋！'他说：'亲爱的，我们在这家酒店住过两个多月！'《私生活》中提及的所有地方他们都曾经住过"。

1983年4月13日，该剧在波士顿首演，座无虚席。观众长时间起立鼓掌，伊丽莎白谢幕了三次。伯顿在晚场表演结束时给了伊丽莎白一个长吻，观众们都疯狂了。他们的飞机在罗根机场降落抵达波士顿时，仿佛是《哈姆雷特》时期经历的重演，大批观众欢呼雀跃，挥舞着姬蒂·凯莉（Kitty Kelley）为伊丽莎白写的传记《最后的明星》（*The Last Star*）让她签名。

布鲁克·威廉姆斯回忆道，1983年5月9日在纽约的首演"非常热闹"。剧院周围的街道上挤满了人，都等着看伊丽莎白，她肩上架着宠物鹦鹉出现了。这只鹦鹉一直放在她的化妆间里，在最后一幕时带上了舞台。鲁特－方特恩剧院的大幕晚了三十五分钟才拉开，这是幕间休息的时间第一次比整个第一幕的时间还长。

伯顿在后台勃然大怒——他是最守时的一个演员；他讨厌迟到；他是一个斯巴达战士，无论情况如何，他都会准时。他在化妆间里大为恼火（他在那里的一面墙上挂上了威尔士国旗）。伊丽莎白很冷静——她在表演前不受任何干扰——她在布满薰衣草的化妆间里做着准备，房间里还有带褶皱的荷花印花棉布窗帘、薰衣草毛巾、绢花和100加仑的鱼缸（他们特别重新装修的化妆间如此壮观，曾上了《建筑文摘》杂志）。库尔曼回忆说："伊丽莎白上台之前的五到十分钟会在这里聊天、化妆。而理查德会自己待着。"布鲁克·威廉姆斯会帮他倒茶，跟他聊天，努力让他放松。

伯顿向布鲁克抱怨："这恰恰证明，我再也不能跟那个女人在一起了。"

伊丽莎白化妆的时间很长,伯顿开始坚持要她在公寓化好妆后再去剧院(她经常在去剧院的途中完成化妆)。

尽管首演遇到了很多问题,但是座无虚席的观众都站起来了,伊丽莎白和理查德返场谢幕了五次。随着演出向西推进:费城、华盛顿、芝加哥、洛杉矶,每到一地的首演都是如此。但是从首演开始,很清楚的事实是,观众对"利兹和迪克秀"的欢呼多过了对诺埃尔·科沃德诙谐的作品。

库尔曼意识到:"他们过着现实版的《私生活》,这也是该剧不太成功的原因。真是一种讽刺。"该剧原本是一部客厅喜剧,而不是滑稽喜剧,但是剧中却有太多跟现实生活相似之处,一如《埃及艳后》、《一代情侣》、《春风无限恨》、《驯悍记》、《富贵浮云》、《缘尽情未了》那样。但是现在这些都不具有戏剧性了,而成了滑稽剧。观众深知《私生活》一剧背后隐藏的"利兹与迪克"的公共生活,所以他们那些妙语连珠的对话有一语三关的效果。

首先,艾利奥特的新夫人名叫希贝尔[夏洛特·摩尔(Charlotte Moore)代替凯瑟琳·沃克(Kathryn Walker)出演了该角色]。诸如阿曼达说的"可怜的希贝尔……我想她非常非常爱你",以及艾利奥特说的"没有那么爱。她没有机会真正开始爱"这样的台词,其实就表明了该剧实际上是关于伊丽莎白和理查德的故事。

伊丽莎白/阿曼达对理查德/艾利奥特说:"八年来所有人都说我们彼此相爱。结婚三次,离婚五次。"这些话跟事实非常相近。而当理查德告诉伊丽莎白"她没有魅力,根本就毫无魅力"时,观众们狂笑不已。"我非常恐惧婚姻,真的。"伊丽莎白的这句台词又引来了另一阵大笑和一种与现实相仿的微妙感觉。伊丽莎白问:"我们之间这种荒唐的、霸道的爱还能持续多久?……我们会一直争吵、打架吗?"理查德答道:"不,这种欲望将会跟我们的激情一起退却。"

在阿曼达和艾利奥特的伪装下,越来越多的真相显露出来。伊丽莎白说:"我相信正是我们的结合以及这种公开被绑在一起的事实曾经毁了我们。"

理查德说:"那是因为我们之前不懂得如何对待彼此。"

伊丽莎白问:"你认为现在我们懂了吗?"观众们开始摇头。当伊丽莎白说"这个星期非常成功"时,她看向全场观众,"利兹和迪克"与"阿曼达和艾利奥特"完全合而为一了。

虽然观众非常接受这部作品,花45美元买最好的座位,但是他们得到的评论却是他们漫长职业生涯中最糟糕的。评论家们不屑一顾,极尽奚落之能事——当他们看到评论的时候,并没有准备好面对这些观点。弗兰克·里奇(Frank Rich)在《纽约时报》上称它是"一次精心策划的商业投资",一种"拙劣、可笑、老一套的滑稽噱头",在剧中"泰勒小姐和伯顿先生看起来像被鞭打了一样很沮丧"。他特别指出伯顿看起来像个"机器人"(他总是痛苦地移动胳膊和肩膀)。一度,伯顿/艾利奥特要捏(或者说是按,据一个戏迷回忆)伊丽莎白/阿曼达的胸部,但是弗兰克·里奇认为他演得就像是"在一天里为很多病人做检查的医生那样客观冷静"。詹姆斯·布兰迪(James Brandy)将伊丽莎白的表演比作"希特勒日记——你觉得难以置信,但你必须看看"。《基督教科学箴言报》(Christian Science Monitor)哀叹:"他们已经成了一个单词:利兹迪克(Liz'n'Dick)……注定要成为安东尼和克莉奥佩特拉在日常生活中无止境的续集……他们二十年前为争取个人自由的抗争让他们成了大众的奴隶。他们已经成了脖子上永远套着铁链的跳舞的熊。"《综艺》杂志冷酷地写道:"《死魂舞》(The Dance of Death)① 可能会是更合适的选择。"《人物》杂志(People)在谈到该剧时,开玩笑地模仿字典编了一个词条"利兹迪克":

> 利兹迪克:名词,常用做复数使用。(当代用法,是"利兹和迪克"的缩写,常与感叹号一起使用,如利兹迪克!)1.现此用法已不用,指传奇的美国女演员和威尔士男演员,尽管他们已经不在一起,但他们的名字仍永远连结在一起。2.指越来越老和越来越装腔作势的两个人,他们一起演的作品比分开演的更棒,

---

① 瑞典剧作家、小说家、诗人奥古斯特·斯特林堡(1849—1912)的代表作之一,写于1901年。——译者注

他们不断在公众面前同进退。(诺埃尔·科沃德新版的《私生活》上周在波士顿开演,你知道吗?)3.指两个人走到一起又分开、又复合、又分开,直到他们似乎将其变成一种习惯,或者直到相熟的人对他们由同情变成了厌倦。

伊丽莎白试图不去看这些评论,但这是不可能的。《波士顿环球报》的报道让她流泪了("首先是一个滑稽可笑的伊丽莎白·泰勒,其次是一个滑稽可笑的女演员,再次是一个滑稽可笑的科沃德女主角")。库尔曼知道"她受到了伤害,她不明白为什么他们如此恶毒。但她是老练的演员。你不得不钦佩她,因为他们谈论的是些负面消息,而且兴高采烈地攻击一个如此著名、如此美丽的人!他们乐此不疲"。负面评论使该剧在纽约的演出时间缩短到几周,但伊丽莎白和理查德仍在咬牙坚持。《纽约邮报》惊呼:"'利兹和迪克':该死的评论家,全速前进!"还有"这是'利兹和迪克'与评论家之间的较量。"

实际上,新闻界从没如此感觉良好过。其实他们也在重温旧日,沉浸在他们是否会团聚的猜测之中,将整个专栏都贡献出来讨论"利兹和迪克"现象。《纽约时报》的专栏作家拉塞尔·贝克(Russell Baker)也加入进来,《每日新闻》(*Daily News*)的吉米·布雷斯林(Jimmy Breslin)也是,他曾在伦巴第大酒店采访过伯顿。他们讨论了伯顿众所周知的戒酒努力。他说:"我不会错过有关于此的任何点点滴滴。我不得不努力思考如何去描述这个不喝酒的有趣男人。"伯顿也提及,当他注意到在纽约的餐厅里用点一小杯白葡萄酒来代替真正的豪饮的潮流时,他感到多么惊恐。他问布雷斯林这个强壮的贪杯者:"这到底是从什么时候开始的呢?一天晚上我听到一个男的说:'我要一杯不加冰的伏特加马提尼。'我对他说:'做得好。这才对。'"

一天晚上,伊丽莎白和理查德在演出之后去了萨尔迪餐厅,而且理查德还给了她一些关于表演的建议。他们都喝得很凶。库尔曼注意到:"理查德的戒酒并没有坚持多长时间。无论如何,第二天晚上,伊丽莎白没有出现,所以他不得不继续与替补演员搭档。理查德被激怒了。她周四没出现,周五、周六也没出现,他不得不跟替补演员演了两场。替补演员演得非常好,但是他并不愿意与其他人搭档。他知道他的建议让伊丽莎白生气了。所以他越来越生气……可以确定的是，周一早上，也就是我们休息的那天，他说他再也不想跟替补演员配戏了。然后他也消失了。"

几天之后的头条新闻是："理查德·伯顿结婚了。"

理查德与他年轻的助理萨莉·海伊飞往拉斯维加斯，下榻于边界大酒店1000美元一晚的新娘套房。1983年7月3日，他与这个34岁的澳大利亚女人萨莉结婚了。他们在维也纳的《瓦格纳》剧组相识，当时她是这部电影里的女场记。在七个月的拍摄期间，他们俩日益亲密。她苗条、金发、机智，而且温柔——更像希比尔，而不像伊丽莎白。她甚至与希比尔和凯特长得很像。她能给理查德当时最需要的东西——陪伴他左右、关心他的健康、安慰他。她甚至在手提包里装着勺子状的工具，在理查德的癫痫偶尔发作时能放进他嘴里防止他咬到舌头。

理查德对一直陪伴左右的布鲁克·威廉姆斯坦承："她无所不能。她会做饭、打字、速记，没有她不会的事情。她把我照顾得很好。布鲁克，感谢上帝让我遇到她。"不过，在日记中，他称其为"可爱的萨莉"或"性感的萨莉"或"不能失去的萨莉"，所以他们的关系不仅仅是一种照顾和支持。

所以萨莉在拍完《瓦格纳》后仍然陪伴在他身边，并且跟理查德住在一起，陪他来到纽约。伊丽莎白对此很不高兴，但是当他消失了三天，回来时已经与萨莉成婚时，她勃然大怒。

库尔曼回忆道："我想理查德真的是想摆脱那个合同。他只是不喜欢演一部没有达到预期效果的作品。"库尔曼也想摆脱自己的合同。在与伊丽莎白的同一幕表演中，库尔曼意识到观众里没人在看他。"我会看着观众，而且我能看出来他们的注意力只在她身上。他们不能相信他们真的在现场——看到活生生的偶像。理查德在舞台上的气场很强，他跟任何人在一起都能成为关注的焦点。但他并不在意这个——让他苦恼的是不得不为伊丽莎白打工，她是他的老板。至少给我的印象是这样。"

伊丽莎白强颜欢笑，甚至在费城为这对新婚夫妇举办了一个派对。但是伯顿娶了萨莉之后，伊丽莎白似乎对任何事都不在乎了。她后来承认：

"我开始崩溃。我的坏习惯又回来了。我开始暴食、酗酒、嗑药。大幕一落,杰克丹尼就已经在一边等着我了。"

她的体重明显又增加了,评论家们又幸灾乐祸地指出了这一点。对饰演希贝尔的凯瑟琳·沃克来说,每当看到伊丽莎白对着镜子里的自己不断问"我真的看起来很胖吗?"时,就会觉得很难过。凯瑟琳回忆道,她很"痛苦,真的很痛苦。而且现在他们又把她扔下不管了。我不知道她为什么不能勇敢反抗他们"。

但是她的确与来自洛杉矶的导演米尔顿·卡特塞拉斯(Milton Katselas)对着干了,在洛杉矶他是位表演老师并且在某些方面相当权威。多年前库尔曼与他有过合作,他记得这位导演"老是装出一副学者架势,谈论着'诺埃尔·科沃德的幽默和喜剧'。连我都不难理解他只知道点皮毛,而且他还是在跟理查德和伊丽莎白谈诺埃尔,殊不知他俩都跟诺埃尔相识已久。"卡特塞拉斯最终被赶走,换了另一位导演。

彩排期间,伊丽莎白仍常会在私下里悄悄跟理查德诉说她多么孤独,尽管她的合作者泽夫·巴夫曼和温文尔雅的维克托·冈萨雷斯·卢纳(Victor Gonzales Luna,一位离了婚的墨西哥律师以及四个孩子的父亲,伊丽莎白在前一年见过他)都很关心她。在媒体做出所有那些关于复合的猜测之后,伯顿的背弃让她很受伤,伊丽莎白突然宣布跟卢纳订婚。《纽约邮报》上登了一张理查德和萨莉、维克托和伊丽莎白这两对夫妇在费城皇家咖啡厅派对上的照片,伊丽莎白勇敢地炫耀着卢纳送的16.5克拉的订婚戒指。

但是伊丽莎白巡演中的所有欢乐都已经结束了。她后来说:"它成了一场二十四小时的噩梦。没有得到好评没关系,我们仍然在座无虚席的观众面前表演。反正没人是来看英国客厅喜剧的,每个人都愿意买票来看装腔作势的'利兹和迪克'。那我们就给他们想要的。"伊丽莎白很想停止演出,"结束这种折磨",但是他们不得不履行合同。

理查德也已经受够了。当他在波士顿时,接到了约翰·休斯顿的电话,约翰想让他出演马尔科姆·劳瑞(Malcolm Lowry)的著名小说《在火山下》(Under the Volcano)中那个嗜酒如命又口齿伶俐的领事。这是一个非常适合伯顿的角色，是个随着婚姻的解体，自己也跟着崩溃了的人物。但是伯顿立即意识到他无法解除合同，而这个角色最终挽救了另一位伟大的英国演员阿尔伯特·芬尼（Albert Finney）萎靡不振的职业生涯。

艾利奥特这个角色对57岁的伯顿在体力上有很高要求。萨莉警觉地注意到理查德在舞台上好玩的枕头大战和爱情游戏中挨打了。萨莉观察道："她会抓住他不放，并把全身的重量都压上来。当他努力支撑自己的时候，我能看到他在痛苦地痉挛——就是他动过大手术的位置。"有几个晚上，他下台时还流着血，萨莉不得不重新给他补妆。当她帮他处理完时，理查德会说："这就是我们的那个女孩儿。她总是会让我们所有人惊讶。"

这部戏在洛杉矶艰难地落下了帷幕。在11月6日结束之前，利兹·史密斯报道了在威尔希尔剧院的一场演出。她写道："这场以《私生活》之名而上演的'利兹和迪克秀'……现在幸好只是一个回忆。多么好的回忆啊！"然而，伊丽莎白已经尽力了。利兹·史密斯写道："他们紧接彼此的台词，紧跟彼此的脚步。他们做作、陈腐，继续疯狂地演出。利兹……的确很放松——抛媚眼、扮鬼脸，把早餐面包扔来扔去以获得好的效果。不用说，观众很爱她。"

或许，利兹·史密斯看到而其他评论家们没看到的是，伊丽莎白最终接受了"搞笑女王"这个新角色。她一直都很热爱大排场的演出——迈克尔·托德曾教过她——排队入场的壮观队伍、华丽的皮草、耀眼的钻石。她热爱它，她为它庆祝，她能理解它。也许她和伯顿再也不能一起出现在舞台上的最大原因是，理查德是悲剧气质，而伊丽莎白是喜剧气质。当时伊丽莎白自己也意识到了这一点，说："当我们能做理查德和伊丽莎白时，婚姻就会很美妙。当我们是'利兹和迪克'时婚姻就没有意义，因为这是两个在现实生活中不存在的人物。"但是现在这一切都已成了过去。

私下里，伊丽莎白的状况并不好。当观众看到她胖了那么多的时候非常惊讶。她嗑药，严重酗酒，甚至她的老朋友科内默医生都拒绝再为她治疗。12月，《私生活》的折磨最终结束之后，她晕倒了，立即被送往洛杉矶的西达斯西奈医院，身体上的疼痛来自结肠炎，但是绝大部分痛苦缘于她"充斥着自我怜悯和自我厌恶"，就着杰克丹尼吃止痛药。维克托·卢纳去医院看她，但是很明显，他们的结婚计划也泡汤了。

她的老朋友罗迪·麦克道尔、哥哥霍华德、三个已成年的孩子迈克尔、克里斯托弗和丽莎都来医院看她。1983年12月5日，他们把她送到（棕榈泉附近）幻象山庄的贝蒂·福特康复中心对她进行戒酒和戒毒治疗。作为第一个公开住进这所现在著名的治疗中心接受检查的人，她震惊了世界，而且（前第一夫人和该诊所的创始人）贝蒂·福特是伊丽莎白的个人担保人。抢在小报报道之前，伊丽莎白宣布她已经在寻求进行脱瘾治疗。伯顿一生中的大部分时间都不承认自己酗酒，但是伊丽莎白更能面对铁的事实，她会主动告诉全世界。

几周的治疗和规律的生活之后，伊丽莎白出院了，戒了酒，还瘦了11磅。当伯顿和萨莉回到塞利尼时，看到一张伊丽莎白改变之后看起来容光焕发的照片，于是他打电话告诉她她看起来是多么完美。他想再次见到她。7月的一个晚上，当伯顿在伦敦拍自己的最后一部电影《一九八四》时，在多切斯特酒店，他向他的弟弟格雷厄姆·詹金斯承认，伊丽莎白仍是他最大的安慰。他告诉格雷厄姆："我们从未真正分手，并且我猜我们从来都不想分手。"伊丽莎白仍然跟维克托·卢纳在一起，她把时间投入到在贝尔艾尔市购置的新家和格施塔德的小木屋间。一度，他们在伦敦酒吧偶遇了理查德和萨莉，理查德对美得不可思议的伊丽莎白目瞪口呆——她罕见的苗条、容光焕发。但是大部分时间他们还是频繁打电话保持联系。对一个一生都避免打电话的男人来说，当电话另一头是伊丽莎白的声音时，他就很喜欢打电话。有时他们会讨论他们能够一起做的新项目，或者互相取笑，或者回忆过去。格雷厄姆相信："他们之间的纽带似乎能藐视包括他们自己在内试图彻底分手的所有努力。"

于是，1984年夏末，在理查德从塞利尼打来的一通长电话里，他做了一件此前跟伊丽莎白闲聊时从未做过的事情。他表达了希望能再次见面的想法——无论是在伦敦还是在格施塔德或是在塞利尼——之后，结束电话时，他一反常态地说了句："再见了，亲爱的。"

对伊丽莎白来说，这样的结束语有种奇怪的感觉，虽然当时她或理查德都不知道他们再也见不到对方了。

尾　声

"理查德和我都最充分地享受了生活，但我们也都为此付出了代价。"
——伊丽莎白·泰勒

"直到死，你都无法成为一位伟大的演员。"
——理查德·伯顿

"他像一头受伤的老狮子。"导演迈克尔·雷德福（Michael Radford）在回忆起拍摄理查德·伯顿参演的、改编自乔治·奥威尔（George Orwell）的政治小说《一九八四》的同名影片时说。伯顿时年58岁，但是他出现在雷德福面前时是"一个老人。他给我的印象是他不能束手待毙。生活已经以一种奇怪的方式离开了他。对他来说生命中重要的东西已经消失了。我认为，他在演这部电影时，正逐渐接近生命的尽头"。

伯顿并不是演奥布赖恩的第一人选。在奥威尔的小说中，奥布赖恩是拷打温斯顿·史密斯的冷血党棍。跟伊丽莎白在一起时，伯顿是每个导演的第一人选，诸如《一代情侣》这样的电影会为他量身打造。但此一时彼一时，他现在只是第四人选。制片人首先请的是他的老对手保罗·斯科菲尔德，但是斯科菲尔德在开拍前摔断了腿。然后，他们又邀请了演员罗德·斯泰格尔。他是理查德曾爱过的克莱尔·布鲁姆的露水情人。但是斯泰格尔刚刚整过容，效果并不好。雷德福回忆道："我们收到了一封他的经纪人发来的电报,称'斯泰格尔先生的整容失败了'。"接下来,他们准备付8万美元请马龙·白兰度出演,但是他的经纪人告诉他们:"少于100万美元,白兰度先生是不会考虑的。"

"我们的制片人西蒙·佩里(Simon Perry)说:'他已经不再认真演戏了,难道不是吗?'因此马龙·白兰度也被否决了。"他们不得不在没有人饰演奥布赖恩的情况下,开始了为期十四周的拍摄,对是否选择伯顿十分小心谨慎,因为他们听说他仍然在酗酒。最终他们决定铤而走险,请他来出演,并用直升机将剧本送到海地。他和萨莉在那里购置了房产,正如他几年前跟苏西·亨特在一起时那样。他觉得那儿是唯一一个能居住而不会在大街上被人认出来的地方。

"他说行,他喜欢这个剧本,他上了飞机,他来到片场,他对我说:'迈克尔,我知道我不是第一人选,但是我会尽全力演好。'"雷德福很惊讶,除了布鲁克·威廉姆斯之外,理查德和萨莉来的时候没有带其他助理。他还惊讶地发现伯顿完全戒酒了。

雷德福回忆道:"在拍《一九八四》的时候,他没有喝一丁点儿酒。真的没有。"但是雷德福怀疑布鲁克·威廉姆斯,他将其描述为一个有"酒徒面相的人,你是知道的,紫色的鼻子,脸颊上能看见静脉。他一直都在片场,随身携带着几听打开的无糖可乐给理查德。片场里不可避免地弥漫着怀疑的气氛,大家认为他们在里面掺了伏特加"。理查德通常会问导演:"迈克尔,你要喝一口吗?"雷德福会抿一小口看看里面是否有伏特加。"这是一出经常上演的既定俗成的哑剧,但理查德绝对是戒酒了,像约翰·赫特一样。"后者是一个情绪饱满的英国演员,当时也以酗酒而闻名,在片中饰演温斯顿·史密斯。

伯顿看起来如此脆弱的原因之一是他的手臂不再灵活。他的一只手颤抖得如此厉害,以至于雷德福不得不雇佣一名临时演员来抓住他的手以帮助他抬起自己的胳膊。这是他多年前在帕丁顿车站被打的后果,还是因为酒精麻痹了神经,不得而知。他现在就像是马洛作品结尾处的浮士德一样,无法举起手臂祈祷,因为梅菲斯托和路西法在他身边压住了他的胳膊。

雷德福相信:"另一件事是,他那非凡的记忆力已经消退了。因此,他真的像老一代演员那样只会机械地重复台词。而且他还有一些大段的台词。他会突然走神，然后说：'对不起，刚才有人说话吗？'"雷德福认为他甚至可能患上了轻度中风。

然而，伯顿通过饰演奥布赖恩这个戏份虽少但很有张力的角色，奉献了他一生中最强有力的表演之一。奥布赖恩是温斯顿的审判者和拷问者。雷德福认为伯顿实际上是他曾合作过的最令人惊叹的演员。雷德福注意到："理查德身上具有某种特质，在阿尔·帕西诺身上也有，那就是他能以某种方式使得身边每个人的表演水平有所提高。在片场，他是现象级的人物。他对角色的心理并不太感兴趣。他对各种小道具十分热衷，与马龙·白兰度的那套看中角色心理的东西格格不入。虽然他外表已然如此，但是他还有一副迷人的嗓子。这才是打动你的地方。"

现在身体对伯顿来说已经没什么用了，他完全凭借眼神和声音在表演。好像他一生的胜利与荒诞、欢乐与悲伤都被提炼成了纯粹的、冷酷无情的表演。像李尔王一样，他最终错过了这个角色，只剩下自知之明。雷德福回想起来，说："他的表演真的扣人心弦。我很高兴最终选择了这个家伙。我想做的是让他贡献出一种个人化的表演。我想我做到了。"

在拍摄期间，伊丽莎白·泰勒仍然以某种奇特的方式萦绕在理查德的生活中。有三个女人出现在制片厂的大门口，都声称自己是伊丽莎白——她们看起来一点儿都不像——要求见理查德·伯顿。雷德福注意到理查德和萨莉彼此爱得很投入，但是他经常在妻子面前谈论伊丽莎白，在某种程度上这对她来说是一种伤害。

拍完《一九八四》后，还有一个角色在等着理查德——电视电影《爱丽丝岛》(*Ellis Island*)，那是一个关于世纪之交的欧洲移民的故事。他演的最后一个角色是一位父亲，这对伯顿来说是再合适不过的了。他接受了这个角色，因为他能跟女儿凯特一起搭档。凯特现年26岁，已经成了一名成功的演员。这是最后一次跟女儿和解的机会，他觉得以前对她关心不够。凯特也曾经抵制过他，声称只要伯顿不戒酒就不会再见他。现在他戒酒了。在拍完《一九八四》后两周，他跟凯特一起出现在摄影棚。他充满自豪地看着女儿表演。凯特从来都跟她的父亲不太亲近。在片场吃午饭时，或者是拍戏间隙在伯顿的拖车里，伯顿跟她促膝谈心。她回忆道："谈他的童年，谈他对自己演过的一些角色感到羞愧，谈他对酗酒感到羞愧。"他们甚至讨论过将来找个时间再在一起演一部电影，但是他们都不知道，对伯顿来说，"将来"只剩下了几周的时间了。

在塞利尼，理查德生命中的最后时光显然是宁静的。他和萨莉早上9点起床、喝茶，然后去城里购物、吃午饭。萨莉后来回忆道："他跟我讨论许多东西。"一次，他们谈起跟伊丽莎白在一起的时光，他对萨莉说："我真的买过这些东西吗？我真的买过珠宝、游艇、飞机吗？我真的买过吗？"

8月初，他们得知约翰·赫特正在瑞士拍片。赫特从日内瓦驱车到塞利尼跟伯顿夫妇共进晚餐。他住在客房里，第二天早晨，他们聊了好几个小时。伯顿似乎有些厌世。约翰·赫特记得理查德当时仍然对伊丽莎白念念不忘，可能永远都会这样。为了不让萨莉听到，伯顿悄悄地、轻声地对赫特说："你知道，她仍然很迷人。"三个星期前，在拍摄《爱丽丝岛》期间，他去伦敦看弟弟格雷厄姆·詹金斯时，就已经说过同样的话。

伯顿已经戒酒了很长时间，但是1984年8月3日，星期五，伯顿和赫特又出门喝酒去了。萨莉不在场——她当天晚上去了咖啡馆。他们找到了一家不错的酒吧，还能看电视转播的足球比赛。吉亚尼·博萨奇——这个摄影师已经逐渐喜欢上了理查德·伯顿——讲述了当晚发生的一个奇怪的故事。据博萨奇说，伯顿跟另外一个喝酒的顾客发生了口角。不记得说了些什么，但是理查德被推倒了，头撞到了地上。在瑞士的仲夏夜，二人扭在一起，打到了街上，但是理查德无法举起手臂保护自己。正如多年前，他父亲那被烧伤的手臂被固定在身体一侧，无法举起保护自己，结果在"矿工之臂"酒吧外被打得流血一样。

旁观者想把理查德送去医院，但是他拒绝了。他已经无法忍受自己的一举一动被报道、被拍照、被广播传送到全世界。他坚持要回家。

第二天，8月4日，萨莉开车将约翰·赫特送回日内瓦的酒店。布鲁克·威廉姆斯也不在。萨莉回来后，理查德抱怨说头痛欲裂，于是她给他服下了几片阿司匹林。晚上10点，伯顿就上床睡觉了。第二天早晨，萨莉发现他呼吸非常困难，于是打电话叫医生。二十分钟后医生来了，但是没有发现任何需要特别担心的情况。尽管如此，萨莉还是把伯顿送到了尼翁当地的医院，在那里，他们发现他的情况非常糟糕，将他火速送往日内瓦。医生们发现伯顿已经大量脑出血。虽然他们紧急抢救，试图挽回他的生命，但是理查德·伯顿还是死在了手术台上，年仅58岁。

萨莉后来说，他的死"对我们来说是一场悲剧，但对理查德不是。我觉得理查德身体里有很多条命，但没有一条当老男人的命"。实际上，如果最终的手术能够挽回伯顿的生命，他也很可能瘫痪在床，跟他的哥哥艾法一样坐着轮椅，而且——甚至会更糟——无法说话。对将语言视为高于一切的伯顿来说，那将是无法忍受的。长期以来，他都以他的嗓音而闻名，一位影评人称他的嗓音"和谐、有力，但也非常悦耳。这是他的威严与恐惧的外刃"。伯顿曾形容自己的"威尔士嗓音""是从山谷里传来的对每个人的深沉的、神秘的回音"。

回到塞利尼之后，萨莉发现理查德床边有一些他在脑出血之前用红色墨水写下的莎士比亚诗句：

> 倒要把一碧无垠的海水，
> 染成一片殷红呢……
> 明天，明天，再一个明天……
> 我们的狂欢已经结束了……

还有一句未完成："全身……"

只有博萨奇一人坚信理查德在去世之前的那天晚上被打了。没有警察的报告，直到今天，约翰·赫特也丝毫不提他跟理查德·伯顿在一起的最后二十四小时发生的事。无论如何，他已经走了。

理查德·伯顿去世的消息传播开来，成为全世界媒体的头条新闻。萨莉为他的葬礼做好了计划。她面临的首要问题是如何应付伊丽莎白·泰勒。只要她一出现在伯顿的葬礼上，马上就会将这一庄重的场合变成一场媒体盛宴，萨莉希望能避免这种情况。因此伊丽莎白没有被邀请。

当时，伊丽莎白已经离开格施塔德，回到了洛杉矶。当她得知理查德的死讯时，晕了过去。后来，她说："直到他去世的那一天，我仍然疯狂地爱着他。我想他也爱着我。我认为他会永远在那里，在电话的那一头，即使我们不在一起，我知道他仍然在这个世界上。"她意识到她"将再也听不到他的声音，看不到他的脸、他的眼睛……即使在他去世之前我没去贝蒂·福特康复中心，我想我当时也不会在他身边。我爱了他二十五年"。

她一醒过来就给萨莉打电话，后者请求她务必不要参加在塞利尼举行的葬礼，理查德将会下葬在塞利尼。伊丽莎白同意了，他们的孩子们参加了仪式：迈克尔、克里斯托弗、丽莎、玛丽亚、凯特。他们也爱理查德，称呼他为父亲。

1984年8月11日，庞什迪分举行了理查德·伯顿的悼念仪式。伊丽莎白也没有被邀请。五百人出席了仪式，唱起了威尔士歌曲。直到最后一刻，萨莉才终于答应打电话给伊丽莎白，邀请她来参加悼念仪式。但是邀请在仪式开始前二十四小时才发出，伊丽莎白无法及时赶到。

8月14日，伊丽莎白终于抵达塞利尼，来到伯顿坟前。她发现萨莉是对的——狗仔队正躲在周围等她。

他们在墓地里露宿，等待着伊丽莎白出现。一大清早，伊丽莎白就带着丽莎和四名保镖乘坐白色的梅塞德斯汽车抵达了古老的教堂。她找到了去伯顿坟前的道路。四周如此的安静，以至于她能够听到附近山谷里溪水的声音。突然，一群记者和摄影师从墓碑和墓地后现身，冲她飞奔过来，在惨淡的晨光下，闪光灯拼命闪着。伊丽莎白跪在理查德的墓前，保镖们打开亮色的伞以保护她不受干扰。然而，第二天早晨，她成功避开了媒体，再次来到墓前。她将这次造访描述为"理查德和我单独在一起的为数不多的时刻"。

两天后，伊丽莎白去庞什迪分拜访了理查德的家人。理查德会很生气的，因为她又迟到了。她戴着理查德送给她的克虏伯钻石。格雷厄姆·詹金斯在机场接她，开车把她送到希尔达和欧文斯的家中。当她抵达时，全家人都在希尔达那里大声唱着威尔士歌曲《我们将在半山腰欢迎你》(*We'll*

Keep a Welcome in the Hillside）。伊丽莎白被感动了，告诉他们所有人——理查德的威尔士大家族——她觉得自己回家了。当晚，她睡在希尔达那不大的起居室里，但是她真的觉得自己是"庞什迪分的王妃"，一如理查德曾经称呼她的那样。第二天早晨，伊丽莎白离开的时候，要了一件理查德的纪念品——他哥哥凡尔登画的一幅画，画上是理查德出生的那所房子。这是理查德给她的最后一件礼物。

还有一次关于伯顿的悼念仪式，这一次泰勒被邀请出席了（虽然萨莉反对她跟理查德的家人坐在一起）。仪式在伦敦特拉法加广场的圣马丁教堂举行，由罗伯特·哈迪发起并亲自主持，理查德的生前好友、家人和同僚共四百人参加。1984年8月30日，伊丽莎白抵达盛大的悼念仪式现场，身着一席黑衣，戴着黑色头巾，坐在塞西莉亚身边，所有人的目光都聚焦在她身上。塞西莉亚是理查德的姐姐，也相当于她的母亲，理查德尊称她为"希丝"。在哈迪眼中，神情庄重肃穆的伊丽莎白是"一个悲痛中的女王"。

在理查德死后，"伊丽莎白该怎么办？"已经成为在塞利尼和威尔士讨论最多的话题，但是伊丽莎白已经知道该怎么办了。她决定回到洛杉矶，继续自己的生活，取消了跟维克托·卢纳之间半真半假的婚约。她拒绝了所有公开谈论理查德·伯顿的邀请。媒体已经写好他们想要的关于"利兹和迪克"的内容。毕竟，伯顿夫妇曾经使得婚姻看起来光彩夺目——甚至充满危险。多年后，即使拉里·金（Larry King）[①]也无法让伊丽莎白·泰勒谈起理查德·伯顿。伊丽莎白告诉这位脱口秀主持人"那些都是我的回忆"。

她还要写两本书《伊丽莎白启程：关于增重、减肥、形象与自尊》[*Elizabeth Takes Off*（*On Weight Gain, Weight Loss, Self-Image, and Self-esteem*）]和《伊丽莎白·泰勒，我与珠宝的爱恋》（*Elizabeth Taylor, My Love Affair with Jewelry*）。伯顿一直都想写书公开出版，但是除了一些公开发表的文章和两本简短的自传体作品外，他一本书都没写完。他尝试过写小说，但是未能完成也未能出版。事实证明，他想写的那本书——他一生

[①] 美国著名脱口秀节目主持人。——译者注

中丰富的、发自内心的、充满细节的故事——就存在于他写的那几百页日记中，足以成为一本从未完成但却自成一体的小说的注释。

在理查德去世之前，伊丽莎白还于1980年跟一批好莱坞曾经第一流的老演员们——金·诺瓦克、托尼·柯蒂斯（Tony Curtis）和她的好友罗克·哈德森———起出演了另一部剧情片，根据阿加莎·克里斯蒂（Agatha Christie）的小说改编的侦探悬疑片《破镜谋杀案》(The Mirror Crack'd)。1985年，哈德森死于由同性恋传染的、在当时属于神秘疾病的获得性免疫缺陷综合症（即艾滋病）。看到曾和她一起出演过《巨人传》的哈德森日渐消瘦，伊丽莎白非常悲伤。她极为悲痛，为了哈德森的死，也为了他极力掩盖自己所患疾病的事实，正如他一直以来不得不掩盖自己的同性恋身份一样，他所处的时代以及所从事的职业不允许他做他自己。出于对里根政府和电影业忽视这种流行病的愤怒，伊丽莎白决定勇敢面对这种导致许多人丧生的疾病。她在公开场合为艾滋病研究大声疾呼，募集了数百万美元用以寻找解决和治疗这种疾病的方法，改变公众对艾滋病和同性恋的态度。1992年，她在引起人们对艾滋病的重视方面所作的贡献已经比其他任何美国人都多。当他们害怕跟艾滋病人共处一室的时候，伊丽莎白经常去洛杉矶的医院看他们。一次，她爬到一名正在治疗的艾滋病病人的床上，这让对方非常欣喜。她对那个万分惊讶的家伙说："这是一种完美的关系！我再也不想结婚了，而你也许对我并不感兴趣。"他们为她的这番话喝彩和鼓掌。理查德也会为她骄傲。她后来说，她对艾滋病研究的兴趣，部分缘于理查德的血友病以及他对自己年轻时的同性恋经历羞于启齿。

1988年，再次滥用药物成瘾后，伊丽莎白回到了贝蒂·福特康复中心。在那里她遇见了一个病友，高大英俊的建筑工人和卡车司机拉里·福藤斯基（Larry Fortensky）。读者朋友们，她嫁给了他。

在十四年都没拍过剧情片之后，伊丽莎白接下来将会友情出演一部喜剧《摩登原始人》(The Flintstones)，饰演剧中弗雷德·弗林特斯通那脾气暴躁的、爱争吵的、珠光宝气的岳母。她还拍了一系列电视电影，于1989年和2001年分别参演了田纳西·威廉斯的《浓爱痴情》和《这帮老娘们》(These Old Broads)，主要是帮老朋友、曾是她"情敌"的黛比·雷诺兹的忙。她还发现自己真的很有商业头脑,推出了两款香水——"热情"和"银白钻石"——从中挣的钱比她拍过的任何一部电影的片酬都要多。伊丽莎白·泰勒的"热情"是二十世纪九十年代中期美国最畅销的香水之一,200美元一盎司,也让她成为这个国家最富有的女人之一。

过去几十年间,她在一些影片——即使那些糟糕的影片——中的表演得到了重新评价。她在欧洲拍的一些影片再次受到垂青——例如,她在《沧海孤女恨》中饰演一名孩子溺水身亡的精神错乱的母亲,其表演能真正打动人。她在其最好的电影——《郎心似铁》《巨人传》《青楼艳妓》《朱门巧妇》《夏日痴魂》《灵欲春宵》中的表演,现在都被视为电影表演的伟大典范。当伯顿称她为"世界上最伟大的女演员"时,他知道自己在说什么。

1998年,伊丽莎白的挚友罗迪·麦克道尔的去世激起了一点关于"丑闻"的小涟漪。这位曾经的童星与伊丽莎白相识了五十六年,为她拍过一些最美丽的照片。他跟伊丽莎白共同演过《灵犬莱西》,跟理查德一起演过《卡米洛》,在罗马跟伊丽莎白和理查德一起演过《埃及艳后》。当麦克道尔在他位于加利福尼亚州的家中处于弥留之际时,伊丽莎白·泰勒和希比尔·伯顿·克里斯托弗陪伴在其身边。他对她们俩来说都是忠诚的朋友。在《埃及艳后》的三十四年后,这两个女人之间曾经的情敌关系已经无关紧要了。

二十世纪八十年代,伊丽莎白结识了另一位著名的文化偶像,迈克尔·杰克逊(Michael Jackson)。她觉得跟他在一起很亲切,因为他们俩都没有真正的童年,但同时,他们又能够在成年人面前放纵他们那幼稚的念头。她欣赏迈克尔·杰克逊作为表演者的天赋,特别是当她得知迈克尔·杰克逊内心有多么害羞和腼腆时——这跟理查德没有什么不同,同样,他也蔑视自己的外貌。当这个麻烦不断的巨星告诉伊丽莎白,他最喜欢她的角色是《简·爱》(*Jane Eyre*,1943年版)里的小孤儿海伦·彭斯时,伊丽莎白被打动了。影片中,她一头美丽的长发被残酷成性的孤儿院长布洛克赫斯特剪掉了。"你知道,在我所有的电影中,那一部是迈克尔最喜欢的。"她追忆道。

1991年,伊丽莎白在杰克逊位于加利福尼亚的梦幻庄园嫁给了拉里·福藤斯基。但是她和福藤斯基的婚姻——如果把跟理查德的婚姻算两次的话这是她的第八次婚姻——持续了不到四年。她后来说："在理查德之后，我生命中的男人仅仅只是给我拿外套、替我开门的角色。理查德之后的所有男人实质上仅仅是个伴儿。"伊丽莎白总是认为她自己嫁给了伯顿，并且在遗嘱中有一个从未变过的条款，那就是她将要葬在伯顿身边[①]。

2007年，伊丽莎白和詹姆斯·厄尔·琼斯（James Earl Jones）一起参演了A. R. 格尼（A.R.Gurney）的舞台剧《情书》（*Love Letters*），在派拉蒙影城上演，那也许是她最后的表演了。这是一次为艾滋病筹款的慈善演出，当她坐着轮椅上台时（她现在通常需要依靠轮椅），台下观众起立热烈鼓掌。利兹·史密斯当时在场，她跟观众一样为泰勒在剧中的表演动容。该剧按时间顺序讲述了一段通过交换情书而持续很长时间的爱情关系。利兹·史密斯注意到，如果说一开始观众还是为"她的经历和勇气"而欢呼的话，结束时，他们则是为演员伊丽莎白而起立鼓掌。

话又说回来，伊丽莎白知道一些有关情书的事。她在贝尔艾尔镇收到了理查德的最后一封情书。理查德1984年8月2日将其寄出，在其死后几天伊丽莎白才收到。当她从伦敦参加完理查德的悼念仪式返回时，这封信静静地在等着她。这是他写给伊丽莎白的最后一封信，是他悄悄溜进书房，在四周群书的环绕下写成的。这是一封给伊丽莎白的情书，在其中，他告诉伊丽莎白他想要的是什么。伊丽莎白所在的地方就是家，他想回家。

自那以后，她一直把这封情书珍藏在自己床边。

[①] 2011年3月23日，伊丽莎白·泰勒在洛杉矶逝世，享年79岁。由于伊丽莎白·泰勒皈依犹太教，根据犹太教义，人去世后必须尽快下葬，最理想的时间是在死后二十四小时之内，因此，3月24日，伊丽莎白·泰勒下葬于加利福尼亚州格伦戴尔市的森林草坪公墓。——译者注

致　谢

首先，我们要感谢伊丽莎白爵士①。正如莎士比亚形容尼罗河女王克莉奥佩特拉的那样，她"岁月已逝，朱颜未改"。

当开始这段历险的时候，我们跟一个刚刚大学毕业的年轻的戏剧专业学生碰巧提起了计划中要写的关于"泰勒和伯顿的罗曼史"的书。她的回答让我们震惊："我从来没听说过伊丽莎白·泰勒跟蒂姆·伯顿（Tim Burton）结过婚啊！"当我们把这件事告诉伊丽莎白爵士的时候，她也很震惊。由于担心理查德·伯顿的名字及其生前的作品有被人们遗忘的危险，她同意配合我们的工作，（可以说是在幕后）给我们提供了理查德·伯顿写给她的四十封情书和一些便笺。她还同意让我们看1965年出版的她的传记《伊丽莎白·泰勒》中的部分内容。由于担心这本传记会伤害不同的人并且让她的粉丝失望，她已经将其禁止出版了。由于她始终拒绝公开谈论她和理查德·伯顿之间的爱情和婚姻，因此我们觉得这本书能让我们最大限度地接近她对1962年首次震惊世界的（用伯顿的话说）那段"伟大的爱情以及狂野的激情"的想法和感受。

我们还要感谢那些最接近伊丽莎白·泰勒的人们。我们尊重他们的意愿，在书中隐去了他们的名字，但正是由于他们的帮助和鼓励，才使得本

---

① 2000年，英国女王伊丽莎白二世授予伊丽莎白·泰勒女爵士称号（Dame），以表彰她在电影事业上做出的巨大贡献。——译者注

书最终得以完成。衷心感谢你们慷慨大方的精神、你们的洞察力、你们的智慧以及你们无可挑剔的盛情款待。

我们还要感谢理查德·伯顿的遗孀萨莉·海伊·伯顿。她始终都是那么亲切,给予我们很多帮助。衷心感谢她允许我们引用伯顿那些已公开出版或未出版的作品,包括他的日记、书信、两首诗、一些短篇故事和散文,如《圣诞故事》、《与詹金斯夫人见面》和《与伊丽莎白一起旅行》。我们还要感谢斯旺西大学图书馆的档案管理员伊丽莎白·贝内特(Elizabeth Bennett)提供的建议和指引,感谢梅尔文·布拉格提供了跟理查德·伯顿一起生活的宝贵经历,并且(通过萨莉·海伊·伯顿),也感谢他准许我们引用伯顿公开出版的日记《里奇:理查德·伯顿的人生》(*Rich: The Life of Richard Burton*)中的内容。

我们还要向凯特·伯顿致意。感谢她的祝福,感谢那些同意接受我们采访的人,包括在研究和写作《一流的爱情》(*A First Class Affair*)时帮助过我们的人 [该文是关于伯顿夫妇一起拍摄的第二部影片《一代情侣》的,最初刊登于《名利场》(*Vanity Fair*)杂志]。他们是吉亚尼·博萨奇、萨莉·伯顿、加布里埃尔·拜恩、琳达·克里斯蒂安、约翰·库尔曼、丹尼斯·费拉拉、大卫·弗罗斯特、亨利·格罗斯曼(Henry Grossman)、罗伯特·哈迪、约翰·海曼、瓦利斯·侯赛因、加文·兰伯特(Gavin Lambert)、布伦达·马多克斯、克里斯托弗·曼凯维奇、基斯·麦克德莫特(Keith McDermott)、彼得·梅达克、迈克·尼科尔斯、托尼·帕尔莫、利兹·史密斯、维克托·斯皮内蒂、理查德·L·斯特恩、罗德·泰勒、戈尔·维达尔、伊丽莎白·伍德索普(Elizabeth Woodthorpe)、迈克尔·约克和弗朗哥·泽菲雷利。

特别需要向最亲切的格雷顿·卡特(Graydon Carter)鞠躬致谢,因为跟他的友谊很让人享受,并且还能让我们享有在《名利场》杂志为他工作的特权;还要向我们耐心的朋友、《名利场》杂志的高级编辑、无可比拟的道格·施图姆夫(Doug Stumpf),和他那不可或缺的编辑助理克里斯托弗·贝特曼(Christopher Bateman)致意。感谢《名利场》的高级摄影师安·施耐德(Ann Schneider),我们非常钦佩你在巨大压力下仍能从容不迫。感谢

《名利场》的克里斯·加瑞特（Chris Garrett）、大卫·弗兰德（David Friend）和贝丝·肯尼塞克（Beth Kseniak）的智慧和宽容。感谢我们的朋友迪克·古特曼（Dick Guttmann），他让所有事都成为可能，我们永远欠你的人情。

最后，如果没有我们那些不知疲倦的代理人们，我们将一事无成。他们是好莱坞的贾斯汀·马纳斯科（Justin Manask）、纽约的大卫·库恩（David Kuhn）以及大卫的得力助手比利·金斯兰（Billy Kingsland）。当然，这其中也少不了我们杰出的研究员伊娃·伯奇（Eva Burch）和翻译、诗人理查德·路西恩（Richard Lucyshyn）。我们还要向为我们的努力提供了相当大帮助的编辑拉凯什·萨蒂亚尔（Rakesh Satyal）以及哈珀柯林斯出版社的出版人、同时也是这座城市真正的骄子乔纳森·伯纳姆（Jonathan Burnham）致以最衷心的感谢。如果没有他们的热情相助和鼓励，本书将会成色大减。与哈珀柯林斯出版社合作是我们的荣耀。

伊丽莎白爵士对我们说："我不在乎你们怎么写我。上帝知道，我已经听过各种各样关于我的评论，只要你们尊重理查德就行。"希望在讲述他们的故事的时候，我们尊重了他们俩。

理查德·伯顿的两首诗[①]

理查德·伯顿去世之后，萨莉·海伊·伯顿在他的手稿中发现了两首诗。其中一首未命名的诗充满了对威尔士的乡愁，写作风格受到了他的同乡好友狄兰·托马斯的影响。《一个酒鬼的自画像》(*Portrait of a Man Drowning*) 写于1965年11月，当时伯顿正在拍摄那部阴郁的冷战电影《柏林谍影》。这两首诗此前都没有公开出版过。

　　我手里的山土如此潮湿，
　　四周轻曳的小草润泽多汁；
　　奶牛在我脚下的田里，
　　懒懒地吃草；
　　笨笨的绵羊，
　　在可怜地咩咩叫。
　　黄昏降临，
　　冰冷的大地更显凄清；
　　情人们放慢了脚步。
　　欢乐的周日已成过去，
　　如狂欢之后的魔鬼在喃喃自语；

[①] 这两首诗的出版得到了萨莉·海伊·伯顿的授权。

一些人上山，
一些人下山。
我看见赌徒，
藏在篱笆后，
或树阴里，
静静地玩着。
他们因劳苦而迟滞的手里，
洗着肮脏的纸牌；
周围一点点暗淡下去的光线里，
乐此不疲的狗儿跑去跑来。
现在已无生命在萌动，
现在已无言语在喧嚣；
湍急的瀑布都收住声响，
在极度痛苦的山谷里静静呼吸。
正如黄昏在不知不觉间到来，
声音也在不知不觉间变大。
无边的雾霭，
在万籁俱寂的原野上，
如同魔法般急急弥漫开来。
他们似乎都在呼喊：
"与我同在。"
这里造就了我
滋育了我年轻灵魂的深处；
但是我却在另一个世界，为谁哭泣；
我再也不会回来。

——理查德·伯顿

一个酒鬼的自画像

他是谁？
独自枯坐酒吧角落；
他是谁？
独自埋头沉思冥想；
记住，
他究竟是谁？

肩膀佝偻弯曲，
面孔疤痕遍布、沟壑纵横，
犹如一生中一个个悲剧。
墙上斜挂的镜中，
映照出他那日渐稀疏的鬓发，
他那厚实的肩膀，
他那巨猿般多毛的双手。

那个踽踽独行、肩背龙钟的人，
他究竟是谁？
那个独自埋头沉思冥想的人。
他究竟是谁？
抑或谁都不是？

或者他将噩梦重演，
那些他遭受过和让别人遭受过的一切，
撕裂的承诺，破碎的书笺，
这一切的情思，他仍紧攥手中，
他从未做过的事，

现在也不会做,
失去了可爱的东西,
连绝望的东西也杳无音信,
童年的谎言让他脸颊绯红,
爱恨忧怖,一再上演,
不可避免的末日之前,
他可曾听到死神无声的怒吼?

弓腰驼背、孑然一身、沉默无语。
独自枯坐酒吧角落里的人,
独自埋头沉思冥想的人,
他是谁?
饮尽眼前的苦酒,
我看见了镜中的那个人。
那就是我。

——理查德·伯顿,1965年11月5日

尾 注[1]

前 言

3. "我点燃了烈火却又将它扑灭……": Undated letter from Richard Burton, B-T Archive。

3. "当我还是一个小女孩的时候……": Elizabeth Taylor, *Elizabeth Takes Off* (New York: G. P. Putnam and Sons, 1987), 83。

3. "是我能想到的广为人知的爱情故事中最动人的一例。": Authors' interview with Liz Smith and Denis Ferrara。

4. "表面上看，伊丽莎白·泰勒傲慢自大……": 同上。

5. "我渴望看见你，以燃亮我的双眼……": Undated letter from Burton, B-T Archive。

5. "无论在何种意义上……": Private letter to authors from Elizabeth Taylor。

第一章 丑 闻

1. "我不想成为他的下一个猎物。": Elizabeth Taylor with Richard Meryman, *Elizabeth Taylor* (New York: Harper & Row, 1965), original manuscript。

1. "我怎么知道这个女人这么有名？": Paul Ferris, *Richard Burton* (New York: Coward, McCann & Geoghegan, 1981), 153。

2. "那简直是难以置信的一年。": Burton notebooks, Melvin Bragg, *Rich, The Life of Richard Burton* (London: Hodder & Stoughton, 1988), 89。

2. "我见过的最矜持、最美丽……": Graham Jenkins, *Richard Burton, My Brother* (New York: Harper & Row, 1988), 5。

4. "我完全被监视着……": Taylor, *Elizabeth Taylor*, 68。

4. "你和你那该死的公司……": 同上。

4 "当我遇到小希尔顿的时候……": Elizabeth Taylor, *Elizabeth Taken Off* (New York: Berkley Books, 1987), 64。

4. "喂，哥们儿，让开，我要拍照……": Lester David and Jhan Robbins, *Richard & Elizabeth* (New York: Funk & Wagnalls, 1977), 85。

5 "托德正在实现他的……": S. J. Perelman, *Don't Tread on Me* (New York: Viking Penguin, Inc., 1987), 172。

6. "过来，打我啊！……": Donald Spoto, *Elizabeth Taylor* (London: Time Warner

---

[1] 句首数字为该句在本书正文中的页码。

Book Group，1995），126。

7. "她像铸铁厂一般……"：Oscar Levant, *The Memoirs of an Amnesiac*（New York: G. P. Putnam's Sons, 1965），282。

8. "伊丽莎白对男人的爱跟男人对她的爱一样……"：Eddie Fisher, *Been There, Done That*（New York: Thomas Dunne Books, 1999），152。

8. "《嗜血寡妇利兹咬上了艾迪》……"：Elizabeth Taylor clipping file, Academy of Motion Picture Arts and Sciences。

8. "迈克尔死了，但是我还活着！"：David and Robbins, 99。

8. "任何跟我作对的人……"：Eddie Fisher, *Eddie: My Life, My Loves*（New York: Harper & Row, 1981），photo insert。

9. "如果托德点了三四分熟的牛排……"：David and Robbins, 98。

12. "我输给了一次气管切开手术。"：Spoto, 247。

13. "别拍。"：Hume Cronyn, interviewed on DVD release of *Cleopatra*。

14. "我可以追求事业或者照顾家庭……"：Joe Mankiewicz, *All About Eve*。

14. "为什么他们不让我像苏西·史密斯……"：David and Robbins, 68。

14. "小开支"：Ruth Waterbury, *Richard Burton, His Intimate Story*（New York: Pyramid Books, 1965），107。

14. "尝试过同性恋行为……"：Burton's BBC Interview with Michael Parkinson, November 23, 1974, BFI Archive; Bragg, 258。

17. "相当自负""冷眼相待"：Taylor, *Elizabeth Taylor*, 103。

17. "一个电影明星，还是一位名副其实的演员。"：同上。

18. "一位拳击诗人"：Emlyn Williams, interviewed in Tony Palmer's documentary, *Richard Burton: In from the Cold*。

18. "他们支支吾吾了半天"：Ferris, *Richard Burton*, 151。

18. "有没有人跟你说过你是一个非常漂亮的女孩儿？"：Taylor, *Elizabeth Taylor*, 102。

18. "迫不及待地回到化妆室……"：同上。

18. "你太胖了"：Waterbury, *Richard Burton, His Intimate Story*（New York: Pyramid Books, 1965），112。

18. "如此超凡脱俗"：同上。

19. "他真的只是个人……如此脆弱、可爱、颤巍巍……"：Taylor, *Elizabeth Taylor*, 103。

19. "乔，这里发生了什么事？"：Fisher, 205。

20. "谁知道她在其他时间还会喝多少？"：Fisher, *Been There, Done That*, 202-03。

20. "有时候在跟伯顿拍完当天的戏份后……"：Fisher, *Eddie: My Life, My Loves*, 205。

20. "勤杂工"：Kitty Kelley, *Elizabeth Taylor: The Last Star*（New York: Dell Publishing, 1981），199。

21. "我必须再一次穿上盔甲去和'乳神'演对手戏……"：Bragg, 145。

21 "你俩介意我喊"停"吗？……"：Waterbury, 115。

21. "我就是伊西斯，我就是尼罗河……"：Joseph Mankiewicz, *Cleopatra*。

21. "迈克尔·托德……之于她……"：Kelley, 201。

21. "从我第一眼看见你头戴金冠……"：Mankiewicz。

22. "我等了这么长时间，却突然得知这样的噩耗"：同上。

22. "伊丽莎白不习惯有主见的男人……"：

Jenkins，123。

22. "即使他没有毁掉我的婚姻……"：Fisher，*Been There, Done That*，205。

23. "我崇拜这个男人。"：Taylor，*Elizabeth Taylor*，104。

24. "贪恋你的味道……"：Letter from Richard Burton，B-T Archive。

24. "告诉我事实……"：Fisher，*Been There*，207。

24. "伊丽莎白，你爱谁？你爱的究竟是谁？"：同上，210。

25. "跟所有绯闻中被戴绿帽子的男人一样……"：Authors' interview with John Heyman。

25. "自从理查德和我结婚后，他就一直绯闻不断……"：Fisher，*Eddie: My Life, My Loves*，211。

25. "你在那儿干什么？你在我家里干什么？……"：C. David Heymann，*Liz: An Intimate Biography of Elizabeth Taylor*（Secaucus，New Jersey：Citadel Stars，1996），249。

25. "伊丽莎白和伯顿并不仅仅是在演安东尼和克莉奥佩特拉！"：Spoto，264。

26. "难以置信地有耐心且消息灵通"：Walter Wanger and Joe Hyams，*My Life with Cleopatra*（New York：Bantam Books，1963）。

26. "似乎所有在罗马给理查德或我工作的人……"：Taylor and Meryman，*Elizabeth Taylor*，original manuscript，Private Collection。

26. "我们会在那里度周末……"：同上。

27. "我感到糟糕透顶……"：Wanger，128。

28. "我们喝酒喝到麻木、痴呆的程度……"：Burton notebooks，Bragg，365-66。

28. "我想伯顿最终开始理解了跟伊丽莎白在一起的后果……"：Wanger，217。

29. "我是一个非常脆弱的女孩"：Taylor，*Elizabeth Taylor*，original manuscript。

29. "《轻松胜出的男演员终结了利兹、艾迪的婚姻》"：*Los Angeles Examiner*，Taylor clipping file，Academy。

29. "在她出轨之前我就已经知道了……"：Fisher，*Been There*，219。

29. "《利兹、艾迪否认分手》"：同上。

29. "我不知所措。"：Spoto，272。

30. "《艾迪·费舍尔被甩了》"：Fisher，*Been There*，223。

30. "绝妙的声音、关于表演的知识……"：同上。

30. "别担心，伊丽莎白。我不会杀你。你太美了。"：Taylor，*Elizabeth Taylor*，original manuscript。

第二章 一代情侣

33. "我极度无助……"：Sam Kashner，"A First-Class Affair，"*Vanity Fair*，July 2003，148。

33. "在旅游淡季，格施塔德是一个人迹罕至的地方。"：*Ladies' Home Journal*，November 1965，151。

33. "沃伦，你认为伊丽莎白·泰勒会嫁给理查德·伯顿吗？"：Kashner。

34. "我再次尝试让伊丽莎白发表声明……"：Wanger，146。

34. "四处留情"：Kitty Kelley，*Elizabeth Taylor: The Last Star*（New York：Dell Publishing，1981），217-18。

34. "以不受欢迎为由，让泰勒小姐和伯顿先生无法重新回到美国"：Spoto，273。

34. "厌倦了被狗仔队追逐"：Wanger，143。

35. "这真是蠢透了。贝西·梅……"：Patricia Bosworth，*Montgomery Clift*（New York：Simon & Schuster，1994），370。

35. "在几周内，伯顿已经由一名备受尊敬的英国演员……": Fisher, *Been There*, 217。

36. "被拉着穿过围观的人群……": Taylor, *Elizabeth Taylor,* original manuscript。

37. "利兹, 利兹！Baci, baci！": Taylor, *Elizabeth Taylor*, 112。

37. "拍完最后一个场景后……": Taylor, *Elizabeth Taylor*, original manuscript。

37. "我们试图远离对方。我们太清楚……": *Ladies' Home Journal*, October 1973。

37. "让太多人不开心": Authors' conversation with Taylor。

37. "我生命中最痛苦的一天": Elizabeth Taylor, *My Love Affair with Jewelry* (New York: Simon & Schuster, 2002), 111。

38. "我在别墅里快憋死了……": David, 35。

38. "确切地说, 理查德和我同时到达……": *Ladies' Home Journal*, October 1973。

39. 希比尔曾试图自杀的事以及"严重智障": mentioned in several Taylor and Burton biographies, including Tyrone Steverson, *Richard Burton*, *A Bio-Bibliography* (Westport, Connecticut: Greenwood Press, 1992), 40。

39. "我是如此爱理查德……": Taylor, *Elizabeth Taylor*, original manuscript。

40. "让索菲亚待在罗马！": Kashner, *Vanity Fair*。

41. "可爱的小店": Taylor, *Jewelry*, 56, 59, 63。

44. 曼凯维奇将他职业生涯的没落归咎于她……: Taylor, *Elizabeth Taylor*, original manuscript。

44. "傲慢的头发": 同上。

45. "这给他留下了无法治愈的创伤。": Authors' interview with Robert Hardy,

August 23, 2007。

46. "她来自山谷, 但是她哥哥是……": 同上。

46. "人们只是希望伯顿能回到希比尔身边": 同上。

47. "跟希比尔一起买衣服……": Kashner, *Vanity Fair*, 141。

47. "他满面愁容。": 同上。

47. "全家人都因为这次丑闻……": 同上。

48. "她以最好的状态出现……": Interview with Hardy。

48. "酒量惊人……": Bragg, 166。

48. "喝酒对他们俩来说都是个问题……": Kashner, *Vanity Fair*, 145。

49. "我对戏剧一无所知……": Bragg, 167。

49. "片场每一个人都很渴……": Kashner, 149–150。

50. "理查德大发脾气……": *Ladies' Home Journal*, November 1965。

50. "我认为伯顿对伊丽莎白的影响……": Fisher, *Eddie: My Life*, 215。

50. "迈克尔（托德）有点像疯子……": Taylor, *Elizabeth Takes Off*, 71。

51. "我的犹太小妓女": Kashner, 150。

51. "没有人能比当时的她更美丽……": 同上。

51. "我被抓得失去了平衡, 感到双脚……": 同上。

52 "与其说是个演员, 倒不如说是……": David and Robbins, 143。

53. "罪恶之山已经生出耗子了。"以及随后的评论: *Cleopatra* clipping file, Academy of Motion Picture Arts and Sciences。

53. "她与其他大多数明星是相反的……": Spoto, 268。

53. "很精明地试着去驾驭它……": Bragg, 151。

54. "他们是不同凡响的人。": *Life*, April 1963, 63。

54. "黑暗中你呼喊的是他的名字吗？": Mankiewicz screenplay, *Cleopatra*, DVD。
55. "总生活在恺撒阴影里的男人……": *Life*, 63。
55. "外表阳刚气十足": 同上。
55. "不停为自己没能成为伟人找借口的形象……": Kenneth Tynan's interview with Richard Burton, *Playboy*, September 1963。
55. "这难道就是最终的抛弃吗？……": Mankiewicz, *Cleopatra*, DVD。

第三章 郎心似铁

57. "我父亲从来不说自己喝醉了……": *LOOK*, January 28, 1964。
57. "自从10岁以后……": Taylor, *Elizabeth Taylor* book excerpt, *Ladies'Home Journal*, November 1965。
58. "我童年最快乐的生活是在英格兰……": 同上。
58. "薇薇·布朗就是我自己": Kelley, 21。
59. "我会长高的，我会为了这个角色长高的。": 同上。
59. "在我一生中，拍《玉女神驹》花的精力比其他……": 同上。
60. "哦，伊丽莎白，亲爱的，来吧！": 同上。
60. "我是威尔士矿工的儿子……": Kenneth Tynan, "*Playboy* Interview: Richard Burton," *Playboy*, September 1963。
60. "哪个父亲？": John Cottrell and Fergus Cashin, *Richard Burton, Very Close Up* (Englewood Cliffs, New Jersey: Prentice-Hall, 1971), 6。
61. "狄克和伊迪丝在1901年至1927年间一共生下了……": 同上。
61. "出色。他们中的每一个人都有着非凡的能力……": Authors'interview with Robert Hardy。
61. "要避免跟詹金斯的儿子们作对。": David and Robbins, 26。
61. "尽管我非常害怕，但是我还是做到了……" 同上。
61. "横跨两江渡口的大桥": Jenkins, 17。
62. "艰难度日的是我们的父母……": Jenkins, 18。
62. "把两个鸡蛋淋在十四片面包上……": Waterbury, *Richard Burton*, 16。
62. "狄克是一个非常温柔的人，从不伤人……": Cottrell, 8。
62. "酒又多又便宜……": 同上。
62. 关于矿井火灾被烧伤的事: Hilda Owen interviewed in Tony Palmer's *In from the Cold*。
63. "不寻常的女人……": Burton, *A Christmas Story* (London: Hoddard & Stoughton, 1964, 1989), 44。
63. "当我母亲去世时……": 同上。
64. "他从来没有挨过打。": Jenkins, 21–22。
64. "很快就发现了语言的力量……": 同上。
64. "教堂是我们的另外一个世界……": 同上。
64. "说着最完美的威尔士语……": Hardy。
64. "一种奔放的、带着呼吸的、充满激情的": David, 27。
65. "威尔士人在语言上的天赋是上帝……": Cottrell, 11。
65. "这个男孩长有粉刺": Jenkins, 31。
66. "不需要肢体语言……": 同上。
66. "他有着勇士一般粗犷俊朗的外表……": 同上。
67. "无论跟他解释多少遍伯顿这个姓……": 同上。
68. "伯顿的悲剧是他……": Joseph Mankiewicz interviewed, Palmer's *In from the Cold*。
68. "一个精明的威尔士男孩": Kenneth

Tynan, *Curtains*（New York: Athereum, 1961），11-12。

68. "在我遇到她之前……": Tynan interview, *Playboy*, and Hollis Alpert, *Burton*（New York: G. P. Putnam & Sons, 1986），122。

69. "三流的歌舞团女孩": Kelley, 233。

71. "难以相信，当影片中有任何涉及……": Taylor, *Elizabeth Takes Off*, 74。

71. "像世外桃源一样……": 引自 Lee Server, *Ava Gardner, Love Is Nothing*（New York: St. Martin's Press, 2006），422。

72. "不适应普通人的生活": 同上。

72. "她想陪着理查德……": Jenkins, 142。

72. "亲爱的，你该更小心一点……": 同上，143。

72. "当她离开房间后": 同上。

73. "在墨西哥……理查德发现了他是多么需要她……": 同上，143-44。

73. "让这个疯子离开飞机……": Alpert, 133。

73. "现场的记者比鬣蜥还要多": John Huston, *An Open Book*（New York: Ballantine, 1981），346-47。

74. "开拍的伟大时刻": 同上，347。

74. "被抛弃，受到了残酷的……": Kelley, 227。

74. "公开场合让她难堪": 同上，228。

75. "地球上没有比这儿更……": Burton, "Dauntless Travellers," *Vogue*, October 15, 1971, 130。

75. "我曾经一整天都陪着孩子们……": Kelley, 239。

76. "理查德会在生活中体验他的……": Axel Madsen, *John Huston*（Garden City, New York: Doubleday, 1978），204。

76. "每个人都喝了很多……": Server, 421。

76. "她比我认识的任何男人都能喝……": Kelley, 238。

77. "理查德，来喝一杯吧……": 同上。

77. "还接着喝了几瓶墨西哥……": 同上，239。

77. "这些美国垃圾的性乱、酗酒……": Madsen, 206。

77. "法国妓女": Kelley, 227。

77. "我们生活的这条街是……": "Dauntless Travellers," 130。

78. "令人兴奋的音乐声喷薄而出……": 同上。

78. "我们必须改变我们的想法": 同上。

79. "我父亲从来不会说……": Roddy, *LOOK*, January 28, 1964。

79. "孩子们，我们的麻烦都结束了！": 同上。

80. "爱我的身材……": conversation with Taylor。

81. "我错就错在……": Jenkins, 143-44。

第四章　不再结婚

83. "你是他们见过的人中独一无二的……": Ferris, 177。

83. "我说，我们以后再也不要结婚了。": Alexander Walker, *The Life of Elizabeth Taylor*（New York: Grove Weidenfeld, 1990），274。

83. "迈克尔和我想要许多孩子……": Spoto, 188, and *Elizabeth Taylor by Elizabeth Taylor*, original manuscript。

84. "他非常棒……": 引自 Steverson, 58。

84. "我永远无法报答吉尔古德的恩情……": Burton's televised interview with Michael Parkinson, November 23, 1974, BFI Archive。

84. "这样语言和……": Steverson, 94。

85. "孤独、疏离、沉浸在（他）自己的世界里": Burton's interview with Kenneth Tynan, 1967; *The Spy Who Came in*

85. "我确实感觉到在舞台上":同上。失去了一个拇指指甲:Authors' interview with John Cullum, August 4, 2009。
85. "我流的血比雷欧提斯多……": *New York Times*, June 17, 1964。
86. "我终生都是易出血者。":同上。
86. "餐厅里和飞机上最好的位置……":Parkinson interview, BFI。
86. "在公众面前会戴上一层……":同上。
86 "不要喝偷情者的葡萄酒":Alpert, 137。
87. "可怕的傻瓜们包围了伯顿和泰勒……":Sir John Gielgud, *A Life in Letters*(New York: Arcade Publishers, 2004), 305。
87. "大部分情况下,她待在酒店里":Authors' interview with Richard L. Sterne, February 10, 2008。
87. "怀着极大的热情":同上。
87. "他的声音让人惊讶":同上。
87. "是否存在所谓的'威尔士嗓音'?":Burton's interview with Parkinson, BFI Archive。
87. "它是从山谷里传来的……":同上。
87. "在彩排期间非常安静":Interview with Sterne。
88. "我们所有的票销售一空。":Gielgud, 304–05。
88. "伯顿尊敬约翰爵士……":Sterne。
88. "导演相对而言并不重要……":Tynan interview。
89. "一次无法避免的灾难":*Toronto Daily Star*, Richard Burton clipping file, Academy of Motion Picture Arts and Sciences Library。
89. "卓尔不凡":*Toronto Telegram*, Academy Archive。
89. "大家都很喜欢他。":Gielgud, 306。
89. "伯顿对待每个人都一视同仁……":Sterne。
90. "在波士顿的一次演出后":同上。
90. "我第一次演的时候是想模仿约翰·吉尔古德……":Tynan interview。
90. "你永远不知道他会做什么……":Sterne。
90. "双手几乎无法分开":Bragg, 187。
90. "每个人都想围绕在他们周围……":Cullum。
91. "伯顿身上非常有吸引力……":Sterne。
91. "理查德属于大酒量的……":同上。
91. "理查德处在他的最佳状态中……":Gielgud, 306。
91. "理查德在比剑时是如此精力充沛……":Sterne。
91. "在送葬队伍中,我们六个人把他抬下场……":同上。
91. "他不喜欢被人触碰……":同上。
92. "伊丽莎白就一直跟他在一起……":同上。
92. "她不可能比当时更美丽了……":同上。
93. "伊丽莎白·伯顿和我非常开心。":*Los Angeles Times*, March 16, 1964。
93. "我说,我们以后再也不要结婚了。":Walker, 274。
93. "我们原以为在波士顿受到的关注会少一些……":Sterne。
93. "大喊大叫、四处乱抓的崇拜者":*Herald Examiner*, March 23, 1964。
94. "同时被往相反的方向拉……":同上。
94. "一次充满力量、令人兴奋的观剧体验……":*Los Angeles Times*, March 26, 1964。
94. "诗意和激情深入骨髓……":*Boston Herald*, March 26, 1964。
94. "我所知道的极少数真正被上帝……":Hume Cronyn, *A Terrible Liar*(New

York：William Morrow & Co.，1991），330。
95. "伯顿和泰勒的罗曼史而被包裹上了一层神秘色彩"：同上，356。
95. 泰勒看了其中的四十次：Steverson，83。
95. "巨大的欢呼声"：Cronyn，358。
96. "伯顿先生失去了感觉……"以及随后其他评论：Steverson，82-83。
96. "我们能发现有些不对劲……"：Sterne。
97. "当肩周炎发作的时候，我还得挥舞着手臂……"：Bragg，197-98。
97. "我们这出戏已经公演了……"：David，149。
97. "从一开始公演我就联系他做采访……"以及不带钱的轶闻：Sterne。
98. "一旦他破解了某个难题……"：Bragg，198。
99. "如果她不早点出洋相……"：同上，196。
99. "她的妆花了……"：Fisher，*My Lives, My Loves*，217。
99. "回忆起了他们在酒店房间里争吵的场景……"：Sterne。

第五章 重获认可

101. "我很乐意不再做我自己……"：Taylor，引自Bragg，192。
101. "如果带着两个保姆、四个孩子、五条狗……"：Burton，"Dauntless Travellers。"
101. "职业游荡者"：同上。
102. "跟伊丽莎白一起旅行是极度痛苦的事情……"：同上。
102. "烈性葡萄酒、蒜味香肠……"：同上。
103. "如果你要把你的小女儿从四周疯狂……"：同上。
104. "新票房先生"：*Time* magazine, Burton clipping file。
105. "我们会为钱起舞"：Spoto，300。
106. "从一开始，他们就知道是错的……"：Movie poster advertisment for *The Sandpiper*。
107. "该地区最大的房子之一"：Peter Bart，"Picture Painting and Passion，" *New York Times*，September 1964。
108. "如果整部电影都在本地拍摄的话……"：*Hollywood Reporter*，December 16，1964。
108. "特别的揭幕仪式"：*Hollywood Reporter*，January 1，1964。
108. "一部乏味的、糊涂的、语无伦次的、含糊不清的傻电影"：*New Yorker*，July 16，1965。
108. "混乱的自吹自擂的陈词滥调……"：*Saturday Review*，July 24，1965。
108. "不错的、结构严谨的戏剧"：*Variety*，October 15，1971。
109. "任何一个穷人居然都有……"：*Saturday Review*。
109. "这是我自己造成的——最终的背叛"：Dalton Trumbo and Michael Wilson，*The Sandpiper*，DVD。
110. "当我12岁的时候"：同上。
110. "年老的女家庭教师"：Bragg，192。
110. 伊丽莎白想让伯顿把杰西卡带回家这件事：Authors' interview with Gianni Bozzacchi，March 21，2009。
111. 每年能给他们带来大约5000万美元的版税和薪水：Bragg，195。
111. "抑郁"：Authors' interview with Michael York，May 15，2009。
111. "对难以形容的东西的渴望"：Bragg，199。
111. "因此怀疑他由于药物作用失衡……"：同上。
111. 为伯顿买了三十七套专门定制的服装：Cottrell，292。
112. "甚至是今天我仍然记得他坐在椅

子上……": Claire Bloom, *Leaving a Doll's House* (New York and Canada: Little, Brown & Co., 1996), 48。

112. "伯顿会为我背诗……": 同上, 45。
113. "我没有看到过另外一个这样的女人……": 同上, 87。
113. "理查德温柔体贴……": 同上, 93。
114. 受到极大打击、满怀羞愧……: Steverson, 116。
114. "饰演吉米的时候, 伯顿能够利用自己……": Bloom, 107。
114. "除了体型之外, 没有任何变化……": Bragg, 200。
115. "紧张, 但是有魅力": 同上。
115. "伯顿夹在二人中间……": 同上, 120。
115. "泰勒对我再次出现在理查德……": Bloom, 119。
115. "我以前所知和所爱的那个……": 同上。
115. "不仅仅是你意料之中的莎士比亚……": Bragg, 201。
116. "我再也不能来酒吧了……": Spoto, 307。
116. "毫无疑问, 这是我被失控人群……": David, 293。
117. "当地的一桩大事……": Bragg, 187。
117. "如果没有伊丽莎白, 我不会去的。": Spoto, 306–07。
118. "他雨衣的口袋里有一瓶威士忌……": Bragg, 202。
118. "没有人来到现场时能像伊丽莎白……": Burt Boyar, *Photographs*, 105。
118. "理查德?" "亲爱的, 有什么事?": Bragg, 202。
119. "整天为她担心": Burton notebooks entry, Bragg, 203。
120. "我们带着迈克尔、克里斯托弗……": 同上。

120. "一个有主见的人": Taylor, *Elizabeth Taylor*, 143。
120. "我们可爱的、亲爱的丽莎": undated note from Richard Burton to Elizabeth Taylor, B–T Archive。

第六章　谁害怕伊丽莎白·泰勒?

123. "我就是乔治。": Kelley, 250。
123. "让我们面对它——我的生活通常缺乏尊严。": *Elizabeth Taylor* excerpt, *Ladies' Home Journal*, November 1965, 81。
124. "它是希比尔·伯顿·克里斯托弗的俱乐部……": Andy Warhol and Pat Hackett, *Popism*: The Warhol Sixties (New York: Harvest Books, 1980), 144。
124. "和这样一个令人惊异的大明星彻底……": Authors' interview with Robert Hardy。
126. "布鲁克林区的女孩们看起来真是漂亮……": Warhol, 36。
126. "她非常不满意": Edward Albee, *Who's Afraid of Virginia Woolf?*, DVD。
127. "当我看到为了看《巫山风雨夜》而……": Kelley, 246。
127. "很不喜欢": Jenkins, 157。
127. "你只要读开头的几句台词就……": 同上, 158。
127. "你最好演这个角色……": Kelley, 246。
128. "看起来都不对……": Ernie Lehman's notebooks excerpt published in *Talk*, April 2000。
128. "欧内斯特你知道……": Alpert, 154。
129. "你什么都不知道!": 同上, 156。
129. "去他妈的!" "但是有一个天才, 你知道是谁吗?": 同上。
129. "一部电影就像一个人一样……":

Leslie Halliwell and John Walker, ed., *Halliwell's Who's Who in the Movies*, 15th edition（New York: HarperResource, 2003）, 348。

130. "实际上，我们后来停止了一整天的拍摄……": Kelley, 248。
130. "有人知道我喜欢什么。": Alpert, 166。
131. "对她特别严格……": Kelley, 249。
131. "一场小小的无害的狂欢中": *Saturday Evening Post*, October 9, 1965。
132. "不用再怕骄阳晒蒸……": 同上。
132. "一个令人不安的人……": 同上。
132. "你每天都要抱着我。": 同上。
132. "1965年7月6日非常高兴的一天。……": Lehman notebooks, *Talk*。
133. "为了玛莎这个角色尽可能多地增加体重": *Saturday Evening Post*。
133. "有点紧张" "轻轻吻一下她": *Talk*。
133. "亲爱的，每个人都是如此了不起！……": Authors' conversation with Elizabeth Taylor。
133. "伊丽莎白喜欢打打闹闹……": Alpert, 173, and Kelley, 251。
134. "这是非常具有净化作用的……": *Elizabeth Taylor*, original manuscript。
134. "我一直都很惊讶伊丽莎白和伯顿……": *Saturday Evening Post*。
134. "我没有像以往那样尖叫着跑出去。": 同上。
134. "那些黑暗的日子伯顿过得多么艰难……": 同上，172-73。
134. "我今晚无法表演。": Alpert, 172。
135. "现在回想起来": 同上，172。
135. "他会被伊丽莎白辱骂……": 同上，173。
135. "她总是打伯顿。": Kelley, 251。
135. "我就是乔治。乔治就是我。" Kelley, 250。
135. "《如果我是乔治》": Alpert, 171。

136. "我是大地之母……": Albee, *Who's Afraid of Virginia Woolf?*, DVD。
136. "我嗓门很大，我很粗俗……": 同上。
136. "性乱行为在这里是全民运动。": 同上。
137. "在一个令人讨厌的角色里……": Steverson, 54。
137. "我生命中从未有过更快乐的时光。": Taylor, *Elizabeth Taylor*, original manuscript。
138. "我付给了她100万美元……": Kelley, 253。
138. "我确实告诉过她我曾想过给她买一只小狼崽……": Lehman notebooks, *Talk*。
138. "我终于知道在样片上哭泣……": *Talk*。
139. "18岁以下观众只有在家长陪同下……": *Variety*, June 1, 1966。
139. 伊丽莎白给出了职业生涯最佳的表演: Kelley, 259。
139. "一个奇迹……他拥有一位伟大演员的……": *Newsweek*, July 4, 1966。
139. "英雄式的镇静": Kelley, 259-60。
141. "是如何成为挣钱的唯一方式的……": *Ladies' Home Journal*, November 1965, 149。
141. "我们必须停止四处漂泊": 同上，152。
141. "不，我们为你感到极其自豪。": 同上，154。
141. "不通情理的取笑……" 同上，152。
141. "几年后半退休": 同上。
142. "例如，一次是在船上……": 同上，154。

第七章 婚后感情

143. "我没法像刚才那样说这些话……": Franco Zeffirelli, *Zeffirelli*（New York: Weidenfeld & Nicolson, 1986）, 216。
143. "我们整天都生活聚光灯下。": Bragg, 242。

143. "蒙蒂的状况甚至比我还要糟糕。": Patricia Bosworth, *Montgomery Clift* (New York: Bantam Books, 1979)。
144. "虽然我们被媒体非常浪漫地联系在一起……": Taylor, *Elizabeth Takes Off*, 63。
144. "蒙蒂,伊丽莎白喜欢我,但是她爱你。": Bosworth, 395。
144. "一个冒牌演员": 同上。
145. "如果蒙蒂不很快工作的话,他将死掉。": 同上。
145. "她会付那该死的保险费": 同上, 396。
146. "第一个认真把她当作一个有思想……": Bosworth, 395。
146. "世界是圆的,征服它!……": Conversation with Elizabeth Taylor。
147. "事实是,我们饱受煎熬,为了满足公众那渴望已久的白痴心理。……": Kelley, 274。
147. "玛贝尔"、"圆珍珠"、"小糖块"……: Letter from Richard Burton, B-T Archive。
147. "好吧,他们听到了大量互相斥责的话……": Taylor, *Elizabeth Taylor*, 131。
147. "我想你应该去小睡一会……": Kelley, 277。
148. "玛莎完全控制了我": Taylor, *Elizabeth Taylor*, 158。
148. "没有比成功更好的除臭剂了。": 同上, 124。
148. "我觉得理查德和我现在正在经历……": 同上, 127。
148. "更感兴趣的是非法的爱情……": 同上。
148. 《利兹合法结婚了吗?(当理查德摸我的时候,其他的一切都不重要了:她自己的故事)》: *Movie Mirror*, 1965, Elizabeth Taylor clipping file, Academy Library。
148. "利兹承认:伯顿正在用酒精毁掉我": *Photoplay* 1964, 同上。
148. "理查德·伯顿对利兹说:我不爱你了": *Saturday Evening Post*, *The Taming of the Shrew* clipping file, 同上。
149. "那是玛丽亚的母亲吗?……": Taylor, *Elizabeth Taylor*, 148-49。
149. "《伊丽莎白·泰勒试图放弃美国公民身份》《利兹能像伯顿那样获得大幅度减税》": Elizabeth Taylor clipping file, Academy。
149. "我爱美国,我不会做任何忘恩负义……": Taylor, *Elizabeth Taylor*, 128。
150. "我们俩的'婚姻'应该是第一部。": *Life*, February 24, 1967。
151. "请你停下讨论你那该死的莎士比亚……": Zeffirelli, 200-01。
151. "我很想知道我是否要跟这个有点土里土气的威尔士……": 同上, 212。
151. "一个好莱坞宝贝……我不认识富有的阿拉伯酋长。": 同上, 212-13。
152. "我们已经投资了200万美元在这上面……": Burton notebooks, Bragg, 212。
152. "四个孩子,狗、猫、金鱼……": Cottrell, 301。
153. "你的胸部在哪里?": 同上。
153. "根本不在乎服装……": Zeffirelli, 214。
153. "一切都非常具有道格拉斯·范朋克的风格……": 同上。
153. "为什么我们不能一次只从事一项玩命的冒险?": Jenkins, 162。
154. "一开始,伊丽莎白在饰演莎士比亚角色时很放不开……": Cottrell, 302。
154. "女仆、秘书、男管家、理发师……": Michael York, *Accidentally on Purpose* (New York: Simon & Schuster, 1991), 132。
154. "她把整个上午的时间都给了她那漂亮的脸蛋……": Zeffirelli, 215。

154. "法国时间": 同上。
155. "我们不得不在凌晨5点半开始工作！": Victor Spinetti with Peter Rankin, *Victor Spinetti*, *Up Front*（London: Portico, 1998）, 180。
155. "在我的生命中，我从未目瞪口呆地看着任何人……": Burton notebooks, Bragg, 213。
155. "阿尔比非常能献殷勤，特别是……": 同上。
156. "棒极了！一次乘大巴的旅行……": Spinetti, 182–83。
156. "你大腿内侧细腻的柔软肌肤……": undated note from Richard Burton to Elizabeth Taylor, B-T Archive。
156. "我有时会在集市上找到一些书……": York, 132, and authors' interview with York。
157. "理查德让伊丽莎白成为名副其实的王者……": Interview with York。
157. "那个尼科尔斯真有女人缘……": Burton notebooks, Bragg, 212。
157. "我见过的最聪明、最好的人之一。": Taylor, *Elizabeth Taylor*, 161。
158. "我不确定是否喜欢泽菲雷利……": Burton notebooks, Bragg, 212。
158. "英国的犹太人": Brenda Maddox, *Who's Afraid of Elizabeth Taylor?*（New York: M. Evans, 1977）, 181。
158. "小时候，在战争时期……": Taylor, *Elizabeth Taylor*, 90。
158. "我的曾祖父是一个波兰犹太人……": David, 148。
158. "我生下来就是犹太人……": *LOOK*, January 28, 1964。
159. "你根本不是犹太人……": David, 148。
159. "亲爱的舍巴": Burton's undated note to Taylor, B-T Archive。
159. "不得不忍受这个怪物……": Zeffirelli, 218。
160. "在他们结束之前，这是最具有怀旧氛围的时刻之一。": Burton notebooks, Bragg, 227。
160. "9月24日，（蒙蒂的）同性伙伴、护士兼总管家……": 同上。
160. "安息吧，忧郁的灵魂……": Kelley, 256。
161. "你觉得他们会怎么跟我说？……": Jenkins, 155。
161. "其他的年轻夫妇会花那么多……": *LOOK*, October 1966。
161. "拍摄间隙，伯顿正滔滔不……": 同上。
162. "当然，我的真名是理查德·詹金斯……": Cottrell, 309。
163. "都举着他们的'小弟弟'时……": 同上，310。
163. "只要那个该死的'冯·特拉普上校'……": 同上。
163. "他们可以乘坐下一班火车，……": 同上，311。
163. "我们只为一件事感到难过……": 同上，309。
164. "我们受到的关注跟以前'丑闻'期间……": Burton notebooks, Bragg。
165. "作为她最精彩的表演之一……": Hollis Alpert, *Time*, March 17, 1967。
165. "一个长长的蜜月": Bragg, 227。
165. "你的丈夫就是你的主人、你的生命……": William Shakespeare, *The Taming of the Shrew*, Act V scene ii。
166. "诚实无欺": Zeffirelli, 216。
166. "深深地打动了""非常好，我的宝贝……": 同上。
166. "伊丽莎白因为失血而非常虚弱……": Burton notebooks, Bragg, 226。
167. "那个巨大的家伙": Bragg, 229。

第八章 "浮士德"的诱惑

169. "在那一刻，我疯狂地爱上了她……"：Burton notebooks, Bragg, 235。

169. "我只是一个娘儿们……"：Taylor, 引自 Spoto, 320。

170. "这个孩子……将会成为一个伟大的演员。……"：Michael Munn, *Richard Burton, Prince of Players*（London: JR Books, 2008），35。

170. "我教过许多天资聪颖的学生……"：Cottell, back cover。

170. "打破头争取机会"：Burton interview, Palmer's *In from the Cold*。

170. "1944年，当他作为一名本科生来到牛津大学时……"：Robert Hardy, interviewed in Palmer's *In from the Cold*。

172. "我还记得，当我们第一次听到他的声音……"：Cottrell, 299。

172. "缓缓走过舞台"：Cottrell, 300。

172. "极尽嘲讽之能事"：同上，299。

172. "最值得称赞的是，我们看到的每一个人的表演都很真挚……"：同上。

173. "理查德似乎就是那个传说中向魔鬼出卖灵魂的囚徒"：引自 Palmer, *In from the Cold*。

173. "为什么是我？"：同上。

174. "一脸坏笑"及此后的一段趣闻：Kenneth Tynan and John Lahr, ed. *The Notebooks of Kenneth Tynan*（New York and London: Bloomsbury, 2001），415-16。

175. "马龙的放荡不羁……"：Burton notebooks, Bragg, 223。

175. "伯顿和白兰度之间是一种心照不宣的关系……"：Peter Manso, *Brando, The Biography*（New York: Hyperion, 1994），631。

175. "每个人都喝得烂醉……"：Bragg, 223。

176. "理查德喜欢你，他认为你绝对聪明。"：*Hollywood Lawyers*, 105。

177. "非常棒的演员"：Huston, *An Open Book*, 373。

177. "美国电影工业几乎一半的收入……"：Cottrell, 314。

177. "他们说因我们而引发的商业活动比一个非洲小国还要多。"：David, 165。

178. "凯特从伦敦来跟我们生活在一起……"：Burton notebooks, Bragg, 217。

178. "哦，别担心。他们会付的。"：Sir John Gielgud interview in Palmer's *In from the Cold*。

179. "我只是一个娘儿们……"：Taylor, 引自 Spoto, 320。

180. "我曾经被认为是意大利第一流的修片师……"：Authors' interview with Gianni Bozzacchi。

180. "我不会再做修复工作了……"：同上。

180. "理查德并不像那样自视过高"：同上。

180. "吉亚尼，你真的很不错……"：Gianni Bozzacchi, *The Queen and I*（Madison, Wisconsin: University of Wisconsin Press, 2002），4-5。

181. "当我拍人的时候，我就会消失。……"：Author's interview with Gianni Bozzacchi。

181. "世界只看到她的一面：她的美貌……"：Author's interview with Gianni Bozzacchi。

181. "如果波提切利今天还活着的话……"：Bozzacchi, *The Queen and I*, 6。

181. "当你被投入那个世界……"：Author's interview with Gianni Bozzacchi。

182. "完美、精致的小娃娃……"：Taylor, *Elizabeth Takes Off*, 51。

182. "一些长得漂亮的人不知道如何利用自己的美貌……"：同上，51-52。

183. "我很高兴离开达荷美，我时时刻刻都有不祥之感……": Piers Paul Read, *Alec Guinness, The Authorized Biography*（New York: Simon & Schuster, 2003），472-73。

183. "一个非常普通的鞋架子": Bragg, 234。

184. "伊丽莎白和我都喜欢孩子……": Chandler Broussard, "On Location with Richard and Liz: Why They're Never Dull," *LOOK*, June 1967, 67。

184. "如果你在大中午顶着太阳出门的话，你就是在玩命。": 同上。

184. "快手": MGM short feature, "The Making of *The Comedians*," DVD special feature。

184. "当他们俩不在片场的时候……": Norman Sherry, *The Life of Graham Greene*, III, (New York: Viking, 2004), 422。

185. "在他身上，我几乎找不到从前的……": Read, 472。

185. "我可以向您出示他的酒水账单。": 对白引自 *The Comedians*, DVD。

185. "你们见过理查德·伯顿吗？": Bragg, 235。

186. "伊丽莎白看起来美丽动人……": Burton notebooks, Bragg, 234。

186. "在那一刻，我疯狂地爱上了她……": 同上，235。

187. "我从来没有想过演这……": *LOOK*, 69。

187. "好吧，我要说的是每个人似乎都已经……": 同上。

188. "别毁掉你亲手搭建起来的桥！": Kelley, 261。

189. "他总是对其他人正在做而他自己……": Mike Nichols, Palmer's *In from the Cold*。

189. "……我们听到伊丽莎白获得了奥斯卡奖……": Burton notebooks, Bragg, 240。

189. "从不厌烦""理查德必须要被人们接受……": Sammy Davis Jr., *Hollywood in a Suitcase*（New York: William Morrow & Co., 1980），26-27。

189. "我昨天喝了一整天酒。": Burton notebooks, Bragg, 221。

189. "伊丽莎白跟我一起吃午饭……": 同上。

第九章　转折的一年

191. "（我们是）一对可爱的、迷人的……": Burton notebooks, Bragg, 243。

191. "人们不喜欢持续不断的成功。": Taylor, 引自 Alpert, 188。

192. "我在说'混蛋'这个词的时候没办法不脸红。": David Caute, *Joseph Losey, A Revenge on Life*（New York: Oxford University Press, 1994），238。

193. "叫我汤姆。": Bragg, 233。

193. "酩酊大醉"、"无法控制": Burton notebooks, Bragg, 241。

194. "超重明星": Caute, 26。

195. "溜冰场": Taylor, *My Love Affair with Jewelry*, 36。

195. "她比六个富有的男人都活得更久……": *Boom!* promotional booklet。

195. "伊丽莎白·泰勒认真考虑过几年后进入半退休状态……": 同上。

196. "风景如画的大海": Graham Payn and Sheridan Morley, eds., *The Noël Coward Notebooks*（Boston: Little, Brown, 1982），655。

196. "请任意修改凡是你认为不合适的台词。": 引自 *Boom!* promotional booklet。

196. "我们的信条是为了明天的工作……": Taylor, *Elizabeth Takes Off*, 87。

197. "收紧那些松弛的肌肉……": 同上, 80。
197. "跟他一起创造生活比在银幕上演绎别人……": 同上, 87。
197. "我跟伊丽莎白的工作关系一开始绝对是……": 引自 Caute, 226。
197. "非常苍老……": Burton notebooks, Bragg, 244。
198. "一直都看着他的眼睛": Cole Lesley, *The Life of Noël Coward*(New York: Knopf, 1976)508。
198. "还不算晚": Burton notebooks, Bragg, 245。
198. "我假想着自己跳上拦杆, 风吹着我的晨袍……": 引自 Mark Shivas, "Was It Like This With Louis XIV?" *New York Times*, October 15, 1976。
198. "一个贼窝": Steverson, 168。
199. "看起来无比的性感……": Burton notebooks, Bragg, 245。
199. "考虑到我们的上一个家(租的)一个月要额外……": 同上, 238。
200. "鲜黄色, 而不是褐黄色" 以及关于游艇的描述: Alpert, 186。
200. 它们在那上面随意大小便: Kelley, 269, and Cottrell, 315。
201. "我们跟一个叫做亚历克斯或者……": Burton notebooks, Bragg, 260。
201. "对一个36岁的老女人来说……": 同上, 261。
201. "还有阿里·奥纳西斯……": 同上, 260。
202. "眼睛非常迷人……": 同上, 261。
202. "她的眼睛长在屁股后面, 耳朵长在脑袋顶上。": 同上。
202. "价值50万英镑的一颗被钻石环绕的红宝石……": 同上, 265。
204. "他怎么才能做爱。": 同上, 241。
204. "你得过几次奥斯卡奖提名?" 这段趣闻: 同上, 242。
205. "抚摸它, 盯着它看……": 同上, 263。
205. "当我上船后, 有十四名葡萄牙水手……": Gielgud's interview, Palmer's *In from the Cold*。
205. "可怕的一天, 疯狂无序……": Burton notebooks, Bragg, 243。
206. "她是一个友善的胖女孩……": 同上, 238。
206. "当伯顿夫妇在挣钱养家糊口时……": Cottrell, 319。
206. "令人惊讶的是, 像伯顿夫妇这样的两口子……": *London Evening Standard*, 引自 Cottrell, 319。
207. "失去信仰的": Greene, *The Comedians*, DVD。
207. "诽谤了整个国家": Graham Greene and Richard Greene, ed., *A Life in Letters*(Canada: Knopf, 2007), 293。
208. "一个巫术崇拜者和杀手的国度": 同上。
208. "你一定在某些时候面对过这个问题……": David Lewin interview with the Burtons, Palmer's *In from the Cold*。
209. "《浮士德博士》是一部歪曲原作的极难看电影……": Cottrell, 319。
209. "这对伟大的爱人自《埃及艳后》开始的一系列……": Pauline Kael, *Going Steady*, 41。
209. "绝对是演绎马洛那非凡台词的绝佳器官……": *Los Angeles Times*, March 15, 1968。
209. "她生动的个人形象——无论是单独表演……": 同上。
210. "如果浮士德说'金子'或者'珍珠'……": Kael, 41。
210. "没有人想拍一部糟糕的电影……": Jenkins, 160。
211. "我需要举起手臂……": Christopher

Marlowe, *The Tragical Story of Doctor Faustus* DVD。
211. "虎头蛇尾、平淡乏味": Bosley Crowther, *New York Times*, February 7, 1968。
211. "做了错事还能逍遥法外": Burton notebooks, Bragg, 306。
211. "在他绝望的心灵深处……": 同上。
212. 这是由于1959年的观众并没有真的看明白电影……: Authors' interview with Gore Vidal。
212. "一幕接一幕……": John Huston, *An Open Book*(New York: Ballantine, 1981), 374。

第十章 多事之秋

213. "我介绍她认识了啤酒……": 引自 Interview, February 2007, 228。
213. "跟理查德·伯顿在一起,我生活在……": Taylor, *Elizabeth Takes Off*, 87。
214. "很郁闷地看到理查德·伯顿堕落到……": *Time*, March 28, 1969, 引自 Steverson, 171。
215. "是的,亲爱的,我们确实每个月花……": Burton clipping file, BFI Archive。
215. "弗拉基米尔大公夫人套件": Taylor, *My Love Affair with Jewelry*, 63。
215. "我曾经想过,如果有一个像我……": 同上, 49。
215. "深邃的方形切割……": 同上。
216. "我喜欢佩戴珠宝,并不是……": 同上, 84。
216. "这就是那颗著名的钻石吗?"及这次趣闻: Taylor, *Elizabeth Takes Off*, 84–85。
216. "伊丽莎白·泰勒和理查德·伯顿是最接近于……": Maddox, 207–08。
216. "傲慢自大……他们与其说是在表演……": 引自 Maddox, 208。
216. "迪克(伯顿)饰演克里斯显得太老了……": Tennessee Williams, *Memoirs*(New York: Doubleday, 1975), 200。
217. "总有一天,我们都会为《富贵浮云》……": Losey, 引自 Caute, 226。
217. "亲爱的,你太激动了。": Williams, *Boom!*, DVD。
217. "根本就不差,相反……": John Waters, 引自 *Premiere*, August 1992, 9。
218. "理查德·伯顿将会离开《黑暗中的微笑》剧组……": Cottrell, 323。
218. "好似一个不成熟的新娘……": 同上。
218. "有人也许会想,他甚至不敢请我……": Burton notebooks, Bragg, 384。
221. "星期天早上,伊丽莎白的子宫被摘除了……": 同上, 255。
221. "耸人听闻的幻觉": 同上。
222. "淘气的姑娘""滚开!": 同上。
222. "她还在睡觉,午后时间已经过去大半了……": 同上, 256。
222. "我想跟理查德生一个孩子……": Taylor, *Elizabeth Taylor*, original manuscript。
223. "太令人恐怖了……": 引自 Maddox, 119, and *Secret Ceremony* clipping file, Academy Library。
223. "只能在一旁无助地眼睁睁看着……": 引自 Maddox, 119。
223. "非常美丽的作品": *Secret Ceremony* clipping file, Academy Library。
223. "以硕大乳房著称": *Secret Ceremony*, DVD。
223. "狗仔队拍到伊丽莎白的负面照片比……": Authors' interview with Bozzacchi。
224. "我记得他在他妻子死后……": Burton notebooks, Bragg, 256。

224. "他确实在黑暗中失足摔倒……": Cottrell，326。
224. "在希丝之后，我最爱的就是艾法……": Jenkins，179。
224. "英雄、哥哥、父亲、倾诉的对象以及最好的朋友": Cottrell，327。
225. "我曾经试过。": Bragg，258。
225. "我能说什么？……": Authors' interview with Liz Smith and Denis Ferrara。
225. "在房间里取悦一名军官": Munn，36。
225. "如果你演的话，我就演": Bragg，258。
226. "他们一定是喝得烂醉如泥了。": Spoto，326。
227. "那个年轻、有吸引力的男人明显爱慕她""我不喜欢伊丽莎白……": Bragg，262。
227. "我保守估算了一下……": 同上，262-63。
228. "媒体的穷追猛打使得我们看起来……": Taylor，*My Love Affair with Jewelry*，99。
228. "自始至终，我都知道我的朋友……": 同上，102。
228. "没落的贵族"……: Burton notebooks，Bragg，272。
229. "我最好停止工作，因为昨天的行为……": 同上，273。
229. "我想单独跟伊丽莎白在一起待上两百年……": 同上，264。
229. "她问我，如果她要在轮椅上度过余生……": 同上。
229. "像一头野兽": 同上，277。
230. "他让我母亲在29岁的时候……": *Interview*，182。
230. "讽刺了他自己的风格……": Steverson，172-73。
230. "一部疯狂的、结构不清的……": Burton notebooks，Bragg，277。

第十一章 "戒指和鲸骨撑裙"

233. "这只是给利兹的一个礼物。": Burton letter to Taylor，B-T Archive。
233. "有时他的喜悦不通情理……": *My Love Affair with Jewelry*，90。
233. "这个世上我最爱的两个人……": Burton notebooks，Bragg，278。
234. "我最担心的……": 同上，280。
234. "迷幻恍惚""这个险恶的世界": 同上，286-87。
235. "像护身符一样"以及对"漫游者"珍珠的描绘: Taylor，*My Love Affair with Jewelry*，90。
235. "有时他的喜悦不通情理……":同上。
236. "东方珍珠精巧搭配而成":同上，86。
236. "过去的六到八个月是一场噩梦……": Burton notebooks，Bragg，290。
237. "当我穷的时候，我都没被人告过。": 同上，262。
237. "你在干吗？大块头！": 同上，292。
237. "伊丽莎白现在看起来非常美丽……": 同上，303。
238. "当然，因为你太年轻了……": Burton letter to Taylor，B-T Archive。
238. "一堆平庸的垃圾": Burton notebooks，Bragg，262。
239. "当我死的时候，我必须要有一个儿子……": 台词出自影片 *Anne of the Thou-sand Days*。
240. "一点都不垃圾，而且像蛇一样狡猾": Burton notebooks，Bragg，306。
240. "他们的每一个耸肩、点头、招手、侧身一瞥……": 同上。
240. 关于伯顿与布卓关系的猜测: Steverson，179。
240. "像恶魔一般有魅力的人……": Burton notebooks，Bragg，294。

241. "如果是伊丽莎白来演的话……": 同上, 306。
241. "我非常嫉妒伊丽莎白……": 同上, 305。
242. "教子教女们、侄儿侄女们": 同上, 313。
242. "毫无疑问, 我必须停止表演……": 同上。
242. "我们将会偶尔溜到巴黎……": 同上, 313-14。
244. "对两个偶然陷入爱河并互相竞争的人来说……": 同上, 311。
244. "宛如一个蓝灰色的幽灵……": 同上, 308。
244. "他们从一开始就争吵不休……": Authors' interview with Liz Smith。
244. "连续争吵"……: Burton notebooks, Bragg, 315。
245. "酒精激起了嫉妒, 嫉妒又刺激了酗酒……": Liz Smith。
245. "如果任何人敢这样做, 我都会杀了他……": Burton notebooks, Bragg, 315。
245. "我们在争吵……": 同上, 316。
246. "稍稍做了一些净化": 引自 Steverson, 175。
246. "敢于冒险的角色……": 同上, 176。
246. "戒指、鲸骨撑裙和其他一些东西": Burton letter to Taylor, B-T Archive。
246. "编好号的、闪着光的": Burton notebooks, Bragg, 317。
247. "如果不是在塞利尼发生的那次事故……": 同上, 320。
247. "长久的静默和致命的侮辱": 同上, 318。
247. "该死的我到底怎么了? ……": 同上。
247. "它会让我那又大又难看的手看起来纤细一些……": 同上。
248. "生命中还有很多比那些不值钱……": 同上。

248. "我要买下它, 即使要付出我的生命……": 同上, 318-19。
249. "我想要这颗钻石, 因为它无与伦比的可爱……": 同上, 319。
249. 《纽约时报》上卡地亚钻石的广告: Taylor, *My Love Affair with Jewelry*, 95。
250. "很容易取悦……她看到什么都喜欢……": Robert Browning, "My Last Duchess。"
250. "好吧, 那不是能让女人……"这段趣闻: Taylor, *My Love Affair with Jewelry*, 173。
251. "她脖子上戴的更多是沉重的负担……": Kelley, 267。
251. "本周, 农民们已经在卡地亚店外排队……": 引自 Maddox, 214。
251. "有多少女人曾经被《时代》周刊……": 同上, 213。
251. "仅仅是卡地亚钻石……": 同上。

第十二章 过气的巨星

253. "在很长一段时间内, 再也不会有人……": Burton notebooks, Bragg, 324。
253. "我们过着四海为家的生活。": Taylor, *Elizabeth Taylor* excerpt, *Ladies' Home Journal*, 81。
253. "没有学位, 却将要在牛津讲课……": Burton notebooks, Bragg, 267。
254. "没有任何一个孩子把他看做是继父……": Taylor clipping file, Academy Library。
254. "如果你是一个糟糕的演员……": Burton notebooks, Bragg, 278。
255. "很好, 我马上戒酒……": 同上, 325。
255. "熬过最艰难的时刻": Burton letter to Taylor, B-T Archive。
255. "阳光明媚, 这个屋子里环绕在我身边……": Burton notebooks, Bragg, 326。

412 烈 爱

255. "你真了不起！"这段轶闻：同上。
256. "我不得不面对伊丽莎白终有一天……"：同上，327。
256. "当他戒了酒并且奇怪地……"：Authors' conversation with Taylor confidante。
257. "就像是我的第二个母亲……"：Taylor, *My Love Affair with Jewelry*, 212。
259. "我们再也不能……"：Walker, 307。
259. "世界已经变了。我的意思是我们的世界……"：Burton notebooks, Bragg, 324。
259. "对一个已经拥有很多此类衣物……"：*Life*, Taylor clipping file, Academy Library。
259. "把她的表演归功于理查德·伯顿"：Bragg, 320。
260. "整个世界都在取笑这个奖……"：Burton notebooks, Bragg, 328。
260. "我唯一的机会是我是……"：同上。
261. "粉红色药片" "它们无疑缓解了我的烦恼……"：同上，329。
262. "幻想自己是个大明星的芭芭拉·史翠珊……"：同上。
262. "那么究竟是谁投票给了韦恩？"：同上。
262. "在某种程度上，《安妮的一千日》是最后一击……"：Interview with Liz Smith。
262. "你这个混蛋，你应该获奖，而不是我。"：Bragg, 174。
262. "我又输了。我现在是奥斯卡奖……"：Burton notebooks, Bragg, 329。
262. "如果他当年获得了奥斯卡奖……"：Liz Smith。
263. "对伯顿夫妇来说，百万美元的传奇时代结束了"：Taylor clipping file, Academy Library。
264. "给她屁股包扎了一下，逗留了一个小时"：Burton notebooks, Bragg, 329。

265. 他太瘦了，以至于伊丽莎白开玩笑地称他为"米亚"……：同上，332。
265. "将会亲自见证千万吨级的氢弹被引爆"：同上。
266. "她像老虎钳一样紧紧抓住了观众……"：同上。
266. "嬉皮士"闯进病房的趣闻：同上，335。
267. "无论是在形状上还是在创意上……"：同上，324。
267. "暗送秋波"：同上。
267. "我一下老了10岁。"：同上，338。
268. "亲爱的犹豫不决的小虾米"：Burton letter to Taylor, B-T Archive。
270. "痛风会不会再次发作"：同上。
270. "最亲爱的牙痛病人……"：同上。
271. "亲爱的远方的那个人……"：同上。
272. "忘掉那个要命的消息……"：Burton notebooks, Bragg, 351。
272. "别忘了你一直在斗争……"：引自 Alpert, 252。
272. "我有一个坏消息……"：同上。
272. "很想念昨天，因为我喝了一整天……"：Burton notebooks, Bragg, 352。
273. "他们很了不起……"：Taylor, *Elizabeth Taylor* excerpt, *Ladies' Home Journal*, 81。
274. "我最亲爱的'常春藤联盟'小姐"：Burton notebooks, Bragg, 397。
274. "很高兴，因为这意味着我们不再声名狼藉……"：同上，333。
275. "笼罩着无可争议的明星光环"：Bernard Weintraub, "The Prime of Mr. Burton?" *New York Times*, December 6, 1970。
275. "让一个四五十岁的人去掌握别人写的东西……"：同上。
275. "她想让我早点回到多切斯特酒店……"：同上。

第十三章 "蓝胡子"事件

277. "在我一生中,我想我总是在背地里为自己……": Burton notebooks, Bragg, 367。
277. "不要那些'蓝胡子'女郎。": Taylor,引自 Bragg, 407。
278. "伯顿夫妇被秘书们保护起来了……": Cottrell, 338。
278. "我永远爱你——伊丽莎白。": Kelley, 298。
278. "无情的幸存者": Walker, 309。
279. "我们俩都通过互相大喊大叫来发泄……": *Ladies' Home Journal*, April 1971, 88。
279. "她身边的人让你觉得自己似乎是在……": Spoto, 344。
279. "她离开了酒店……她在片场……": Michael Caine, *What's It All About?* (N Turtle Bay Books, 2002), 313。
279. "我合作的演员当中……": 同上, 319。
279. "活着的传奇": 同上, 312。
279. "亲爱的傻瓜讨厌鬼……": Burton letter to Taylor, B-T Archive。
280. "我爱你、想你,你是世界上最值……": 同上。
280. "她并不是真的要鼓励我戒酒……": Munn, 195。
281. "已经压抑了(她的)真情实感……": Taylor, *Elizabeth Takes Off*, 100。
281. "屁事没有""威尔士卖淫业历史上最有魅力……": reviews of "Under Milk Wood [DVD]," FilmThreat.com, April 12, 2008。
281. "要从头说起:那是一个春天……": Dylan Thomas, *Under Milk Wood*, DVD。
282. "在喝下几罐啤酒之后……"这段轶闻: Cottrell, 385。
282. "从未听伯顿认真地谈起过他父亲": Gianni Bozzacchi interview。
283. "时下获赞的电影应该是《牛奶树下》……": Munn, 191。
283. "仅仅是静静地坐在那听着……": 同上。
283. "久仰大名的雷德福让人失望……": Burton notebooks, Bragg, 351。
284. "两个重量级冠军,互相打得筋疲力尽……": Bragg, 357。
284. "我跟理查德每一天都过得充满激情……": *Ladies' Home Journal*, April 1971, 118。
284. "他近来最无趣的一部烂片": Vincent Canby, "Whatever Became of Richard Burton?" *New York Times*, June 13, 1971。
285. "我对自己的职业、过去、现在……": Burton notebooks, Bragg, 367。
285. "老伊顿人会在五个月内把我逼疯": 同上, 370。
285. "你知道,它并没有那么糟糕。": 转引自 Bragg, 367。
286. "这是我和理查德想要而无法要的孩子。": Kelley, 281。
286. "我努力往上爬……": 同上, 282。
286. "我的左手和手腕现在完全不听使唤……": Burton notebooks, Bragg, 359–60。
287. "事实上,如果不是因为伊丽莎白喜欢……": 同上, 364。
288. "如果我要离开……": 同上, 371–72。
288. "突然,我有一种不祥的感觉。"这段轶闻: Taylor, *Elizabeth Takes Off*, 75。
288. "只有伊丽莎白喝酒……": Burton notebooks, Bragg, 377。
289. "但它是你的狗。"这段轶闻: 同上, 368–69。

290. "实际上,停止喝酒让伊丽莎白……":同上,381。
290. "伊丽莎白试图让我在午餐前喝一点马提尼……":同上,385。
291. "略微发福":同上,390。
291. "明知自己处于错误位置":同上,387-88。
292. "温莎公爵夫人和摩纳哥王妃……":同上,389。
292. "一个多小时绝对痛苦的经历":同上。
292. "形容枯槁的""我的伊丽莎白在哪里?":同上,389-90。
292. "亲热一番":同上,390。
292. "以至于你能感觉到这背后的虚荣":Taylor, *Elizabeth Taylor*, 173。
293. "有半打巴黎最完美的讨厌鬼":Burton notebooks, Bragg, 393。
293. "它们很坚挺……":同上,404。
294. "追逐奶油的猫":Cottrell, 359。
294. "一个天才":Tammy Grimes,引自Cottrell, 361。
295. "常常需要言不由衷……":Burton notebooks, Bragg, 405。
295. "弹奏管风琴,一只隼在四周飞来飞去……":同上,406。
295. "如果他把自己卖掉,也绝对值那个价钱。":Alpert, 204。
295. "都是情绪多变、嫉妒心强的人":Taylor, *Elizabeth Taylor*, 135-36。
295. "在幸福的婚姻中,伴随着人到中年……":Taylor, *My Love Affair with Jewelry*, 50。
296. "摄影师并没有把我照得看起来吸引人。":Burton notebooks, Bragg, 405-06。
296. "我们热忱欢迎你们来布达佩斯做客……":同上,407。
297. "这是朝着文学博士迈出的坚实一步……":同上,410。

298. "爱是永恒的。":Walker, 314。
298. "老天作证,他们真的很棒……":Burton notebooks, Bragg, 410。
299. "总有一天会有其他人拥有它们……":Taylor, *My Love Affair with Jewelry*, 73。
300. "艾法的生命快走到尽头了……":Burton notebooks, Bragg, 363。
300. "对我来说,他是最接近父亲的人。":Jenkins, 179。

第十四章　缘尽情未了

301. "我将怀着巨大的激情和巨大的遗憾思念你。":Burton letter to Taylor, B-T Archive。
301. "或许我们太爱对方了……为我们祈祷吧。":Taylor letter to Burton, July 4, 1973。
301. "理查德需要他们的保护……":Alpert, 207。
302. "你让我想起一只饥饿的秃鹫。""理查德!":同上,206-07。
302. "嗨,小糖块……":Burton letter to Taylor, B-T Archive。
302. "斯宾塞·屈赛会定期喝酒……":Alpert, 208。
302. "能看到他每一周都在变老……":同上。
303. "你对你父亲太没礼貌了。":Kate Burton's interview in Palmer's *In from the Cold*。
303. "她在各方面都比理查德强壮":Alpert, 207。
304. "我欠那些买票来看我演的电影的人一份情……":Taylor, *Elizabeth Taylor*, 174。
304. "亲爱的:我想我最好在一间小卧室里跟自己搏斗一下……":Letter from Richard Burton, B-T Archive。

305. "亲爱的艾迪……": Alpert, 207。
305. "让那个睡在我床上的女人滚出去！": 同上, 208。
306. "最亲爱的孩子: 回家的感觉多么好啊！……": Letter from Richard Burton, B-T Archive。
306. "这是给娜塔丽的。" Alpert, 209。
306. "这是生存对死亡的胜利！": Authors' conversation with Gabriel Byrne。
307. "英文带给我兴奋感……": Burton notebooks, Bragg, 267。
309. "她命中注定总是跟即将走到生命尽头……": Authors' interview with Waris Hussein, March 18, 2008。
309. "迷人和冷静""他这个威尔士人和我这个印度人……": 同上。
312. "现在，每个人都争着'搬一把椅子'、'帮她拿衣服'……": 同上。
315. "他喜爱的蓝色睡衣": Letter from Richard Burton, B-T Archive。
316. "一种蔑视一切的勇气滋养着……": Hussein。
316. "从制片厂和政府那里获得战利品的海盗": Bragg, 414。
316. "我继续在用这支笔给你写信……": Letter from Richard Burton, B-T Archive。
317. "他恨死这部电影了。": Hussein。
317. "天文数字……地毯、家具和镜子……": Authors' interview with John Heyman。
317. "批评家们正拿着刀等在那里。": Hussein。
317. "两次搭配得当的重磅灾难": 引自 Kelley, 289。
317. "他在同一个地方待的时间从来不超过10分钟": 所有台词来自 *Divorce His Divorce Hers*, DVD。
318. "刚刚经历了失败……": Hussein。
318. "几年以后，我见到了罗迪·麦克道尔……": 同上。
318. "对电影明星来说，如果有比票房失利……": Maddox, 229。
319. "被这对夫妻迷住了……": Dominick Dunne, "The Queen and I," *Vanity Fair*, March 2007。
319. "美貌正处在顶峰""她生活中甚至比在银幕上更美。": 同上。
319. "生着闷气旁观着": 同上。
320. "喝了一大瓶香槟": Heymann, 313。
320. "我不喜欢你演这部电影……": Ferris, 230。
321. "理查德·詹金斯，理查德·伯顿——他们是两个人……": Interview with Gianni Bozzacchi。
321. "他们之间的爱中断了": Dunne。
321. "一部缩小版的《埃及艳后》": Heymann, 316。
321. "我的小糖块: 你离开了, 老天作证！……": Letter from Richard Burton, B-T Archive。
323. "他们就像兄弟一样……": Spoto, 351。
323. "为什么你总是不想回来？": Bragg, 417。
323. "我相信，如果理查德和我分开一段时间……": 同上。

第十五章 离婚与复婚

325. "如果你离开我，我将会自杀……": Letter from Richard Burton, B-T Archive。
325. "我永远不想再次深陷爱的漩涡里了。": Kelley, 295。
325. "3月的最后一天, 我亲爱的睡猫……": Letter from Richard Burton, B-T Archive。
326. "或许我对伊丽莎白个人问题……": Kelley, 291-92。
327. "我爱你, 可爱的女人……": Letter from Richard Burton, B-T Archive。

329. "我们能离开这个鬼地方了吗？": 同上。
329. "充满爱意的争吵": Gerald Clarke, *Capote* (New York: Random House, 1988), 270-71。
329. "亲爱的白痴，我非常想念你……": Letter from Richard Burton, B-T Archive。
330. "伊丽莎白一直很喜欢犹太人……": Burton notebooks, Bragg, 206。
330. "对当时的伊丽莎白来说，派对就是生活。": Spoto, 342。
330. "好吧，首先，你一定意识到了我很爱你……": Letter from Richard Burton, B-T Archive。
331. "理查德的字里行间显示……": Taylor, *Elizabeth Takes Off*, photo caption (no page number)。
331. "我不会跟伊丽莎白讨论目前的情形……": Caute, 296。
331. "我从来就没能克服这一事实……": Letter from Richard Burton, B-T Archive。
332. "你很老练，没有相信……": Caute, 296。
333. "意大利肉汁烩饭、帕博烤鱼……": Walker, 321。
333. "一身迪奥套装……": Kelley, 300。
333. "那颗石头曾拿给卡洛看过": Kelley, 300。
333. "高挑苗条、气质非凡……": Burton, "My Friend Sophia," *Ladies' Home Journal*, 1973。
334. "我知道他转过头就去调情……": Taylor, *My Love Affair with Jewelry*, 118。
334. "今天是我生命中第二糟糕的日子……": Bragg, 418。
334. "我永远不想再次深陷爱的漩涡里了……": 引自 Kelley, 295。
334. "咳！她拥有一切……": 同上。

335. "让我们面对它，我是个怪胎。": Fleming, *Vogue*。
336. "你这个该死的英国人！"这段轶事: Interview with Gianni Bozzacchi。
336. "他颤巍巍地来到片场……": Kelley, 299。
336. "公众的压力使得他们始终要展示出那些……": Dorothy Cameron Disney, "Elizabeth Taylor & Richard Burton: Why This Marriage Can't Be Saved," *Ladies' Home Journal*, October 1973。
337. "伊丽莎白·泰勒·伯顿: 这很有可能是你最后一次姓伯顿……": Letter from Richard Burton, B-T Archive。
337. "你要我写一些关于我们俩的真实情况……": 同上。
338. "如果有人敢伤害你……": 同上。
338. "你好，小糖块，感觉怎么样？": Munn, 203。
339. "我是她丈夫。我需要一张床。": 同上。
339. "伊丽莎白·泰勒和理查德·伯顿又复合了……": Kelley, 299。
339. "一对命中注定的傻瓜": Munn, 207。
340. "那已经是到最后了……": Interview with Bozzacchi。
341. "跟我们讲讲狄兰·托马斯！……": Alpert, 218。
341. "我父亲是个酒鬼……": Bragg, 420-21。
341. "如果不是马文我不可能活下来……": Munn, 207。
341. "并不是出于高兴而喝酒……": 同上。
341. "准确地说出一句台词……": 同上, 208。
341. "这个男人快死了。": Alpert, 219。
342. "跟你的丈夫一起生活真的变得……": Walker, 323。
342. "你觉得我们做得对吗？": Munn, 211。

343. "她的助理只剩下了一个秘书……": Walker, 323。
344. "宝贝"、"甜心"等等: 同上, 325。
344. "美丽但粗鲁无礼": Bragg, 269。
345. "我看起来从来没有像现在……": Walker, 325。
347. "今晚……我们要飞往约翰内斯堡……": Bragg, 397。
347. "我思考了一整晚……": Taylor, early draft of "Richard Again," *Ladies' Home Journal*, February 1976。Private Collection。
347. "那里是我想再次双宿双飞的地方……": 同上。
347. 重新振奋生活理想的地方: Kay Redfield Jamison, *Exuberance* (New York: Knopf, 2004), 320。
348. "明白婚姻的重要性": Walker, 328。
348. "两只河马见证了": Taylor, "Richard Again."
348. "我深深地、真诚地、永远地爱他": 同上。
348. "最亲爱的'丈夫们'": Letter from Elizabeth Taylor, B-T Archives。
349. "雷与鼓复婚……": Maddox, 233。
349. "像一个魂不守舍的人一样。": Kelley, 321。
349. "但是我能看出来他们似乎需要彼此……": 同上。

第十六章 "利兹与迪克"

351. "人们买票去看……'利兹和迪克'……": Taylor, *Elizabeth Takes Off*, 98。
351. "我从未找到一个……": Jenkins, 242。
352. "你有铤而走险的勇气……": Kelley, 323。
353. "在这场表演中……": Alpert, 235-36。
354. "这是我生命中第一次没有喝酒就……": Bragg, 437。
354. "马上, 周围房间的人们都听到了……": Interview with Liz Smith and Denis Ferrara。
354. "你让我大老远跑来……": Alpert, 233。
354. "她出来了。从远处看……": Interview with Smith and Ferrara。
355. "……在我看来, 他在《恋马狂》里的表演……": *New York Times*, March 7, 1976。
356. "你再也不要拍这样的电影了……": Steverson, 199。
356. "弗朗西斯·培根不是说过……": Bragg, 441。
356. "我认为苏西·亨特……": Palmer's *In from the Cold*。
357. 关于温贝赫不良行为的轶事: Spoto, 361-62。
357. "跟很多华盛顿政客的妻子……": Taylor, *Elizabeth Takes Off*, 40。
358. "它太激情""庄重的共和党小套装": 同上, 39。
358. "吃能打发空虚的时间……": 同上, 44。
359. "总是新娘, 永远不是伴娘": Oscar Levant, *The Unimportance of Being Oscar* (New York: G. P. Putnam's Sons, 1968), 120。
359. "它代表了我生命中的一个不同阶段……": Spoto, 384。
359. "约翰和我从来没让人来过家里……": Taylor, *Elizabeth Takes Off*, 44。
359. "小母牛": Spoto, 374。
359. "重塑一个新梦想的力量": Taylor, *Elizabeth Takes Off*, 88。
361. 这里是世界上最美的地方: Steverson, 210。

361. "不要让它出现在这里！": Alpert, 248-49。
361. "其实很不快乐": Bragg, 453。
362. "万灵的酒": Burton notebooks, Bragg, 451。
364. "古怪夸张的演员……": 同上, 466-67。
364. "对彼此来说都太'他妈的折磨人'了……": Interview with Liz Smith。
364. "她肯定能让他回来……": 同上。
366. "我爱你"这段轶事: Kelley, 415。
366. "这也许是我在舞台上见过的……": Conversation with Gabriel Byrne。
366. "出去。"这段轶事: Kelley, 416。
366. "伊丽莎白和我注定要重新……": *Private Lives* clipping file, March 2, 1982, Library of Performing Arts, Lincoln Center。
366. "我不能跟她再在一起了……": 引自 Kelley, 415。
367. "当你退出电影圈时……": 引自 Maddox, 247。
367. "我知道这个迟暮的南方美女角色适合我": Taylor, *Elizabeth Takes Off*, 97。
368. "你不会真的要去演《私生活》吧？": 引自 Alpert, 261。
368. "利兹和迪克秀""我已为新纽约做好了准备。": undated article, clipping file, Library of Performing Arts, Lincoln Center。
368. "他身上的体重都消失了……": Authors' interview with John Cullum. August 4, 2009。
368. "伊丽莎白……又在喝酒。还没读剧本！……": Burton notebooks, Bragg, 472。
369. "伊丽莎白是一个天才……": Cullum interview。
369. "理查德开始大笑……": 同上。

369. "非常热闹": 引自 Bragg, 475。
369. "伊丽莎白上台之前的五到十分钟会……": Cullum interview。
369. "这恰恰证明……": 引自 Bragg, 475。
370. "他们过着现实版的《私生活》……": Cullum interview。
370. "可怜的希贝尔"以及所有台词: Noël Coward, *Private Lives*, Act II, scene i, *Collected Plays: Two*（London: Methuen Publishing, Ltd., 1999）, 43。
371. "一次精心策划的商业投资": *New York Times*, May 9, 1983。
371. "在一天里为很多病人做检查的医生那样客观冷静": 同上。
371. "希特勒日记……": James Brady, "Private Lives," clipping file, Library of Performing Arts, Lincoln Center。
371. "他们已经成了一个……": Melvin Maddocks, *Christian Science Monitor*, April 25, 1983。
371. "《死魂舞》……": *Variety*, "Private Lives," clipping file, Library of Performing Arts, Lincoln Center。
371. "利兹迪克: 名词, 常用做复数使用……": *People*, May 23, 1983, "Private Lives," clip-ping file, Library of Performing Arts, Lincoln Center。
372. "首先是一个滑稽可笑的伊丽莎白·泰勒……": *Boston Globe*, undated review, "Private Lives," clipping file。
372. "她受到了伤害……": Cullum interview。
372. "'利兹和迪克': 该死的评论家……": Amy Pagnozzi and James Norman, "Liz & Dick," *New York Post*, May 9, 1983。
372. "我不会错过有关于此的任何点点滴滴……": 引自 Alpert, 261。
372. "这到底是从什么时候开始的

呢?……": 同上。
372. "理查德的戒酒并没有坚持多长时间……": Cullum interview。
373. "她无所不能……": 引自 Bragg, 469。
373. "可爱的萨莉"等: 同上, 471。
373. "我想理查德真的是想摆脱那个合同……": Cullum interview。
374. "我开始崩溃……": Taylor, *Elizabeth Takes Off*, 98。
374 "我真的看起来很胖吗?": Marie Brenner, "The Liz and Dick Show," *New York Magazine*, May 9, 1983。
374. "老是装出一副学者架势……": Cullum interview。
374 "它成了一场二十四小时的噩梦……": Taylor, *Elizabeth Takes Off*, 98。
375. "她会抓住他不放……": 引自 Bragg, 477。
375. "这就是我们的那个女孩儿……": 同上。
375. "这场以《私生活》之名而上演的……": *New York Post*, November 14, 1983。
375. "当我们能做理查德和伊丽莎白时……": *New York Post*, clipping file。
375. "充斥着自我怜悯和自我厌恶": Taylor, *Elizabeth Takes Off*, 99。
376. "我们从未真正分手……": Jenkins, 242。
376. "他们之间的纽带似乎能……": 同上。
376. "再见了, 亲爱的。": Conversation with Elizabeth Taylor confidante。

尾 声

377. "理查德和我都最充分地享受了生活……": Taylor, *Elizabeth Takes Off*, 85。
377. "直到死, 你都无法成为一位伟大的演员。": Cottrell, 366。
377. "一个老人。他给我的印象……": Authors' interview with Michael Radford, April 1, 2008。
377. "我们收到了一封他的经纪人发来的电报……": 同上。
378. "少于100万美元……": 同上。
378. "在拍《一九八四》的时候……": 同上。
378. "另一件事是, 他那非凡的记忆力……": 同上。
379. "理查德身上具有某种特质……": 同上。
380. "谈他的童年, 谈他对自己演过……": Bragg, 483。
380. "他跟我讨论许多东西。": Kashner, "A First-Class Affair," *Vanity Fair*, July 2003, 151。
380. "你知道, 她仍然很迷人。": Alpert, 265。
380. 酒吧打架这段轶事: Authors' interview with Gianni Bozzacchi。
381. "对我们来说是一场悲剧……": Bragg, 485。
381. "和谐、有力, 但也非常悦耳……": David Denby, "Requiem for a Heavyweight," *Premiere*, February 1991。
381. "威尔士嗓音": Burton's interview with Michael Parkinson, BFI Archive。
381. "倒要把一碧无垠的海水……": 引自 Bragg, 487。
382. "直到他去世的那一天……": Anne Taylor Fleming, "Elizabeth: ACT II," *Vogue*, October 1987。
383. "一个悲痛中的女王": Interview with Robert Hardy。
383. "那些都是我的回忆": Elizabeth Taylor on *Larry King Live*, May 30, 2006。
384. "这是一种完美的关系!……": Elizabeth Taylor's confidante。

385. "世界上最伟大的女演员": Burton letter to Taylor, B-T Archive。
385. "你知道，在我所有的电影中……": Authors' conversation with Elizabeth Taylor。
386. "在理查德之后，我生命中的男人……": 同上。
386. "她的经历和勇气": Liz Smth, "Liz Taylor Performs *Love Letters*," *Variety*, December 3, 2007。
386. 关于她保存的最后一封情书: Conversation with Elizabeth Taylor confidante。

参考文献

相关书籍

Alpert, Hollis. *Burton.* New York: G. P. Putnam & Sons, 1986.
Bloom, Claire. *Leaving a Doll's House.* New York and Canada: Little, Brown & Co., 1996.
Bosworth, Patricia. *Montgomery Clift.* New York: Simon & Schuster, 1994.
Bozzacchi, Gianni. *Elizabeth Taylor: The Queen and I.* Madison, Wisconsin: The University of Wisconsin Press, 2002.
Bragg, Melvyn. Rich: *The Life of Richard Burton.* London: Hodder & Stoughton, 1988.
Brodsky, Jack and Nathan Weiss. *The Cleopatra Papers, a Private Correspondence.* New York: Simon & Schuster, 1963.
Burton, Philip. Early Doors: *My Life and the Theatre.* New York: The Dial Press, 1969.
Burton, Richard. *A Christmas Story.* London: Hodder & Stoughton, 1964, 1989.
———. *Meeting Mrs. Jenkins.* New York: William Morrow & Co., 1966.
Caine, Michael. *What's It All About?* New York: Turtle Bay Books, 2002.
Caute, David. *Joseph Losey: A Revenge on Life.* New York: Oxford University Press, 1994.
Ciment, Michael. *Conversations with Losey.* London and New York: Methuen Publishing, Ltd., 1985.
Clarke, Gerald. *Capote.* New York: Random House, 1988.
Coleman, Terry. *Olivier.* New York: Henry Holt & Co., 2005.
Cottrell, John and Fergus Cashin. *Richard Burton, Very Close Up.* Englewood Cliffs, New Jersey: Prentice-Hall, 1971.
Coward, Noel. *Collected Plays: Two.* London: Methuen Publishing, Ltd., 1999.
Cronyn, Hume. *A Terrible Liar.* New York: William Morrow & Co., 1991.
Dauth, Brian, ed. *Joseph L. Mankiewicz Interviews.* Jackson, Mississippi: University Press of Mississippi, 2008.
David, Lester and Jhan Robbins. *Richard and Elizabeth.* New York: Funk & Wagnalls, 1977.
Davis, Sammy Jr., *Hollywood in a Suitcase.* New York: William Morrow & Co., 1980.

Ferris, Paul. *Richard Burton*. New York: Coward, McCann & Geoghegan, 1981.
Fisher, Carrie. *Wishful Drinking*. New York: Simon & Schuster, 2008.
Fisher, Eddie. *Eddie: My Life, My Loves*. New York: Harper & Row, 1981.
———. *Been There, Done That*. New York: St. Martin's Press, 1999.
Gielgud, Sir John, and Richard Mangan, ed. *A Life in Letters*. New York: Arcade Publishers, 2004.
Greene, Graham and Richard Greene, ed. *A Life in Letters*. Canada: Knopf, 2007.
Gussow, Mel. *Edward Albee: A Singular Journey*. New York: Simon & Schuster, 1999.
Heymann, C. David. *Liz: An Intimate Biography of Elizabeth Taylor*. Secaucus, New Jersey: Citadel Stars, 1996.
Huston, John. *An Open Book*. New York: Ballantine Books, 1981.
Jenkins, Graham. *Richard Burton, My Brother*. New York: Harper & Row, 1988.
Kael, Pauline. *Going Steady, Film Writings 1968—1969*. New York: Marion Boyars Publishers, 1994.
Kelley, Kitty. *Elizabeth Taylor: The Last Star*. New York: Dell Publishing, 1981.
Lesley, Cole. *The Life of Noël Coward*. New York: Penguin Books, 1978.
Levy, Emanuel. *Vincente Minnelli, Hollywood's Dark Dreamer*. New York: St. Martin's Press, 2009.
Maddox, Brenda. *Who's Afraid of Elizabeth Taylor?* New York: M. Evans, 1977.
Madsen, Axel. *John Huston*. Garden City, New York: Doubleday, 1978.
Mann, William. *How to Be a Movie Star: Elizabeth Taylor in Hollywood*. New York: Houghton Mifflin Harcourt, 2009.
Manso, Peter. *Brando: The Biography*. New York: Hyperion, 1994.
Morley, Sheridan. *Elizabeth Taylor: A Celebration*. New York: Applause Books, 1988.
Munn, Michael. *Richard Burton, Prince of Players*. London: JR Books, 2008.
Parkinson, David. *The Graham Greene Film Reader*. New York: Applause, 1993.
Payn, Graham and Sheridan Morley, eds. *The Noël Coward Diaries*. Boston: Little, Brown, 1982.
Perelman, S. J. *Don't Tread on Me: The Selected Letters of S. J. Perelman*. New York: Penguin Books, 1987.
Read, Piers Paul. *Alec Guinness: The Authorized Biography*. New York: Simon & Schuster, 2003.
Redfield, William. *Letters from an Actor*. New York: Limelight Editions, 1984.
Server, Lee. *Ava Gardner: Love Is Nothing*. New York: St. Martin's Press, 2006.
———. *Robert Mitchum: Baby, I Don't Care*. New York: St. Martin's Griffin, 2001.
Sherry, Norman. *The Life of Graham Greene, III, 1955-1991*. New York: Viking, 2004.

Smith, Liz. *Dishing Liz Smith*. New York: Simon & Schuster, 2005.

———. *Natural Blonde*. New York: Hyperion, 2000.

Spinetti, Victor, with Peter Rankin. *Victor Spinetti, Up Front...* London: Portico, 2008.

Spoto, Donald. *Elizabeth Taylor*. London: Time Warner Book Group, 1995.

Stanley, Louis. *The Dorchester: Sixty Years of Luxury*. London: Pearl & Dean Publishing, 1991.

Sterne, Richard L. *Richard Burton in Hamlet*. New York: Random House, 1967.

Steverson, Tyrone. *Richard Burton: A Bio-Bibliography*. Westport, Connecticut: Greenwood Press, 1992.

Taraborrelli, J. Randy. *Elizabeth*. New York: Warner Books, 2006.

Taylor, Elizabeth with Richard Meryman. *Elizabeth Taylor*. New York: Harper & Row, 1965.

———. *Elizabeth Takes Off*. New York: G. P. Putnam & Sons, 1987.

———. *My Love Affair with Jewelry*. New York: Simon & Schuster, 2002.

Thomson, David. *The New Biographical Dictionary of Film*. New York: Knopf, 2002.

———. The Whole Equation: *A History of Hollywood*. New York: Knopf, 2005.

Tynan, Kenneth and John Lahr, editor. *The Diaries of Kenneth Tynan*. New York and London: Bloomsbury, 2001.

Walker, Alexander. *Elizabeth: The Life of Elizabeth Taylor*. New York: Grove Wiedenfeld, 1990.

Wanger, Walter and Joe Hyams, *My Life with Cleopatra*. New York: Bantam Books, 1963.

Warhol, Andy. *The Philosophy of Andy Warhol (From A to B and Back Again)*. New York and London: Harcourt Brace Jovanovich, 1975.

Warhol, Andy, and Pat Hackett. *Popism: The Warhol Sixties*. New York: Harvest Books, 1980.

Waterbury, Ruth. *Elizabeth Taylor*. New York: Appleton-Century, 1964.

———. *Richard Burton: His Intimate Story*. New York: Pyramid Books, 1965.

Williams, Gareth. *Valleys of Song: Music and Society in Wales*. Cardiff: University of Wales Press, 1998.

Williams, Tennessee. *Memoirs*. New York: Doubleday, 1975.

York, Michael. *Accidentally on Purpose*. New York: Simon & Schuster, 1991.

Zeffirelli, Franco. *Zeffirelli*. New York: Weidenfeld & Nicolson, 1986.

相关文章

Braddon, Russell, "Richard Burton to Liz: 'I Love Thee Not...'" *Saturday Evening Post*, December 3, 1966.

Brossard, Chandler, "Richard and Liz," *LOOK*, June 27, 1967.

Burton, Richard, "His Liz: 'A Scheming Charmer,'" *Life*, February 24, 1967.

———, "Travelling with Elizabeth, by Her Husband Who Loves Her in Spite of It," *Vogue*, April 1971.

———, "Dauntless Travellers: Mr. and Mrs. Richard Burton . . ." *Vogue*, October 1971.

Denby, David, "Requiem for a Heavyweight," *Premiere*, February 1, 1991.

Disney, Dorothy Cameron, "Elizabeth Taylor & Richard Burton: Why This Marriage Can't Be Saved," *Ladies' Home Journal*, October 1973.

Elkin, Stanley, "Miss Taylor and Family: An Outside View," *Esquire*, November 1964.

Ferguson, Ken, "Richard Burton," *Photoplay*, November 1984.

Fleming, Ann Taylor, "Elizabeth: Act II," *Vogue*, October 1987.

Harris, Radie, "Broadway Ballyhoo," *Hollywood Reporter*, August 9, 1984.

Kamp, David, "When Liz Met Dick," *Vanity Fair*, September 2006.

Kashner, Sam, "A First-Class Affair," *Vanity Fair*, July 2003.

Lehman, Edward, diaries, published in *Talk Magazine*, April 2000.

Pepper, Curtis Bill, "I Don't Want to Be That Much in Love Ever Again," *McCall's*, January 1974.

Sischy, Ingrid, "*Interview* Loves Elizabeth Taylor," collection of articles and interviews, *Interview* Magazine Collector's Edition, February 2007.

Taylor, Elizabeth, "Richard Again," *Ladies' Home Journal*, February 1976.

Taylor, Noreen, "Peter Glenville Talks About the Burtons," *Vogue*, September 1967.

Tynan, Kenneth, "*Playboy* Interview: Richard Burton," *Playboy*, September 1963.

"The Man Who Knows Tells the Story of a Tumultuous Epic: *Cleopatra*," Life, April 19, 1963.

档案文件

"B-T Archive": Letters from Richard Burton to Elizabeth Taylor, undated except where noted; private collection.

Elizabeth Taylor and Richard Meryman, *Elizabeth Taylor*, original unedited manuscript, private collection.

Richard Burton Archive, British Film Institute (BFI) Library, London, England.

Richard Burton clipping file, Margaret Herrick Library, Academy of Motion Picture Arts and Sciences, Los Angeles, California.

Elizabeth Taylor clipping file, Margaret Herrick Library, Academy of Motion Picture Arts and Sciences, Los Angeles, California.

Clipping files for *Ash Wednesday*, *Boom!*, *Cleopatra*, *The Comedians*, *Divorce His Divorce Hers*, *Doctor Faustus*, *Hammersmith Is Out*, *Reflections in a Golden Eye*,

The Sandpiper, *The Spy Who Came in from the Cold*, *The Taming of the Shrew*, *Under Milk Wood*, *The V.I.P.s*, *Who's Afraid of Virginia Woolf?*: Margaret Herrick Library, Academy of Motion Picture Arts and Sciences, Los Angeles, California.

Private Lives clipping file, Library of Performing Arts, Lincoln Center, New York, New York.

DVD及其他视频素材

David Lewin's interview with Richard Burton, *Becket* DVD, supplemental material.
Michael Parkinson's interview with Richard Burton, November 23, 1974, BFI Archive.
Kenneth Tynan's interview with Richard Burton, *Becket* DVD, supplemental material.
Tony Palmer, director, *In from the Cold*, VHS.
DVDs of *Anne of the Thousand Days*, *Ash Wednesday*, *Becket*, *Boom!*, *Cleopatra*, *The Comedians*, *Divorce His Divorce Hers*, *Doctor Faustus*, *Reflections in a Golden Eye*, *The Sandpiper*, *The Spy Who Came in from the Cold*, *The Taming of the Shrew*, *Under Milk Wood*, *The V.I.P.s*, *Who's Afraid of Virginia Woolf?*

译 后 记

2011年3月23日晚10点多，我打开网页，没想到首先映入眼帘的是一条令人震惊的消息："伊丽莎白·泰勒去世"。顿时被惊得目瞪口呆，几乎不敢相信自己的眼睛。

这一天因为泰勒的去世而成为了一个被世界电影史所铭记的日子。在接下来的几天内，关于伊丽莎白·泰勒的纪念专题充斥着各大媒体。此时的我，正处于翻译此书的最艰苦阶段。纵横好莱坞六十余年的一代天后已然离世，而她的传奇故事，我却还没有翻译过来，不由得感到巨大的压力……

虽然我看过伊丽莎白·泰勒主演的大多数电影，对她的传奇人生也略知一二，而且是带着巨大的敬意来翻译此书，但不得不承认，当我真正深入这样一段传奇的人生之中时，才发现自己原本对其的了解是那么的匮乏。起初我大大低估了本书的翻译难度，真正着手之后才发现，我所面临的困难远不是敬仰和热情就能解决的。

翻译的过程充满荆棘。最主要的原因是原作旁征博引，具有相当深厚的历史背景。书中不仅仅提及欧美电影史上的诸多人物和事件，还大量涉及欧美诗歌、小说、戏剧（尤其是莎士比亚戏剧），更少不了欧美时尚界的众多名人、事件。尤为值得一提的是，除了英语之外，书中还时不时会出现法语、意大利语、威尔士语和西班牙语……

为了对书中提到的内容有更直观的认识，以使得自己的翻译尽可能准确，我不得不四处查询相关背景资料，观看了大量视频、文字、图片……虽然工作量大大增加，却也极大地开阔了我的视野，获益匪浅。

随着翻译程度的深入，在传记作者的描述下，我也渐渐被伊丽莎白·泰勒和理查德·伯顿那轰动一时的爱情经历所深深吸引，越来越投入其中。翻译的过程，其实也是了解伊丽莎白·泰勒和理查德·伯顿的过程，了解他们的人生经历、他们的心路历程、他们的爱情与婚姻、他们的家族以及他们的光荣与烦恼……我也仿佛来到了两位主人公生活的年代，那些原本只是在历史书中才能看到的人物都瞬间鲜活起来，恍如一次奇妙的穿越时光之旅。

在翻译的过程中，书中一些情真意切的话语真真切切地打动了我。在那个远不如今天开放的年代里，伊丽莎白·泰勒和理查德·伯顿却是那样的特立独行。通过原作者的叙述，我能明显感觉到二人是如此地爱着对方，那种爱用"疯狂"来形容丝毫不为过，但正是因为太过疯狂，再加上二人的性格又太强，以至于最后不得不分开。虽然他们后来又与其他人再婚，但是属于二人之间的爱情与婚姻才是最让他们刻骨铭心的。伯顿直到去世之前还在给泰勒写信，但是当泰勒收到那最后一封信的时候，他却已离开人世。理查德·伯顿于1984年逝世，现在伊丽莎白·泰勒也走了，二人终于可以在天国里开始他们的第三次婚姻了。

传记可以书写人生，而人生，又岂是传记可以书写完的？

一次艰苦的翻译过程，也是我的一段美妙的人生之旅。人生之旅有伴为乐，此书的翻译当然也离不开众人的帮助。

首先要感谢我的师弟王家祥。正是他的大力推荐，才使得有我机会翻译本书，也才使得我的人生能够与伊丽莎白·泰勒和理查德·伯顿这两位巨星产生一个奇妙的交集。

其次要感谢后浪出版公司的陈草心和曹佳两位编辑。她们专业、高效的工作是本书得以顺利出版的保证。特别是本书的责任编辑曹佳，她细致、耐心的审校给本书增色不少。

另外，还要感谢张萌、王孟瑶、程旭敏、赵晶、齐赵园、李云伟、彭静宜、邱文静、王惠云等亲朋好友。感谢他们提供的多方协助，才使得本书能够顺利完成。

要特别感谢我的妻子许伟伟女士。本书从着手翻译到最终完成，历时整整八个月。正是她强有力的支持和后勤保障,我才能在这八个月内心无旁骛,全力投入翻译工作中。

最后,我想把本书献给我的父母和我的硕士生导师陈墨先生。他们是在我的工作、学习、生活和成长过程中对我影响最大的人。本书也算是我交给他们的一份小小答卷。

檀秋文

2012年6月

出版后记

让我们想象那是一个晴天。

1984年8月2日，理查德·伯顿坐在塞利尼的书房中，北欧的阳光斜斜照射在他正在埋头书写的纸页上，好像金色的锯末被吹撒在纸墨书香之间。那是他写给伊丽莎白·泰勒的最后一封信，没错，依然是一封情书，这个作为他前妻和前前妻的女人，在他情感和灵魂深处从未离开，如同一场一旦沉迷便无法脱身的春梦，即使到了生命的最后一刻。

一个矿工的儿子和一个大富之家的千金，一个风流傲娇的花花公子和一个倔强霸道的女王，一个才华横溢内心脆弱的戏剧天才和一个名利场上左右逢源的电影明星，理查德·伯顿与伊丽莎白·泰勒的爱情充满各种好莱坞电影用滥的桥段，以至于半个世纪以来，这些桥段如同反刍一般不断被人拿出来批判、玩赏、消费，而那些关乎"道德"，关乎"丑闻"，关乎"情欲"，关乎他们的种种阴暗异色的猜想，在他们的电影作品中，在他们的头条新闻中，被编织成一道道罗网，伙同他们干柴烈火般激烈的个性冲突，终究将他们撕裂、吞噬。

然而爱情，真的存在，并一直存在着。

汇集在伯顿写给泰勒的那些如今已然尘封半个世纪的情书中，即使累月经年之后再度翻阅，情欲流转、活色生香的气息依然会扑面而至，仿佛这部奢华的好莱坞爱情大片刚刚在大幕降下之前打出"END"，而观众还沉浸在泪眼婆娑中不能自拔。正如泰勒与伯顿共同主演的电影《春风无限恨》中那句著名的台词所言："从一开始，他们就知道是错的。但是任何东西都无法把他们分开。"在他们为彼此营造的那个既是天堂也是地狱的世界中，他们享尽爱情的盛宴也饱尝爱情的苦果，但都没有学会放弃。

这就是《烈爱》带给我们的关于伊丽莎白·泰勒与理查德·伯顿的故事。其中有他们在好莱坞这个最绚丽、最虚伪、最令人对名望饮鸩止渴的竞技场上取得的各种胜利和遭遇的各种惨败,有他们与温莎公爵夫妇、摩纳哥王妃格蕾丝·凯利、希腊船王奥纳西斯、海地独裁者杜瓦利埃等各色世界名流间的八卦与传闻,但是最重要的是,《烈爱》带给了我们卸去了粉墨妆容的作为普通人的泰勒与伯顿,显现出他们的自卑和自尊,可爱与可憎。这也是《烈爱》这本泰勒独家授权的传记作品不同于以往那些把焦点放在她的成名经历、花边新闻甚至是珠宝收藏、美容心得这类作品的地方。

在本书作者对泰勒的独家专访中,泰勒曾经说过这样一句话:"我不在乎你们怎么写我。上帝知道,我已经听过各种各样关于我的评论,只要你们尊重理查德就行。"这也是《烈爱》这部作品值得阅读的关键所在,因为它对这两位传奇巨星的态度无疑是尊重的,是"有爱"的。在本书的编辑过程中,我们数度被字里行间深沉的爱意打动,这爱意既来自伯顿与泰勒之间,也来自两位作者以及译者,后两者饱满的情感同样赋予了这部作品满满的爱。

让我们分享这份爱。

服务热线:133-6631-2326 139-11401220
服务信箱:reader@hinabook.com

"电影学院"编辑部
后浪出版咨询(北京)有限责任公司
拍电影网(www.pmovie.com)
2012年6月

图书在版编目（CIP）数据

烈爱 /（美）卡什纳，（美）勋伯格著；檀秋文译.
—北京：世界图书出版公司北京公司，2012.6
书名原文：Furious Love
ISBN 978-7-5100-4826-5

Ⅰ.①烈… Ⅱ.①卡… ②勋… ③檀… Ⅲ.①泰勒，E.（1932～2011）—生平事迹②伯顿，B.（1925～1984）—生平事迹 Ⅳ.① K837.125.78 ② K835.615.78

中国版本图书馆 CIP 数据核字 (2012) 第 122899 号

FURIOUS LOVE: Elizabeth Tailer, Richard Burton, and the Marriage of the Century by Sam Kashner and Nancy Schoenberger
Copyright © 2010 by Sam Kashner and Nancy Schoenberger
Simpified Chinese Translation copyright © 2012 by beijing World Publishing Corp.
Published by arrangement with HarperCollins Publishers, USA through Bardon-chinese Media Agency
博达著作权代理有限公司
ALL RIGHTS RESERVED
北京市版权局著作权合同登记号 图字 01-2010-6739

烈 爱

著　　者：（美）萨姆·卡什纳　　南希·勋伯格	译　　者：檀秋文
筹划出版：银杏树下	出版统筹：吴兴元	编辑统筹：陈草心
责任编辑：曹 佳　单万峰	营销推广：ONEBOOK	装帧制造：墨白空间

出　　版：世界图书出版公司北京公司
出 版 人：张跃明
发　　行：世界图书出版公司北京公司（北京朝内大街 137 号 邮编 100010）
销　　售：各地新华书店
印　　刷：北京鹏润伟业印刷有限公司（北京市大兴长子营镇李家务村委会南 200 米 邮编 102615）
（如存在文字不清、漏印、缺页、倒页、脱页等印装质量问题，请与承印厂联系调换。联系电话：010-80261198）

开　　本：787×1092 毫米 1/16
印　　张：29.5　插页 4
字　　数：372 千
版　　次：2012 年 9 月第 1 版
印　　次：2012 年 9 月第 1 次印刷

读者服务：reader@hinabook.com 139-1140-1220
投稿服务：onebook@hinabook.com 133-6631-2326
购书服务：buy@hinabook.com 133-6657-3072
网上订购：www.hinabook.com（后浪官网）
拍电影网：www.pmovie.com（"电影学院"官网）

ISBN 978-7-5100-4826-5　　　　　　　　　　　　　　定　价：49.80 元

后浪出版咨询（北京）有限公司常年法律顾问：北京大成律师事务所　周天晖　copyright@hinabook.com

版权所有　翻印必究

后浪出版公司　电影学院　编辑部

001. 拍电影：现代影像制作教程（插图第6版）定价：45.00元
（美）琳恩·格罗斯 拉里·沃德 著 廖澺苍 凌大发 译
焦雄屏 推荐

002. 认识电影（插图第11版）定价：68.00元
（美）路易斯·贾内梯 著 焦雄屏 译 （瑞典）英格玛·伯格曼
（日）黑泽明 等供图

003. 电影艺术：形式与风格（插图第8版）定价：78.00元
（美）大卫·波德维尔 克里斯汀·汤普森 著 曾伟祯 译
李安 焦雄屏 杨远婴 王宜文 等推荐

004. 如何写影评（插图第6版）定价：25.00元
（美）蒂莫西·科里根 著 宋美凤 译 陆绍阳 翻译策划
李迅 审订

005. 电影史：理论与实践（插图修订版）定价：36.00元
（美）罗伯特·C·艾伦 道格拉斯·戈梅里 著 李迅 译

006. 电影镜头设计：从构思到银幕（插图第2版）
定价：49.80元
（美）史蒂文·卡茨 著 （英）希区柯克（美）斯皮尔伯格 等供图
井迎兆 王旭锋 译 梁明 宁浩 推荐

007. 镜头在说话：电影造型语言分析（插图版）
定价：39.80元
梁明 李力 著 张会军 作序推荐

008. 中国电影，你不知道的那些事儿：
中国早期电影高等教育史料文献拾穗 定价：80.00元
孙健三 编著

009. 21天搞定电影剧本 定价：22.80元
（美）维基·金 著 周舟 译

010. 开拍之前：故事板的艺术（插图第2版）定价：36.00元
（美）约翰·哈特 著 梁明 宋丽琛 译 金依萌 李仁港 推荐

011. 编剧：步步为营（重订本）定价：22.80元
（美）温迪·简·汉森 著 郝哲 柳青 译

012. 场面调度：影像的运动（插图第2版）定价：49.80元
（美）史蒂文·卡茨 著 陈阳 译 谢飞 作序推荐

013. 纪录片也要讲故事（第2版）定价：39.80元
（美）希拉·库兰·伯纳德 著 孙红云 译 单万里 作序推荐

014. 拆解好电影：经典场景赏析（插图版）定价：28.00元
（美）理查德·D·佩帕曼 著 巩如梅 张荣华 译

015. 电影镜头入门（插图第2版）定价：19.80元
（美）杰里米·温尼尔德 著 何塞·克鲁兹 插画 张铭 等译

016. 高清电影摄影（插图第3版）定价：49.80元
（美）保罗·惠勒 著 梁明 刘海舰 华伟成 译

017. 艺术光晕中的电影 定价：26.00元
（美）达德利·安德鲁 著 徐怀静 译

018. 你的剧本逊毙了！100个化腐朽为神奇的对策 定价：36.00元
（美）威廉·M·埃克斯 著 周舟 译

019. 电影制片人融资指南（第6版）定价：29.80元
（美）露易丝·利维森 著 曹怡平 译 王小帅 推荐

002-02. 认识电影（影印第12版）定价：88.00元
（美）路易斯·贾内梯 著

020. 编剧的核心技巧 定价：22.80元
（美）尼尔·D·希克斯 著 廖澺苍 译

021. 电影理论读本 定价：80.00元
杨远婴 主编

003-02. 电影艺术：形式与风格（影印第8版）定价：98.00元
（美）大卫·波德维尔 克里斯汀·汤普森 著 曾伟祯 译

022. 电影编剧创作指南（修订版）定价：36.00元
（美）悉德·菲尔德 著 魏枫 译

023. 世界电影史（影印第2版）定价：128.00元
（美）大卫·波德维尔 克里斯汀·汤普森 著

024. 电影剧作问题攻略 定价：35.00元
（美）悉德·菲尔德 著 钟大丰 鲍玉珩 译

025. 闪回：电影简史（插图第6版）定价：68.00元
（美）路易斯·贾内梯 斯科特·艾曼 著 焦雄屏 译

026. 电影剧本写作基础（修订版）
（美）悉德·菲尔德 著 钟大丰 鲍玉珩 译

027. 以眼说话（插图第2版）
（美）布鲁斯·布洛克 著 汪弋岚 译

地　　址：北京市朝内大街 137 号世界图书出版公司西院
服务热线：133-6631-2326　139-1140-1220
拍电影网：www.pmovie.com（"电影学院"编辑部官网）
网上订购：www.hinabook.com（后浪官网）
服务信箱：reader@hinabook.com